纠纷和解研究

民间法文丛 谢 晖◎主编

唐 峰◎著

 中国政法大学出版社

2012·北京

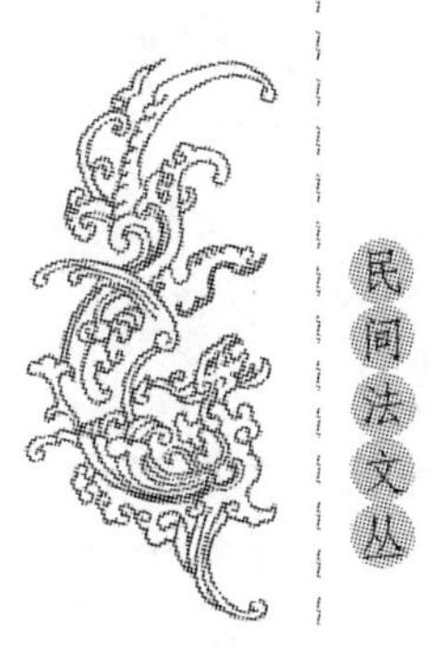

总　序

这套筹备了多年的丛书，终于要和读者见面了！

近二十年前，鄙人开始关注民间法问题，其中缘由，是和当时参与教育部项目“回族法文化研究”密不可分的。通过相关调查和研究，我才自觉地认识到：人们日常的交往生活，尽管依赖于国家正式法律者甚多，但人类秩序的建制，并不首先是从法律开始的，相反，法律本身的制定，必须遵循社会生活的规定。这种认知，虽然在既有的法学理论中不但有所耳闻，而且是彼时法学教育中大讲特讲的。那时，所谓研析“规范内部的学问”还不被人们所接受，不像如今这般红火。虽然人们在讲授课程时，把“经济基础决定上层建筑”、社会事实决定法律一类的观念不时传授给学生，但在实践层面上，究竟如何把握这一问题，学生也罢，老师也罢，经常是不得要领的。相反，把人们在社会交往中存在的既有规则，如祭祖规则、节庆规则、信仰规则，等等，一股脑儿归结为所谓“四旧”，必欲彻底扫除而后快，却是司空见惯的。其结果是教材所授与实践操作之间巨大的反差，甚至出现实践所为和理论教化之间的倒挂：似乎不是经济基础决定上层建筑，反倒是意识形态等上层建筑决定社会及其发展。

不过近十多年来，我国立法、司法等法治实践的发展，还是最终趋向于对我们时代和国情的关注，法律的全球化和法律的本土化关怀几乎同时在中国法治实践中搬演。这显然是一个需要大智慧和大手笔予以探索、协调和对接的问题。在这期间，学人们不仅探讨法治化进程中和全球化相呼应的问题，而且也开始深究中国法治的自身土壤问题。在这一过程中，“法律文化论”、“本土资源论”、“民间规范论”、“私力救济论”、“替代性纠纷解决机制论”以及“法人类学论”等不同的学说，成为我国不同法学者之间探究法治化进程中自身土壤问题的几种主要进路和学术观点。围绕这些理论或进路，产生了一批学术论著。特别值得一提的是，在法治发展中，具有“春江水暖鸭先知”功能的司法机关，已经在认真尝试如何在司法中将法律的一般规定和民间规范相结合的问题。其中“泰州经验”、“东营经验”、“陇县模式”等，引起了国内法学界和司法界的普遍关注，这更进一步证明在学术研究中关注民间规则以资法治实践的必要性。

九年前，为了推进对民间规则的研究，促进教学中学生对社会事实问题的认知，我和同仁们共同创办了以书代刊的《民间法》年刊。如今，该刊已经正式出版了八卷。与此同时，我在《山东大学学报》、《甘肃政法学院学报》分别主持的“民间法专栏”、“民间法·民族习惯法专栏”两个栏目，

已分别坚持了五年和四年，期间稿件源源不断，所发表的论著也不断被转载、转摘和引用。其中《民间法》年刊被教育部“委托南京大学图书馆”评为“CSSCI来源集刊”。此外，自2005年开始，我和同仁们发起了全国“民间法·民族习惯法研讨会”，已分别在西宁、成都、兰州、武汉、贵阳召开了五届，来自全国各地的学者们就相关论题积极参与、热烈讨论。如上情形，已经形成了民间法研究之静态和动态两个“阵地”。这表明，这一领域具有很大的研究必要和开发潜力。为了进一步推动民间法研究向纵深方向发展，北京理工大学法学院、山东大学法学理论泰山学者团队决定编辑出版这套“民间法文丛”。这套文丛，也是拟议中的北京理工大学法学院三种学术丛书之第一种。

此为“民间法文丛”的第一辑。收入第一辑的著作，有些是作者多年来调研的积淀之作，如《原生的法——黔东南苗族侗族地区的法人类学调查》、《藏族古代法新论》、《乡土秩序与民间法律——羌族习惯法初探》三书就是徐晓光教授、多杰教授和龙大轩教授多年来深入苗族、侗族、藏族、羌族等地区认真调查、归纳、总结和研究的结果。鄙人的《大、小传统的沟通理性》、魏治勋的《民间法思维》两书，则是作者多年研究民间法问题的心得。其他五部作品，分别是贾焕银的《民间规范的司法运用——基于漏洞补充与民间规范关联性的分析》、姜世波的《习惯国际法的司法确定》、王新生的《习惯性规范研究》、厉尽国的《法治视野中的习惯法：理论与实践》、张渝的《清代中期重庆的商业规则与秩序——以巴县档案为中心的研究》，它们都是作者在其博士学位论文基础上修改而成的。

自上述丛书第一辑的清单可以看出，本辑入选图书的一半左右偏重于学理的探讨。但民间法问题恰恰是一个必须来自实践，通过对人们交往行为中的日常规范，特别是纠纷处理的日常规范之分析、解剖、归类、整理，才能深入其堂奥的问题。在这个意义上，民间法研究理所当然应当把社会实证放在第一位。这也是本丛书以后的各辑在组稿时将特别强调和注意的。

鄙以为，按研究内容和专题所编辑的学术丛书的功能，一是能集中展示某时段、某地方的学者们在某个研究领域里的研究成果；二是能更好地实现在某一研究领域里学术成果、学术规范和学术方法的积累；三是能给相关的学习者和研究者在查找资料时提供便利。在这三点中，我特别看中第二点。但要让一套学术丛书真正发挥学术积累的作用，贵在持之以恒。因之，本丛书拟在条件许可时，分辑编辑出版，不断坚持下去，以期为中国民间规范的研究，乃至法社会学的研究，贡献微薄的心力和智慧。

是为序。

陇右天水学士　谢晖

2009年7月3日于苏州桥畔

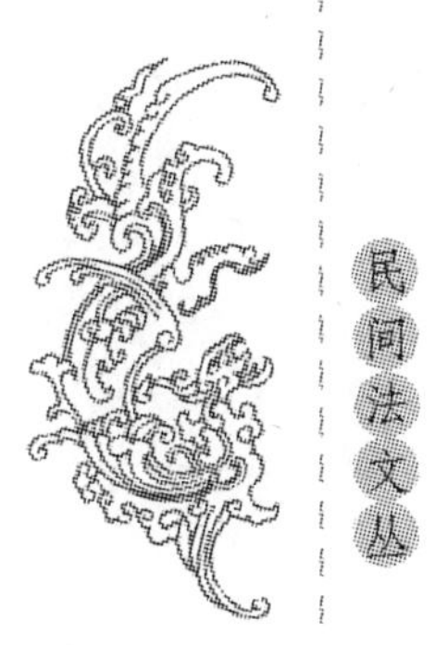

第二辑说明

自从“民间法文丛”第一辑九部作品问世以来，得到了学界较好的反响，于是，我们又着手编辑第二辑。编入第二辑的作品，除了原定于第一辑准备出版的谢晖的《大、小传统的沟通理性》外，还有王林敏的《民间习惯的司法识别》、张晓萍的《论民间法的司法运用》、刘昕杰的《民法典如何实现：民国新繁县司法实践中的权利与习惯（1935～1949）》、谈萧的《中国商会治理规则变迁研究》、韦志明的《习惯权利论》以及尚海涛的《民国时期华北地区农业雇用习惯规范研究》等六部作品。在这六部作品中，王林敏、张晓萍和刘昕杰的三部作品，侧重于民间习惯与司法实践之间的关联研究；谈萧和尚海涛的作品，侧重于不同行业习惯法问题的研究；韦志明的作品则侧重于习惯权利这样一个重要的习惯法范畴问题的研究。这六部作品，都立基于他们的博士学位论文。材料丰富、观点新颖、论证扎实是其共同特点。期待本辑作品的出版，能进一步丰富和推进我国民间法问题的研究。

谢　晖

2010 年 12 月 29 日于北京

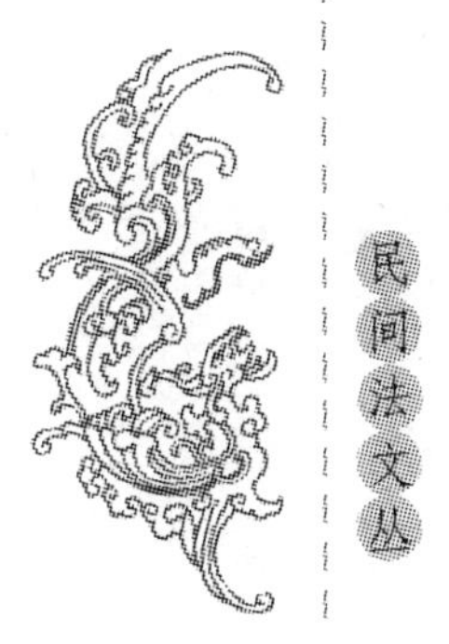

第三辑说明

转眼间，“民间法文丛”前两辑已大体出齐，将要推出的第三辑，共有五部作品。唐峰的《纠纷和解研究》一书，是目前我所看到的国内学者对相关问题最系统的研究，特别是作者长期参与纠纷和解工作的经验，使该书既有理论深度，又有操作启迪。淡乐蓉的《藏族“赔命价”习惯法研究》一书，则是我在相关研究领域内所看到的第一部中文博士学位论文。“赔命价”作为藏区解决命案纠纷的重要制度，一直受人关注。作为一位长期生活、工作在藏区的藏族同胞，相信作者对该问题的观点和见解，更有参考价值。陈文华的《民间规则在民事纠纷解决中的适用》一书，聚焦于民间规则在民事纠纷解决中的运用。尽管在行政纠纷，甚至轻微刑事纠纷中，民间规则都有适用的可能，但民间规则的主要适用场域，还是在解决民事纠纷中。这一客观情势也决定了该选题的研究价值。上述三部作品，都是诸位作者在其博士学位论文基础上修改定稿的。姜世波、王彬合著的《习惯规则的形成机制及其查明研究》，对习惯规则的两个重要问题——作为交往行为规则的形成机制和作为习惯法运用时的查明场域、查明方式等，做出了较为系统的探索，对习惯规则如何进一步升华为习惯法，从而运用于司法提供了一系列可资参考的见解。程泽时的《清水江文书之法意初探》一书，对黔东南清水江流域存留达数百年之久的契约及其他文书进行了较为全面的梳理，并对其中展现的组织、观念、管理、词讼、司法、立法、法理等问题做出了颇有见解的思考。

上述作品的出版，和前两辑作品一起已经形成了一定规模。期待以后能收到从规范学和人类学两个视角更深入地研究民间法问题的作品。

谢　晖

2011 年 11 月 21 日于西安

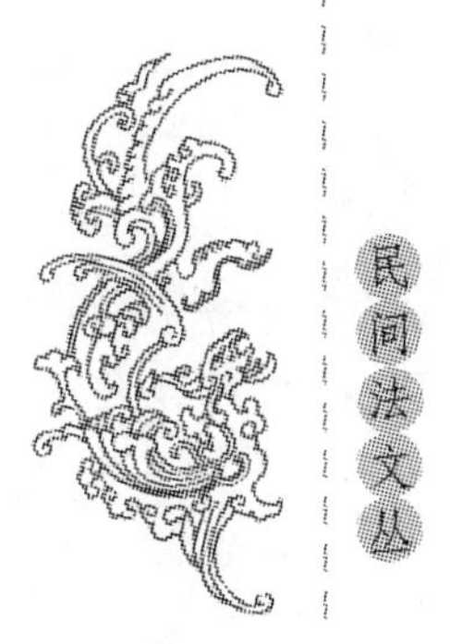

内容摘要

纠纷解决是人类永恒的研究课题，而中国社会纠纷解决研究具有现实紧迫性。传统的解纷方式需要反思整合，自决解纷存在失范的风险，诉讼解纷可能导致国家专制，和解纠纷应受重视但需规范。国内对纠纷和解的研究，体现了学科的多样性、方法的多元性，但却存在几个问题：一是将“私了”等同于“和解”；二是将“调解”等根据“合意”解纷的方式排除在和解的范畴之外；三是将和解/私了等同于民间法，同国家法对立；四是研究者的研究过分局限于某一领域内的纠纷和解，很难有关于“和解”的一般性问题的结论。国外学者也关注纠纷和解，却与西方法治主义即诉讼中心主义的反思相关联。中国人仍然存在着法治=诉讼=国家垄断纠纷解决权=国家法律之治的观念，这种观念在西方已经受到了批判。

根据纠纷解决取决于何方主体意愿，纠纷解决方式可以分为自决、合决、他决三种。合决即和解，重新界定和解的含义，包括了传统意义上的和解、调解、西方法律制度中的辩诉交易等，但与自决、他决等并立，又与私了、私力救济、自力救济、ADR、恢复性司法等概念有着区别和联系。意思自治是和解的本质和基本原则。无论是私法纠纷解决还是公法纠纷解决中，都存在着当事人的意思自治，而公法纠纷解决中的意思自治，有着社会契约论的政治基础、经济人假设的人性基础和公私难分界的现实性基础，意思自治的扩张应受到尊重。作为一种纠纷解决方式的和解，可以被视为一种制度。就制度视角而言，和解制度包含正式的制度和非正式的制度，而原则问题则是制度中的最根本问题。除意思自治原则外，推定原则和程序监控原则也应作为和解制度的原则。

主体是和解的结构要素之一。和解纠纷，需要纠纷解决的主体承担当事人和第三人的不同角色。学界在法人的和解当事人资格问题上存在争议。法人可以作为民事主体，自然可以成为民事纠纷和解的当事人主体；法人作为公法纠纷的主体，它可以和解因违反公法行为而引起的民事责任问题，因民事责任的和解进而影响到司法机关对违法犯罪法人公法责任的追究，法人也可以直接同国家司法机关进行辩诉交易来解决刑事责任问题；检察官与犯罪人辩诉交易和解权及公诉、自诉主体权利平等性要求，都可以说明法人具有或应具有公法纠纷和解的当事人资格。和解中的第三人，不同于诉讼上的第三人，也不同于民法上的第三人。和解中的第三人具有中介、判断、强制功能。根据“官”与“民”的界分，第三人可以分为官方第三人和民间第三人。在当下中国，公、检、法、司这些机关及其工作人员都可以称为“官方第三

人”。对公安机关来讲，目前在角色定位上存在着角色冲突，权威也是弱化的，这也导致了和解的偏好。民间第三人分为官方化的第三人，典型如人民调解委员会，而如混混、痞子等纯粹的民间第三人也是活跃在纠纷解决舞台上的重要力量。在一定意义上讲，社会是由“官”、“匪”、“民”三者利用纠纷解决进行共治的社会。

规范是和解的结构要素之二。和解纠纷，需要纠纷解决的规范依据。根据“官”与“民”的界分，社会规范可以分为国家规范和民间规范，同时还存在一类软规范——关系规范。这三种规范在纠纷和解中各有其功能，国家规范可以为和解提供制度性支持，可以成为权利诉求的基点，可以成为和解方案的直接依据，可以作为当事人在和解中攻防策略的工具。民间规范则可以支持当事人的权利诉求，可以成为和解的直接依据，可以支撑国家规范，可以传承多元的文化。而由关系、人情、面子三要素组成的关系规范，则可以转移争议，模糊事实，可以确认、改变明规则，增加解纷方案可接受性，可以促使自由裁量权向确定性转换。三种规范是互动的，国家法与民间法的互动呈现不同的具体样态，而关系规范是国家法和民间法互动的变量之一，作为和解主体的纠纷解决者的个性也是规范互动中的一个变量，这两个变量在纠纷自决、裁决中也都发挥着自己的作用。

事实是和解的结构要素之三。和解纠纷，需要纠纷解决的事实根据。纠纷和解中的事实，不同于裁决中的事实，它可以具有事实要素概括性特征，可以缺少一般性的事实要素而具有模糊性，实际上是“类型化”的事实，而不需要像裁决中的事实那样具备基本的事实要素；它可以具有证明要求意会性特征，不需要像裁决中的事实那样需要证据证明；它

的面向具有未来性，可以解决未来的事实，而不像裁决那样只解决先前的事实；它的事实包含的法律关系可以具有复杂性，而不像裁决那样，以不同的法律关系来确定不同的诉讼；它的事实的规范意义可以具有共生性，而不像裁决那样规范意义上是独断的；它的认知主体是双方当事人，具有二元性特征，而不像裁决那样认知主体是法官，具有一元性特征。

类型分析，从另一个角度有助于深入把握和解。根据我国现行法律规定和实践中的和解情形，依和解的纠纷的法律性质，和解可以分为非法律性纠纷和解与法律性纠纷和解，而后者则又可分为民事和解、行政和解、刑事和解。这些类别的和解，都有许多问题需要研究。为了更好地把握这些“和解类型”，对于民事和解，以法院调解为着力点，比较了法院调解书与判决书的不同，认为调解书很难说“法理”，因而调解和审判应该分离；而对于刑事和解，则以轻伤害案件和解为着力点，比较了我国现行刑事诉讼中自诉和公诉程序的不同，主张应在公诉程序中重视和解；对于行政和解，则以违反治安管理行为的和解为着力点，比较了《治安管理处罚法》中的调解与和解，质疑了两者效力不同的法律规定的合理性。

功能分析，是本书对和解的第三个分析视角。和解的功能可以分为个别功能和社会功能。前者是指和解方式在个案纠纷解决中的功能，如解决纠纷、形成规则、归属责任、恢复关系等；而后者则指和解这种纠纷解决方式在社会中的功能，如复合双重正义、效益考量选择、适应社会结构等。

由于和谐社会的构建是中国共产党的政治理想，而依法治国则是治国方略，因此，探讨和解与和谐、法治的关系尤为必要。构建和谐社会，要尽量预防各种纠纷，又需要妥善解决各种纠纷，需要自决、和解、裁决“三元一体”的纠纷解决机制。尊重和解实际上是尊重人权，和解可以促进人的全面发展。将和解与法治对立的观点，其根源于西方国家主义，具有西方法治主义色彩，要重构法治的和解，中国的问题应中国式解决。

目　录

导　论

一、选题缘由

（一）中国社会纠纷解决研究具有现实紧迫性

从最宽泛的意义上来讲，“纠纷”一词与“冲突”、“矛盾”、“对抗”、“斗争”等具有大致相同的意思。在社会学意义上，纠纷是特定的主体基于利益冲突而产生的一种双边的对抗行为，意味着一定情况下平衡状态的打破。美国学者科塞指出，社会冲突的积极功能主要是通过低暴力、高频率的冲突得到体现的，其价值在于：①提高社会单位的更新力和创造力水平；②使仇恨在社会单位分裂前得到宣泄和释放；③促进常规性冲突关系的建立；④提高对现实性后果的意识程度；⑤社会单位间的联合度和适应外部环境的能力得到提升和增强。[1]人类社会矛盾无时不在，无处不有。作为与矛

〔1〕［美］科塞：《社会冲突的功能》，孙立平等译，华夏出版社 1989 年版，第9页。

盾意思大致相同的纠纷，也是无时不在，无处不有，是人类社会生命力的源泉。低暴力、高频度的纠纷，具有“排气孔”、“安全阀”的作用。可以这样说，没有纠纷，社会就是一潭死水，了无生机，文明不能提高，社会不能进步；纠纷的五彩缤纷，是权利和法的发展契机，甚至可能成为社会变革的先导和动力。

但是，纠纷的消极影响更应引人注意。纠纷意味着失范，由于失范，人们无法约束彼此争斗的各种势力，无法提供能使人们俯首贴耳的限制，人们会相互对抗，相互防范，相互削弱，这是一种无政府状态的病态现象。〔1〕纠纷本质上是主体的行为与社会既定的秩序和制度以及主流道德的不协调或对之的反叛，与既定秩序和制度以及主流道德意识不相容，具有反社会性，〔2〕它“隐喻着对现存秩序的破坏，恶性、无序、大规模的纠纷如战争、暴乱通常与鲜血、苦难和泪水相伴而生”。〔3〕特别是当现实性纠纷转化为非现实性纠纷后，社会动荡由此生成，社会控制异常艰难。为恢复社会秩序，人们不得不付出太多的成本。

由此可见，纠纷虽然具有积极意义，但却是以牺牲“现存秩序”为代价的。法律关注纠纷，正是基于纠纷对现存社会制度和社会秩序的消极影响进而为其提供解决规则的角度。如何预防、减少和解决纠纷，是人类永恒的研究课题。

改革开放以来，中国社会急剧变化，人们的生存方式已从组织化向个别化转变。个体利益相对团体利益而言获得了相对独立的存在意义且日受重视。现代社会的人们总是最大限度的追求自由和权利，个人的占有欲、表现欲、追求欲日趋强烈。人们有时“舍得一身剐，敢把皇帝拉下马”，会向最大的权力者——国家叫板。“市场经济大潮带来的，除了对金钱的渴望和对世俗享乐的期待，还对人

〔1〕 何兵：《现代社会的纠纷解决》，法律出版社 2003 年版，第 4 页。

〔2〕 顾培东：《社会冲突与诉讼机制》，四川人民出版社 1991 年版，第 2 ~7 页。

〔3〕 何兵：《现代社会的纠纷解决》，法律出版社 2003 年版，第 1 页。

们的大脑进行了清洗。在一次一次的观念更新中，往日的浪漫情怀和神圣理想已成为明日黄花。传统价值观念已受到严重挑战。人们的崇拜重心已从领袖、权力到金钱、明星，直到什么也不崇拜”，“上帝已被谋杀，但上帝的位子还在，每个人都可以自己在那个位子上坐坐，摆出什么样的怪样子都行”。[1]什么人都可以做上帝的时候，这个社会就是失范的时候。

社会转型期的中国，各种利益在重新调整之中，深层矛盾早已凸现，利益冲突日益加剧，群体性事件频发，社会面临着动荡不安的危险，矛盾纠纷的排查调处工作极其重要。一个现实层面的和谐社会，除了能有效预防纠纷外，还必须是能顺利有效、公平正义地化解各种纠纷的社会。中国共产党提出构建和谐社会的政治理想时，已清醒指出要“健全正确处理人民内部矛盾的工作机制，完善信访工作责任制，综合运用政策、法律、经济、行政等手段和教育、协商、调解等方法，依法及时合理地处理群众反映的问题。建立健全社会利益协调机制，引导群众以理性合法的形式表达利益要求，解决利益矛盾，自觉维护安定团结”。[2]构建和谐社会这一政治理想的实现，有赖于合理的纠纷解决机制的建立，有赖于各种解纷方式之间功能互补、协调配合，要求加强纠纷解决问题研究，因而纠纷和解的研究在中国具有现实紧迫性。

（二）传统解纷方式需要反思整合

1. 自决解纷存在失范的危险

现代社会的纠纷解决方式，按照日本学者棚濑孝雄的分类标准，根据纠纷解决取决于何方主体，主要分为根据“合意”的纠纷解决和根据“决定”的纠纷解决。前者如和解、调解等，后者如诉讼、仲裁、行政决定。实际上，这种分类尚未涉及纠纷主体单方解

---

〔1〕 何兵：《现代社会的纠纷解决》，法律出版社2003年版，第56～57页。

〔2〕 参见2004年9月19日中共中央十六届四中全会《关于加强党的执政能力建设的决定》。

决的模式，这种单方解决的模式（自决），常是一方以个人意志而采取暴力行动，消灭对方或压制对方，具有极大的恣意性，它常常是“按下葫芦浮起瓢”，当前一纠纷在单方主体看起来已被解决时，却孕育着新的纠纷的种子。与被消灭方有利害关系者或被压制方，在先前纠纷似被解决时或在经过一定时间的沉默后，也常会将纠纷的种子萌发为仇恨的火焰，其破坏性更严重。一个社会自决解纷方式盛行，社会失范、失序的风险就很大，故而现代社会一般反对纠纷自决，虽不完全对它进行否定，但对它进行了严格的限制。

2. 诉讼解纷可能导致国家专制

现代社会一度推崇诉讼解决纠纷，将司法看做是正义的最后防线。法院的受案范围不断扩大，诉讼程序不断完善，行政的司法化倾向也日益明显，其程序化特征也日益显著。国家权力的触角延伸到公民生活的每一个领域，即使“风能进，雨能进，国王不能进”的“家”，也曾在国家权力的干涉下摇摇欲坠。国家成了社会的保姆，试图消解社会上的一切不安定因素，化解人世间的一切恩怨情仇，以国家所认为的正义象征——国家法律，来调整一切社会关系，达致人类社会秩序的永远和谐。

权力本身就有无限扩张的趋势，如果任其发展甚至推波助澜，国家这个庞然大物就会贪婪地吞噬着民脂民膏。因此近代以来的政治发展趋势都是寻求用法律规定限制政府权力而不是扩张政府权力。当公民的行为侵犯了国家利益和其他公民的权利自由时，自然应受惩罚；当国家侵犯公民的权利自由时，同样要负责任。几千年来，中国人总是以无限政府模式来构建国家，希望这个无所不包的国家以及最高统治者是臣民的保护神，是臣民的一切福利来源。臣民是这样期盼的，统治者也是这样自吹的。事实上，个人被保护得越多，受限制、受侵害的可能性越大；反之亦然。[1]国家不可能掌

〔1〕 陈永森：《告别臣民的尝试——清末民初的公民意识与公民行为》，中国人民大学出版社2004年版，第487页。

握解决纠纷的绝对真理，如果把纠纷解决权垄断在国家之手，或单纯以诉讼方式解决纠纷，就是一种无知，是一种绝对的谬误。

如果国家垄断纠纷的解决权，就是国家对社会的专制，如果诉讼方式垄断对纠纷的解决权，就是诉讼的专制，会形成法官的专制。国家应当宽容社会，允许社会自治，不能把自己当做社会的救世主。从来就没有救世主，一切都得靠自己。一个多元的社会，不可以将纠纷统于一种方式解决，不可以将纠纷解决权统于某一主体专有，否则，不但可能形成专权，而且纠纷解决主体也可能为纠纷所累。

3. 和解解纷应受重视但需规范

国家法律的局限性、有限的司法资源、纠纷的爆炸之间存在着种种不可调和的矛盾，人们越来越发现，国家并不是万能者，“让上帝的归上帝，让恺撒的归恺撒”、“让国家的归国家，让社会的归社会，让个人的归个人”的理念有了新的作用场域。虽然现实生活中上帝和国家的职责断难泾渭分明，国家、社会、个人之间也是复杂交错，然而这种理念却是大有益处，它能使人们实现对效率的追求，能使纠纷有效地解决，有利于和谐秩序的生成。人们已开始重新审视对“正义”的理解，不得不重新向诉讼外的纠纷解决方式求助，在世界范围内出现了国家正式解决纠纷机制和民间解决纠纷机制协调共存的局面。特别是具有“东方经验”美称的“调解”制度，在西方国家也大为走俏，甚至在一些国家结出累累硕果。

和解，是根据“合意”解决纠纷的方式，不同于以国家强制力为保障的由第三方决定的纠纷解决方式，体现了纠纷双方的意思自治，应受到高度的重视。正和纠纷意味着失范一样，纠纷之和解如果不纳入一定法律程序的监控之下，也会失范。纯粹的双方和解中，一方可能采取极不公平的手段，也可能乘人之危。第三人参与的和解中，也会出现许多违背公平正义的弊端。没有法律程序的监控，还可能会因此出现许多的以解决纠纷为手段，却以此谋利的黑恶势力，他们可能用充满血腥、更大的纠纷去消除先前的纠纷，并与

国家政权、整个社会相对抗，导致公民安全感失落，法律权威弱化、国家政权威信扫地，使社会陷入无政府状态，陷入更大的混乱。只有将纠纷的和解纳入“法律的荫影”下，实现法律程序内和解〔1〕，才能不失秩序，趋向法治社会，保障社会持续、稳定、协调、健康地发展。

（三）个人的经历与思考面向

选择“纠纷和解”为题，与自己的经历和思考面向有很大关系。我出生在山东莱阳的一个小农村，村里的人都可以摆上辈分以伯叔子侄、姑姨婶娘、兄弟姐妹等相称。小村里的纠纷常入我眼、入我耳，也入我脑、入我心。这些村民的纠纷，大都是在老人、村长、村治保主任主持下和解或是自行和解的。“远亲不如近邻”、“打虎亲兄弟、上阵父子兵”，纵使平常相处不怎么好的村民，在一方有难时，也常借对方需要帮助之时，利用“帮助”行为，化解了以前的恩怨。自己十岁左右时，常参与村人一些纠纷的处理。我还记得自己参与调解的叔、婶夫妻二人打架纠纷，大人们已对他们做了很多调解工作，但他们仍相互有些怨气。我到场后，说了一些话，大意是，他们打架让我们小孩子看着也不好。而这时在一边做调解工作的大人们借机说，“你看，你们的侄子都笑话你们了，你们还不如一个孩子!”叔、婶一听，破涕为笑，一旁的大人们都笑了。这个夫妻二人打架的纠纷就这样解决了，而我自己也对此有些沾沾自喜。这些村人的纠纷及自己参与的纠纷处理，以及农民之子

〔1〕 法律程序内和解，笔者意指根据决定解决纠纷的法律程序前的和解和根据决定解决纠纷的法律程序中的和解。因为和解方式一般并无固定的法律程序，为防止其失范的危险，所以笔者主张将其置于法律程序的监控之下，以法律程序为解决纠纷的最高权威和最终保障。同时，一般而言，现代法律程序常指司法程序（审判程序、诉讼程序）。根据决定解决纠纷的方式，体现了诉讼的形式，因而将和解置于于法律程序的监控之下，即是指在诉讼程序的监控下。不过还需要说明的是，这里的“诉讼”，是指有控告、辩护和裁判三方的纠纷解决形式，如法院审判、仲裁庭仲裁、司法化的行政决定等，而并非单指法院的审判。

的诚实、宽容及至“柔弱”的性格，使我具有喜欢和谐、喜欢调解纠纷、甘愿充当“和事佬”的“个性”。大学毕业后从事警察工作18年，处理过许许多多、形形色色的纠纷，作为一个执法者，越来越感觉到不能像“自动售货机”一样，将案件事实和法律输入后，即得出案件的解决结果，而是和普通百姓一样有着相同的朴素认知，即在许多情况下，“公了”不如“私了”〔1〕，打官司不如私下和解。

2002～2005年在职攻读法律硕士期间，写出《纠纷的自治解决》作为毕业论文。在答辩期间，谢晖、齐延平等老师提了很多问题，这些问题有的在文章中已有解答，有的则是没有考虑过的，有的虽然解答过，却在材料的运用把握等角度还不太充分，同时根据当时占有的资料，隐约觉得在我国，学者们真正相对全面地研究和解的文献资料并不是很多，大都是“居于一隅”，因此，自己一直想对和解进行一个整体的把握，试图梳理出一个脉络，澄清人们的一些认识，纠正一些错误观念。自2008年9月份攻读博士学位以来，又收集了一些相关的文献资料，最后确定以“纠纷和解”作为自己的研究课题。

二、研究现状

（一）国内现状

除去前面的理由外，之所以选择“纠纷和解”为题，自己近年来特别是攻读博士学位以来，对目前国内外研究现状的把握，可以说是另一个理由。从目前手头掌握的资料看，在最一般意义上来讲，法律是定分止争的工具，所有研究法律的文献，都可以算作是研究纠纷解决的文献。即使将纠纷解决视为一个单独的研究领域，目前题目中含“纠纷解决”四字的文献资料也比较多，与纠纷和解相关的资料也为数不少。

〔1〕 许多人包括一些学者都将“和解”等同于“私了”，可参见后文研究现状中的相关论述。

范愉的《纠纷解决的理论与实践》，当推纠纷解决的力作。该书阐明了纠纷解决研究及其学术体系，梳理了我国纠纷解决的研究现状，构建了纠纷解决研究的基本理论框架，运用比较方法阐述了多元化纠纷解决机制发展的时代背景，建构我国当代多元化纠纷解决机制，聚焦于处在多元化纠纷解决机制核心的司法制度，探讨了有关人民调解和"大调解"的问题以及纠纷解决中的规范问题。但是，或许囿于本书题目所限，本书仍是在现行"法律框架"下探讨问题，其中对纠纷和解，并没有进行深入系统的论述，而且其"多元纠纷解决机制"真有些让人眼花缭乱之感。

如果根据范愉的认识"私力救济，即所谓私了"〔1〕，那么徐昕《论私力救济》可称得上是"私了"的专著。然而，"私了"是针对纠纷解决而言的，"私力救济"却是针对权利救济方式而言的。"私力救济"的概念，脱离不了"权利义务"的思考范式，而在纠纷解决中，人们所关注的往往并不是法律上所谓的"权利义务"，有时候却是一点尊严、关系或面子、情感，法律人不可想象"人争一口气"，而想象的是争执中的权利义务的理性分配。同时，徐昕的视野过多关注了私力救济而非私了行为的本质。徐昕的研究视域仅及于私人间纠纷的解决，而对于私人与国家间的纠纷解决中的"和解"及私人公法责任的和解，则未曾涉及。

桑本谦同徐昕一样关注了私人执法问题，在《私人之间的监控与惩罚》中，比较了公共惩罚与私人惩罚，质疑了国家对暴力的垄断，认为国家惩罚和私人惩罚实际上在现实生活中是互动的关系。纠纷解决，其本质上是确定行为人的责任问题，是对纠纷进行正面还是负面的评价或裁定，即社会裁定问题。惩罚违法犯罪人实际上是纠纷得到解决的一个表征，有时候并不一定意味着纠纷的解决。故而，桑本谦的专著并不旨在确定纠纷的解决，而在于像他本人所

〔1〕 范愉：《纠纷解决的理论与实践》，清华大学出版社2007年版，第225页。

认为的那样，是从经济学的进路对“私人之间的监控与惩罚”的正当性进行论证。

在刑事和解的领域内，近年来已有相当多成果。葛琳的《刑事和解研究》是研究刑事和解的一部力作。葛琳以“刑罚之后又如何”的提问为切入点，以六章论述了有关刑事和解的问题，阐释了刑事和解的基本含义、性质、功能、正义观等基本问题，分析了刑事和解的历史轨迹，又从政治哲学、经济学、心理学、文化四方面对刑事和解进行了证成，从互动的角度论述了刑事和解与犯罪学理论、刑法理论和刑事诉讼法理论之间的互动问题，分析了和解的制度要素，建构了刑事和解的未来图景，最后预测了中国未来刑事法的走向。〔1〕然而，在葛琳的观念里，私了等于和解〔2〕，显然过于简单化，而她又将辩诉交易排除在“和解”之外〔3〕，这在笔者看来是不妥当的，不过，她将调解归于“和解”之中，倒是颇有道理。〔4〕

卢建平在为武小凤《冲突与对接——刑事和解刑法制度研究》作序时认为，刑事和解就是制度化的私了，是国家透过司法官监督下的“私了”。〔5〕武小凤则认为，“严格来讲，调解与和解是两个不同的概念，包含了不同的运作方式与条件。但从总体上讲，由于和解既包括当事人自行和解，也包括经由第三人调解而达成的和解，因此为了从整体上与诉讼方式相对应，本书标题之中只统称‘和解’，而不再特别指出究竟为和解还是调解。”〔6〕仅从武小凤所

〔1〕 葛琳：《刑事和解研究》，中国人民公安大学出版社2008年版。该书为葛琳的博士学位论文。

〔2〕 葛琳：《刑事和解研究》，中国人民公安大学出版社2008年版，第25页。

〔3〕 葛琳：《刑事和解研究》，中国人民公安大学出版社2008年版，第22~23页。

〔4〕 葛琳：《刑事和解研究》，中国人民公安大学出版社2008年版，第21页。

〔5〕 武小凤：《冲突与对接——刑事和解刑法制度研究》，中国人民公安大学出版社2008年版，序言。

〔6〕 武小凤：《冲突与对接——刑事和解刑法制度研究》，中国人民公安大学出版社2008年版，第30页注1。

运用的文字看，就存在着逻辑上的问题，即同调解相对应的“和解”，与同诉讼相对应的和解，其外延是不同的。但正如武小凤本人所认为的，就和解与调解的关系而言，通过第三方调停可以促成当事人的沟通并达成协议，因而第三人的调停是形成和解的方式或原因之一，但和解并不以第三方调解以及什么样的人才可以成为调解人为必要条件。〔1〕应该说，武的观点是合理的。正是基于此种观点，武研究的“刑事和解”才在广义上将“合意”解决犯罪纠纷〔2〕皆包含在内，这一点与葛琳有所不同。虽然她把研究的核心放在她所谓的狭义上的“刑事和解”——犯罪人与被害人之间的刑事和解上，但基于此种研究得出的结论有许多值得认真对待，其建立刑事和解刑法制度的构想，也是值得关注的。

马明亮率先在国内提出“协商性司法”这一法学概念，并且紧紧围绕罪刑协商模式这一核心命题展开充分的论证。〔3〕协商模式是以被追诉人认罪为前提，赋予诉讼当事人程序选择权与相当程度的实体处分权，旨在提高利益主体的自决权，以控辩双方诚信的协商来增强裁决结果的接纳力度与司法威信，其中体现了一种契约精神〔4〕，暗含了刑罚理念的变迁——从聚焦过去的犯罪事实、追求刑罚的报复性向关注未来纠纷的实质解决、追求刑罚的矫正性功能的转化。〔5〕通常情况下，“合意”成为协商性司法证据制度的基本原则。〔6〕如此看来，马明亮的“协商性司法”，其实质是通过“合意”解决纠纷的一类司法模式，虽然如他自己所言，协商性司

---

〔1〕 参见武小凤：《冲突与对接——刑事和解刑法制度研究》，中国人民公安大学出版社 2008 年版，第 55 页。

〔2〕 加下圆点部分为笔者特意强调，本书中所有情况皆系此种强调意义，不再重复说明。

〔3〕 陈瑞华：“站在刑事程序理论的至高点（代序言）”，载马明亮：《协商性司法》，法律出版社 2007 年版，第 3 页。

〔4〕 马明亮：《协商性司法》，法律出版社 2007 年版，第 63 页。

〔5〕 马明亮：《协商性司法》，法律出版社 2007 年版，第 69 页。

〔6〕 马明亮：《协商性司法》，法律出版社 2007 年版，第 70 页。

法毕竟是理论抽象与归纳的产物，它在现实中由一系列具有共同特征的诉讼制度集合而成，并不存在一个现实的司法制度就称为协商性司法；又由于各国诉讼文化与观念的差异，无论是法律文本还是法律实践中，协商性司法在世界范围内的表现多种多样〔1〕。然而，通过合意解决纠纷，本来就是人类解纷的一种固有方式，虽然这种解纷方式，其机制内部或许不协调，其与自决、裁决有诸多的不协调，但它的“制度性”却是显而易见的，无论它是正式制度的一部分，还是作为“非正式制度”存在。马明亮的视角，限定在刑事领域，即罪与罚的协商上，他将刑事和解、刑事调解、辩诉交易等都作为协商性司法的一个组成部分，体现了前者为种，后者（协商性司法）为属的关系，又将众多的基于协商（合意）基础上的纠纷解决方式，也纳入了“协商性司法”的范畴。然而无论是何种方式的协商性司法，仅因为它的“合意”性，按照笔者对解纷方式的分类标准，就应归于“和解”的范畴。因此，在笔者的角度看，和解与协商性司法，也有了“和解”为“属”，协商性司法为“种”的关系，毕竟，根据马明亮的研究视角，仅限在“司法”视角，而非“纠纷解决”视角。正如马明亮在书中导论所言“视野决定了世界的大小”，“和解”之视野，在于纠纷之和解，而“协商性司法”之视野，在于司法之协商性，司法仅为解决纠纷之一类方式而已，所以“和解”之下的世界当然大于“协商性司法”之下的世界。〔2〕不过，如果将辩诉交易涵盖在“协商性司法”之内，那么就不得不将国内辩诉交易的研究纳入研究“和解”的视野。为此，祁建建的《美国辩诉交易研究》、冀祥德的《建立中国控辩协商制度研究》，作为汪建成指导的两位博士生的作品，对理解辩诉交易，当然也对

〔1〕 马明亮：《协商性司法》，法律出版社2007年版，第27页。

〔2〕 然而仍需要说明的是，这并不表明，大视野下的研究，会比小视野下的研究更深入，也不表明笔者的研究会比马明亮更深入。研究视野的大小和研究的深入，两者并不存在着必然的关系。

理解“和解”有着很大的参考意义。

湛中乐等的《行政调解、和解制度研究》，对行政纠纷领域内的调解/和解问题做出了自己的贡献，认为行政调解作为行政机关解决民事争议的一种手段已得到广泛应用，但是调解、和解作为行政纠纷的解决方式尚需要获得进一步的完善：前者在制度上较为分散，未被系统的建构，其一般机理也未得到系统的探讨，后者则受到学理与制度实践的拒绝。实践中的和解应与学理、制度上的和解进行互动，相互完善提高。湛中乐等总结了学界关于行政调解的概念，提出了自己关于行政调解的定义：由行政主体出面主持的，以国家法律、法规和政策为依据，以自愿为原则，以平等主体之间的民事争议为对象，通过说服教育等方法，促使双方当事人平等协商、互谅互让、达成协议，消除纠纷的一种具体行政行为。〔1〕而行政和解则被表述为：在行政复议和行政诉讼过程中，当事人双方自行或通过裁判机关帮助，就诉讼标的的权利义务关系，互相让步达成协议，以终结复议或诉讼程序为目的的行为。〔2〕显然，对于湛中乐等而言，行政调解和行政和解，解决的纠纷性质是不同的，前者是民事纠纷，后者是行政争议，但是这两种解纷方式，都是在“和谐化解法律争议”，然而有两点不得不指出：一是作为专门研究调解/和解的专著，虽然对两项制度的社会背景、行政法基础等进行了有深度的探讨，却未能对两种解纷方式进行比较研究，进而得出共性的问题或共性的结论，不能说不是一种“遗憾”，而这种“遗憾”，恰好为后人有幸做继续研究提供了很好的“场域”。二是湛中乐把和解分为法庭内的和解和法庭外的和解，把“私了”等同于“法庭外的和解”。

---

〔1〕 湛中乐等：《行政调解、和解制度研究——和谐化解法律争议》，法律出版社2009年版，第35~36页。

〔2〕 湛中乐等：《行政调解、和解制度研究——和谐化解法律争议》，法律出版社2009年版，第98页。

关注纠纷和解的文献还有：范愉的《非诉讼程序（ADR）教程》、《非诉讼纠纷解决机制研究》、徐昕的《迈向和谐社会的纠纷解决》、顾培东的《社会冲突与诉讼机制》、何兵的《现代社会的纠纷解决》、赵旭东的《纠纷与纠纷解决原论：从成因到理念的深度分析》、《权力与公正：乡土社会的纠纷解决与权威多元》、田成友的《乡土社会中的民间法》、于语和的《民间法》、董磊明的《宋村的调解：巨变时代的权威与秩序》、瞿琨的《社区调解法律制度：一个南方城市的社区纠纷、社区调解人与信任机制》、杨方泉的《塘村纠纷：一个南方村落的土地、宗族与社会》、韩秀桃的《明清徽州的民间纠纷及其解决》、戴建庭的《民事纠纷解决机制研究》、辛国清的《法院附设替代性纠纷解决机制研究》、陈慰星的《民事纠纷的多元化解决机制研究》、魏建的《法经济学：分析基础与分析范式》、邱星美和王秋兰的《调解法学》等。这些文献从社会学、法史学、诉讼法学、法经济学等角度都对“合意”解纷有所解读。还有一些研究者，认为和解与文化息息相关，从文化的角度对中国人传统的崇尚和解进行了解读，如梁漱溟的《中国文化要义》、辜正坤的《中西文化比较导论》、张岱年和程宜山的《中国文化论争》、林端的《儒家伦理与法律文化》、梁治平的《寻求自然秩序中的和谐》、苏力的《法治及其本土资源》等等。

2009年10月17日检索万方数据中国学位论文全文数据库，在政治法律类的硕、博学位论文中检获1977~2008年标题中含“和解”二字的学位论文79篇，其中关于各种性质纠纷和解的有73篇。在期刊论文政治军事与法律类进行检索，标题中含“和解”的文章有1160篇。

笔者认为，国内对纠纷和解的研究，体现了学科的多样性、方法的多元性，这或许是因为纠纷解决本来就是人类社会科学的一个共同研究课题。然而，国内研究纠纷解决的文献却存在着几个问题：一是将“私了”等同于“和解”；二是将“调解”等根据“合意”解纷的方式排除在“和解”的范畴之外；三是将和解/私了等同于民间法，同国家法相对立；四是研究者的研究领域过分局限于某一领域内纠纷和解，很难有关于“和解”一般性问题的结论。

（二）国外现状

纠纷（冲突）在社会学领域中较早作为独立命题来研究的是德国社会学家齐美尔。他认为，社会是其组成成员互动的场所。简单社会或者社会成员数量较少的社会，社会成员相互间的作用非常直接，交往环节少，成员参与程度高，社会的维系主要依赖情感、习惯等。但是随着社会群体规模的扩大，社会成员彼此的异质性增强，冲突就不可避免。“恰如宇宙需要爱与恨，需要吸引的力量和拒斥的力量才会具有某种形式一样，社会也需要和谐与不和谐、联合与竞争、宠信与失宠的某种量的比例，才能达到某种特定的状态。”〔1〕齐美尔将社会冲突划分为四种类型，即战争（群体间的冲突）、派别斗争（群体内的冲突）、诉讼（通过法律途径处理的冲突）、非人格冲突（即思想观念的冲突）。同时又根据冲突主体主观意识上是为个人利益还是为集体利益，区分为两种冲突，一是参与冲突者作为私人的个体参与冲突，二是自以为是集体的代表的冲突。

冲突论的代表人物美国学者科塞发展了齐美尔的后种分类，将其名为现实性冲突和非现实性冲突，认为“那些由于在关系中的某种要求得到满足以及由于对其他参与者所得所做的估价而发生的冲突，或目的在于追求没有得到的目标的冲突可以叫做现实性冲突，因为这些冲突不过是获得特定结果的手段。相反，非现实性冲突虽然也涉及到两人或更多人的互动，但它不是由对立双方竞争性目标引起的，而是起因于至少其中一方释放紧张状态的需要。在这种情况下，对于对立者的选择并不是直接依赖于与引起争论问题有关的

〔1〕［德］齐美尔：“竞争社会学”，载［德］齐美尔：《社会是如何可能的——齐美尔社会学文选》，林荣远编译，广西师范大学出版社 2002 年版，第 222 页。

因素，也不是以获得某种结果为取向”。[1]

科塞之前，早期的美国社会学家如库利、斯莫尔、罗斯、萨姆纳等的著作，都把冲突作为他们理论体系的核心，而帕克等少数社会学家，则强调冲突的积极作用，认为只有存在冲突的地方才有行为意识和自我意识，才有理性行为的条件，冲突不仅是获得自我意识的机制，事实上也正是它构成了任何有组织的社会，冲突往往导致了冲突群体间的结合，以及一种领导与从属的关系。但是，帕森斯等则倾向于认为冲突主要具有破坏性、分裂性和反功能的后果，冲突基本上是一种“病态”。[2]然而，明显地，这些研究“冲突”的理论，其关注点在于“冲突”，而非冲突之解决，在于群体性的冲突，而非个体性的冲突。这些对冲突研究中的解决冲突的对策，仍然是宏观政策型的，而非具体到个案操作型的，貌似离“和解”主题很远，但是仍然可以成为我们研究纠纷解决的前见或基点。

强世功指出，研究中国法的美国学者，在对待中国的个人态度和理论态度上各有不同，尤其是“功能主义者”摆脱了对中国的仇视和“法制论者”的西方中心主义色彩，对中国采取一种同情、理解乃至借鉴的态度来研究中国所特有的调解之类的非正式制度。但是在理论框架上，即使是功能主义者也没有摆脱“冷战思维”意识形态的影响。他们将调解制度与共产主义的意识形态以及共产主义的社会制度联系在一起，将这种法律传统看做是简单的政党组织精心设计的产物，从而在理论上陷入“政治决定论”的误区中，忽略了其他社会因素对调解制度的影响。[3]因而，陆思礼等人认为，调解在文革前的中国有动员群众支持党的政策的功能，而在邓小平之

---

〔1〕［美］科塞：《社会冲突的功能》，孙立平等译，华夏出版社 1989 年版，第 35 页。

〔2〕参见［美］科塞：《社会冲突的功能》，孙立平等译，华夏出版社 1989 年版，第 4 ~ 6 页。

〔3〕强世功：“权力的组织网络与法律的治理化”，载强世功编：《调解、法制与现代性：中国调解制度研究》，中国法制出版社 2005 年版，第 207 页注 6。

后的中国，调解中的政治语词比以往少，能够按争议人本身所提的问题解决纠纷，将民众注意力聚集于特定政策问题这一作用比不上毛泽东时代，但调解仍与特定政策藕断丝连。1989年后，被作为宣传政策和教育群众坚持正确的政治方针的工具，又一直与预防犯罪相联系而受赞誉。〔1〕陆思礼的洞见，在今天依然适用。包含调解在内的和解，正是中国共产党建设和谐社会这一政治理想有力的工具，当下中国，无论是官方、学者、百姓都欣赏和解，法律实务界，特别是基层实务界，一谈到和谐，就必然想到“和解”，这充分展示了在许多人的心目中，和解对于社会稳定的重要性。

美国学者布莱克认为和解是社会控制的样式，其他三种样式为刑罚、赔偿和治疗。每种样式都有对不轨行为的界定方式，并各有自己的对策。每种样式也都有各自的语言和逻辑。刑罚控制和赔偿控制都是指控型的社会控制。它们都有争议双方：原告和被告，胜诉方和败诉方。治疗型控制与和解型控制是补救型控制，是社会的补救和维持方法，是帮助有麻烦的人的办法。这两种方式所涉及的不是胜败、全部得到或一无所获的问题。在这两种社会控制方式中，问题是什么是改善某种不良境况所必不可少的。治疗的目的是恢复正常，和解的理想是社会的和谐。在和解型控制的纯粹形式中，争议各方提出聚会并寻求将他们的关系恢复到先前的状况。他们也可能增加一个调解人或其他第三方一起协商，以求得一个妥协的或各方都可以接受的解决方案。事实上的社会控制可能偏离上述四种样式的纯粹形式。大多数案件可以确定某种占主导地位的样式，即使有些案件看不出某一占主导地位的控制样式，也还是可以确定其组合的几种因素。〔2〕显然，根据布莱克的观点，调解本来就

〔1〕 参见［美］陆思礼：“邓小平之后的中国纠纷解决：再谈‘毛泽东和调解’”，载强世功编：《调解、法制与现代性：中国调解制度研究》，中国法制出版社2005年版，第287～290页。

〔2〕 参见［美］唐纳德·J. 布莱克：《法律的运作行为》，唐越、苏力译，中国政法大学出版社2004年版，第5～6页。

是“和解”的一种形式，因而其对和解的理解，比我国部分学者将“和解”和“调解”分离的理解更为全面、深入。

日本学者棚濑孝雄在《纠纷的解决与审判制度》中已将纠纷解决方式分为根据合意的解决方式和根据决定的解决方式，并提供了现实生活中纠纷解决的图表范式，这一点非常有道理。现实中的纠纷解决，大都是要么根据纠纷当事人间的合意解决，要么根据第三人的意见裁决解决，当然具体到一个纠纷，其中“合意”因素和“决定”因素会兼而有之，最为典型者莫过于仲裁，先是有当事人合意的仲裁条款或合同，再有仲裁决定。棚氏还分析了根据“合意”解决纠纷中的调解的类型。棚氏还是将重点落在审判制度的分析上，同时，他忽视了自决这种解决纠纷的方式。“自决—和解—裁决”这三种形式的纠纷解决方式，在现代社会中都是事实存在的，只不过它们在正式制度中得到认可的程度不同而已。对于中国人明显的崇尚和解的特点，日本学者高见泽磨在《现代中国的纠纷与法》中，认为在中国往往采用一种“说理—心服”的方式来解决民事纠纷，此观点为我们提供了思维的另一视角，不过，笔者认为，这种“说理—心服”的方式，并不是中国独有的，在高见泽磨所谓的“判决—执行”的解纷方式中，实际上也是以“说理—心服”为重要旨归的，否则就用不着要求法官在做出判决的时候进行说理了。此外，日本学者千叶正士的《法律多元》、小岛武司和伊藤编的《诉讼外纠纷解决法》、美国学者戈尔德堡等著的《纠纷解决——谈判、调解和其他机制》等，对研究纠纷和解有着重要的参考意义。

以上国外的研究表明，西方学者也是关注纠纷的合意解决，即纠纷和解的，并且有相当的贡献。然而西方对和解的重视，却大都是与对西方法治模式即诉讼中心主义的反思相关联的。无论是他们民事领域的ADR，还是刑事领域的辩诉交易、刑事和解等，都是出于诉讼大量激增、积案过多、诉讼迟延、成本昂贵等原因兴起的。实际上，自近代以来，诉讼在西方一直被推崇为正统的解纷方式，

而和解则被视为落后的解纷方式，典型反映了诉讼中心主义。加之在历史的进程中，进行共时性的比较，西方国家物质文明、精神文明、制度文明体现出了巨大优越性，而非西方国家就把它们当作了发展的目标模式。包括对抗式的司法模式即诉讼，也就成了被崇拜的解纷模式，诉讼完全将和解的光环给埋没了。这种西方中心主义、诉讼中心主义（国家法律中心主义）在一些法人类学家那里已受到了批评。一些法人类学家的著作，揭示了和解解纷的合理性，如霍贝尔《初民的法律》、马林诺夫斯基《原始社会的犯罪与习俗》、A. R. 拉德克利夫布朗《原始社会的结构与功能》，等等。和解，体现了人们为了竞争而进行的合作，而人们为什么合作解决纠纷，罗伯特·阿克塞尔罗德《合作的进化》恰恰说明了：虽然人们都有“自私的基因”〔1〕，在人们自私自利竞争的基础上，即使不是刻意地，人们也会出现合作的伙伴关系。和解是为了解“分”而进行的“合”，是有了人类，有了纠纷以后一直存在的解决纠纷的主要方式之一。作为和解表现之一的“调解”，虽然曾被西方学者誉为“东方经验”、“东方一枝花”，但这枝花，无论在东方还是西方，无论是在过去、现在还是未来，其实都是“静悄悄的玫瑰，静悄悄地开，静悄悄的玫瑰，红彤彤地开，就看有心的人儿摘不摘”。

三、选题意义

对于我们的族类来说，很多痛苦和灾难产生于分裂和斗争，因此，人类和平的理想得以成长，把它作为人类存在的实现。〔2〕面对纷呈的分裂和斗争，如何实现和平的理想？以西方法治为蓝本，人类将这种理想的实现，寄托在诉讼司法这种解纷的方式上。然而，诉讼司法模式能解决所有的分裂和斗争吗？我们应《走向什么司法

〔1〕［英］R. 道金斯：《自私的基因》，卢云中、张岱云译，科学出版社 1981 年版。

〔2〕［德］齐美尔：“竞争社会学”，载［德］齐美尔：《社会是如何可能的——齐美尔社会学文选》，林荣远编译，广西师范大学出版社 2002 年版，第 221 页。

模型》[1]？或许苏力的《司法制度的合成理论》[2]能给我们很好的回答：司法、调解、仲裁甚至私了并无制度的高下之分，对于诉讼人来说，它们只是互补的同时又是相互竞争的纠纷解决机制，尽管出于政治的考量，司法被赋予了更高的权威。[3]纠纷当事人是最关注纠纷解决的主体，以他们为纠纷解决的核心因素，对纠纷解决进行研究，特别是对以主体自治为基础的和解的研究，对纠纷解决理论研究有着重要的意义。

按照传统法学的教育[4]，国家的公权力不可侵犯，个人无法随意处置国家权力，除非他有国家法律的授权。而解决纠纷的权力，意味着国家具有惩罚违法犯罪行为的专断权，个人则不能对他人的行为进行惩罚，即个人没有私人的法律惩罚权，这一点似乎已成为共识。或许正是基于此，学术界大多对私了/和解贬声一片，对私力救济行为也很少赞成，而法律实务者也从学术界的声音中深受其害：他们在理念上试图坚持严格的法治主义，以规则之治为追求，寻求法律在社会生活中原原本本的施行下去，或在法律文本中寻求社会生活的一切答案。但是，反而是一些没有或很少受到法律教育的人，在解决纠纷的过程中，表现出极大的灵活性，处理的事情让当事人满意，也让周围的人满意，他们没有像法学教育所要求的那样，用证据证明的法律事实作为小前提，用国家法律作为大前提，得出案件的解决结论，而是将情、理、法融为一体，以平衡利益、化解矛盾、维护关系为旨归。纵然学界、官方在不断地反对

〔1〕 刘星：“走向什么司法模型”，载苏力主编：《法律和社会科学》（第2卷），法律出版社2007年版。

〔2〕 苏力认为，在当代中国必须重构司法制度理论，把诉讼人纳入考量，不再仅仅视诉讼人为司法制度的消极被动的接受者，而是将之视为直接影响和塑造这一制度并创造制度绩效的行动者。参见苏力：“司法制度合成理论”，载《清华法学》2007年第1期。

〔3〕 苏力：“司法制度合成理论”，载《清华法学》2007年第1期。

〔4〕 这种传统是指在法治现代化过程中形成了新的传统，而非指中国古代社会的固有传统。

“关系案”、“人情案”，但是在实务操作的过程中，有谁能逃脱得了“关系”和“人情”？普遍联系的观点告诉我们，世间万事万物都在联系之中，谁人不生活在社会的“关系”之中？谁又不是人，不具有“人情”？纠纷的解决本身就是社会行为，是社会主体人的互动过程，无论是纠纷主体还是纠纷解决主体都是在关系、人情之中，硬将活生生的人推出“关系”之外，变成冰冷的所谓“理性人”，只能是理念型的构造和虚妄，而不可能在现实的生活中成为真实。虽然法律人要把实现“法治”作为自己的理想，但是，如果将法治等同于国家法律之治，那么社会之治就可能成为法律人之治。也许正是“法治”，这个从西方舶来的现代性的社会治理方式，让国人梦寐以之强国富民。然而，相当一部分国人解读西方的法治，在运用法律解决纠纷的问题上，建立了“法治 = 诉讼 = 国家垄断纠纷解决权 = 国家法律之治”的公式。

无论具体法律怎么规定“诉讼”，也无论人们在法理念上如何推崇“诉讼”，在具体的法律文本中，都是或多或少的规定着当事人的和解权，在制度的构建中，也无可奈何地认可和解制度的存在。这一点在民事纠纷解决领域表现得淋漓尽致，基于对平等主体的当事人意思自治的尊重，只要和解不违反国家强行性规定或公序良俗或社会公德或公共利益等，国家就应对当事人和解的权利予以保障，并在这种和解权行使不能时，予以公权力的保障，以诉讼来保护当事人的权益。翻阅我国的成文法条，可以发现在法律规定上，我们的国家法律并没有完全禁止公法性案件的“和解”，而是对和解采取了一种限制的态度。但是在整个国家法律体系中，对“和解”却存在着矛盾的理念，譬如对犯罪人的刑事责任问题，对于轻伤害等一类的轻微刑事案件，允许当事人和解，而对于较重的刑事案件，不允许和解，可是轻、重之分，界限真的很分明吗？

部分国人对“法治”的误读公式，在西方已经被社会法学、现实主义法学等所批判。这一误读公式的本质，是国家主义的逻辑，必然导致国家对社会和个人自由的过度干涉。契约国家的本质在于国家为民服务，而这一误读公式却可能成为国家干涉民众自治的“法治借口”。本书选择“纠纷和解”为题，在理论上的意义则是揭示了和解的一般性问题，同时检讨了一些我国法律体系的漏洞，具有立法上的指导意义，当然对实践中的和解现象还进行了思考，具有实务指导意义。本书可能存在以下创新之处：

第一，揭示部分中国人误读的公式：法治 = 诉讼 = 国家垄断纠纷解决权 = 国家法律之治。

第二，提出“自决—合决—他决”的纠纷解决的模式分类，提出“三元一体”纠纷解决机制的概念，系在多元纠纷解决机制上的超越，将纷繁复杂的纠纷解决方式简单化、明了化，便于认知和把握。

第三，对“和解”进行重新厘定，将调解、辩诉交易等纳入“和解”的范围，抽象出和解的一般性问题，在和解的界定、原则、主体、规范、事实、功能等方面都有个人的见解。

四、研究方法

本书材料的来源，主要有三个方面：一是关于“纠纷解决”的专著、标题含“和解”的硕、博学位论文、期刊文章等；二是自己从事法律实务工作 18 年的经验材料，其中的案例，大都是自己处理过或者接触过的案例；三是自己在阅读文献资料及工作中的所思所感，带有体悟性、意会性。

关于写作方法，总体上是社会学视角，注重个案分析，但这种个案分析，常以之引出问题。在一些章节中，为了解决问题，却不局限于社会学方法。因为是问题本身决定解决方法的选择，而不是解决方法的选择决定了问题本身。在具体的写作方法上，比较法、类型分析等在其中的章节中都会有所体现，体现出方法的多元性。

虽然本书将诸多的根据“合意”解纷的方式，都纳入了“和解”的范畴，但其中的个案选择，仍是相对关注传统意义上的和解和调解，而所得的结论是否普遍适用于所有的“和解”方式，也是有待进一步探讨的问题，但限于研究者的精力，一些问题只能留待日后，或是由其他研究者解决。

尤需说明的是，本书的局限性在于，研究材料和研究结论，带有研究者的个性，而这也是任何研究或许都带有的特点。一些语词，或许会引起歧义，但绝没有空概念假名词之名，只要不是望“词”生义，而是望“文”生义，理应会在本书语境下得到妥当的理解。

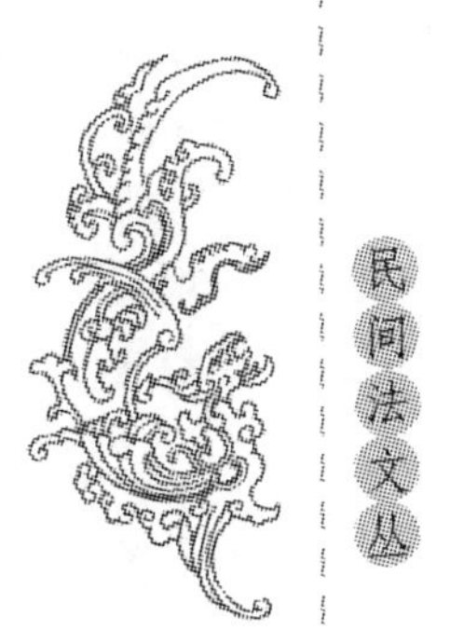

第一章

和解的含义、本质与原则

一、含义："合意"解纷

(一) 和解的内涵

研究纠纷的解决方式，需要界定研究的"域"，其中需要界定纠纷范围。本书之纠纷限于一国之内特定主体间的纠纷，这就将民族间、国家间或是双方完全不特定主体间的纠纷排除在外。因为国家间、民族间的纠纷，是国际法的研究范围，而且这类纠纷受多种因素制约，特别不同的是，虽然国际法可以调整国家间的纠纷，但是国际法的调整毕竟不同于国内法的调整。对于民族间的纠纷，政治性解决其中包括和解可能会具有更重要的意义。国家间、民族间的纠纷解决和国内特定主体间的纠纷解决也有共通的地方，都存在着类似于国内特定主体间纠纷解决的方式。研究纠纷解决，从应然角度，有把它们纳入视野之必要，但为完成本书课题的研究，从研究者精力、能力和时间等因素考虑，也只好将研究视域限定在国内特定主体间的纠纷。因此，研究所得的结论，只有相对的合理性，它不一定适用于应然研究视域内所有的纠纷解决。同时，国内特定主体间的纠纷之限定，又将非现实性冲突排除在研究视域之外，但由非现实性冲突演化成现实性冲突（即特定主体间的纠纷）后，却又被纳入了研究视域。

与纠纷二字相近的“冲突”、“矛盾”、“争执”、“争议”等，有的学者对它们进行了分析厘定，如赵旭东认为，纠纷是社会冲突的体现，只是这种冲突被限制在相对的社会主体之间，并且是可以由法律规范加以调整的冲突，争执、争议是纠纷的不同表现形式，在特定情况下可以和纠纷这个名词互相代换。[1]笔者在此无意对它们进行更深入的理论性、抽象性的分析把握，因为从最宽泛意义上讲，它们实际上是指代了一类事物，而笔者研究的“纠纷和解”之对象，亦仅限定在“一国之内特定主体”间的纠纷，指那些在社会学意义上，“特定主体基于利益冲突而产生的一种双边对抗行为”[2]，它可以被描述成主体间的冲突，也可以体现为主体间的争议或争执、矛盾，只不过是语词的运用所体现的角度不同而已。

一种纠纷解决方式之所以能被加以独立的描述或定义，是因该方式与其他纠纷解决方式有着内在的不同点。人类解决纠纷的方式始终是多元的，学者对这些纠纷解决方式有着不同的分类。日本学者棚濑孝雄根据纠纷的解决是否取决于当事人之间的自由“合意”，将纠纷解决分为“合意性”解决和“决定性”解决；根据纠纷解决的内容是否事先为规范所规制而将纠纷解决分为“规范性”解决

〔1〕 赵旭东：《纠纷与纠纷解决原论：从成因到理念的深度分析》，北京大学出版社2009年版，第8页。

〔2〕 范愉：《非诉讼程序（ADR）教程》，中国人民大学出版社2003年版，第2页。

和“状况性”解决。美国法社会学家布莱克将解决纠纷的方式概括成五种：自我帮助、逃避、协商、通过第三方解决、忍让。我国有学者在公力救济和私力救济二元划分的基础上，将纠纷解决方式分为私力救济、公力救济和自力救济。诉讼法学者大多将纠纷解决机制分为私力救济、公力救济和社会救济，在此基础上，徐昕将纠纷解决机制分为私力救济、公力救济和社会型救济。私力救济，指当事人权益受到侵害时，在没有第三者以中立的名义介入纠纷解决的情形下，不通过国家机关和法定程序，而依靠自身私人力量，实现权益、解决纠纷。公力救济，指当事人将纠纷提交给国家机关，国家机关根据当事人的诉求运用公权力对被侵害人实施救济。社会型救济指当事人在非国家机关、不具公权力色彩的第三者以中立的名义参与和协助下，解决纠纷。私力救济包括自决与和解，社会型救济主要包括调解和仲裁等，公力救济包括行政救济和司法救济〔1〕。郭丹青认为，纠纷解决的方法一般被置于这样一个变化于两端的领域之中，一端是双方非正式的谈判，另一端是由某些类似于法院的机关进行正式审判。一旦第三方介入，评论者一般会将该程序置于三个类型中的一种：调解、仲裁以及审判。但现实生活中的这些模式并不如此泾渭分明，而关于中国的纠纷解决，需要对包括内部纠纷解决方式和外部纠纷解决方式的类别在内的另一线索的引进。内部纠纷解决方式中，纠纷解决者具有权威，并不是因为其作为专门纠纷解决者的作用，而是因为它与纠纷双方有着某些特殊关系，它考虑的是诸如便利和效率这些因素；而外部纠纷解决方式中，纠纷解决者与争执双方各自独立，纠纷解决关注公平与过错。〔2〕赵旭东认为，长期以来人们从理论上概括出解决纠纷的几种较为典型的方

---

〔1〕 陈柏峰：“暴力与屈辱：陈村的纠纷解决”，载苏力编：《法律和社会科学》（第1卷），法律出版社2006年版，第202页。

〔2〕 郭丹青：“中国的纠纷解决者”，载强世功编：《调解、法制与现代化：中国调解制度研究》，中国法制出版社2005年版，第376～384页。

式或途径，即所谓的和解、调解、仲裁、诉讼。[1]

笔者认为，如果以解决纠纷的力量来源为分类标准，纠纷解决方式可以分为公力解决和私力解决，前者指借助国家力量解决纠纷，后者指借助民间力量解决纠纷，从权利救济的角度来讲，相应的称为公力救济和私力救济[2]。根据纠纷由纠纷主体来解决还是由非纠纷主体来解决，分为自力解决和他力解决。前者包括通常意义上的自决与和解，后者则是由第三方解决纠纷的方式。根据纠纷解决是以纠纷主体间的合意还是以第三者的决定分类，纠纷解决有根据“合意”的纠纷解决和根据“决定”的纠纷解决。

笔者主张，根据“合意”解决纠纷的方式，可以通称为“和解”，当事人“合意”是和解的本质属性。传统意义上的和解是纠纷当事人进行交涉、协商、讨价还价进而解决纠纷，分为原初意义上的和解和发展意义上的和解。在原初意义，“和解”仅指在没有第三人参与的情况下，纠纷当事人进行交涉、协商、讨价还价进而解决纠纷。但反思这种原初意义，却排除了第三人在其中的作用，因为在有些情况下，第三人也参与纠纷解决，起到牵线搭桥、传递信息、提供方案等作用，发挥了一定的中介、判断或强制功能。在许多情况下，纠纷的实际解决，除非其中由第三人进行判断的因素转化为根据第三人的决定来解决纠纷的方式，最终还是取决于当事人的意愿，并不违背“合意”这一本质属性，原初意义上的和解含义明显过于狭窄。发展意义上的和解是指，在和解这一纠纷解决方式实际发展过程中，并不排除第三人的参与，如西方“刑事和解”中的社区的参与，但纠纷的最终解决仍取决当事人的意愿。不过，这种发展意义上的和解，仅把第三人的视角落在非国家机关身上，

---

〔1〕 赵旭东：《纠纷与纠纷解决原论：从成因到理念的深度分析》，北京大学出版社2009年版，第58页。

〔2〕 还有人将权利救济分为公力救济（国家救济）、社会救济、私力救济，但社会救济有时需要通过国家力量方可成功，有时通过个人力量方能成功，因此，根据不同的情况，社会救济实则可归属于公力救济和私力救济之中。

无视国家机关在非诉讼解决纠纷中的作用，因此，仍难免有狭窄之嫌。笔者在本书中将尝试对“和解”进行重新定义，并试图从其包含范围、排除范围两方面进行外延的明确。

笔者将“和解”定义为：与纠纷具有实质关联性的主体（当事人），自愿选择或虽被强制选择，但自愿形成解决纠纷的方案或接受他人提供的纠纷解决方案的基于“合意”解决纠纷的方式。

这一定义，概括了“和解”的几个基本特征：一是当事人与纠纷的实质关联性，指当事人与纠纷有着实质的利益关系，或纠纷的解决与其有利益关系。其中的“利益”并非单指经济利益，还包括声誉、面子等无形利益。二是解决方式的选择性，指当事人对和解这种方式具有选择权，在一些存在法定强制调解的情况下，对纠纷解决方案的最终承认具有选择权。三是解决方案的自愿性，对纠纷的实际解决，最终表现为取决于当事人自愿，一方当事人不能进行胁迫和欺骗而使对方产生重大误解或显失公平；有机会参与的第三方也不能将和解变为根据“决定”解决纠纷。四是“合意”性特征，体现了一种双方契约行为，这实际上是和解最为根本的特征。只要是尊重了上述几个方面的基本特征的纠纷解决方式，就可归于“和解”范畴。

（二）和解的外延

那么与传统的纠纷解决方式相比较，本书中的“和解”与它们到底有什么样的关系呢？这就要求在它们的相互比较中找到本书中“和解”的包含范围和排除范围，并与一些概念进行比较。

1. 传统意义上的和解

传统意义上的和解，其实并没有严格的定义，严军兴主编的《多元化农村纠纷处理机制研究》将“和解”作为一个专章研究，认为“和解是当事人间的互动，不涉及第三方的行为”，[1]湛中乐

---

〔1〕 严军兴主编：《多元化农村纠纷处理机制研究》，法律出版社2008年版，第165页。

等认为，和解是指双方当事人通过平等协商达成相互谅解或者一方让步的协议，以解决双方争执、化解纠纷的活动。[1]这种纠纷解决方式，是完全根据“合意”进行纠纷解决，当然具有本书“和解”中根据“合意”解决纠纷的根本特征，同时具有主体与纠纷实质关联性、解决方式的选择性、解决方案的自愿性的特点，如我国刑事诉讼法中的自诉案件的和解、民事案件的执行和解，都是指没有官方第三人参与下的纠纷当事人间的和解。在生活实践中，传统意义的和解，其实有纯粹由当事人参与的和解，亦即在前文中所称的“原初意义上的和解”，也有非官方第三人即民间第三人参与的和解，即前文中所言的“发展意义上的和解”。从官方的角度，因为没有官方的参与，所以这些“和解”被一些人称为“私了”或称当事人“自行和解”。主张和解排除了第三人参与的研究者或许忽视了其中的民间第三人，实际上仍是站在官方的角度而非站在和解本身的角度来研究和解的，其关于和解的定义，并不符合客观实际。

2. 调解

通常意义上的调解，在我国一般被认为是在第三人主持下，以国家法律、法规、规章和政策以及社会公德为依据，对纠纷双方进行斡旋、劝说，促使他们相互谅解，进行协商，自愿达成协议，消除纷争的活动。调解作为一种纠纷解决方式，在现代各国应用十分广泛，只不过运行方式各有差异。如果排除因各国在制度上的差异而存在定义上的微小歧义，可以根据性质和功能把调解定义为“在第三方协助下进行的、当事人自主协商性解决纠纷的活动”[2]。调解虽然有第三方参与，但本质上并非由第三方决定纠纷解决，只是在第三方协助下，由当事人自愿决定纠纷解决。“调解”一词的

---

〔1〕 湛中乐等：《行政调解、和解制度研究——和谐化解法律争议》，法律出版社2009年版，第14页。

〔2〕 范愉：《非诉讼程序（ADR）教程》，中国人民大学出版社2003年版，第150页。

着眼点，在于纠纷解决的第三方身上，无论调解人发挥怎样的作用，始终应受纠纷当事人双方意愿的限制，“调解”中纠纷的解决，始终要以纠纷主体的相互“合意”为基础。在“调解”中解决纠纷，纠纷解决的主体仍包含纠纷主体，主体与纠纷的实质关联性、解决方式的选择性、解决方案的自愿性的“和解”三项特征昭然若揭。只不过纯粹意义上和解的开始、进行以及和解协议的达成，完全取决于纠纷当事人的自愿，没有第三人的参与主持，甚至是协助交流沟通，而“调解”这种特别的和解形式则有第三人的参与沟通与协助等行为而已。因此，本书的“和解”，应包括现代社会中的各种调解，当然包含现代各种法律程序（如诉讼、仲裁）中的调解。对于调解归属于和解的问题，我国一些立法已解决，如《陕西省人民调解条例》（2006）第2条规定，人民调解是“促使纠纷当事人自愿达成和解协议的活动”。由此看来，调解的理想目标就是和解。如果不仅仅把“和解”作为一种纠纷解决的“和平结果”，而是把它也看做是一个过程的话，那么，第三人进行调解，实际上是和解过程的组成部分，是和解结果的方法而已，与没有第三人参与情况下双方当事人的和解，本质上并没有什么不同，只是过程参与中主体的不同和主体互动的不同罢了。从这个角度讲，任何把调解与和解分立的观点都是缺乏说服力的。调解是利用纠纷当事人间的“合意”解决纠纷的方式，“合意”才是调解的根本特征，将调解置于“和解”的范畴中去理解、把握、研究，是比较妥帖的策略。〔1〕

3. 西方法律制度中的辩诉交易（Plea Bargaining）

西方法律制度中的辩诉交易是检察官与刑事被告人之间进行的

〔1〕 对刑事调解，我国刑事诉讼法规定了自诉案件的调解，但是目前国内外学者研究的刑事和解，意指源起于西方国家的一种新的刑事司法模式，指犯罪后由调停人调停，使犯罪人与被害人直接商谈，以解决纠纷冲突的刑事司法模式，其实质是西方非犯罪化非刑罚化的刑事思潮和刑罚价值观念转变的产物，着眼于修复而不是惩罚，它应归于刑事纠纷“调解”的范畴。

一种协商，旨在通过被告人承认犯罪，获得检察官向法庭提出更低的量刑请求，国家因此降低司法资源耗费，降低诉讼风险。《布莱克法律辞典》对辩诉交易进行了定义：在刑事被告人就较轻的罪名或者数项指控中的一项或几项作出有罪答辩，以换取检察官的某种让步，通常是获得较轻的判决或者撤销其他指控的情况下，检察官和被告人之间经过协商达成的协议。[1]在美国的一些州中，辩诉交易中不征求被害人意见，忽视被害人利益，纠纷解决会留下遗憾或者隐患，所以受到一些批评。葛琳比较了刑事和解与辩诉交易，认为审判阶段的刑事和解与辩诉交易在三点上相似：①都是在审判阶段通过协商达成协议解决纠纷；②协商双方都系自愿；③被告会受到从轻处罚。二者也有明显差异：①主体上，辩诉交易是检察官和被告人，刑事和解主体是被害人和被告人（加害人）；②辩诉交易存在着不征求被害人意见，也不以赔偿、道歉作为条件，有可能损害被害人利益的问题，刑事和解不存在此种问题；③辩诉交易以检察官的自由裁量权为依托，检察官可以在案件证据不足的情况下以降格指控等利益与被告人交换，而刑事和解要求证据充分，事实无争议；④辩诉交易产生的原因之一是采取对抗制诉讼国家中的控辩双方对判决不确定性的一种应变措施，都是为了回避风险选择对自己风险最小、损失更小的案件解决方式，而刑事和解是当事人为了利益最大化的案件解决方式。[2]然而，葛琳却把调解置入“和解”之中，认为刑事和解是指刑事纠纷的双方当事人自主协商、达成协议，解决纠纷的行为和结果。[3]笔者认为，刑事责任是一种公法责任，由于刑事责任的追究被认为是国家对犯罪人行为的处罚，国家

---

〔1〕 *Black's Law Dictionary*, 7th ed., West Group, 2000, p. 1173. 转引自葛琳：《刑事和解研究》，中国人民公安大学出版社 2008 年版，第 22 页。

〔2〕 参见葛琳：《刑事和解研究》，中国人民公安大学出版社 2008 年版，第 22～23 页。

〔3〕 葛琳：《刑事和解研究》，中国人民公安大学出版社 2008 年版，第 17 页。

亦可被认为是纠纷的另一方，[1]辩诉交易，是检察官代表国家作为一方当事人与被告人进行交易，此种纠纷解决方式也具有本书“和解”的特征，当划入本书的“和解”范畴。

以上只是简单分析界定了本书“和解”的包含范围，从中可以看出，本书“和解”并非一种固定法律形式的纠纷解决方式，而是一类纠纷解决方式的特征性描述或概括。根据这种描述或概括，有两类通常的纠纷解决方式，可以排除在本书“和解”范围之外。

1. 自决

即由纠纷当事人根据单方意愿解决纠纷的方式，从权利实现的角度称为自力救济，与公力救济相对应则属私力救济。自决是人类解决纠纷的最原始的形式。原始社会缺乏有效的社会化手段解决纠纷，因而自决是普遍的纠纷解决方式，暴力性杀戮成为自决中的主要方法。进入文明社会后，单边自决逐渐受到控制，但是仍存在着作用的空间。现代社会的纠纷自决，典型的形式是民事债务的抵销。所谓债的抵销，是指二人互负债务，各以其债权充当债务履行，而使其债务在对等额度内相互消灭。当一方当事人与另一方当事人产生债务纠纷时，一方当事人行使抵销权，是解决纠纷的一种方式。其次是自助行为，即在某些紧迫情况下，受侵害的权利人为保障其权利的实现，可对加害人的自由加以拘束，或对其财产进行扣押，如对正欲逃跑的侵害人进行扣留，对肇事车辆进行押收等，均属于此类行为。当然，如果从纠纷主体权利实现角度来看，这种自助行为，尚未能解决纠纷，而是寻求解决的前提，其后续行为常有双方的和解或诉讼等公力解决的提起。

对于自决与和解的关系，顾培东认为，实践中和解和自决并不能截然分开，自决中多少包含和解的因素，并且，要求和解的心理

〔1〕在此种追究刑事责任的现行程序中，被害人受到了冷落，所以笔者主张对其进行改进，以加强受害人权益保护。

往往也构成自决的前提，而和解也是一种特定形式的自决。[1]但是如果以权利的实现为纠纷解决的标准，那么，自决与和解有时完全可以分开，如前述的民事债务的抵销，即属于此种情形。自决本身并不包含和解的因素，而是包含促成和解的因素。在自助行为中，当事人可能本意是想进行和解，但是这种和解的强制性或手段可能为国家法律所不容，从而使其纠纷解决存在着合法性的质疑。如一方通过扣押人身来向对方索要债务，如果扣押人身时间过长，则会侵犯对方的人身权，而扣押对方财产则存在侵犯对方财产权的可能。

2. 纯粹的诉讼

即根据“决定”解决纠纷的方式。这里的“诉讼”，是指有控告、辩护和裁判三方的纠纷解决形式，如法院审判、仲裁庭仲裁、司法化的行政决定等，而并非单指法院的审判。有必要提及的是仲裁。一般而言，除却强制仲裁外，一般需要仲裁合同或仲裁条款，当事人方才得以将纠纷提交仲裁庭，而仲裁合同或仲裁条款，实际上也是当事人的合意，然而解决纠纷的最终方案，却是由仲裁庭作为第三人裁决得出，故仲裁属于根据“决定”解决纠纷（他决）的方式。

明确了“和解”的包含范围和排除范围后，我们仍有必要将“和解”与其他一些概念相区别，以期使“和解”概念更为清晰。这些概念，在以往的纠纷解决研究中，要么是与“和解”混同，要么是没有明确界定。

1. 私了

在我国，“私了”这一语词和现象在现实生活中相当普遍，对“私了”的理解也各有不同。有人认为，“私了”并非严格的法律术语，一般指私人就争议事项进行私下协商，不通过法定机构和程序而自行息解纷争。根据湛中乐等人的观点，法庭外的和解亦即私了，是指当事人不通过国家法庭的强制力量，而是经过自行协商谈

〔1〕 顾培东：《社会冲突与诉讼机制》，法律出版社2003年版，第30页。

判达成一致意见以解决纠纷的方式。[1]笔者认为，私了的侧重点在于与公了相对，它不像私力救济那样不包括中立第三方的介入，比如民间调解便属于“私了”，故而它并不完全等同于诉讼外和解。“私了”平常为和平地解决纠纷，但也可能涉及一方对另一方的强制。“私了”侧重于当事人之间私下、双向地息争解纷之结果。[2]但一般而言，纠纷当事人不经官方而私下解决纠纷称为“私了”，相应的经过官方解决则称为“公了”。这种对纠纷解决方式的区分，同根据“合意”或是根据“决定”对纠纷解决方式的区分的角度是不同的。如果从根据“合意”和根据“决定”解决纠纷的角度来界定，那么根据纠纷当事人“合意”解决纠纷称为“私了”，根据非纠纷当事人的纠纷解决主体的“决定”来解决纠纷称为“公了”也未尝不可，毕竟，从汉语言分析，三人为“众”，众则为公，一个纠纷的解决有三方不同利益主体的参与时，纠纷的解决就常取决于三方主体在纠纷解决中的地位和作用。现代社会的纠纷解决，常是三方甚至更多方不同利益主体参与其中，如果要对这样的纠纷解决方式进行理性化思考研究的话，这种分类方式也许不无意义。虽然此种观点或许仍有不周延之处，但也可牵强于此。不过，笔者认为，作为民间解决纠纷的方式，“私了”一词本身并非仅指一种纠纷解决方式，而是指一类纠纷解决方式包括当事人自己和解、民间调解，甚至一方当事人自决等具体的纠纷解决方式。“私了”纠纷中，也有第三人介入进行裁决的情况，故本书之“和解”，不可以简单地称为“私了”。“和解”与“私了”有着重复交叉的“视域”。

2. 私力救济、自力救济

现代社会，救济权通常是通过法定程序，依靠国家公共机构行

---

〔1〕 湛中乐等：《行政调解、和解制度研究——和谐化解法律争议》，法律出版社2009年版，第14页。

〔2〕 徐昕：《论私力救济》，中国政法大学出版社2005年版，第91页。

使公共权力，即公力救济的方式来实现的。但公力救济并非永远有效，为了弥补公力救济之不足，达到全面维护合法权利之目的，各国又纷纷以立法的形式确立了特殊情形下私力救济的合法地位。现代私力救济与“以血还血，以牙还牙”的原始私力救济的根本分野在于现代私力救济的法定性和公力补充性。〔1〕随着制度变迁之优胜劣汰，现代国家大都把请求、自助、自卫行为作为法定的私力救济方式，并规定了构成要件。请求是指当法律保护之利益受到侵害时，当事人得以直接向侵害人要求排除妨害、消除危险或赔偿损失的救济方式。自卫行为是指在自己和他人的权利或公共利益遭受不法侵害或紧急危险时，所施行的防卫和避险行为，包括正当防卫和紧急避险。自助行为指为保护自己之权利，而对他人之自由或财产施以拘束或毁损之行为。〔2〕

有学者认为，对于私力救济，民法称“自力救济”，刑法称“自救行为”，国际法中又表述为“自助”，众多表述在实质上是同义的。〔3〕但是，私力救济是指当事人权利或权益的救济，根据“公”与“私”的界分，一般而言，不经“官”的救济即为“私力救济”，它正像徐昕所言，“私力救济更强调当事人单方为权利而斗争的维权行动，尽管它本质上仍然属于争议双方的互动”〔4〕。但是，救济的是权利，当事人为了维护权利，虽不经“官”或“公”，却可以以自力方式进行救济，即采取单方解决方式，也就是前面所说的自决，“私力救济”这一概念，严格说来，应是与“公力救济”相对应的概念。而在以私力救济为手法段解纷方式中，自

〔1〕 刘德龙、赵阳：“略论私力救济”，载《天津市政法管理干部学院学报》2003 年第 1 期。

〔2〕 刘德龙、赵阳：“略论私力救济”，载《天津市政法管理干部学院学报》2003 年第 1 期。

〔3〕［日］我妻荣编：《新法律学辞典》，中国政法大学出版社 1991 年版，第 517 页，转引自徐昕：《论私力救济》，中国政法大学出版社 2005 年版，第 90 页。

〔4〕 徐昕：《论私力救济》，中国政法大学出版社 2005 年版，第 91 页。

决、和解、裁决都是存在的，私力救济并不等同于“和解”。

“私力救济”的概念，其前提是存在着基本权利被侵害或受危险，因而需要以相对人承担作为或不作为义务来消除因侵害或危险产生的不法或不公平状态，旨在恢复或实现基础权利。而“和解”之概念，则是基于解决纠纷的角度提出的，它是解决纠纷的一种方式。自助行为和自卫行为，可以归于纠纷“自决”的范围，而请求，则是进行和解的前提或是和解的启动环节。在“和解”的过程中，也要解决权利或利益受损害或危险的责任归因、损害或风险负担等问题。

与“私力救济”相关的一个概念是“自力救济”。徐昕认为，私力救济是当事人认为权利受到侵害，在没有第三方以中立名义介入纠纷解决的情形下，不通过国家机关和法定程序，而依靠自身或私人力量，解决纠纷。其特征为：①没有第三方以中立名义介入纠纷解决；②过程具有非程序性；③原因在于当事人认为其权利受到侵害；④私力救济的主体，是认定权利遭受侵害而实施私力救济行动之人；⑤目的是实现权利和解决纠纷；⑥途径是依靠私力；⑦手段包括针对人身的和针对财产的行为，包括搜查、拘禁、侵入住宅、恐吓、胁迫、留置、窃取、骗取、劫取、抢夺和毁损等。[1]范愉在批评了徐昕关于“私力救济”的概念后，认为尽管在大多数情况下，私力救济和自力救济二者可能完全同一，但是二者是有区别的。自力救济是相对于“他力”而言的，以有无第三方介入为标准；而私力救济则是相对于公力救济和社会救济而言的，以救济主体和方式的性质的民间性或私人性质为标准。[2]比较而言，范愉的观点更具有合理性。

诉讼法学者一般认为，民事纠纷的处理机制包括私力救济、社会救济和公力救济三种。私力救济包括自决与和解。自决指纠纷主

---

〔1〕参见徐昕：《论私力救济》，中国政法大学出版社2005年版，第102~120页。

〔2〕范愉：《纠纷解决的理论与实践》，清华大学出版社2007年版，第279页。

体一方凭借自己的力量使对方服从，和解指双方相互妥协和让步，两者皆依自身力量解决争议，无需第三人参与，也不受任何规范制约。[1]根据诉讼法学者的意见，和解中也是不需要第三方参与的，这时候我们就可以反问，作为第三方，如果在和解中起了传递信息或牵线搭桥作用而解决纠纷，是不是和解呢？以国际争端的解决为例，假设两国间存在信任危机，战争一触即发，第三国则在其中促进相互间的交流，从而双方和平解决争端，此属于国际法意义的"和解"，当然，国际法上的"和平解决国际争端"，是相对于暴力或以暴力威胁解决争端而言的，它还包含着国际法院裁决或仲裁等非暴力方式，显而易见，第三国参与争端解决，但最终还是由争端国之间达成纠纷解决协议，当属"和解"。具体到其他纠纷而言，在实际生活中，许多纠纷当事人自己并不能进行有效沟通，而往往是通过第三人的作用后当事人达成解决方案。如果不分具体情况，把第三人参与纠纷解决的方式一概排除在"和解"之外，于逻辑不合，也与事实不符，导致这一类纠纷解决方式无法进行归类研究。因此，诉讼法学者关于"和解"的定义，过于狭窄。

3. ADR

ADR，是英文 Alternative Dispute Resolution 的首字母缩略词，一般译做：替代性纠纷解决，是指替代诉讼方式的纠纷解决方式，来源于美国，原指20世纪逐步发展起来的各种诉讼外纠纷解决方式，现已引申为世界各国普遍存在着的、诉讼制度以外的非诉讼纠纷解决程序或机制的总称。ADR 在美国20世纪70年代产生后，发展特别迅速，解决的纠纷包括小额民事诉讼、离婚纠纷、未成年人监护纠纷、消费者权益纠纷、环境纠纷、就业歧视等，[2]而今 ADR 已风靡全球，对当下中国学术研究和法律实践也有相当影响。

---

〔1〕 徐昕：《论私力救济》，中国政法大学出版社2005年版，第97页。

〔2〕 See Sally Engle, Merry, "Disputing without Culture", *Harvard Law Review*, Vol. 100, No. 8 (Jun., 1987), p. 2057.

范愉曾对ADR的概念进行了界定，指出由于替代性纠纷解决方式是一个总括性、综合性的概念，其内涵和外延相对均难以确定，而国际上对此定义也有不同。美国1998年《ADR法》(Alternative Dispute Resolution Act of 1998）的定义为：替代性纠纷解决方法包括任何主审法官宣判以外的程序和方法，在这种程序中，通过诸如早期中立评估、调解、小型审判和仲裁等方式，中立第三方在论争中参与协助解决纠纷。如此看来，在美国的法律制度中，ADR并不排除根据“决定”解决纠纷的方式，也包括根据“合意”解决纠纷的方式。[1]所以，和解和ADR并不是一个同义语，虽然诉讼都是它们共同的对立概念，然而，在这两组对立中，它们得以区分的标准是不同的，前者是纠纷解决取决于何方主体之意愿，而后者则明显偏向于是否为（主审）法官宣判。然而，由于ADR运动的勃兴，对它的实际理解也存在着广义和狭义两种：一种是指非诉讼、非仲裁、非行政处理的纠纷解决方式；另一种则涵盖了所有的非诉讼解纷方式，包括行政性和准司法性解纷方式。[2]

从ADR的概念来看，明显具有诉讼中心主义色彩，这一点，西方学者也有觉醒，1985年出版的Stephen B. Goldberg、Eric. D. Green和Frank E. A. Slander的《纠纷解决》一书，标志着ADR时代的到来，该书的主要内容为替代性纠纷解决方式，然而却不用ADR作为题目，这意味着在作者们的潜意识中，这些方式并非诉讼的替代品。[3]西方ADR的兴起，主要是因为西方现代法治奉行诉讼主义，然而诉讼有自己的功能，也有自己的缺陷。诉讼虽然可以解决纠纷，保护主体的合法权益，确认、实现或发展法律规范，维

---

〔1〕 参见范愉：《纠纷解决的理论与实践》，清华大学出版社2007年版，第138~139页。

〔2〕 参见范愉：《纠纷解决的理论与实践》，清华大学出版社2007年版，第139~140页。

〔3〕 Sally Engle, Merry, “Disputing without Culture”, *Harvard Law Review*, Vol. 100, No. 8 (Jun., 1987), p. 2057.

护整个社会政治秩序和国家权力的合法性，然而诉讼的压力和固有的弊端、ADR 自身的正当性基础，使得诉讼功能缺陷不得不由 ADR 来弥补。现代社会中诉讼的压力和固有弊端主要包括：诉讼量的激增与积案问题；诉讼费用昂贵；诉讼的迟延；解决新型纠纷的局限；程序的复杂性；判决结果不合情理；法院难以审理“多极”或复杂纠纷；诉讼与审判的公开性。ADR 的正当性基础在于：多元化的利益、纠纷解决需求和价值取向，是其产生的客观基础；当事人基于权利、利益、效益等合理因素而作出的意思自治和选择权，是其存在的法律依据；当事人的处分权、正当程序和司法审查权，是其合理运作的基本保障。ADR 可以：以相对平和的方式解决纠纷；最大限度地节约社会和当事人在纠纷解决中的成本，促进实现司法资源效益的最大化；促进新型社会关系和社会调整方式的形成；探索新的司法模式；通过纠纷解决积累经验，促进新的规范形成。[1]作为与诉讼相对应的 ADR，同时具有反诉讼中心主义色彩。传统观点认为，现代社会秩序维护，有赖于司法行为，但 ADR 却表达了一种反对法律浪漫主义的观念，宣称非斗争方式解决冲突以创造更为美好的世界。[2]ADR，并非本书所言的“和解”，只有那些根据“合意”的 ADR 解纷方式，才可以看做与本书“和解”共通。同时，由于 ADR 概念本身来源于西方，不但忽略了自决方式在纠纷解决系统中的地位，而且具有西方中心主义和诉讼中心主义色彩，会使研究者过度关注西方而忽视中国的“本土资源”，所以，本书避免使用“ADR”概念。

4. 恢复性司法（Restorative Justice）

2004 年联合国预防犯罪和刑事司法委员会在《关于在刑事事

---

〔1〕 参见范愉：《非诉讼程序（ADR）教程》，中国人民大学出版社 2003 年版，第 22～46 页。

〔2〕 Sally Engle, Merry, “Disputing without Culture”, *Harvard Law Review*, Vol. 100, No. 8 (Jun., 1987), p. 2058.

项中采用恢复性司法方案的基本原则》的决议草案中，将恢复性司法定义为：在调解人帮助下，受害人与犯罪人及酌情包括受犯罪影响的任何其他个人或社会成员，共同积极参加由犯罪造成的问题解决的程序的总称。传统的刑罚理论是报应刑论，传统的刑事司法制度也是国家本位的制度，其刑事司法模式是以国家追诉主义为标志的，刑罚结构则是以监禁刑为中心的，这对于犯罪人的回归社会、受害人的权利保障、犯罪人与受害人及社区关系的恢复来讲都存在缺陷。西方刑事被害人学的产生及对被害人权利的关注，是对传统刑事司法反思的直接结果。传统中的报应刑论中所蕴含的报应正义，逐步走向恢复正义，各国刑罚愈来愈宽和、谦抑，在理论上的体现就是恢复正义理论，在司法上的体现就是恢复性司法。恢复性正义理论强调：犯罪不仅是对法律的违反、对政府权威的侵犯，更是对被害人、社会甚至犯罪人自己的伤害；刑事司法程序应有助于对这些伤害的弥补；政府不应独占对犯罪行为社会方面的权力，应提倡被害人和社会对司法权的参与。许多国家在立法中确立了恢复性司法制度，设立了专门的恢复性司法机构如恢复性司法研究所、调解中心与冲突解决中心、司法之友、全国被害人关怀和重新安置协会等。〔1〕

恢复性司法的概念，也不能简单等同于本书的“和解”，二者至少有着以下的关系：首先，在西方，恢复性司法与刑事和解有着紧密的关系，刑事和解可以说是它的一种具体实践形式，但不是唯一的形式，而西方刑事和解却属于本书中“和解”的范畴；其次，从解决的纠纷范围看，恢复性司法是用来解决刑事纠纷的司法模式，而本书和解所解决的纠纷，不仅包括刑事纠纷，还包括民事纠纷、行政纠纷，甚至其他非法律可以解决的纠纷；最后，从参与主体上看，恢复性司法中，有着国家机关的参与，是一种“司法”模

〔1〕 参见武小凤：《冲突与对接——刑事和解刑法制度研究》，中国人民公安大学出版社 2008 年版，第 87～88 页。

式，而本书和解中，却存在着当事人不经过国家机关参与的“私下”和解。

（三）和解中的“非合意因素”

通过对“和解”下定义的努力，笔者明确了本书“和解”的内涵及特征；同时，又通过正反两方面明确了本书“和解”的外延，区分了与“和解”易混淆的几个概念。一句话，本书“和解”，实际上就是根据“合意”解决纠纷。这种概念的确立，恰如武小凤评价广义的刑事和解概念之确立一样，可以使所有符合其内涵的纠纷处置模式或活动被纳入到一个新的统一的价值评价体系，从而使已有的和将有的以“合意”方式处置纠纷的制度和活动等具有相同的正当的理由和理论依据。在这样一个新的界定下，我们可以对不同名义、不同领域、不同阶段、不同范围的具有“合意”实质的纠纷处置活动进行同一标准和同一理由的评判，并使其在一个相同的平台上相互对比、相互印证却又各自独立存在。〔1〕

学者多主张建立多元化纠纷解决机制。有学者认为，多元化纠纷解决机制是指在一个社会中，多种多样的纠纷解决方式以其特定的功能和特点，相互协调、共同存在所结成的一种互补的，满足社会主体的多样需求的程序体系和动态的运作调整系统。〔2〕“和解”作为一个概念，在研究上具有一元化的特点，然而实际生活中的纠纷和解，却可以因为运作的主体、规范、空间等不同呈现不同的面相，也很可能“一招”无效，需要多种纠纷解决方式的并用，才能解决面临的纠纷。正如日本学者棚濑孝雄认为的那样，纠纷解决过程的类型化可以考虑以两条相互独立的基轴来构成，其中一条是按纠纷由当事者之间的“合意”还是由第三者有拘束力的“决定”

---

〔1〕 参见武小凤：《冲突与对接——刑事和解刑法制度研究》，中国人民公安大学出版社2008年版，第66～67页。

〔2〕 范愉：“多元化纠纷解决原理与实务”，载沈恒斌主编：《多元化纠纷解决机制原理与实务》，厦门大学出版社2005年版，第428页。

来解决而描出。“在实际生活中，这个区别是非常流动的。现实中观察到的纠纷解决类型通常是两者的混合。而且社会环境、当事者与第三者力量的对比关系、第三者参与纠纷解决的动机等因素不同，实际上的纠纷解决也向这条轴上的一极或者另一极移动。”〔1〕

在上述包含在和解之内的传统意义的和解、调解和辩诉交易中，双方之间的“合意”程度，在不同的具体的“和解”实例中，其程度也各不相同，“合意”中，可能有一方当事人的更多意思，而少有另一方当事人的意思。另一方当事人之所以接受对方当事人的更多的意思，可能出于某种强制性因素，无论是现实存在的强制性因素，还是该方当事人主观臆断的强制性因素。譬如，在协商的过程中，一方当事人面目丑陋可怕，就会给另一方当事人某种心理上的强制，虽然双方和解结果会相对公平，但这种强制因素却会在达成和解结果上起到一定作用。和解中的强制因素，还可以体现在“调解”中的第三人的强制作用上，因为这种强制作用，当事人可能更会接受解决方案。同样的道理，在辩诉交易中，检察官是代表国家对被告进行控诉的一方，如果被告不接受辩诉交易条件，那么检方可能会付出更大成本，将被告交付法庭审判，以期被告能获得更重的法律惩罚，这也是一种强制因素，被告基于这种可能的强制或许接受检方提供的交易条件。

同样的道理，在纠纷裁决中，也存在着“合意”的因素，最为典型的是仲裁解决纠纷的方式。此种方式的选择，是完全合意的结果，它体现为仲裁合同，或是合同中的仲裁条款。然而，解决实体性的权利义务问题，却是裁决的任务。从更广的意义上来讲，现代国家的法律，是人们契约的产物，体现人民意志，所以用法律来解决纠纷，就是纠纷解决中的“合意”因素。当原告起诉被告，而被告到法庭应诉时，虽然是基于法律的强制力，但对于诉讼解决方式

〔1〕［日］棚濑孝雄：《纠纷的解决与审判制度》，王亚新译，中国政法大学出版社2004年版，第8页。

本身，当事人已形成了合意。所以，虽然诉讼（裁决）不一定体现当事人的意思，然而，基于其先前对诉讼的选择，当事人不应对裁决结果的效力进行藐视，此可视为民法上的“承诺不得反悔”原则之翻版。

通过上述分析，我们可以延伸性解决一个纠纷解决方式的分类问题，即根据纠纷取决于何方主体意愿，纠纷解决方式分为自决（又可称“自解”）、合决（又可称“和解”）、他决（又可称“裁决”、“裁判”、“诉讼”、“他解”）三种形态。自决是指根据单方意愿（自意）解决纠纷，合决是指根据合意解决纠纷，他决即根据第三方意愿解决纠纷，是指由第三人裁决纠纷。实践中的纠纷解决方式，无论归于其中任何一种样态，都可能不仅仅包含一种“意愿”因素，而可能是包含着自意、合意、他意三种因素中的两种以上因素。但这不妨碍我们对本书“和解”的界定，也不妨碍我们根据本书对和解的界定，来对实践中的纠纷解决方式进行是否属于本书“和解”的归属分析，从一定意义上来讲，这种分类，具有一定的理念性作用。

在现代法治社会中，纠纷解决中越来越多具有合意的因素，从一定意义上讲，现代社会是一个协商性社会，民主确定了对话机制，任何人的理性都需要得以表达。基于契约基础上的自决，已成为自决纠纷的基础，而基于合意的合决，则成为理性的人们越来越多的选择，合意不但成为判决的前提，也是在裁判过程中始终贯穿的原则。所以，从这个意义上讲，现代社会的纠纷解决，因为其是置于法治框架之下，即是规则至上的约束之下，因而是“三元一体”的解纷机制。这个“三元”，是指具体的解决方式种类虽然是多样化的，但可分为自决、合决、他决三类；“一体”，表明三类纠纷解决方式应是协调统一的解纷机制，这个机制是为着保护、弥补自决之无力和局限，以合决为基础，以他决为保障的机制。正如赵旭东指出的，现代社会的纠纷解决，必须首先确立司法的核心地位，充分发挥司法应有的监督、整合、示范作用，唯其如此，才能

保证其他纠纷解决机制的健康运作，为纠纷的解决提供一种既合乎法治原则又合乎理性要求的社会环境。[1]当然，本书之论题，在于纠纷之和解，因而对自决和他决，除非与和解进行比较得以阐述外，一般不作为本书的关注对象。

二、本质：意思自治

（一）意思自治的含义、历史与基础

"和解"是根据当事人"合意"解决纠纷的方式，当事人合意，是和解的根本特征，体现了契约自由，而契约自由的前提，在于当事人意思自治，从最根本意义上来讲，意思自治是和解的本质或者说是基础。没有意思自治，就不可能有真正意义上的和解。如果建立在胁迫、欺诈等基础上的"和解"，只能是形式上的和解，这种形式意义上的和解，正因为它的实质是对意思自治的违反，应受到"合法性"的审查。

和解，能够达到能力的赋予和认可，能力赋予意味着个人恢复了一种对于自身价值、力量和处理生活当中之问题的能力，而认可意味着唤起个人对于他人处境和问题的承认和共鸣。当这两种方式在实务中居于中心地位时，就能促进当事方把冲突作为首先升华的机会加以利用，和解的改造性潜力也就得到实现。[2]从人类与世界存在的层面上讲，人的存在世界是一个个体自治的世界，个体自治是人的存在世界的起点。[3]所谓"自治"，如果按照其字面意义来理解，就是"自己治理自己，自我管理"的意思。英国学者戴维·赫尔德从政治学角度来理解自治，认为"自治"意味着人类自觉思考、自我反省和自我决定的能力。它包括在私人和公共生活中思

---

〔1〕 赵旭东：《纠纷与纠纷解决原论：从成因到理念的深度分析》，北京大学出版社 2009 年版，第 75 页。

〔2〕 See Bush and Folger, *The Promise of Mediation*, San Francisco: Jossey-Bass, 1994, p. 2. 转引自［美］斯蒂芬·B. 戈尔德堡等：《纠纷解决——谈判、调解和其他机制》，蔡彦敏等译，中国政法大学出版社 2004 年版，第 117 页。

〔3〕 谢晖：《法律的意义追问》，商务印书馆 2003 年版，第 59 页。

考、判断、选择和根据不同的可能行动路线行动的能力，并将“自治”与“独立”联系在一起予以考虑。〔1〕

对于什么是意思自治，学者从多个维度进行了阐释说明。有的学者认为，意思自治作为一种法哲学理论，是指人的意志可以依其自身的法则为自己创设权利义务，当事人的意志不仅是当事人权利义务的渊源，而且是其发生的根据；有的学者从民法角度出发，认为意思自治作为私法自治的核心，是指私人间的法律关系应取决于个人之自由意思，其在现行法上的体现，即为法律行为自由原则，并具体表现为契约自由和遗嘱自由；也有学者仅从冲突法层面去理解，认为意思自治即当事人意思自治，具体是指在国际商事合同中，合同当事人有权在协议一致的基础上，选择某一国家或地区的法律来支配他们间的权利义务关系，一旦当事人间发生争议，受案法院或仲裁机构应以当事人选择的法律为合同准据法，以确定其间的权利义务。〔2〕对于民法中意思自治的内容，有学者进行了更为宽泛的理解，认为它包含着：①契约自由，包括缔结契约的自由、契约内容的自由、契约方式的自由；②同意主义原则；③合同解释“应探究当事人真实意思”的原则；④合同的强制力原则；⑤合同的相对效力原则；⑥遗嘱自由；⑦社团的设立自由等。〔3〕

就法学角度而言，无论是民法中的意思自治，还是国际私法中的意思自治，一般认为它是私法的原则，是私法自治精神的体现。古罗马五大法学家之一乌尔比安首创了公法和私法的划分，规定国家公务的为公法，公法规范是强制性的，当事人必须无条件地遵守；规定个人利益的为私法，私法规范则是任意性的，可以由当事人的意志而更改。私法自治滥觞于商品生产者社会的第一个世界性

---

〔1〕 赵越：“意思自治原则的适用范围”，载《政法论坛》2004年第2期。

〔2〕 参见金彭年、王健芳：“国际私法上意思自治原则的法哲学分析”，载《法制与社会发展》2003年第1期。

〔3〕 参见崔俊贵：“意思自治原则的兴起及原因的探讨”，载《北京科技大学学报（社会科学版）》2000年第1期。

法律即罗马法。古罗马时期，简单商品经济高度发展，民事关系渗透到社会生活的各个方面，私法十分发达。后来，随着经济和社会的发展，国家对私人事务的干预越来越多，终于需要在国家权力和私人活动之间确立一条明确的界限。从实践层面来看，在共和国末叶和帝政之初，为适应商品流通快速迅捷的需要，受万民法的影响，出现了诺成契约，以双方当事人的“同意”作为契约成立和拘束力的根据，而不要求履行一定的形式或者接受一定的物品，使商品流通从繁琐的形式中解放出来，标志着罗马法从重视形式转为重视当事人的意志，这是契约史上的一个进步。诺成契约因而成为“私法自治”观念的实践基础和后世“契约自由”原则的历史渊源。16世纪，杜摩兰针对法国当时各省立法不一致，经常导致各地习惯法在适用上相互冲突的现象，在其名著《巴黎习惯法评述》中指出：合同应当适用当事人自己选择的法律，如果当事人没有明确表示适用何地法律，法院也应根据整个案件的各种迹象来推断当事人意图适用的法律。[1]据此可认为，意思自治明确提出应是在国际私法领域，后来逐步扩张向（国内）私法领域伸展，1804年《法国民法典》第1134条规定：“依法成立的合同，对于缔约当事人双方具有相当于法律的效力。”这一规定将当事人的特别约定置于与来源于公共权力的法律同等的地位，亦即赋予当事人的意志以强制力，显然是对意思自治的直接确认，[2]不仅鲜明地继受了罗马法私法自治的观念，而且第一次通过立法对契约自由思想进行了系统和规范的阐发。此后自由资本主义、垄断资本主义乃至实行市场经济的社会主义国家，都奉行私法意思自治为基本原则，把它作为民法体系的基石。[3]

〔1〕 王路：“当事人意思自治原则的法哲学探析”，载《湖北广播电视大学学报》2005年第4期。

〔2〕 尹田：《法国现代合同法》，法律出版社1995年版，第14~15页。

〔3〕 吕岩峰：“当事人意思自治原则论纲”，载正义网，http：//www.law-lib.com/lw/lw_ view.asp？no=275，访问日期：2009年5月30日。

当然，对于意思自治在法律上的确认，学者经过研究也有不同的观点。有人认为，1865 年《意大利民法典》是世界上第一部采纳意思自治理论的民法典，随后法国也在《法国关于补充民法典中国际私法内容的法律草案》第 2313 条正式规定了当事人意思自治。[1]虽然在此一问题上有争议，但不能否认的是，19 世纪自由资本主义发展到鼎盛时期，意思自治与契约自由理论相吻合，得到许多法学家的赞同。时至今日，它已被各国所普遍接受，并且为多个国际公约所确认，当然主要是在合同领域。如 1958 年《关于有体动产国际买卖法律适用的公约》第 2 条第 1 款规定：买卖受合同当事人所指定的国家国内法的支配。1980 年《欧洲经济共同体关于合同债务法律适用的公约》第 3 条第 1 款规定：当事人可自行选择适用于合同的全部与部分的法律。1985 年《联合国国际货物销售合同法律适用公约》第 7 条规定：销售合同受当事人选择的法律支配。[2]

意思自治之所以成为私法上的一项基本原则，是一个自然发展的过程，而不是人为建构的结果，然而它的生成与勃兴，却有着深厚的思想渊源、哲学基础和经济（学）基础。

意思自治的思想渊源，可以追溯到宗教中去。对意思拘束力的探讨至少可以在西方思想的另一个智慧宝库——宗教理论中找到源头。在基督教教义中，人与神的关系不再是自然的、必然的、固定的，而是基于“盟约”。“盟约”的观念在古以色列文化中对人们影响甚深。基督教认为人是有原罪的，整个人类背负着救赎的任务。

---

〔1〕 王路：“当事人意思自治原则的法哲学探析”，载《湖北广播电视大学学报》2005 年第 4 期。

〔2〕 如公约第 7 条规定：①销售合同受当事人选择的法律支配。当事人的选择协议必须是明示的或者从合同的规定和当事人的行为整体来看可以明显地推断出来。这种选择可以仅限于合同的某一部分。②当事人可在任何时候约定，其销售合同全部或部分适用原来所没规定的法律，而不管原来适用的法律是不是由当事人。销售合同订立后，当事人对适用法律的任何变更不得有损于合同在形式上的有效性或第三人的权利。

早在基督教理论形成时期的亚历山大里亚学派代表人物奥利金就发展出自由意志论。在他看来，人内心代表理性的能力与欲望之间的征战构成自由意志的本质。奥利金的自由意志论对于早期基督教教义史来说无疑是重要的，对西方文化也有着重要的贡献。希腊文化中几乎没有自由意志的论述，从这个意义上讲，自由意志论是基督教文化中最具原创性的部分，也较少柏拉图主义的色彩。〔1〕

自然法是蕴藏于意思自治背后的哲学基础。自然法充分肯定人的理性、自由意志、平等和权利，是意思自治产生并得以勃兴的思想基础。自然法学说中强调个性解放，意志自由的思想，使人从对神的依附中解放出来，成为有独立人格和自由意志的人。古希腊的苏格拉底、柏拉图等都是自然法观念的信奉者，而亚里士多德则是"自然法"概念的提出者。在古罗马时代，尽管情形与古希腊时期有很大的不同，但自然法的观念仍然是不容置疑的。17、18 世纪，理性主义自然法兴起，认为人生来就有生命、自由、财产、追求幸福、平等、博爱及自我保护等权利。此时的意思自治作为一种法哲学理论认为：人的意志可以依其自身的法则为人自己创设权利义务，当事人的意志不仅是当事人权利义务的渊源，而且是其发生根据。毫无疑问，自然法，尤其是近代的理性主义自然法关于尊重人的权利，人以自由为本性的思想，是罗马法和《法国民法典》确立和弘扬"私法自治"观念的法哲学根源。〔2〕

18、19 世纪的哲学思潮对私法自治在法律上的确立起到了促进作用。从哲学上讲，私法自治首先是建立在人"生而自由"的信念之上的。从这个信念出发，必然得出这样的结论：一方面，当事人不应当受其不曾同意接受的义务的约束；另一方面，当事人必须受其愿意承担的义务的约束。在法国，当资产阶级从封建君主手中夺得政权时，社会契约论已广为传播，并且成为欧洲最流行的政治哲

〔1〕 李政辉："论意思自治的根基"，载《河北法学》2006 年第 2 期。
〔2〕 姚新华："契约自由论"，载《比较法研究》1997 年第 1 期。

学。在英国，随着产业革命的完成，资本主义经济获得了迅速发展。边沁的自由放任主义哲学占据了主导地位，认为当事人的意图应该受到特别尊重，法律对人们的干涉越少越好。在德国，康德的自由主义哲学产生了广泛的影响。上述哲学思潮，成为私法自治原则得以形成和发展的理论前提。在后来的进程中，这些理论随着实践的变化发展而不断被修正，私法自治也同时不断被充实和完善。〔1〕

以自由主义为底色的资本主义近代发展，伴随着对财产权、统一市场的要求，积极倡导自由竞争，有力确证了人的主体性，极大地激发了人们的劳动积极性和生产智慧，促进了经济的繁荣。自由理念通过实践证明了自己的成功。〔2〕与此同时，理论界也为意思自治摇旗呐喊，亚当·斯密的经济自由主义理论则作出了巨大贡献。他首先提出了“经济人”这一概念，认为每个人都是自身利益的最佳判断者，他基于这种判断参与市场活动，在谋求自身利益的同时也促进了社会利益。〔3〕因为每个人都是“经济人”，所以应尊重个人的意思自治。经济人的前提是“理性人”，是理性主义在经济角度的具体体现。自由主义张扬了个人意思自觉的价值取向，用一种不容置疑的价值正当性为意思自治开路，经济理论更多的表明了个人意思自治所导致的结果为优的实证后果，用实践结果增加意思自治的可行性。〔4〕

意思自治理念来源于理性主义的自由天赋思想。它同私权神圣、身份平等一起贯穿于整个民法体系之中，成为构筑民法大厦的核心与灵魂。私权神圣是市民成为法律主体的最基础条件，身份平等则是市民社会中真正能够确立私权神圣的路径，而意思自治作为

---

〔1〕 参见吕岩峰：“当事人意思自治原则论纲”，载正义网，http：//www.law-lib.com/lw/lw_ view.asp? no＝275，访问日期：2009年5月30日。

〔2〕 李政辉：“论意思自治的根基”，载《河北法学》2006年第2期。

〔3〕 金彭年、王健芳：“国际私法上意思自治原则的法哲学分析”，载《法制与社会发展》2003年第1期。

〔4〕 李政辉：“论意思自治的根基”，载《河北法学》2006年第2期。

以上两个理念共同作用的对象，则是市民法中的最高理念，是市民法得以延续其精神的集中表现。正因为在私法领域确定了意思自治，所以私法责任被认为是意定责任，私法调整的纠纷中，主体考虑问题时会更注重收益和成本问题。民事纠纷可以被看成是交换关系的组成部分，因而如何交换取决于当事人本身的意思自治。〔1〕

意思自治是和解的本质，而同样以意思自治为基础的私法领域的纠纷，自然可以用“和解”的方式解决。但是，正如意思自治从一开始就受到国内强行法、公序良俗等限制一样，并非所有私法调整领域内的纠纷都可以用“和解”完全了结，特别是当纠纷涉及第三人利益或公众利益时，直接的双方不能以和解来损害他人的利益，除非第三方利益者或公众利益的代表者参与到和解中来，譬如现今兴起的公益诉讼则不应以“和解”完全了结，因为公益诉讼中，受害者是不特定的人，虽然起诉者可能是权利受到损害的人之一，但是他不能代表其他不特定的人行使放弃利益的权利。

（二）公法纠纷解决中的意思自治

通常认为，公法领域内的纠纷，侵犯了公众利益和社会秩序，解决纠纷的权力一般被认为属于公众利益的代表——国家所有，解决纠纷的方式，是追究对纠纷之产生具有过错者的行政或是刑事责任（公法责任），这种责任只有国家可以追究，私人不能进行处分。所以，在一般情况下，除不可抗力、紧急避险等类似于私法免责的情形外，公法责任不允许当事人间意定免责，即公法纠纷当事人不能进行和解。不过，仔细研究公法，我们就会发现意思自治的作用场域。如我国刑法中告诉才处理的案件，纠纷双方当事人可以和解，一并解决因轻微刑事纠纷所引起的所有法律责任，包括民事责任和刑事责任，追究刑事责任的表现当然只能是一方放弃对对方刑事责任提请国家追究权，而非直接追究权。美国刑法中的辩诉交

〔1〕 金彭年、王健芳：“国际私法上意思自治原则的法哲学分析”，载《法制与社会发展》2003年第1期。

易，体现了国家与犯罪嫌疑人间的合同性质，亦是由检察官和犯罪嫌疑人进行交易，而免除或减轻犯罪嫌疑人的刑事责任。因此，公权力不可处分并非公法的普适性原则。不过，私人对公权力的处分也大多表现为消极方式，譬如放弃方式，而不能以积极方式行使，例如决定给犯罪人拘役 6 个月等。同时，相对于法律规定层面而言，在解决纠纷的社会现实层面，大量存在这种公法纠纷解决权的私人处分问题，体现了当事人的意思自治。在社会现实层面，公权不可处分原则只是一道幻影，如果说“存在就是合理的”，那么公法纠纷解决中的意思自治，自然有其本身固有的合理性。

1. 政治基础：社会契约论

无论是声称“契约死亡”，还是主张“契约再生”，[1]谁都不能否认，只有契约才可以意味着平等。以卢梭为代表的社会契约论者所提出的社会契约的观念是古典自然法学的核心内容，也是 18 世纪西方文艺启蒙的重要思想，同时还是资产阶级民主革命的理论纲领。从苏格拉底之后的伊壁鸠鲁等智者学派提出的“法律是依契约保证正义的约定”，到中世纪的“神君契约”和“君民契约”的演进，都蕴涵着“社会契约”的思想。而当历史推进到了近代，社会契约论也彻底割断了宿命的脐带，迎来了新的独立机体。格老秀斯将社会契约纳入“自然法”的范畴，彻底脱离了神的信仰而将其置于“自证其名”的地位；霍布斯则开始普遍地用契约来解释国家的起源与本质；洛克在提出了与霍布斯不同的自然状态论的基础上，由“人生而平等”推生出天赋人权学说；而卢梭则在总结了前人的基础上，将社会契约理论推向了世界的每个角落。“个人自由”在此时不仅是“社会契约”缔结的前提，更是人类从“自然状态”

---

〔1〕 美国学者格兰特·吉尔摩（Grant Gilmore）《契约的死亡》和日本学者内田贵《契约的再生》，对 20 世纪契约法的发展变化进行了深刻的探讨。

走向“社会状态”一以贯之的价值准则。[1]

通过猜测和想象，在先验主义的理性思维下建立起来的理论体系往往也缺乏实践的论证，社会契约论受到很大的批评。首先，在方法论上，社会契约论的提出基于幻想和猜测，缺乏科学实证。其次，在想象基础上构建的理论内容也具有乌托邦性质。再次，社会契约论的两种理想价值之间也存在内在矛盾。近代社会契约论绵延三百年的魅力在于其“自律”和“互惠”的理想。最后，社会契约论者并非严格意义上的法学家，使得社会契约理论缺乏统一的内在评价标准。[2]

在回应批评时，现代契约论的主张者罗尔斯进行了补救。罗尔斯的契约论论证方式主要是从借鉴近代契约论者的“自然状态”设计出的“原初状态”（original position），并由此推导出正义的两条基本原则。罗尔斯认为人们真正达到了自由和平等的基本处境，这种状态中的人们所达成的契约和协议才能真正称之为是符合公平正义的协定，他们在合作之中所达成的基本原则即体现了公平正义，能够成为公平正义的原则和基本内容。罗尔斯的契约论证不再解决民主国家主权的合法性问题，而是致力于解决一个正义的社会基本结构中基本资源的分配如何满足人的基本权利所必然提出的要求，这同时也是一个道德问题。[3]

虽然社会契约观念至今仍然在受到不同的批评，但它解决了国家的合法性问题，在其所探讨的国家和政治社会的起源问题上的进步性在于人类的自然权利通过契约实现了分离，政治权力成为个人自然权利的派生。由于国家权力来源于人民权利的让渡，人民对政治法律的崇尚就是在维护自己的权利。国家的契约性揭示了政治法律

---

〔1〕 胡斌：“对社会契约论的再审视”，载《社会科学论坛（学术研究卷）》2008 年第 2 期。

〔2〕 参见胡斌：“对社会契约论的再审视”，载《社会科学论坛（学术研究卷）》2008 年第 2 期。

〔3〕 张秀：“契约理论的发展及其困境”，载《求索》2009 年第 2 期。

的客观事实，一切违背人民意志的法律都是无效的，社会契约论成为了一种高于实在的价值观念，赋予了一种理性批判和终极目标。[1]它成为引导人类不断趋向自由、平等的理想，成为人类为了自由而斗争、为了平等而斗争、为了权利而斗争的思想武器。根据社会契约论，政治权力来源于公民权利，政治权力要保障公民权利。社会契约论连同由它而产生的主权在民、三权分立等一同成为当今大多数法治国家的政治基石。根据社会契约论，既然人们基于意思自治原则订立契约，将解决纠纷的权力交于国家，那么他就可以把这种权利要回，自行解决纠纷。当纠纷的双方当事人把这种权利向国家要回，而进行“和解”时，也完全是基于他们的意思自治，这个时候，纠纷解决权就回归到原本拥有者的手中，国家应同意，并且尊重、保障人们的这种要求，而不能异化为只顾权力自身运作，不顾授权者意愿和处境的自利者。

法律是人民的契约，国家是契约的产物。国家对公法纠纷的解决权来自于人民，国家对公法纠纷中的责任者的追究权来自于人民。在公法纠纷的和解，譬如刑事和解的权利来源问题上，应理性认识刑事案件当事人和解的自然法和宪政意义上的权利来源。国家的一切权力来源于人民的让渡，刑事司法权和刑罚权也不例外。既然刑事冲突本身就是存在于犯罪者与被害人之间、而不仅是国家与犯罪者之间，通过刑事和解途径就能够实现刑事诉讼的最终目标。被害人与加害人通过刑事和解这种契约形式达成相互的谅解、同情和经济赔偿，在国家司法机关的掌控之下最大限度地实现了被害人损害恢复和公共利益的保护，因此可以认为刑事契约是刑事和解最本质的权源所在。[2]从权力和权利的关系来讲，国家司法机关不但

---

〔1〕 胡斌：“对社会契约论的再审视”，载《社会科学论坛（学术研究卷）》2008 年第 2 期。

〔2〕 潘克本、柳红兵：“论刑事和解制度的法理依据和价值基础”，载《法制与社会》2008 年第 25 期。

应利用权力来解决刑事案件当事人的纠纷，而且在当事人间基于意思自治原则欲行和解时，应提供和解的可能性条件，保障其和解权利的实现。纵使没有直接受害人的刑事案件中，国家也是一方当事人，当国家依据法律契约而取得合法性后，它本身也是一个独立的社会主体，它也要依契约原则行事，国家与犯罪嫌疑人之间达成和解（辩诉交易）也是意思自治基础上的契约。

2. 人性基础：经济人假设

作为意思自治思想基础的自然法，强调个性解放和意志自由，使人从对神的依附中解放出来，成为有独立人格和自由意志的人。法律责任的追究，正是以理性人假设为前提。意思自治的基本点是自主参与和自己责任。所谓自主参与，即自己做主去判断、去选择，而不受他方的强迫，参与即投入社会主体间的竞赛。选择是参与的前提，参与使选择得以实现。所谓自己责任，即自主参与者对于参与所导致的结果负担责任，这是自主参与的必然逻辑。[1]对私法上意思自治支持的理性主要在经济领域，也就是"经济人"假设。"经济人"的称呼通常加给那些在工具主义意义上是理性的人，（他们）具有完全充分有序的偏好、完备的信息和无懈可击的计算能力。在经过深思熟虑之后，他们会选择那些能够比其他行为更好满足自己的偏好的行为。[2]"经济人"有如下几个特点：一是强调按理性行事，因为理性行为是可以预期的。二是按照成本收益方法进行决策，对成本和收益这两个方面进行综合的比较和分析：如果做一件事情的收益大于其成本，则人们就会去做这件事情；如果做一件事情的成本大于收益，则人们就不会去做这件事情。三是"经

---

〔1〕 王立华："新时期意思自治原则的特殊使命"，载《青海师专学报》2000年第5期。

〔2〕［英］约翰·伊特韦尔等编：《新帕尔格雷夫经济学大辞典》（第2卷），陈岱孙主编译，经济科学出版社1996年版，第57～58页，转引自葛琳、白春安："刑事和解的成本收益分析——以'经济人'预设为理论前提"，载《河北法学》2008年第1期。

济人”预设本身不包含价值评价，也不是绝对的，同时还应强调制度和道德环境，以使“经济人”追求个人利益最大化的自由行动时无意识地、卓有成效地增进社会的公共利益。[1]“经济人”概念在现代主流经济学中是明晰的，它就是指市场经济中的主体和自身经济利益最大化的追求者，就是会计算、有创造性、能获取最大利益的人。经济人概念的内核就在于其具有“理性”，所以“经济人”也称为“理性经济人”或者说具有理性行为的“经济人”。经济人、理性人、追求自身效益最大化这几者在个体身上具有内在一致性。[2]

就当事人所代表的利益而言，公法纠纷可以分为两种情况：一种是两方利益，即代表个人利益的一方和代表公益的一方；一种是三方或多方利益，即代表个人利益的两方或多方和代表公益的一方。代表公益的一方，常具体化为某个国家机关，如公安机关、检察机关等，也可以具体化为某个个人，如个人提起公益诉讼等。当事人，无论是个人，还是国家机关（仍要具体到个人进行具体的行动），都可以对自己在纠纷解决中的得失进行权衡，我们可以引用葛琳等的分析来继续说明这个问题。

表1　加害人和被害人可能的选择[3]

	被害人	加害人
最好结果	报复欲望得到完全满足，补偿欲望得到完全满足。	对给别人造成的损害不用付出任何对价，不受刑事处罚，也不用付出其他形式补偿。

〔1〕 参见葛琳、白春安：“刑事和解的成本收益分析——以‘经济人’预设为理论前提”，载《河北法学》2008年第1期。

〔2〕 李政辉：“论意思自治的根基”，载《河北法学》2006年第2期。

〔3〕 葛琳、白春安：“刑事和解的成本收益分析——以‘经济人’预设为理论前提”，载《河北法学》2008年第1期。

续表

	被害人	加害人
其次结果	报复欲望得到不完全满足，补偿欲望得到完全满足；报复欲望得到完全满足，补偿欲望得到不完全满足。	道歉和补偿，不受或减轻刑事处罚；受刑事处罚，不予补偿。
最差结果	报复欲望和补偿欲望都没有获得满足。	既受刑事处罚，又付出经济补偿。

假设是双方当事人间采取合作，即意思自治的和解，虽然对当事人一方而言不是很好的结果，各自却会得到其次的结果而不是最差的结果，这种结果从各方整体来讲，是你好我也好的最优结果。国家应对成本收益进行比较，对于社会危害性较轻的犯罪，允许当事人和解，国家可以减少侦查、起诉、审判、执行等投入，而且有成人之美之誉，国家可以利用有限的司法资源，处理社会危害性大的犯罪，以达特殊预防和一般预防之效。这样，国家也在纠纷解决中采取了合作的态度，会取得纠纷解决的最优方案。因此，基于“经济人”之假设，纠纷当事人根据意思自治所采取的合作解纷，会无意识地、卓有成效地增进公共利益。

意思自治反映了商品经济、市场经济的客观要求，是对经济关系尤其是经济合同关系一般法律准则的一项基本指导原则，是对经济主体的独立意志在经济活动中的支配地位的一种法律确认。因此，从根本上说，它表现的不过是市场经济社会人们在从事商品交换活动中，依据等价交换的“平等”规则所发生的相互关系。〔1〕在现代社会中，只要是人们可以掌控的资源，无论是有形的，还是无

〔1〕 李红：“市场经济与意思自治原则”，载《黄冈师范学院学报》2000 年第 2 期。

形的，都可以作为成本，进行收益，都可以转化为商品。即使是像拘留、逮捕这样的强制措施、徒刑、拘役等这样的刑罚，也都有转化为物质财富的可能性，人们实际上都在确定着它们的“经济”价值，确定着在一次次交换中的成本和收益。[1]因而，只要是在成本收益分析上觉得合理，那么，就可以基于意思自治，对公法纠纷进行和解。

3. 现实基础：公私难分界

意思自治被奉为私法自治的原则，然而公私法的划分却有着并不统一的标准。乌尔比安首创公法和私法的划分时认为，规定国家公务的为公法，规定个人利益的为私法。但是根据《布莱克法律辞典》的解释，公法是指调整个人与政府之间关系的法律，或者是调整政府自身之结构或运行的法律，而私法则是调整市民及其财产关系的法律。目前公私法划分主要有权力说（又称法律关系说、性质说）、主体说、利益说、强行法说、混合说等。[2]而且，当今社会，公法私法化、私法公法化趋势越来越明显。因而，我们不能说，私

〔1〕 这一点，即使是国家法律，也有明确规定，如《公安机关办理行政案件程序规定》（2006 年公安部令 88 号）第 175 条规定：“公安机关认为暂缓执行行政拘留不致发生社会危险，且被处罚人或者其近亲属提出符合条件的担保人，或者按每日行政拘留 200 元的标准交纳保证金的，应当作出暂缓执行行政拘留的决定；认为不宜暂缓执行的，应当告知申请人。”每日行政拘留可用 200 元进行折抵，如此，被拘留人被行政拘留 10 日，则交纳 2000 元暂缓执行后，不提起行政复议或诉讼，却到异地生活，在法定期间后［最高人民法院《关于执行中华人民共和国行政诉讼法若干问题的解释》（法释［2000］8 号）第 88 条规定：行政机关申请人民法院强制执行其具体行政行为，应当自被执行人的法定起诉期限届满之日起 180 日内提出。逾期申请的，除有正当理由外，人民法院不予受理］，公安机关又不申请强制执行，那么行政拘留 1 日，就完全折抵了人民币 200 元。而立法者之所以用 200 元每日作为担保金额，其内在的前提，也是认为行政拘留 1 日可以相当于 200 元人民币，之所以要求被拘留人担保，实是因怕被拘留人采取相应对抗措施，导致将来执行不能的情形。可见，立法者也进行了成本收益的比较。

〔2〕 参见于改之：《刑民分界论》，中国人民公安大学出版社 2007 年版，第 7～10 页。

法的原则就不能成为公法的原则，公法的原则不能成为私法的原则。法律只是调整社会事实的工具，公法私法的划分，是一种学理的分类，而分类的目的，一是为了推进学术研究，二是为了回应、推动实践。任何一种学术理论的缺陷性，不能成为我们推动学术、推动实践的阻碍，而是应予以克服的藩篱。

诚如于改之所言，当我们对这两个法领域中的某些具体制度进行比较，或者对生活中所发生的一些事实进行思考的时候，我们却无可奈何地发现，刑民之分并非如大多数人所想象的那样界限分明，二者之间存在一个“模糊地带”。[1]笔者认为，这一“模糊地带”，其实并不应模糊，而应是一片刑法和民法共同作用的场域，是可以用两个标准评判，且两个标准可以相互影响的场域。作为一个统一的法律体系，必须有统一的原则，而意思自治就是它们在此一领域内应有的共有原则。否则，如果此一领域内的事实，用民法进行调整，当事人基于意思自治原则进行权利处分后，刑法却不予认可，就会形成两法在事实上的冲突，而当事人也无法从法律中得到合理的预期，法律就会在人心中大打折扣，失去它应有的功效，也有违刑法的谦抑性。

基于契约基础上的现代国家是民主和法治国家，作为惩罚性机能最为强大、恐怖的刑法，必须保持宽容性，方能给公民更多的自由空间，这就是现代刑法的谦抑性，或称刑法谦抑主义。刑法谦抑理念秉持人权至上的基本立场，通过最大限度地约束国家的刑罚权力，充分体现了以人为本的终极价值目标。刑法的适用要受到限制，必须慎重、谦虚。具体来说，刑法谦抑主义有三个方面的含义：一是刑法的补充性，即刑法是保护法益的最后手段，只有当其他法律不能充分保护法益时，才适用刑法保护；二是刑法的不完整性，即刑法不能介入国民生活的各个角落；三是刑法的宽容性，即即使出现了犯罪行为，但如果从维持社会的角度看缺乏处罚的必要

〔1〕 于改之：《刑民分界论》，中国人民公安大学出版社2007年版，第1页。

性，就不能处罚。[1]在那片“模糊地带”，作为公法的刑法，允许当事人的意思自治，实际上也是刑法谦抑的表现，是对那些即使可以被认为是犯罪的行为，从维持社会的角度看却缺乏处罚必要性的行为的宽容。换言之，公法之中允许意思自治有其作用场域，是公法的美德，符合现代非罪化的法律发展趋势。

对纠纷事实合法与违法的评价，要用法律来进行；而对法律效用的评价，也要用纠纷事实来进行。面对公法中的意思自治原则的承认、面对理论上的可行性、面对现实存在的诸多的公法纠纷解决的基于意思自治上的和解，无论是社会控制者，还是法学研究者，都不能无动于衷，都应采取明智的选择。齐美尔有言：“社会只不过是各种个人组成的圈子的名称而已，他们由于这种发挥作用的相互关系而形成约束，因此，人们就称他们为一个统一体。”[2]当个人完全孤立时，一项违法行为的发生，侵害的是他的个人利益，然而现代人都是社会人，任何一项违法行为，无论是民事违法还是行政违法或是刑事犯罪，都不可能仅仅侵害个人的利益，而是同时都侵害了社会利益，这也就是我们所称的“社会危害性”。采取何种规范来解决违法行为，都应先基于对当事人意思自治的尊重考虑而进行相应的判断。

应当明确的是，“尊重”并不等于“支持、认同”，而首先是“同情的理解”，即理解当事人基于意思自治的理由，采取完全支持、部分支持或者完全反对的态度。不过更要提醒的是，任何当事人，都是社会的财富，而于一国言，国民是国家的财富，也是国家的主人，国家不应完全反对他们的意思自治行为，只要他们的意思自治不过分地危及社会利益或国家利益。

---

〔1〕 孙仁丕：“论现代刑法的谦抑性”，载《郧阳师范高等专科学校学报》2008年第6期。

〔2〕［德］齐美尔：《社会是如何可能的——齐美尔社会学文选》，林荣远编译，广西师范大学出版社2002年版，第3页。

（三）意思自治的扩张

从前面的论述可知，意思自治从萌芽，到成为民法、国际私法的基本原则，及至在公法领域内实际上也存在着对意思自治尊重的各种基础，这就使我们不得不尊重意思自治的扩张。意思自治的扩张，正如它的萌芽、发展一样，其实都是一个“自然”的过程。尽管杜摩兰在16世纪就提出“当事人意思自治”的理论，但这一学说并未立即被各国的国际私法所采用。文献资料表明，在司法实践上应用“当事人意思自治原则”作为审判的依据，比这一学说的问世整整迟了两个世纪，而国家立法明文采纳“当事人意思自治原则”，又滞后于司法实践一个世纪。进入20世纪，世界各国才普遍接受“意思自治”。从时间跨度看，该原则在立法和判例上被广泛应用，是一个缓慢的渐进的过程。[1]

随着社会的发展，原本在合同领域适用的意思自治原则在人身权法中的适用范围与程度日益深广。譬如安乐死中的意思自治问题，如果基于意思自治基础上的安乐死，法律应当予以尊重。1932年以来，以追求人道待遇为宗旨的“无痛苦致死协会”、“志愿施行安乐死协会”等在英国、美国、荷兰、法国等国家相继成立，对于安乐死行为合法化起了很大推动作用。我国目前对安乐死的合法化尚不予认可，但已有一些学者主张应允许附有严格限制条件的安乐死合法化。再如对于人体器官移植，如果基于当事人意思自治，就应尊重当事人“器官”欲享有“器官权”的诉求。再如生殖领域中，基于意思自治的代孕母亲，也应受到一定的尊重。意思自治的法理基础，在于社会经济的发展是权利现象发展的内在动力，文化价值观念随着生产力的发展而变化，人的自由来自于对必然性的认识和利用，人格权的物权化，法律随着社会的发展进程，不断对个人利益、公共利益和社会利益的冲突进行协调和平衡，以最大可

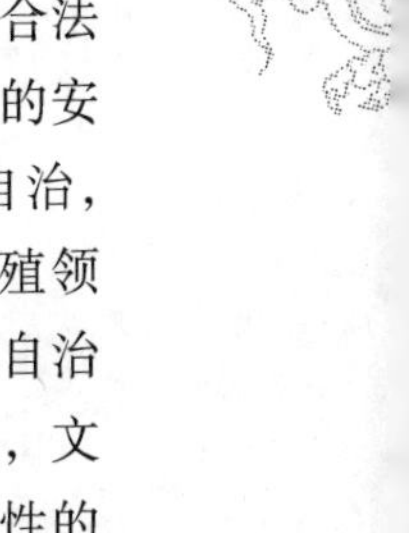

［1］ 参见黄春松：“‘自然选择’：关于‘当事人意思自治原则’适用性的一种诠释”，载《漳州师范学院学报（哲学社会科学版）》2003年第1期。

能地满足各方面的利益诉求。[1]

意思自治作为私法理念，与其说是私法主体行为的准则，毋宁说是对公权的抵御，是私法领域尽量避免公权力侵入的工具。正因为私法允许当事人依其自由意志确定其行为，除受法律约束外，不受任何人、任何权力的干涉，私法形成了与公法完全不同的性格，并一度成为公法与私法划分界限的重要依据。应当说，意思自治是构造私法体系的灵魂之所在，是私法之所以成为权利法的最重要的原因。[2]

然而，我们不能将意思自治仅仅局限于私法领域，而应将意思自治及其限制看作是自由和秩序的关系。虽然人们都在为自由而奋斗，且都没有为自由下过精确的定义，但自由作为一种状态，诚如哈耶克所言：在此状态中，一些人对另一些人所施以的强制，在社会中被减至最小可能之限度；而按博登海默的观点，秩序意指，在自然界和社会进程运转中，存在着某种程度的一致性、连续性和确定性。[3]契约最能体现个人自由，它对个人自由进行肯定并保障个人自身利益的发展。而对意思自治的限制，如不得违反公序良俗、不得违反强行法，及至主张公法纠纷不能和解，都体现了秩序的要求。从一定意义上来讲，人类文明的历史就是自由和秩序的历史，二者在本质上是内在统一的。

只要承认意思自治，就得承认一部分公法纠纷可以在基于意思自治基础上和解；反过来也一样，只要法律体系中规定了和解，实际上也就承认了意思自治，而且就本书“和解”的界定来看，如西方国家的辩诉交易这种典型的国家与犯罪人之间的和解形式，其实

---

〔1〕 参见冉富强：“意思自治在人身权法中的扩张”，载《郑州轻工业学院学报（社会科学版）》2006 年第 2 期。

〔2〕 崔俊贵：“意思自治原则的兴起及原因的探讨”，载《北京科技大学学报（社会科学版）》2000 年第 1 期。

〔3〕 参见刘秀芳、胡蓉：“从意思自治原则的发展历程看自由和秩序的互动关系”，载《当代法学》2002 年第 11 期。

也体现了意思自治。从这个意义上来讲，所谓的意思自治是私法的特有的原则的观点，是无法站住脚的，而且公权力不可处分的理念，也是被轻易动摇的。自治作为“契约自由的明珠”，代表自由的方向。随着社会的进步，制约自由的障碍被逐步排除，自由必将得到更大发展。人类不断地在各个方面创造有利于自由实现的自然条件和社会条件，以获得更大范围、更高层次的自由。制定法以它的抽象性、概括性作为它的优点，但同时又伴随着滞后性这一缺陷。因而自由不断地冲破旧有秩序的框架，严格说来，并非法律创设自由，而是自由引导法律。〔1〕当对意思自治的限制完全解除之时，就是绝对自由之时，然而人们都知道，世间并没有绝对的自由，对意思自治的限制，就是为了保障意思自治的自由，但当各种条件不断变化，自由扩张时，就是意思自治的扩张之日。

三、原则：推定与程序监控

（一）和解原则的条件

和解虽然是一种事实，但从社会层面而言，它可以被视为一种制度事实。就制度视角而言，和解规范众多，且形成系统的结构。根据这种制度，人们可以安排自己的行为，赋予其中各种行为以意义和动机，达致人类所追求的秩序。如果把法律规定内的和解，视为一种正式制度的话，那么法律规定外的和解，就是一种非正式制度。但是，正式也罢，非正式也罢，作为制度，二者并不是泾渭分明，也不可能截然分开，而是共享系列的基本原则。从一定意义上来讲，和解制度本身就是一个整体，这个整体内部的冲突与协调，外部与其他制度间的对抗与衔接，都需要系列原则来进行整合。因此，原则的设定，应确定在制度层面的分析，而个案则是作为一般化的制度的个别化，自然亦应受原则的规制，方能实现个案和解的功能。所以说，和解的原则，贯穿于和解制度与和解个案的全部或某

---

〔1〕 刘秀芳、胡蓉：“从意思自治原则的发展历程看自由和秩序的互动关系”，载《当代法学》2002 年第 11 期。

些局部领域，对和解领域的全部或局部具有统摄性、基础性的效力。

和解的原则，是和解制度中最为根本的问题。对和解原则的解读，我们可以参考诸多关于法律原则的论述。所谓原则，是基础性真理或原理，为一项制度的其他规则提供基础性或本源的综合性规则或原理，是该制度中的行为、程序、决定等的决定性规则。[1]鉴于和解的根本目的是解决纠纷，而且溢出法律监控的和解，很难达到真正解纷的目的，故而，在法律监控之下的和解，实际上为法律的一项制度，故和解的原则，实为和解制度中的法律原则，因此，探讨和解的原则问题，就同探讨法律原则问题有了关联。

和解的原则构成和解制度的基础，是和解制度的基石。德沃金把法律看做三个组成部分：原则、政策和规则，并且对三者进行了区分。大致说来，规则具体明确，操作性强，而原则具有伸缩性，操作性弱；规则具有非此即彼性，原则需要衡量。原则和政策相对于规则属于同一个层次，是指法律规则之外的其他准则的总体；政策是综合性的，是有关必须达到的目的或目标的一种政治决定，一般说来是关于社会的经济、政治或者社会特点的改善以及整个社会的某种集体目标的保护或促成问题；原则是分配性的，是有关个人（或由若干人组成的集团）的权利、正义或公平的要求，或其他道德方面的要求；在立法和司法中，政策和原则的作用是不同的。就政策而言，对这一制造商这个月给予津贴，并不要求下个月对另一个制造商也必须给予津贴；但就原则而言，分配利益必须要求同样情况的一致性。[2]谢晖认为，法律原则从外部视角看，是事物（社会关系）之公共规定性的国家化与公共化的符号呈现；从内部视角看，在法律体系中，对其他规则具有统摄功能和指导价值的内

---

〔1〕 参见张文显主编：《法理学》，高等教育出版社、北京大学出版社1999年版，第74页。

〔2〕 参见冯静："德沃金法律原则模式之解读"，载《辽宁行政学院学报》2008年第5期。

容就是法律原则。法律原则具有纲领性、融贯性、号令性、抽象性、稳定性的特征。〔1〕徐国栋对原则的语义进行过考察，认为无论是在汉语中还是在拉丁语或英语中，原则的核心义项皆为基本规则，“民法的基本原则是其效力贯穿于民法始终的民法根本规则，是对作为民法主要调整对象的商品关系的本质和规律以及立法者在民事领域所行政策的集中反映，是克服法律局限的工具。”〔2〕谈萧认为，私了就是和解，在《论中国私了法律制度之构建》〔3〕中认为，和解的基本原则包括诚信原则、私权自治原则、“在法律的荫影下谈判”原则。

在法院调解制度中，调解原则具有基础性作用。《民事诉讼法》(2007) 第一章和第八章中共有 8 条关于法院调解的规定。基于民诉法的规定，理论界出现了法院调解的自愿原则、合法原则和查明事实、分清是非“三原则”说。自愿原则和合法原则作为法院调解的灵魂与保障得到了学术界和实务界的普遍认同，只是大家从不同的角度对其做出了不同的理解；而查明事实、分清是非原则却受到了大多数人的质疑，一般认为其把调解和判决的要求混为一谈，没有体现出法院调解的特殊性。2004 年最高人民法院《关于人民法院民事调解工作若干问题的规定》出台后，黄松有副院长在答记者问时表明该规定主要体现了自愿原则、合法原则、保密原则和灵活性原则，这成为后来“四原则”说的渊源。现在理论界还有学者提出法院调解应坚持公平原则、效率原则、对等原则等的多原则说。〔4〕

笔者认为，和解的原则，应是一根标尺，它限制着和解的恣意，防止出现“傲慢为有礼，放纵为自由，奢侈为慷慨，无耻为勇

〔1〕 参见谢晖、陈金钊：《法理学》，高等教育出版社 2005 年版，第 67 ~71 页。

〔2〕 参见徐国栋：《民法基本原则解释——成文法局限性之克服》，中国政法大学出版社 1992 年版，第 7 ~9 页。

〔3〕 参见中国学术论坛网，http：//www. frchina. net/data. php? id =774，访问日期：2009 年 6 月 6 日。

〔4〕 袁煜驰：“法院调解自愿原则新解”，载《法律适用》2006 年第 12 期。

敢”[1]的非理性景象，它应该符合和解的本质，利于实现和解的功能，并制约着和解的具体规则，具有目标性特征。为此，欲成为和解的原则，应当至少具备两个条件：一是该原则必须尊重意思自治，二是该原则有利于实现和解的功能。只有符合这两个条件，才具有作为“原则”的资格。如果背离了和解的本质和功能，纠纷虽然在形式上“和解”，然而可能只是一方压服的结果，意味着未来的不确定性，亦即在事实上的纠纷解决中，当强制性因素达致一定程度时，很难达到以“和解”解决纠纷的根本目标。当第三人参与到纠纷解决中时，很可能形成垄断纠纷解决的与国家机关相对立的黑恶势力，形成一种“地下秩序”，而此时，形式上的“和解”就真的会形成一部如陈柏峰所言的“暴力和屈辱”[2]的历史。只要是基于意思自治之上的“和解”，有效解决了纠纷，一般均可以认为是有效的和解。因此，和解的本质——意思自治，就是和解最根本的原则，是“原则”之“原则”。但是，当我们从和解作为一种纠纷解决方式的事实中去进行分析时，我们还会发现，和解主体必须适格。对于主体问题，我们在下一章中会进行一定角度的论述。

为保障和解功能的有效发挥，应确立推定原则和程序监控原则。其他如尊重当事人程序选择权原则、“在法律荫影下”和解原则、瑕疵救济原则等等，都可包含或分散包含在上述原则之中。推定原则，是从经验法则的角度，最大限度的发挥意思自治本质，尊重当事人合意所必需的；程序监控原则是从程序上保障和解的顺利进行、和解目的有效实现、和解不成的救济机制。

（二）推定原则

在纠纷的裁判中，无论在刑事案件，还是在民事案件、行政案

---

〔1〕［古希腊］柏拉图：《理想国》，郭斌和、张竹明译，商务印书馆1986年版，第337页。

〔2〕陈柏峰：“暴力与屈辱：陈村的纠纷解决”，载苏力主编：《法律与社会科学》（第1卷），法律出版社2006年版。

件的裁判中，许多案件常常有无法认定的事实和情节，这只能靠推定去解决。人类认识事物，可以用直接观察的方式，而认识案件恰恰不能用直接观察的方式，而只能用证明的方式。证据在办案人与事实之间形成了一个媒介。有的当事人因利害关系掩盖真实情况，有的案件没有证人或缺少证明手段，这些都使审判人员查清案件或某一情节常常成为不可能。可知论认为世界是可知的。然而疑案、可疑的情节是客观存在的，又是不可知的。〔1〕我们可以使用认识论去指导我们认识每一个具体事物，但我们的这种认识，充其量不过是一个人，或几个人、一些人的实践而已，而绝不是哲学上的认识。人类对于世界本质认识的必然性和个人对于具体事物认识的或然性，这是辩证唯物主义的可知论。审判实践的历史表明，人们对审判规律的认识，正如对其他规律的认识一样，永远不能穷尽，人类认识的相对性也为推定和疑案的存在，提供了理论上的依据。〔2〕

通俗地说，推定就是根据常识，从某一事实的发生可以合理地、一般地推出另一事实的存在。从逻辑上看，推定的现象学基础是，甲乙两种现象存在前后衔接，甲现象引致乙现象的发生，甲为原因，乙为结果。一般而言，甲乙两种现象之间的关系是或然性的，在少数情况下则为必然性的。如果甲乙两现象之间的联系是必然性的，那么即使此种为事实上的推定，也是不可反驳的。当然，在一般情况下，甲乙两现象之间存在一种高度或然性的联系。从哲学上看，推定的基础在于事物之间的类似性，如果两个事物之间不是类似的，在它们之间就不能进行推定。日常推定的依据主要是常识，科学推定的依据则应为自然法则。〔3〕推定从性质上可以分为法律上的推定（简称“法律推定”）和事实上的推定（简称“事实推

〔1〕 尤东亮：“推定与客观真实”，载《中外法学》1992年第6期。

〔2〕 尤东亮：“推定与客观真实”，载《中外法学》1992年第6期。

〔3〕 李可：《举证责任研究——法理的视角》，贵州人民出版社2004年版，第172、176、185、180、187、188页。转引自王雄飞：“论事实推定和法律推定”，载《河北法学》2008年第6期。

定”)，这是对推定常态性的分类，是大陆法系国家根据推定的不同依据的一般分类。法律上的推定是直接依据法律明文规定作出的推定，事实上的推定是在具体诉讼案件中，法官根据自由心证原则依靠已证事实推定争议事实。对于事实推定一般均允许反驳，对于法律推定是否允许反驳，各国立法例略不同。[1]和解的推定原则，也包含着两个方面的内容，即和解事实之推定与和解的法律效力之推定。其事实之推定，乃是从意思自治的本质出发的原则，而法律之推定，则是从应然的角度，以保障和解效力的原则。

和解中的事实推定，即依据经验法则，只要当事人有可以推定为和解的行为，就推定当事人有和解的意思表示，就应当承认和解的事实。推定原则要求纠纷和解中，不能以当事人“书面用语”的字面意思来理解，而要对综合因素进行考量，最大限度地确定当事人的意思表示，以案例进一步说明：

案例1　张某殴打李某案　张某和李某因琐事发生口角，张某殴打了李某，李某报警。后张某非常后悔，主动向李某道歉，二人达成书面协议：“张某向李某赔偿1000元人民币，当场支付，此事一次性了结。”二人共同到公安机关将协议提交民警。公安机关有人认为，书面协议中并没有表达出李某对张某的谅解，故而不能适用《治安管理处罚法》第19条第2项的规定，对张某减轻、不予处罚，但可以根据《行政处罚法》第27条第1项规定对张某从轻或减轻处罚。

张某和李某间是否存在着“和解”的事实，是本案量罚的重要情节。一种观点认为，根据《治安管理处罚法》(2006) 第19条第2项规定，当事人间的和解，必须具备两个条件：一是作为违法人，必须主动消除或减轻违法后果；二是作为被侵害人，必须对违法人

〔1〕 李召亮、李铮：“推定制度简论”，载《山东审判》2002年第5期。

表示谅解。从案例1当事人达成的书面协议文字看，李某并未对张某谅解，故不应适用《治安管理处罚法》关于和解的规定。然而，我们不用向当事人直接提出“李某是否对张某谅解了”的问题，但可以提出“如果李某不谅解张某，为什么还同张某达成了协议，称一次性了结?”，“为什么二人还一起来公安机关提交协议?”，这些问题虽然可以通过直接询问当事人而得到明确解答，然而协议内容本身和当事人主动提交协议的事实本身，是具有“意义”的，这种“意义”，对于当事人而言，他们实际上是赋予其“和解”的事实意义：即他们之间的纠纷已经得以和平解决，希望公安机关不要进行公权力的以惩罚为目的的干涉。这是一种依据社会经验得到的事实推定，即推定出了当事人间的和解事实。而这种事实的法律意义，就需要用法律规定来赋予了，为此，适用《治安管理处罚法》关于和解之规定，自有道理。

在裁判的过程中，事实推定虽然是法官依自由心证原则而认定事实的一种规则，然而，裁判过程中当事人双方是针锋相对的斗争关系，故作为一种认定案件事实的证明机制，以经验法则为基础的事实推定在诉讼证明中的实质就是事实推论，即以经验法则和间接证据为前提运用各种逻辑形式进行推导得出结论以证明事实和认定事实，具有法官的任意性特征。法官进行事实推定时，仅仅解决其所要解决的纠纷之事实，并且赋予该所欲决纠纷之法律意义。而和解中，双方当事人间是一种合作趋向的关系，其中事实推定，并非仅仅解决和解所欲决纠纷之事实问题，还要解决当事人间原本纠纷发生后采取解决纠纷的方式是否可归于“和解”的问题，以回应“和解”此一事实在未来可能受到的合法性审查。故而，事实推定在裁判与和解两种解纷方式中的功能指向是有一定不同的。

如果说，一般意义上的契约，是商品交易的过程或结果，那么，纠纷解决实际上是交易的过程，而和解则是一种解决纠纷、重新确定权利义务关系、调整权益再次分配的契约。根据一般的商品交易习惯，契约之达成，分为要约和承诺两个环节。对此，无论是国内法，还是国外法，都对根据交易习惯进行的事实推定进行了确认，从而使事实推定，上升为法律推定。在和解中，根据交易习惯、情理风俗等经验所作的事实推定，其实质根源于和解的契约性，来源于和解的意思自治的本质。和解的合同性质，实际上已为我国法律一定程度的认可，如最高人民法院《关于审理涉及人民调解协议的民事案件的若干规定》（2002）第1条规定，经人民调解委员会调解达成的、有民事权利义务内容，并由双方当事人签字或者盖章的调解协议，具有民事合同性质。当事人应当按照约定履行自己的义务，不得擅自变更或者解除调解协议。司法部《人民调解工作若干规定》（2002）第5条规定，经人民调解委员会调解达成的、有民事权利义务内容，并由双方当事人签字或者盖章的调解协议，具有民事合同性质。当事人应当按照约定履行自己的义务，不得擅自变更或者解除调解协议。《人民调解法》（2010）第31条规定，经人民调解委员会调解达成的调解协议，具有法律约束力，当事人应当按照约定履行。

事实推定在和解中的法律意义，我们必须从两个角度来考虑，一个角度是从非纠纷当事人即第三人视角来考虑。和解所欲解决之纠纷，因其具有社会危害性，可能被认为是行政违法行为或犯罪行为。虽然纠纷的直接当事人和解了纠纷，然而当事人与国家间的关系，却并不一定能得以理顺，也有纠纷形式的存在，因为这些纠纷需要公法的调整，故而代表国家的机关亦以公法纠纷当事人的身份，对原本纠纷当事人间解决纠纷的方式进行尊重、支持、采纳、反对等意思表达。而如不承认事实推定，即根据经验法则推定当事间和解事实之存在，那么这种意思表达就可能不贴切，恰如本书所举案例1中，公安机关就会对张、李二人间解决纠纷的方式产生误读，赋予其不当的法律意义——适用了不当的法律，进行了不当的调整。

另一个角度是从未来的角度来向前考虑，即在和解不成、和解反悔后对纠纷解决的考虑。当和解不成、和解反悔情形出现时，原来的纠纷并没有解决，而和解本身亦成为一个新的纠纷，作为裁判者，如何看待和解本身作为“事实”是否存在，将从根本上影响和解所欲决之纠纷的最终解决方案。我们仍以案例1为例进行分析。假设张、李二人向公安机关提交了协议，在公安机关未作出决定前，李又向公安机关表明反悔原协议。那么，李的反悔，应视为和解不成？还是和解反悔？于此，事实推定在此具有特别重要的意义。假设将“李某反悔原协议”之事实，视为“和解不成”，那么可以同样解读为：张某进行了欲行和解的意思表示（和解要约），而李某未进行谅解的意思表示（和解承诺），于此，二人达成协议并向公安机关提交协议之行为，就不能赋予和解的法律意义：对张某减轻、不予处罚。而如果将“李某反悔原协议”之事实，视为“和解反悔”，那么，二人达成协议并且向公安机关提交之事实，即为和解，应当赋予其和解的法律意义：对张某减轻、不予处罚。这样，不在法律规定上确定和解的推定问题，就会出现一个两难困境，从而使“和解”在未来的合法性审查中，处于效力不确定的状态。因而，原本属于自由心证中的事实推定，在一定程度上，就应上升为法律推定，用法律的明确规定，来使未来对和解的审查，走出两难困境。

如何推定和解的法律效力？笔者认为，只要根据经验法则，推定双方和解事实成立，且当事人未主动申请进行司法性审查，那么基于对意思自治原则的尊重，就应推定为有效，其效力同于法律，应该受到法律保护。问题是如何进行保护。如果当事人不履行和解协议怎么办？为此，法律应规定一定时效制度，确定经过一定时间没有进行司法审查的和解，如果和解协议已履行完毕，则双方不再有其他权利义务，如尚未履行，那么，权利方则可以此和解协议提请国家机关保护其利益，当然，这种利益只能是在国家法律上有表现的利益并且有法定的维护方式。双方达成的协议因法律的审查通过后即具有法律效力。推定有效，意味着可以有一定的手段使之无效，因此，法律应规定符合哪些条件时，和解协议无效，如和解结果显失公正，和解中有重大欺骗行为等，但具体条件，仍需立法者

综合各种因素进行考量权衡。

和解的法律推定，意味着和解的法律效力推定，意味着根据推定而得“和解结果”对当事人有约束力，国家就将之视为“和解”予以尊重。不过，和解的效力推定，应是一种可反驳的推定，当事人提出违反基于意思自治的正当理由，不愿和解、不能和解、和解反悔后，就可以裁决为后盾，寻求对和解效力的反对结果，于是裁决后盾就发生了作用。

（三）程序监控原则

和解同裁决的区别之一，就是裁决具有程序性特征，而和解具有反程序的特征。当然，说和解具有反程序特征，并非表明和解没有程序可言，而是指和解作为一种纠纷解决方式，无论是法律规定中的和解、还是作为实践形态的纠纷和解，其受程序的规约很少。和解过程中，当事人也很少受程序的限制。在诉讼中，程序具有权利义务的性质。诉讼中的程序具有对抗性，不仅仅是诉讼必经的步骤，还具有权利性特征，当事人在诉讼中，可以程序为权利进行抗辩。而根据棚濑孝雄关于纠纷分为“状况性解决与规范性解决”的观点，和解是一种状况性的纠纷解决方式，它少受规范的约束，程序具有极大的灵活性。其程序的功能，是保证双方出于明智、自愿，保证和解功能实现。为此，程序监控原则可以包括以下几个方面内容：

1. 尊重当事人程序选择权

所谓尊重当事人的程序选择权，是指对于纠纷的解决，当事人是采取和解方式，或是采取诉讼等根据决定解决纠纷的其他方式，应由当事人自己进行选择，实际上是诉权的一种消极行使方式。[1]这一原则，是由和解的意思自治本质所决定的。

---

〔1〕 葛琳认为，诉权在原初状态中作为当事人的一种权利，可积极行使，也可消极行使，即诉讼或和解，参见葛琳：《刑事和解研究》，中国人民公安大学出版社 2008 年版，第 224 页。

波斯纳认为，一个促进或助长自愿性和协商性的法律制度更容易得到人们的偏爱，借助于经济学一个假设的理性前提，每个人都是自己福利的最好判断者，因而在自愿和协商条件下，每个人都想通过交易来改善自己的福利，增加自己的财富。所以说，一个促进或助长自愿性和协商性的法律制度也就是一个追求财富最大化的制度。〔1〕纠纷主体采取和解方式解决纠纷，主要目的是试图速战速决，实现自己的利益诉求。和解本身作为一种非诉讼方式，具有反程序倾向。为了防止和解过程中的重实体、轻程序倾向，一个社会的整体纠纷解决制度中，应确认当事人的程序选择权，让当事人对自己的利益可以进行慎重的衡量，从而将实体法中的意思自治扩展到程序法之中，对实体利益和程序利益进行综合的平衡。此种原则，在目前我国民事诉讼法律中表现尚可，但在公法领域中却被罔顾，如行政诉讼中过分强调行政诉讼的公法权利义务的法律规定性，当事人的程序选择权更不为承认，结果，许多行政性纠纷因为没有当事人和解选择权而无法“依法”解决。

何兵曾言，行政诉讼禁止和解的结果是，行政机关在案外可以行使的处分权在诉讼中反而不能行使，迫使双方以案外和解这种非规范的形式解决问题，形成一种所谓的法律规避行为。由此，由于案件和解属于一种非规范行为，和解的形式、范围、效力皆无规范约束，反而使这种行为失去司法的监控。从一般常理而言，一起行政纠纷在诉诸法院前，行政机关可以处分，惟独在诉讼中不可处分确实违反了生活常理和基本法理。如果人民法院只在诉讼阶段对行政权的处分加以限制，而不对诉讼外的行政处分加以控制，则这种控制又有何实际意义?〔2〕因此，法律制度上必须尊重纠纷解决主体

〔1〕［美］理查德·波斯纳：《法理学问题》，苏力译，中国政法大学出版社1994年版，第488页。

〔2〕何兵：《现代社会的纠纷解决》，法律出版社2003年版，第147～148页。该段论述，一方面是质疑我国行政诉讼中对和解的禁止，另一方面，也反映了我国现行行政诉讼法中没有尊重当事人的选择权。

对纠纷的和解权利，允许他们进行纠纷解决方式的选择，同时又需要其他相应的法律程序对其进行合理的监控。

2. 法院法律审查

和解不仅具有反法律程序的本性，且常不依法律，而可能依关系、面子、感情等通常所谓的非理性因素〔1〕，因此，和解的反法律性质可能对法治形成损害，必须树立法律的权威，使和解笼罩在“法律的荫影”下，受到法律的最终审查。应设立对和解协议的司法审核制度，对和解成立要件包括形式要件和实质要件进行审查。对形式要件的审查主要是和解当事人行为能力、达成和解协议的过程、格式是否符合法律要求。对实质要件的审查包括，当事人一方或双方对纠纷标的是否有处分权、达成和解是否违反公益等等。目前，该原则在美国体现得尤为充分，日本、俄罗斯、法国、英国、意大利、我国台湾等的司法改革的共同特点是，法院外纠纷解决机制包括和解机制，在政府和民间的共同推动下快速增长，监督这些纠纷机制成为法院的重要职能。大多数纠纷是在法院监督下的法院外纠纷解决机构处理，或在法官的监督下在开庭审理前解决的，美国学者将此种现象称为在“法律的荫影下”讨价还价。具体而言，如果当事人选择在根据决定解决纠纷的法律程序前进行和解，一般并不需要国家机关的即行审查，而应保留一定的审查期。如果在根据决定解决纠纷的法律程序中进行和解，则应直接受到解决纠纷机关的审查。在我国，也有学者基于检察机关法律监督权的考量，提出为避免权力的滥用，和解后，因侦查机关行使裁量权而撤销的刑事案件，应当报检察院备案的观点。〔2〕《人民调解法》第33条规定，经人民调解委员会调解达成调解协议后，双方当事人认为有必

〔1〕 法律通常被认为是理性的，而关系、面子、感情则通常被认为是非理性的。

〔2〕 参见葛琳：《刑事和解研究》，中国人民公安大学出版社2008年版，第221页。

要的，可以自调解协议生效之日起30日内共同向人民法院申请司法确认。

3. 裁决后盾

裁决后盾，实际上包含两方面意思：

第一，以国家裁决保障和解合同的履行，这意味着国家裁决维护和保障和解的结果。由于和解的合同性质，只要没有无效、可撤销等情形，和解当事人须依约履行和解合同。这一点典型体现在西方的辩诉交易制度中。辩诉交易本来是国家（由检察官为代表）同犯罪嫌疑人以国家法律责任为标的的交易，但其交易的结果，却往往需要法官的审查，而法官审查的结果，则是以“裁决”形式为标志的。法官的裁决，成为维护辩诉交易合同的坚强后盾，督促了和解合同当事人履行合同约定的义务。美国弗吉尼亚州最高法院的一例判决典型地说明了这个问题。在约旦诉联邦案（Jordan v. Commonwealth）中，被告被指控有盗抢罪，但经过检方与被告交易后，被告承认犯有伤害罪，因而法院可根据辩诉交易协议判决被告12个月刑期（具体执行8个月），此举可避免重罪重罚的后果。后来为了回应公众的批评，检方对同一事实以被告犯盗抢罪进行指控，被告被判盗抢罪。在上诉审中，弗吉尼亚州最高法院认为，检方无权违反辩诉交易协议，因为辩诉交易对于正义至关重要，因此撤销了检方对被告盗抢罪的指控。〔1〕

第二，以实体法律规定的权利义务为解决纠纷实体利益分配的最终方案。裁决方式亦如同和解方式一样，有着解决纠纷、形成规则、归属责任、恢复关系等功能，不过仅就解决纠纷的功能而言，两者的取向是不同的，和解之纠纷解决，倾向于实质性问题的解决，而裁决却倾向于形式性解决，即所谓的法律形式上的解决。然而，和解的行动却不一定有和解的结果。在共识和妥协双双落空的

〔1〕 See “Criminal Procedure”, *Virginia Law Review*, Vol. 62, No. 8 (Dec., 1976), pp. 1420～1421.

情况下，解决纠纷的唯一途径就是权力的干预，司法就是权力介入纠纷解决的结果。社会需要一个强有力的权威对各种纠纷做出最后了断，否则，在既无法取得共识又达不成妥协的地方，面临涉及利益冲突和价值冲突的复杂社会问题，人们就被抛进了一片黑暗的“沙漠”。〔1〕而在这片黑暗的沙漠里，人们茫然无目标可遵从，如无头之蝇，而又盲目自大，任何人都是自己的权威，也力图成为他人的权威，或许会回到霍布斯假设的“一切人反对一切人的战争”的“自然状态”了。

作为一种制度，尤其上升为正式的法律制度后，还应遵循一些法律共有的原则。作为当事人的一种权利，和解选择权更应受到充分的尊重和保护，作为一种私权利，和解权还应尊重社会公众利益等等，所有这些都是在确定具体的和解法律规则时的指导性准则，应该贯穿于和解制度、和解过程的始终。但是其他的原则，也应以尊重和解当事人的意思自治，实现和解的功能为宗旨，并且受推定原则、程序监控原则的影响或制约、补充。推定原则和程序监控原则，其实仍是从裁判视角，作为对和解行为的事实的确定和法律效力确定的原则。

纵然，在事实上，因为可接受性等原因，裁决不一定最有权威，但是它应是最有权威的解纷方式，因为它需要其他解纷方式进行补充，但应是一个法治社会不得已的最后的解纷方式。虽然，当我们反观本书提出的和解的原则的时候，我们可以看到这些原则的提出，是以法律中心主义、裁判中心主义为基点提出的原则。不过我们应说明的是，虽然从多元的法、多元的解纷机制的角度来讲，我们应反对法律中心主义、裁判中心主义，但是，我们并不应反对基于弥补纠纷和解之缺陷，保障和解功能实现之目的，以上述两个中心为基点，对和解提出原则性的规制。

---

〔1〕 桑本谦：《理论法学的迷雾——以轰动案例为素材》，法律出版社 2008 年版，第 86 页。

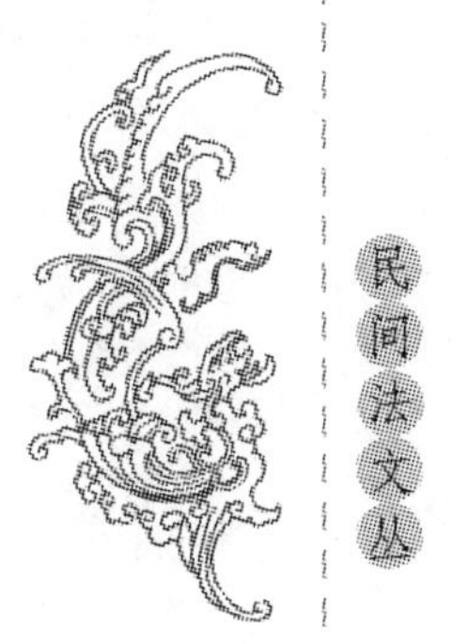

第二章

和解的结构分析：主体

和解的过程，其实是一个主体利用规范来确定事实的意义（解纷方案）的过程。从结构上分析，和解包括主体、规范和事实三种要素。主体说明“谁”可以参加和解，谁在和解中将会有权利义务、财产与行为等的分配和处理。和解作为一种解决纠纷的方式，必然是一种主体的行为，在和解的过程中，虽然并不能完全依国家法律来解决纠纷，但是和解中的当事人，却一般应限制在与纠纷具有法律上的权利义务关系的利害关系人范围之内，非法律利害关系人不能成为和解的当事人，但是可以因为各种原因作为第三人参加和解。非纠纷当事人间达成的对纠纷的和解协议，并未解决当事人间的纠纷，故对纠纷当事人不应具有约束力。

为了进一步申论主体问题，先试图给和解主体一个定义性的限定。所谓和解主体，是指与发生的纠纷具有利害关系，如果进行诉讼，则可能因此而享受或承担现行国家法律上的权利和义务，而以自己名义参与协商谈判活动并承受和解结果约束的人，以及因为各种原因参与到和解中的人。用更为简单的话讲，和解的主体包括和解当事人和第三人。

一、当事人

根据笔者对和解主体的定义性限定，要成为和解当事人必须具备下列资格：①与他人存在纠纷，具有利害关系（一般表现为但却不限于法律上的权利义务关系）。②具备和解权利能力与和解行为能力，具体而言，在民事纠纷和解中，应是具备民事权利能力和民事行为能力，在刑事纠纷和解中，应具有刑事责任能力，在行政纠纷和解中，应具有行政责任能力。如果是无民事行为能力，应由其代理人从其利益出发代替他参与和解活动，限制民事行为能力人在其受限制范围之外可以参与和解活动。③以自己名义参与协商谈判过程，以他人名义参与和解是代理人（第三人）而不是和解当事人。④受协商结果的约束。总之，由于和解可以作为一种合同，所以和解当事人之资格类同于合同当事人之资格，包括公民、法人或其他组织。

对于当事人的范围，《民事诉讼法》专设当事人一节，规定公民、法人和其他组织可以作为民事诉讼当事人，人民法院判决承担民事责任的第三人，有当事人的诉讼权利义务；《行政诉讼法》(1989）规定，原告是依行政诉讼法提起行政诉讼的公民、法人或其他组织，被告是行政机关或法律授权组织；《刑事诉讼法》(1996）规定，当事人是指被害人、自诉人、犯罪嫌疑人、被告人、附带民事诉讼的原告人和被告人。从三大诉讼法的规定来看，民事诉讼法和行政诉讼法都把当事人规定为“公民、法人或其他组织”，但由于行政诉讼的特殊性，行政诉讼中的被告就不是一般的法人或其他组织，而是行政机关或法律授权组织。在刑事诉讼中，如果是

自诉案件，那么自诉案件的自诉人其实就是原告，也为刑事诉讼的当事人，而在公诉案件中，公诉机关却没有被列为当事人的地位。在民事案件中，行政机关也好，公诉机关也好，都可以作为民事当事人，在民事纠纷中，自然也都可以进行和解。然而行政机关、公诉机关是否可以作为行政纠纷、犯罪纠纷和解当事人呢？要回答这个问题，就必须对公权力不可处分原则进行质疑，而这一点，我们先前在第一章对和解原则的分析中已经做过了。然而在刑事和解中，就辩诉交易而言，其实质是公诉机关与犯罪人的和解，公诉机关其实也是和解的当事人。在国家赔偿案中，根据《行政诉讼法》的规定，行政诉讼过程中的行政赔偿问题可以调解。在行政复议过程中的行政赔偿和先前《国家赔偿法》（1994）规定的赔偿程序中，并没有合意解决赔偿问题的规定。这意味着在法律规范层面，国家赔偿问题和解规则的缺失，也意味着“公权力不可处分原则”观念的根深蒂固和原则绝对化，然而这并不能防止生活实践中公权力被处分的事实，特别是公权力机关与公民、法人或其他组织和解的事实。而新修改的《国家赔偿法》（2010）第13、23条规定，赔偿义务机关作出赔偿决定，应当充分听取赔偿请求人的意见，并可以与赔偿请求人就赔偿方式、赔偿项目和赔偿数额依照本法第四章的规定进行协商。这显然是立法对实践的回应，也是在立场上把赔偿义务机关作为了一方当事人，尊重了当事人间的“意思自治”，尊重了和解方式优越性，也有利于和谐社会的构建。可见，就和解当事人范围而言，即使不进行实践中和解现象的考察，而仅对我国现行法律体系进行分析，也可以得出和解当事人范围比诉讼当事人范围广泛的结论。

陈炜研究了刑事和解的主体及其适用，认为刑事和解的主体包括被害人、加害人、调解人、司法机关和其他参与人。[1]武小凤认

〔1〕 陈炜、周园：“论刑事和解的主体及适用”，载《长沙理工大学学报（社会科学版）》2007年第4期。

为，广义的刑事和解，即所有的犯罪纠纷主体之间就犯罪人的刑事责任及其应承担的其他补偿义务进行和解，是国家在行使犯罪追诉权与刑罚权的过程中伴随着其他制度而言附带存在的一项次要的含义，而非其本质属性。现有刑法制度已足够保障国家实现对犯罪人的追诉权与刑罚权，没必要再专门设置国家与犯罪人之间的刑事和解。刑事和解所表现出的积极的社会价值与法律价值，都是以个体的被害人与犯罪人之间的和解为载体的，其中并不涉及国家与犯罪人之间的和解成分，而刑事和解的制度化也正是为了发挥个体被害人与犯罪人之间刑事和解的积极功效，实现其广泛的价值目标，并使实践中的"私了"被置于刑事和解的刑事法制的规范体系。因而建构专门的刑事和解制度，〔1〕自然地排除了国家进行刑事和解的当事人主体资格。作为一种制度，不一定非要"系统"地以文字形式呈现于国家制定的法律内。即使以分散的文字或其他表现形式，在实际中发挥着制度的功能，就可以认定一项制度的存在。〔2〕武是从立法主义视角，来说明建构"刑法"中的"刑事和解制度"时，排除国家进行刑事和解的当事人主体资格。但显然地，仅以她所言的广义的刑事和解中，虽然其中的一些刑事和解，是附属于其他制度的，是国家在行使犯罪追诉权与刑罚权的过程中伴随着其他制度而言附带存在的一项次要的含义，但国家显然也是可成为和解的当事人主体，不过它让国家机关做了它的"代表人"。〔3〕

在刑事案件中，法人可能成为犯罪主体，也可能成为被害主体。对于法人能否成为和解主体的问题，武小凤指出了一个矛盾，

〔1〕 在武的界定中，是指狭义的刑事和解，即被害人与犯罪人之间的刑事和解。参见武小凤：《冲突与对接——刑事和解刑法制度研究》，中国人民公安大学出版社2008年版，第67页。

〔2〕 参见武小凤：《冲突与对接——刑事和解刑法制度研究》，中国人民公安大学出版社2008年版，第222~223页。

〔3〕 参见武小凤：《冲突与对接——刑事和解刑法制度研究》，中国人民公安大学出版社2008年版，第61页。

认为单位犯罪往往具有更为直接的刑事和解的需求，也更易于达成刑事和解协议，因而理应成为制度化的刑事和解当事人主体。但将单位主体设置为刑事和解的主体，存在着在制度构建上的难题，一是当前狭义的刑事和解理论研究和司法实践都通过其所涉及的具体内容而将刑事和解主体限定成了自然人的被害人和犯罪人，并且这一限定已因约定俗成的效力而不容改变；二是当前的刑事和解制度研究、实践模式都是以自然人的被害人和犯罪人之间的和解为标准，在其制度构建中难以插入单位主体因素，无论是西方的恢复性司法理念还是实现恢复性司法的被害人与犯罪人和解计划，或是我国近年来被关注的刑事和解，其立足点都是自然人的被害人和犯罪人。[1]葛琳认为，刑事和解主要是解决侵害人身权利和个人财产权利的纠纷，必须要有具体的被害人，而法人犯罪所涉及的往往是金融、证券等涉及国家经济制度的经济类犯罪，涉及个人人身权利的案件较少，其侵犯对象主要是国家的经济秩序，而没有具体的被害人，所以法人被告人不应适用刑事和解。[2]然而，如果法人成为被害人时，葛琳却认为完全可以成为刑事和解的当事人主体，并用两个理由来进行论证：其一是司法实践中承认被犯罪侵害的社会团体、企事业单位是被害人，必然存在着对犯罪后果的恢复问题。法人的损失虽不存在着类似个体被害人的人身损害赔偿问题，但是在经济、名誉等方面也有损失，存在着法人被害人愿意和解的需求。其二是从和解的效果来看，犯罪人积极的和解行为一般能弥补法人被害人的损失、恢复法人名誉，法人被害人的利益能得到更好的保护。但同时，葛琳又认为，一些犯罪如贪污、受贿、挪用公款等，虽然同时侵害了具体的单位，但牵涉国家利益，因而应排除在和解

〔1〕 武小凤：《冲突与对接——刑事和解刑法制度研究》，中国人民公安大学出版社2008年版，第60、222~223页。

〔2〕 葛琳：《刑事和解研究》，中国人民公安大学出版社2008年版，第232页。

范围之外。[1]

葛琳的分析是有道理的，然而其观点所持论据是不充分的。对于法人作为被告人和被害人，一个允许有和解权，一个不允许有和解权，显然是一种“歧视性”规定。举一个简单的例子来讲，如果在一起法人犯罪案件中，甲企业是被告人，乙企业是被害人，甲没有和解权，而乙有和解权，那么乙的和解权有什么实际意义？而且，就一项犯罪，甚至一项民事违法行为而言，它总是侵害了国家或社会的利益，仅仅以贪污、受贿、挪用公款等犯罪牵涉国家利益为由，将类似犯罪排除在和解范围之外，显然缺乏说服力。

依葛琳的观点，辩诉交易不属于刑事和解。二者虽然有着相似性，如审判阶段的刑事和解与辩诉交易都通过协商达成协议来解决刑事纠纷，双方协商出于自愿，被告人会因接受协议而获得轻处罚，但是二者有明显的差别：辩诉交易的主体是检察官和被告人，刑事和解的主体是被害人和被告人（加害人）；辩诉交易中，并不征求被害人意见，可能损害被害人利益，而刑事和解不存在此种缺陷；辩诉交易是检察官自由裁量权的组成，可以在证据不充足的情况下进行，而刑事和解则要求证据充分、对事实无争议；辩诉交易是控辩双方为回避风险选择的风险最小、损失更少的案件解决方式，而刑事和解则是被害人和加害人为利益最大化而选择的案件解决方式。[2]笔者在前文中已经界定，辩诉交易系“和解”的一种具体方式，在辩诉交易中，检察官代表国家为一方当事人，而被告人（犯罪嫌疑人）则为另一方当事人，双方进行交易的标的是“国家法律责任”。正是基于笔者对“和解”范围的界定，笔者认为，法人无论是作为被告人，还是作为被害人，都应当有和解的权

〔1〕 葛琳：《刑事和解研究》，中国人民公安大学出版社2008年版，第234页。

〔2〕 葛琳：《刑事和解研究》，中国人民公安大学出版社2008年版，第22～23页。

利，该观点至少可从以下理由中得到支持。

第一，法人可以作为民事主体，也就可以作为民事纠纷和解的当事人。

法人作为民事主体，已成为通说，并且立法中也早已广泛认可，生活实践中法人也作为民事主体进行着大量的民事交往。法人为什么能和自然人一样作为民事的主体，涉及到法人的人格问题。法人人格是所有法人理论中最为核心的问题，也是理解法人本质和讨论法人责任形式、组织结构、权利义务等问题的前提。早在古希腊的法律中，即有人格制度的萌芽，人格乃是古希腊从法律上赋予市民的主体资格。在古罗马时代，人是分三六九等的，不同等级的人拥有不同的公权和私权，即所谓有无人格，有或高或低人格之分。因此就自然人而言，“人格”及“人格变更”构成了罗马法中人法的关键内容，人格制度成为组织社会的工具。当时还没有建立起关于法人的连贯理论，但罗马法简单商品经济的土壤里却孕育了初级的团体人格理论。经过漫长的发展过程，1900 年的《德国民法典》正式确立了法人制度，进而凸现了法律人格范围的扩张，这也是赋予以一定自然人或财产为基础的社会组织以民事主体资格的法技术手段。[1]

关于法人本质的三种学说，即拟制说、否认说和实在说，均从不同角度来认识法人的本质，除否认说已遭多数学者和立法者否定外，拟制说和实在说均有一定的合理性。其二者的共同特点是承认法人的民事主体地位，享有民事权利能力，从一定意义上讲，民事权利能力就是法律人格的同义语，所以法人具有法律上的人格，这为各类团体提供了一个以集体形象从事对外交往的平台。[2]法人拟

---

〔1〕 参见马俊驹：“法人制度的基本理论和立法问题之探讨”（上），载《法学评论》2004 年第 4 期。

〔2〕 参见马俊驹：“法人制度的基本理论和立法问题之探讨”（上），载《法学评论》2004 年第 4 期。

制说是法人本质理论中最为古老的学说。法人拟制说从法律虚构的人格出发，认为法人完全是法律上被拟制的一个观念存在。近代法人拟制说以萨维尼为代表，他认为只有具备自由意思的自然人才能成为法律主体，法人因无意思能力而不能当然成为法律主体，法人仅仅是法律基于现实需要运用法技术将之拟制为法律主体。因而，法人的本质即为不具实体的观念存在。法人由于不具有独立的意思能力，参加民事活动需要自然人来代理。法人实在说认为，法人并非法律的虚构和拟制，而是一种客观存在的民事主体，具有独立的团体意识和利益。这一学说又可分为“有机体说”和“组织体说”。实在说的主要观点是，法人是社会现实的独立实体，而不是一种观念上的拟制；法人具有实体基础，具有自己的意思属性；法人的机构是法人组织的本质部分，并且与法人的关系是一体的关系，而不是代理的关系。〔1〕

尽管对法人人格的来源存在理论争议，但法人作为民事主体进行民事交往是社会生活中的实在现象。法人进行民事交往时，具有签订、履行、修改合同的权利能力和行为能力，并且独立地承担民事责任。因民事交往产生纠纷后，法人进行协商和解，是法人进行民事交往的合同行为。诚如台湾学者史尚宽所言：“和解，谓当事人互相让步，以终止争议或防止争执发生的契约。”〔2〕民事纠纷和解实质上是契约的签订、履行、修改等行为，是以契约方式解决纠纷，是协商确定民事责任的行为，从而确定各自权利义务、财产关系等的再行分配。法人可以成为民事契约的主体，自然也可以成为民事纠纷和解的当事人主体。

第二，法人可以作为公法主体，它可以和解因违反公法行为而同时引起的民事责任问题，因民事责任和解而影响到国家机关对法

〔1〕 沈加君：“法人拟制说与实在说对我国大学法人制的启示”，载《辽宁教育研究》2008 年第 12 期。

〔2〕 史尚宽：《债法各论》，中国政法大学出版社 2000 年版，第 857 页。

人公法责任的追究。

民事纠纷毕竟是一种私法纠纷，而对于公法纠纷，法人是否可以成为和解的当事人主体呢？这需要首先提及法人能否作为犯罪主体的问题。法人能否作为犯罪主体，涉及法人是否具有犯罪能力问题。所谓法人的犯罪能力，是指法人的刑事责任能力。对于什么是责任能力，由于责任的观点不同，学者所作的解释也有所不同。德国刑法学家李斯特认为，对特定行为人的行为进行罪责非难，认为其行为是有责的先决条件是他具备正确认识社会要求并以该认识而行为之一般能力，可以简称社会行为能力，也即符合人类共同生活需要的能力。只有当行为人在行为时具备该能力时，才能认定该行为是有责的反社会的行为。前苏联学者 H. A. 别利亚耶夫等认为，责任能力是指某人在实施危害社会的行为时，能够清醒地认识和控制自己行为的能力，并能对自己的行为负责的能力。〔1〕主体是社会关系中的主体，而法律主体则是法律关系中的主体。在社会生活中，个人总是生活在关系之中。主体为了满足自身的需要，必须从事社会交往，发生各种社会关系，同时为了使社会关系形成安定、和平、有序的状态，需要由包括法律在内的社会规范对各种社会关系进行调整，而受法律调整的各种社会关系就变成了法律关系，主体在法律关系中具有了法律上的权利义务。民事法律调整的社会关系形成了民事法律关系，行政法律调整的关系形成行政法律关系，而刑事法律调整的关系形成刑事法律关系，诉讼法律调整的关系形成诉讼法律关系等。任何一个法律关系，都具有三个基本的构成要素：主体、客体和内容。缺少任何一个要素，法律关系都不可能存在。法律关系的主体，就是法律关系的参加者，不同时代不同法律体系中，法律关系主体的范围可能有所不同。在现代社会，法律关

〔1〕［苏］H. A. 别利亚耶夫等主编：《苏维埃刑法总论》，马改秀等译，群众出版社 1987 年版，第 110 页。转引自马克昌：《比较刑法原理：外国刑法学总论》，武汉大学出版社 2003 年版，第 445 页。

系的主体主要有自然人、法人和非法人团体等类型，在国际法律关系中，国家、政府、非政府组织、甚至交战团体等，都可能成为主体。无论是何种法律关系，其主体的建构，都是通过对权利能力和行为能力的规定来实现的。法律对自然人行为能力的规定，一般主要考虑两个因素：年龄和精神状况。达到法定年龄线之上、精神状态正常的自然人，具有完全的行为能力，相反则为限制行为能力或无行为能力人。法律之所以考量自然人的年龄，主要因为年龄既涉及生理发育的状况也涉及心理的成熟程度。而生理发育的状况和心理成熟程度都会影响自然人以自己的行为参加法律关系。婚姻法中关于结婚年龄、生育年龄的规定，主要是考虑生理方面的因素，而民法、刑法、选举法中关于年龄的规定，则主要是考虑心理方面的因素。精神状况主要涉及行为人对自己的行为是否同普通人一样具有辨识能力和意思表示能力。法律以普通成年自然人的行为辨识能力和意思表达能力为标准，规定为完全行为能力人，并参照完全行为能力人规定了限制行为能力人和无行为能力人。按法人拟制说，法人也是通过其权利能力和行为能力来表现其人格的，法人的权利能力和行为能力，都同样自成立时产生，消灭时终止。〔1〕

各国对于法人能否成为犯罪主体的认识并不一致，英美法系经验性色彩浓厚，注重对事，强调解决实际问题，法人实践、研究较早，1889 年英国的一项法律在解释“人”的概念时，即指出“人”除自然人以外，在一定情况下还包括法人。大陆法系成文法的传统注重理论体系的严谨、协调，强调从基本理论原则出发的演绎性思维方式，这就使得大陆法系各国面对共同的理论难题——即大陆法系传统刑法理论体系是在对自然人及其行为的研究基础上建立起来的，所以引入法人作为犯罪主体必然会遇到与传统理论观点相协调的问题。第二次世界大战之后，虽然围绕法人犯罪能力的争论仍然

〔1〕 参见刘作翔主编：《法理学》，社会科学文献出版社 2005 年版，第 170～173 页。

僵持不下，但各国在实践中的做法已经出现了模糊化的趋势。法人的经济、社会活动在社会上的作用日益突出，与法人的业务活动有关的种种公害问题日益深刻，法人作为活跃的社会活动主体，对社会产生的影响越来越显著、越来越重大；特别是法人组织自身的结构、规模、运行机制等较之以往有很大变化，法人的个人化色彩越来越小，逐渐脱离少数人的控制，成为更为独立的主体，因此法人作为犯罪主体之一也是社会发展的大势所趋。因此承认法人犯罪的国家中，理论探讨的重点也逐渐转移到为法人的处罚寻找根据上。法人犯罪能力的肯定说逐渐被接受。传统的大陆法系国家，法国1994年新刑法典中明确规定了法人的刑事责任；日本法人犯罪能力的肯定说也取得了通说的地位。〔1〕我国刑法典并未明确规定“法人犯罪”的字样，而是规定了“单位犯罪”。根据《刑法》第30、31条的规定，公司、企业、事业单位、机关、团体实施危害社会的行为，法律规定为犯罪的，应当负刑事责任。单位犯罪的，对单位判处罚金，并对其直接负责的主管人员和其他直接责任人员判处刑罚，刑法分则和其他法律另有规定的，从其规定。可见，法人犯罪，是我国刑法规定的“单位犯罪”的组成部分。

法人可以成为犯罪主体，即意味着法人具有刑事责任能力，它应当对自己的行为负责。涉及法人犯罪纠纷诉讼过程中，犯罪的法人可以作为诉讼的当事人，具有当事人主体资格，而犯罪性纠纷和解的过程，不但是解决纠纷的过程，也是归属责任的过程。在法人犯罪性纠纷中，犯罪的法人与被害人之间的和解，偏向于解决民事责任问题，这种对民事责任的解决，会影响到国家司法机关对犯罪法人的刑事责任追究问题。即使法律对这种和解在法律上的意义没有明确规定，但基于自由裁量的存在，控诉机关会把犯罪法人与被害人的和解情况作为一个情节提出自己的意见，审判的法官也会把

〔1〕参见卢建平、杨昕宇：“法人犯罪的刑事责任理论——英美法系与大陆法系的比较”，载《浙江学刊》2004年第3期。

它作为一个从轻或减轻判决的酌定情节。这样，其实在司法机关与犯罪法人之间，也存在着一定意义上的和解了，法人实际上也作了犯罪纠纷和解的当事人。

第三，检察机关（官）与犯罪人辩诉交易和解权及公诉、自诉主体权利平等性要求，都可以说明犯罪的法人具有或应当具有和解的权利。

辩诉交易，是检察官与犯罪嫌疑人之间的合意解纷方式，是检察官代表国家与犯罪嫌疑人进行的和解。我国多数学者认为的刑事和解，又称加害人与被害人和解，是指在犯罪后，经由调停人，使加害人和被害人直接商谈、协商，解决纠纷冲突，其目的是恢复加害人和被害人的和睦关系，并使罪犯改过自新，复归社会。所以陈炜等认为，刑事和解的主体包括被害人、加害人、调解人、司法机关和其他参与人，刑事和解可以适用于所有侵犯个人法益的犯罪，对于侵犯社会和国家法益的犯罪，如涉及到侵害个人法益的，也可以和解。[1]诚如笔者在第一章中对和解含义界定时所言，即使是纯粹侵犯社会利益和国家利益的犯罪，由于检察机关可以代表国家进行追诉，同犯罪嫌疑人进行辩诉交易，而辩诉交易也在笔者所言的“和解”范畴之内，所以纯粹侵犯社会利益和国家利益的犯罪，也可以和解，而此处的检察机关也就成为了和解的当事人主体。国家机关作为机关法人，其行为是通过工作人员——检察官来进行的。国家机关既然可以作为和解的当事人主体，为什么不允许同样作为法人的公司、企业等作为和解的主体呢？从美国的法律制度来看，契约自由所必然要求的“意思自治”精神表现得淋漓尽致。可以说，当事人主义的诉讼模式本身就是贯穿了意思自治精神的诉讼模式。“当事人主义”的基本特征就在于在诉讼运行过程中将当事人的个人意思自治作为首要价值——当事人的意思自治决定着诉讼程

---

〔1〕 陈炜、周园：“论刑事和解的主体及适用”，载《长沙理工大学学报（社会科学版）》2007年第4期。

序的启动、发展和终结。辩诉交易的最实质含义在于个人意思自治支配刑事诉讼法律关系，其本质在于美国所特有的契约自由以及契约自由所要求的意思自治。〔1〕

如果否定了犯罪的法人可以作为犯罪纠纷和解的当事人主体，就违反了“意思自治”，那么这也同葛琳的“歧视性”观点如出一辙，一方面承认检察机关法人的和解权，另一方面又否认了犯罪法人的和解权，既是对法人作为原告和被告的不同等对待，又是对同样可以作为犯罪人的自然人和法人的不平等对待。如此，无论在相关理论构建，还是法律具体规定及实践操作方面，必定造成复杂的多样性局面，有违法治的平等原则。就我国刑事诉讼的构造而言，在控辩审结构中，公诉案件中的检察官，实际上是处于原告的地位，是控方，而法人作为被告是辩方，法官则为审判方，其与自诉案件中的控辩审结构是完全一致的。自诉与公诉，都是主体行使刑事诉权的行为，是犯罪行为发生时，社会成员或公益代表（公诉机关）请求审判机关通过审判方式惩罚犯罪和保护合法权益的权利，它是一种普遍之权，是每一个社会成员的最基本权利，是受到侵害或存在争议的社会主体请求审判保护权利的一种“公力救济”形式；它是一种平等之权，诉权对于原告来讲，是起诉的权利，而对于被告来讲，是应诉和答辩的权利；它是一种全面之权，贯穿于刑事诉讼过程的始终，是连接各诉讼阶段的纽带；它是一种请求公正裁决之权，意味着当事人都可以说服法官来对自己的权益进行合法的保护。〔2〕但在我国，由于一部分案件，既可以适用公诉程序，成为公诉案件，又可以适用自诉程序，成为自诉案件，而现行刑事诉讼法并没有明确规定公诉案件“和解”，所以会造成同类案件不同

〔1〕　卢永红：“从契约自由视角审视辩诉交易”，载《汕头大学学报（人文社会科学版）》2007年第4期。

〔2〕　参见樊崇义主编：《刑事诉讼法学》，法律出版社2004年版，第342～346页。

的处理结果。[1]对于《刑事诉讼法》第170条第2项规定的由人民法院直接受理的“被害人有证据证明的轻微刑事案件”和最高人民法院、最高人民检察院、公安部、国家安全部、司法部、全国人大常委会法制工作委员会1998年颁布的《关于刑事诉讼法实施中若干问题的规定》第4条规定的生产、销售伪劣商品案件、侵犯知识产权案件都可以自诉，也可以公诉。而根据《刑法》第三章第一节和第七节相关规定，这两种案件，单位（当然包括法人）都可以成为犯罪主体。这样，在两类案件的自诉程序中，法人犯罪人具有与原告和解的权利，而在公诉案件中，法人犯罪人却与控方、被害人没有和解的权利，其不平等性显而易见。为此，为平等之故，也应承认法人犯罪人的和解权。

论述法人的犯罪纠纷和解权，其意义在于确立一种当事人享有普遍、平等和解权的观念，而不应因其主体身份、地位和纠纷解决程序等原因受到影响。在这种观念的笼罩下，无论是被害人还是加害人（犯罪嫌疑人、被告人），无论是公民、法人或其他组织，只要是纠纷行为主体，就应享有和解权利。和解的权利是一种资格，一种能力，它与行为能力不同，针对和解的权利资格（能力），不应对不同的当事人进行厚此薄彼的规定。但是对于当事人和解的行为能力，应根据欲和解纠纷中当事人的行为能力进行确定。具体而言，自然人的和解行为能力，在民事纠纷和解中，应按照民事行为能力进行确定，在刑事纠纷和解中应按刑事责任能力进行确定，而在行政纠纷和解中，应按行政责任能力进行确定。对于法人而言，由于其权利能力和行为能力的在时间上的一致性，所以法人的和解权利能力与行为能力也是自法人成立时产生，至法人消灭时终止。法人和解权利之行使，应由法人的负责人或其授权人行使。

二、第三人

第三人有时也会成为和解的主体。和解中的第三人，与诉讼上

〔1〕 可参见“和解的类型分析”一章中对于刑事和解的分析。

的第三人具有不同的含义。以民事诉讼第三人为例，我国《民事诉讼法》第56条就规定了有独立请求权的第三人和无独立请求权的第三人。根据该条规定，对当事人双方的诉讼标的，第三人认为有独立请求权的，有权提起诉讼；对当事人双方的诉讼标的，第三人虽然没有独立请求权，但案件处理结果同他有法律上的利害关系的，可以申请参加诉讼，或者由人民法院通知他参加诉讼。人民法院判决承担民事责任的第三人，有当事人的诉讼权利义务。可见，民事诉讼中的第三人，与诉讼标的具有利害关系，或者具有独立的请求权，或者具有其他利害关系而在诉讼中成为支持一方当事人的"力量"，但无论怎样，诉讼中的第三人，虽然处于诉讼参加人的地位，但是纠纷却是需要法官作为裁判者进行裁判的。和解中的第三人则不同，无论他与争议的纠纷是否有利害关系，他都可以作为第三人参加和解。譬如他可以是一方当事人认可的人，被该方当事人邀请前来"助拳"的民间人士，包括痞子、混混等；也可以是双方都信任的人，被双方邀请来解决纠纷的族长、乡老等；也可以是具有法定纠纷解决权力的官方机构，如代表法院的法官、代表警察机关的警察等。

民法上也有第三人的概念。民法上的第三人分为善意第三人和恶意第三人，善意与恶意之区分，需要结合具体制度而定。一般而言，善意第三人的权利予以保护，而恶意第三人的利益法律不予保护。为了稳定社会经济秩序，维护正常的商品交换，维护交易安全，民法上的善意取得和表见代理制度、善意占有制度及其他一些规定确认了善意第三人的权利。在善意取得制度中，第三人在受让时具有善意即为善意第三人。善意取得制度以削弱对原财产所有权人的保护为代价，使善意第三人能够以安全的心理参与交易，信赖利益得到保护，免除善意第三人的后顾之忧，充分体现民法之公正与效率原则，维护交易安全，及时解决纠纷，保全整个社会经济秩序的稳定。传统理论中的表见代理，指无权代理人与被代理人之间存在某种特殊关系，这种关系的存在，足以使第三人有理由相信无

权代理人有代理权，而与之为民事行为。在表见代理中第三人除了具有善意外还必须无过失，即第三人非因其本身之疏于注意而对于无权代理人不拥有代理权不知情。法律要求被代理人承担本人的责任。表见代理的意义在于以牺牲本人的利益来维护代理制度必要的信用关系，善意且无过失的第三人的信赖利益应当受到保护。如果要求善意的第三人对其无过失的相信代理权表象自负其责，不但过于苛刻，而且放纵制造假象的本人和无权代理人。善意占有制度在罗马法中已有承认，善意取得制度本亦属善意占有之后果，为专设以保护善意第三人，善意占有人若为第三人，罗马法以取得时效的规定赋予他经法定期间取得物之所有权。善意占有人的善意要求只存在于占有开始时，而不需在整个法定期间存在。另外，善意第三人占有在不当得利的返还和返还原物时，现代民法大多赋予善意第三人特别权利，如只返还现存的利益，可请求所有人返还其为保管、保存占有物所支付的费用，且可以不返还其所获的孳息。[1]

和解中的第三人，与民法上的第三人不同，民法上的第三人，与标的有着实体性的利害关系，如善意取得制度中的第三人，与取得物的所有权有利害关系；善意占有中的第三人，与占有物有着实体性的利害关系；虽然表见代理人没有代理权、超越代理权或者代理权终止，但表见代理中的第三人有合理的理由相信表见代理行为人有代理权而与表见代理人进行民事行为，第三人享有该民事行为的撤销权。[2]而和解中的第三人，首先是一种程序上的第三人，诚然，第三人与当事人之间的争议可能具有实体性的利害关系，也可能包含着民法上的第三人，但是也包含着一些与争议根本就无实体性利害关系的第三人。这些无利害关系的第三人之所以与争议无实体性利害，是指并不像民法中第三人那样在争议之前就与争议有实

〔1〕 参见王爱琳“浅议民法上善意第三人之法律保护”，载《黑龙江政法管理干部学院学报》2000 年第 2 期。

〔2〕 参见王利明等：《民法学》，法律出版社 2005 年版，第 150 ~ 154 页。

体性利害关系，但并不排除因为参加到和解中来而与争议有利害关系，如在参加和解过程中，第三人产生了独立的利益，或依附于一方当事人的利益。当然对于第三人而言，其利益的表现，并不一定非得要求是物质的，而可能是精神的，亦可能是物质或精神之外的。由此我们可引申出和解中第三人与民法第三人的第二点与第三点不同，即和解中第三人的范围远宽泛于民法第三人的范围，和解中第三人的利益产生的时间、原因等不同于民法中的第三人。当然，作为第三人，它们还具有一些共同的特征，譬如二者都是原本纠纷当事人以外的第三者，但二者都可能成为纠纷的当事人；二者都有着自己的利益等等。

从以上对和解主体尝试性的定义及对当事人、第三人的分析中，可以看出，纠纷主体和纠纷解决主体并不具有同一性。当一个无民事行为能力人的权益受到侵害时，他与侵权人发生了纠纷，但由于无民事行为能力人对自己的行为无法控制或辨认，如果他作为纠纷解决的主体，必然无法在纠纷解决中行使各种权利，而只能由法定代理人进行纠纷解决，这样，纠纷主体和纠纷解决主体并不一致。在被害人死亡的情况下，在致死被害人的纠纷中，被害人原本是纠纷的一方当事人，然而由于他的死亡，在解决纠纷的情况下，他在客观上已不可能参加纠纷的解决，而只能由他的近亲属等利害关系人参加纠纷解决。一个与他人产生纠纷的法人，可能该法人被撤销或合并，承继它权利义务的人就需要在纠纷解决中充当当事人的角色。在英美法系的辩诉交易制度中，当法律并没有规定辩诉交易需要受害人参加或是征得其同意，而是把犯罪纠纷的和解权仅视为公诉机关与犯罪人享有时，纠纷主体中的被害人就和纠纷解决主体在一定意义上进行了分离，虽然犯罪纠纷作为公法纠纷，被视为国家与犯罪人之间的纠纷。如果仅从无民事行为能力人权益到侵害必然使其法定代理人利益受到侵害、被害人受到犯罪人的侵害必然使公众、国家利益受到侵害的角度分析，法定代理人、国家公诉机关又都属于纠纷的主体，因而他们作为纠纷解决主体时，两者又实

现了统一。不过，从纠纷最初本原上来讲，无民事行为能力的受害人、犯罪被害人属于原本纠纷的主体，而法定代理人、国家公诉机关应属于在原本纠纷中的具有利益关系的第三人，这种角色定位，也无不妥。更准确地来讲，他们是作为第三人，因为在纠纷中有利益，也与原本纠纷中的主体发生了纠纷，成为了利害关系人，从而参与到纠纷解决进程中来。

一些学者已做过很有见地的纠纷解决中第三人作用或功能的分析。湛中乐等总结了法国的调解专员制度，认为作为中立的第三者，调解专员对行政主体和行政相对方之间的争议居间调解，避免双方的直接对话，首先可以起到“缓冲器”和“过滤网”的作用，并且它能不受外界干预，直接找到矛盾的根本症结，通过说服、调停，依据法律、情理提出客观公正的解决方案，化解纠纷，改善争议双方关系；其次可以使争议双方都受益，对于行政相对方来说，其不必交纳申诉费用和律师费等相关费用，并且调停比诉讼结案周期短，对于申诉方来说是省时、省力的选择。对于行政主体来说，在调停过程中调解专员认为申诉人没有理由便拒绝申诉人的请求并说明理由，这实际上代替了行政主体做说服教育工作，帮助和推动了行政管理活动。最后由于调解过程中调解专员的调查、分析，易发现行政上的不足。[1]董磊明在《宋村的调解》中，也将纠纷解决中的第三人如“老掌盘子”、村小组长及外来的混混等进行了一定的分析，把这些角色的权威与秩序联系起来。瞿琨的《社区调解法律制度》专门研究了社区调解人与信任机制问题。早在1983年，美国的路易斯·范德库尔（Lois Vanderkool）和杰西卡·帕森（Jessica Pearson）研究了35个离婚案件中调解人的行为、风格和角色功能，得出了一些极有说服力的经验性结论，认为调解人的风格，

〔1〕 湛中乐等：《行政调解、行政和解制度研究——和谐化解法律争议》，法律出版社2009年版，第59页。

对纠纷能否得当调解有很重要的影响。[1]由于纯粹由双方当事人或由其代理人参加的和解，实际上是一种谈判协商解纷的过程，根据美国R·努科恩的观点，通过谈判来解决纠纷的过程，是一个制作馅饼并分割馅饼的过程。解决纠纷过程，既影响馅饼大小的尺寸，又影响到谁得到多大的馅饼。谈判过程中存在着四种障碍，即战略性障碍，利己主义的当事人，常采取一些战略性行为，隐瞒一些信息，以期获得更大的利益，然而却因此增加了解纷成本，导致馅饼尺寸缩小；委托人/代理人问题，代理人，无论他是一位律师、雇员或政府官员，代表纠纷的一方当事人进行谈判的动机可能会导致不符合委托人自身利益的行为，因而会成为有效率地解决冲突的一种障碍；认知性障碍，是人类的思维处理信息、应对风险和无常以及作出推论和判断的方式的副产品，在一些方面人们的推理经常偏离有关理性判断与决策的理论所得出的内容；委协与让步的“反应性贬值”是第四种障碍，它是指同一项解纷方案，如果由另一方当事人提出时，对该解纷方案的评价不如它由一位中立者或一位盟友提出时那么积极。而调解人则可以克服上述障碍，帮助纠纷解决更有效率。[2]

调解人为典型的第三人。由于调解是从第三人角度对于纠纷和解的一种称谓，是在第三方协助下进行的谈判，与裁决中的仲裁员或法官相比，调解人无权强加某一结果给争议各当事方。一般而言，在调解的过程中，调解人缺乏“有效的权力”，调解人的介入改变了谈判的力度，调解人在和解过程中，可以尝试：鼓励信息的交换，提供新的信息，帮助当事方理解彼此的观点，让当事方明白他们的关注得到了理解，促进富有成效的情绪表达，处理谈判者与

---

〔1〕 Lois Vanderkool and Jessica Pearson, “Mediating Divorce Disputes: Mediator Behaviors, Styles and Roles”, *National Council on Family Relations*, Vol. 32, No. 4 (Oct., 1983), pp. 557～566.

〔2〕 参见［美］斯蒂芬·B. 戈尔德堡等：《纠纷解决——谈判、调解和其他机制》，蔡彦敏等译，中国政法大学出版社2004年版，第88～94页。

各要素（包括律师与当事人）之间在理解和利益上的分歧；帮助谈判者现实地评估和解的替代性选择；鼓励灵活性，把焦点从过去转向未来，鼓励各当事方提出富有创造力的解决方案，了解（通常是在与每一方的独立会谈中进行）那些各方当事人不愿意向对方披露的利益，创造符合所有当事方之根本利益的解决方案。〔1〕

棚濑孝雄指出，审判外的纠纷处理机关为了当事人取得对纠纷解决方案的同意，大致可以发挥中介、判断、强制功能。〔2〕由于棚氏是研究合意解纷中解决方案的同意问题，所以他所指的“审判外的纠纷处理机关”，实质上是纠纷和解中的第三人。中介功能是指帮助双方当事人进行交流、牵线搭桥，调节当事人双方对情况认识的差距，创造条件以促使纠纷解决合意的形成。一般而言，当事人间的对话渠道不通，第三人可以为其畅通对话渠道，确定交涉谈判的对手，使因碍于关系、人情、面子等因素不便明确表达的诉求得以有传达的媒介，并利用第三人的关系、面子、威信等给对方当事人形成压力，促使其做出回应。在媒介过程中，第三人的转达可能使要求更明确、更具有说服力，更易为对方接受，合意会更易形成。而第三人作为中介者，也可能对信息操作不当，在当事者分歧大、对立重的情况下，原原本本传达相互对立的信息，增加双方的裂痕，使合意希望落空，也可以对信息进行过滤，专门寻找双方的共同点，诱导双方趋向合意，甚至会利用自己的威信和事实影响力，以稍带强制的方法促使合意的形成。因而，中介功能绝非简单地原本地传递信息，而是具有促使合意形成的因素，当然也包含着判断、强制功能的因子。判断功能是指第三人在纠纷解决中，针对当事人的主张作出实质性的判断，以期在此基础上形成纠纷解决的

〔1〕 参见［美］斯蒂芬·B. 戈尔德堡等：《纠纷解决——谈判、调解和其他机制》，蔡彦敏等译，中国政法大学出版社2004年版，第115页。

〔2〕 参见［日］棚濑孝雄：《纠纷的解决与审判制度》，王亚新译，中国政法大学出版社2004年版，第84~90页。

合意，该功能的关键在于发现纠纷双方的“共同语言”，寻找好问题的切入点和着力点，发现合意点，根据现行国家法律规范、社会常识、关系、面子、感情、纠纷本身的事实、当事人解决纠纷的愿望等确定判断的标准，如果是法定的根据决定解决纠纷的方式，则作为第三人的纠纷解决机关更多的是依据国家法律进行判断，如果不是此种机关，则对当事者是否有理的评价更多的是依据道德人情，并依此来诱导双方合意的形成，具体采用何种手法及怎样运用手法才能取得更好的社会效果，取决于纠纷的性质、当事者的要求及性格特征、第三人的能力等因素。强制功能，是指第三人将其可控制的资源，特别是以制裁为后盾，作为操纵当事人接受解决方案的手段，这种资源主要包括判断本身的说服力或权威性、第三人本身的权威性（如果第三人是国家纠纷处理机关则更强）和来自社会的压力等。

和解作为纠纷的一种解决方式，第三人在其中的作用也不外乎上述三种功能，但是基于对意思自治原则的维护，较理想的功能形态是中介功能。当然这也只是一种观念上的区分，在和解的实际过程中，当第三人发挥中介功能时，总是难免对当事者间事实、是与非进行判断，而其进行中介时又很难避免将自己的判断传递给当事者，因而判断功能常常成为中介功能中的因子。强制功能也是如此，在进行信息传递时，第三人又常难免进行说服工作，而社会对当事者的压力则会成为说服的工具，因而第三人中介时，又常发挥强制功能。不过，如果是国家机关作为第三人在和解中发挥作用，那么，其判断和强制功能似不应过强。

国家机关（例如公安机关、法院）作为纠纷解决主体时，在和解中具有屏障作用，“民间自治并非一曲田园牧歌，政府超然于外，造成民间恶势力坐大，纠纷解决结果实际上取决于当事人实力的较量，拳头底下出真理……国家丧失对社会的整合能力”[1]。国家

〔1〕 何兵：《现代社会的纠纷解决》，法律出版社2003年版，第170页。

机关特别是法院长期介入和解，会影响法院作为裁判者的权威。人们出于对法律的信仰和对法院的尊重，越来越希望将纠纷提交于法院，并尽快地依照法律解决纠纷，实现公平与公正、效率与效益。但并非所有的纠纷都需要法院的裁判，法院的解决方案未必就是最佳的，因为法院的真理往往是强者的真理，其解决方案，也常与人情两相乖离。国家不应将法院作为常规武器，而更应作为威慑力量。大量的纠纷解决应放在法院之外，特别是民间之中去解决。从这一角度来分析，就有必要对现行法院的调解职责与现状进行反思性批判，强化法院裁决的力度和分量，弱化调解比例，将和解纳入法律程序的监控下，使诉讼程序成为权威性、终局性程序，使法院成为“裁判型”的而非“调解型”的法院，还归法院作为“司法裁判者”的本质。

第三人在和解的过程中，总是或多或少的有自己的利益所在，只是利益表现形式有所不同而已。这种利益的存在，也影响着各种功能的发挥。如果第三人与当事人没有什么法律上的利害关系，对纠纷的解决与否采取无所谓的态度，他完全可以只发挥简单的中介作用，只是原本地、教条地传递当事者间信息，而无论一方当事人信息对另一方当事人能产生什么效果，即使可能促使当事人间裂痕扩大的信息也不进行过滤。但是一般而言，参加和解的第三人常是以权威、声誉等作为投资促使当事者和解的，这时他即使对纠纷解决没有法律上的利害关系，但是为了维护他本身的权威或声誉，或是维护他自己本身所认为的公平、正义等，他就不仅仅只发挥中介功能了，判断和强制两种功能就会有所加强。在许多纠纷解决的过程中，第三人可能一开始是以非当事人身份参加到解决进程中来，但有时是因其本人与原纠纷有法律上的利害关系而成为当事人之一方，有时因其在解决纠纷的过程中因其解决纠纷本身而成为一新的纠纷的当事人，这样就发生了第三人的角色转换问题。

第三人的角色转换在根据决定解决纠纷的方式中经常发生，譬如，公安机关对违反治安管理的人进行行政处罚，被处罚人不服进行行政复议或是进行行政诉讼，作出原具体行政行为的公安机关在行政复议或是诉讼中就成了当事人；在仲裁庭对纠纷进行仲裁后，如果确证原仲裁错误，那么，法院可以认定仲裁无效，仲裁庭实际上也成为了当事人，虽然在实践中的诉状上不一定表明仲裁庭作为纠纷的当事人的地位；同理，如果一审诉讼的当事人对一审判决不服而进行上诉，则二审中，一审法院实际上也处于当事人的地位。不过，在上述几例第三人向当事人转化的现象中，第三人实际上是新的纠纷的当事人，而非原本纠纷的当事人。在纠纷和解的过程中，此种类似的第三人向当事人转化的现象也可能存在，但一般而言不仅是基于对原纠纷进行处理而产生新纠纷的原因，也可能是本身就与纠纷的解决有利害关系。

在刑事和解中，武小凤认为，国家与犯罪人的和解，根本没有第三人充当调解人，其理由是：其一，国家与犯罪人之间的纠纷表现为国家刑事执法机关与犯罪人之间的纠纷，国家刑事司法机关是纠纷一方的主体，决定了它不可能再成为刑事纠纷之外的第三人；其二，作为调解人的第三人应纠纷主体意志调解，需要把握纠纷主体意志，而能把握刑事司法机关意志的主体只有刑事司法机关本身，因此调解人只能是刑事司法机关本身。刑事司法机关不能既是当事人，又是第三人。[1]她的观点是可以反驳的，举例而言，当律师参与和解后，律师虽然以犯罪人的“代理人”身份出现，但是律师却具有独立的利益，可以在国家刑事司法机关和犯罪人间发挥牵线搭桥、传递信息、提供解决方案的第三人作用，实际上也就做了调解人。再譬如，在有具体被害人的场合，如果犯罪人与具体被害人达成和解协议，那么国家刑事机关必然也要在一定程度上与犯罪人进行和解，譬如依法从轻、减轻或不予处罚。前者的和解，会为后者的和解提供一定的“法律事实”基础，会影响国家刑事司法机

---

〔1〕 参见武小凤：《冲突与对接——刑事和解刑法制度研究》，中国人民公安大学出版社2008年版，第75～76页。

关对犯罪人追惩具体内容在质或量上的变化。当国家刑事司法机关对犯罪人做出了有罪不予处罚、或是不起诉，或是撤销案件的决定时，其实质也常常是一种基于犯罪人与具体被害人和解基础之上的国家（刑事司法机关）与犯罪人的和解。这样，由于犯罪人与被害人的和解协议，被害人恰恰是无意中充当了一个“调解人”的角色。同时，武还犯了一个概念的错误，她没有注意到“刑事司法机关”只是个概括词，忘记了有上级司法机关、下级司法机关、公检法司的不同。纵然一个县级检察院不能作为与相对的犯罪人间纠纷的调解人，上级检察院也可以充当。武忘记了一个事实：关系规范的作用。在关系、人情、面子运作下，任何一个主体（包括自然人、法人）都可能成为一个具体的犯罪纠纷和解中的调解人（第三人）。单纯靠理念建构的“对于国家与犯罪人之间的刑事纠纷而言，只能适用自行和解，而不能适用刑事调解”[1]无论是在理论上，还是在实践层面，都是站不住脚的。

以上只是对和解主体中第三人的一般性分析，为了进一步的深化对第三人的认识。笔者根据“官”与“民”的界分，将第三人分为官方第三人和民间第三人，前者以警察为视角，试图揭示出官方第三人在纠纷和解中的功能、困境等问题，后者则以混混、痞子等民间势力为视角，试图揭示民间第三人给社会控制带来的影响。

三、官方第三人

在和解的第三人中，具有纠纷解决法定职责的国家机关可以称为“官方第三人”，并不具有纠纷解决法定职责，而是因为其他原因参加到纠纷解决中来的第三人，可以称为“非官方第三人”或称“民间第三人”。在官方第三人中，公安机关、检察机关、法院、司法局这些“政法系统”是中国法律规定的主要纠纷解决机关。大量的纠纷是通过这些政法机关的调解、裁决来进行处理的。因而这些

〔1〕 武小凤：《冲突与对接——刑事和解刑法制度研究》，中国人民公安大学出版社2008年版，第75页。

政法机关的纠纷解决，是进行法学研究的重要对象。这些政法机关，因其组织机构、法律功能等不同，纠纷解决会各有特色。这些机关都是适用法律解决纠纷的法定机关，在当下中国，会具有共同的特点，由于笔者从事多年公安工作，对公安机关深为熟悉，故笔者将对官方第三人的研究限定在公安机关。

（一）角色定位

《公安机关组织管理条例》（2006）第2条规定："公安机关是人民民主专政的重要工具，人民警察是武装性质的国家治安行政力量和刑事司法力量，承担依法预防、制止和惩治违法犯罪活动，保护人民，服务经济社会发展，维护国家安全，维护社会治安秩序的职责。"由此规定，可以得出公安机关的两个角色：一是人民民主专政的工具，二是武装性质的治安行政力量和刑事司法力量。我们的国家是人民民主专政的国家，对人民实行民主，对敌人实行专政。这种无产阶级专政理论，在建国之初，确实打击了敌对分子的嚣张气焰。但是革命不是请客吃饭，是不讲法律的，革命就是赤裸裸的暴力。当社会主义政权日趋稳固，国家追求精神文明、物质文明和政治文明，构建和谐社会时，如果再以"人民民主专政的工具"来定性公安机关，那么我们就无法解释现在国家法律中的"人道条款"，更无法理解宪法"尊重和保障人权"的宣言。雷锋同志说过，对待战友要像春天般的温暖，对待敌人要像秋风扫落叶一样。在传统观念中，刑法是解决敌我矛盾的，治安管理处罚法是解决人民内部矛盾的。曾几何时，我们对犯罪嫌疑人的权利视而不见，一开始就称之为"罪犯"。后来，终于顺应世界进步潮流，确定"未经人民法院审判，不得确定任何人有罪"的原则，在侦查阶段称之为"犯罪嫌疑人"，起诉后称之为"被告人"，审判后确定有罪的方称之为"罪犯"，开始越来越注重保障他们的人权。而且对犯罪的人，也注重人性化的管理，从刑罚的单纯报应，到注重教育回归，社区矫正。这些进步，与公安机关"人民民主专政的工具"的定位并不和谐。如果我们仍然以建设社会主义法治国家为追

求目标的话，那么对这种与法治不和谐的定位，就需要进行再思考。

“武装性质”意味着军事化，意味着行兵打仗之功能，以下级对上级的绝对服从为天职。在现代武装部队中，政治思想、军事训练、装备保养，是三项最基本的工作。而对公安机关来讲，如果仅以军事化进行定性，而不顾“治安行政力量和刑事司法力量”的定位，以服从领导命令为天职，那么，公安机关忠于党、忠于祖国、忠于人民、忠于法律，就很可能被忠于领导、忠于权力所代替，权力就会成为人们追求的目标，国家治理就会形成权治，而非法治。公安机关现在的基本工作主要是两项：一是队伍管理，一是业务工作。在队伍管理方面，长期以来形成的公安政治思想工作的经验作法，被如今社会转型期的种种因素冲击。近几年的几项政治教育如“三讲”教育、“三项”教育等，虽然取得了成效，但其中也有败笔，队伍管理工作举步维艰。军事化，意味着“战争化”，意味着战役、战斗，意味着运动，对公安机关来讲，就意味着可以采取“运动式执法”，而运动式执法的弊端，已被学界大批一通，基层实务界亦颇有微词。

许多文学作品中，公安机关警察被称为“人民的保护神”。这一定位，表达了人们对警察职业的尊重和期待。但文学是一种艺术，艺术是长满了想象和浪漫翅膀的一门学问。用文学的、充满浪漫幻想的语言，代替质朴明了的法律语言来进行法治社会下的定位，显然不妥。更何况，神或是上帝在宗教或是神话中，被认为是人类的创造者，是人类命运的主宰。但是现代是赛先生主治时代，神在大部分人的心中，已远非昔日一样崇高，现代已非神的时代，而是人的时代。正像《国际歌》歌词所言，“从来就没有什么救世主，也不靠神仙皇帝。要创造人类的幸福，全靠我们自己”。马克思主义历来认为，人民群众是自己的解放者。如果把公安机关警察视为“神”，那么顺理成章的，我们就把警察视为人民的“神”，也就是人民的“主宰”，与马克思主义的基本观点是相悖的，也不

利于人民的民主和自治，不利于践行人民警察全心全意为人民服务的宗旨。

也正是因为要践行全心全意为人民服务的宗旨，判断公安机关工作的标准被解读为一切都得看“群众”的意见和态度。“群众满意不满意，群众答应不答应，是衡量公安工作好坏的标准”常被作为一个三段论中的大前提，而“我是人民群众，我不满意，我不答应”作为一个小前提，经常得出一个“公安机关的工作不好”的结论。岂不知，这本身已是一个逻辑上偷换概念的错误。大前提中的集合抽象名词“群众”二字，在小前提中，其内涵已经发生了变化。而前些年，为了重树公安形象，进一步密切党群关系，“有警必接，有难必帮，有险必救，有求必应”就被提出来了。这“四有四必”言简意赅，但是对它的解释，却是大有分歧。如果从法律的角度理解把握〔1〕，在实践中并不可能出现诸如警察给懒汉买早点的闹剧。〔2〕而如果机械理解，则前述现象见怪不怪了。对于一向唯上、唯权的中国人来讲，从前些年的社会生活实践来看，后种理解却是一种普遍的、不争的事实。这一点，也反映出国家与社会的关系，反映出当前我们国家对社会生活的干预程度。国家试图包揽一切，变成社会的保姆，而公安机关作为一个行政权最大的政府工作部门，作为一个直接干预社会的行政机关，就首当其冲的成为国家作为社会保姆的表征——公安机关成了“社会的保姆”。

以上四种角色定位，各从一定的角度自成道理。但是，法治国

〔1〕“四有四必”在《人民警察法》中有相应的法律规定，该法第21条规定：人民警察遇到公民人身、财产安全受到侵犯或处于其他危难情形，应当立即救助（注：有难必帮）；对公民提出解决纠纷的要求，应当给予帮助（注：有求必应）；对公民的报警案件，应当及时查处（注：有警必接）。人民警察应当积极参加抢险救灾和社会公益工作（注：有险必救）。

〔2〕2001年1月3日清晨，武汉青山区一工人以头天晚上加班为由打110要求民警代买早点，而民警果真答应了他的要求，可参见北方网，http：//www. enorth. com. cn，2001年1月8日，访问日期：2008年8月2日。

家下，公安机关警察应担当何种角色呢？在现代法治社会中，法官被认为是公正的化身，司法被认为是社会正义的最后保障，而警察也被社会公众认为是正义的代言人。同为正义的使者，警察和法官具有不同的社会分工特点，但具有相同的法律和社会使命。如果说，法官是法律宫殿里的侯相，那么，警察就是法律宫殿里的将军。同在法律的屋檐下，警察应具有法官品质，至少是具有法官品质中与社会公正紧密联系的部分。随着社会的发展，行政司法化的社会实践，更使警察在行政司法行为中应像法官那样，通晓法律、熟谙人情世故、精通说理的艺术。从法治国家的要求来看，公安机关的人民警察不应仅被视为人民民主专政的工具，不应仅是武装性质，不应仅被视为人民的保护神，更不应被视为社会的保姆，它是一种行政官员，同是又充当社会纠纷的裁判者——法官的角色，简言之，它是行政官中的“法官”。

为什么要把警察定位于“行政官中的法官”？首先要解决的是行政和司法、行政官与法官的区分界定问题。古代行政与司法权常集于一身，在中国尤其如此。到了近代，在西方资产阶级启蒙思想家的观念中，将国家权力一分为三，分别为立法权、行政权、司法权，以此建立起分权制衡理论，美国则以此为基础，建立起三权分立制衡的国家治理模式。在国家权力的结构中，行政权和司法权虽然同属于执行权，但两者的本质区别在于司法权是以“判断”为本质内容，是判断权，而行政权以“管理”为本质内容。何谓“判断”？判断是一种“认识”。何谓“管理”？管理是一种“行动”。判断的前提是关于真假、是非、曲直所引发的争端的存在。司法判断是针对真与假、是与非、曲与直等问题，根据特定的证据（事实）与既定的规则（法律），通过一定的程序进行认识。行政管理发生在社会生活的全过程，它不一定以争端的存在为前提，其职责内容可以包括组织、管制、警示、命令、劝阻、服务、准许、协调等行动。行政权与司法权的区别在于行政权具有主动性、司法权具有被动性；行政权在它面临的各种社会矛盾面前，其态度具有鲜明

的倾向性，而司法权则具有中立性；行政权更注重权力结果的实质性，司法权更注重过程的形式性；行政权在发展与变化的社会情势中具有应变性，司法权则具有稳定性；行政权具有可转授性，司法权具有专属性；行政权主体职业的行政性，司法权主体职业的法律性；行政权效力的先定性，司法权效力的终极性；行政权运行方式的主导性，司法权运行方式的交涉性；行政权的机构系统内存在官僚层级性，司法权的机构系统内则是审级分工性；行政权的价值取向具有效率优先性，司法权的价值取向具有公平优先性。〔1〕行政权所要解决的事项是针对各种行政相对人的各种行政事务，并不以他人间存在纠纷为前提，行政机关在进行管理时，是为政府利益的代表，而非像法官那样是一个中立的纠纷解决者。当然，行政权与司法权的区别乃是人们对权力进行的理性抽象概括，在实际建构社会组织制度时，断不能将其截然分开，简单地将行使行政权的机关称为行政机关，将行使司法权的机关称为司法机关。人类社会的事务纷繁复杂，而对处理社会事务的权力区分，虽然可以进行理性的抽象，断不应对人类理性抱有全然的浪漫主义，认为理性的设计能解决一切，还需要以社会生活需要来构建社会的组织制度。在对警察的一般归类上，一般将警察（公安机关）归为行政机关。其所行使的权力，在学者中已有明显的界分，如行政立法行为、行政执法行为、行政司法行为等。行政司法行为，包括行政处罚权、行政强制措施权、刑事诉讼强制措施权等，要求警察行使判断权，像法官一样去处理纠纷。

行政权与司法权虽然可以在理念上界分，但在处理实际事务的过程中，如果按这种区分构建国家制度，必然要降低社会控制的效率，而如果对这种区分不照顾到位，那么也可能使社会控制无力，同样会降低社会控制效率。也就是说，行政权与司法权结合的程

〔1〕参见孙笑侠："司法权的本质是判断权——司法权与行政权的十大区别"，载《法学》1998年第8期。

度，即在同一权力行使者手中的比重如何，是社会控制工程研究的重要课题。纵观中国古代，基本上是行政权与司法权合二为一，司法权依附于行政权。法律的实施主要是依靠庞大的官僚机构进行执法、司法，专门的司法机构非常少。中央有一些司法机构，西周中央设司寇，战国秦汉为廷尉，两汉时期廷尉的审判权力逐步为其他机构侵夺，三国两晋南北朝，廷尉机构为各代沿袭，北齐将廷尉改为大理寺。隋朝正式建立了尚书省刑部机构，与大理寺、御史台同为三个主要的中央司法部门。宋朝基本沿袭唐朝司法制度，同时有所改革。明朝强化了君主专制中央集权的政治制度，实行严格的"逐级复审制"，中央的最主要的司法机构被称为"三法司"：刑部、大理寺、都察院。清代基本沿袭上述制度，地方的司法机构一般分为县级和郡（州）级两级，县或郡（州）的行政长官同时兼地方的司法官，负责地方纠纷的审理解决。执法或司法的官员，也都不是专业化的司法官。古代中国的政体结构中，没有明确的权力分工，立法、行政、司法三位一体，不论在中央的皇权，还是地方的"父母官"，所肩负的任务，主要是行政事务。司法活动只是其行政事务的一种方式或环节。这就使得对"判官"而言，任何一次司法活动，都会有行政问题的顾虑；或者在行政活动中，也有司法问题的关切。[1]

对于官员们来说，司法职务只是他们官宦历程中的一个环节，其中大多数对他们所要承担的司法工作并没有什么兴趣，更谈不上深入的研究。所以这种依靠外行进行司法的情况是中国古代法律的一大特色。历代司法审判机构的演变趋势是上层机构日益加强而基层机构日益减弱，呈现出"头重脚轻"的现象。最高的审判权力是掌握在皇帝手中，从理论上而言，所有的司法机构不过是皇帝作出

---

〔1〕谢晖：《中国古典法律解释的哲学向度》，中国政法大学出版社 2005 年版，第 160 页。

最终判决的咨询机构而已。[1]这种行政和司法基本合一的体制，有其行政权与司法权合一的弊端，如产生了纠问式的诉讼方式、有罪推定、刑讯逼供等等。孟德斯鸠说过，如果司法权不同立法权和行政权分立，自由就不存在了……如果司法权同行政权合二为一，法官便将握有压迫者的力量。[2]同一机关，既是法律的执行者，又享有立法者的全部权力，它可以用它的“一般意志”去蹂躏全国；因为它还有司法权，它又可以用它的“个别意志”去毁灭每一个公民。在那里，一切权力合而为一，虽然没有专制君主的外观，但人们却时时感觉到君主专制的存在。[3]但是，一定程度上的行政权和司法权的结合，却有利于避免公务人员繁冗，避免国家财政过多投入，提高纠纷解决效率的功能。行政司法合一的体制，使得古代中国的判官、特别是地方或基层的判官，肩负着政治家、法律家和道德家三位一体的使命，就前者而言，他必须安排好一方的公共事务，因此必须具有干练、全面协调的能力；就中者而言，他需要敏锐、准确地观察事实、判断法律，因此，就必须具备基本的规范知识和判断技巧，所以他既是“侦查员”，又是“检察官”，还是“法官”。[4]面对复杂的社会形势和纷繁的社会事务，如果都采取行政和司法分立，采取司法审判的方式解决一切社会纠纷，那么司法的程序性等特征，必然会导致诸多纠纷无法及时处结。矛盾纠纷积累多了，由量变到质变，社会就会动荡不安，社会控制无力，社会更加无序失范。同时，单纯的司法一元解决纠纷的体制，必然需

〔1〕 郭建、姚荣涛、王志强：《中国法制史》，上海人民出版社 2000 年版，第 428 页。

〔2〕［法］孟德斯鸠：《论法的精神》（上册），张雁深译，商务印书馆 1982 年版，第 188 页。

〔3〕［法］孟德斯鸠：《论法的精神》（上册），张雁深译，商务印书馆 1982 年版，第 189 页。

〔4〕 谢晖：《中国古典法律解释的哲学向度》，中国政法大学出版社 2005 年版，第 61 页。

要众多的“法官”，必然需要众多的物力和财力，对于经济社会来讲，是非常不合算的。因此，既不应让警察这种行政官担负过多的司法职能，又不应让他们没有丝毫的司法裁判权力，从对社会的控制意义上讲，作为“行政官”的警察，始终应行使一定的“法官”职能。

（二）权威弱化

边沁说过：“在一个法治政府下，善良公民的座右铭是什么呢？那就是严格地服从，自由地批判。”〔1〕美国联邦法院大法官杰克逊也有句名言“我们是终审并非因为我们不犯错误，我们不犯错误仅仅因为我们是终审”，〔2〕杰克逊是指在美国，联邦最高法院由于享有最后裁决的权力，所以它的决定是最后的，无论是否正确。我们也可以说，一个国家的警察应具有它应有的权威，因为它在执行着法律，行使着国家强制暴力。只要是建立法治国家，法律具有至上性，警察执行法律的权力首先应得到服从，警察应具有权威性，公民服从警察的命令就是一种先定的义务，对于警察行为的非法或违法性，只有经过事后的复议或诉讼，才能确定，否则在警察执法时，如果每个人都可以对警察“怒吼”，而警察在执法时不能“怒吼”，不能对“怒吼”他的人“怒吼”，那么警察与执法对象（行政管理相对人、违法犯罪嫌疑人）进行了换位。换位带来的不仅是角色混乱，更主要的是角色功能履行缺失，那时就是社会的混乱无序。

凌斌在《商鞅战秋菊》一文中，通过“商鞅战秋菊”的思想实验，检验了法律界日益盛行的从普法到专法的法治转型主张，认为由于普法型法治已使法律面前人人平等的观念深入人心，因此建

〔1〕［英］边沁：《政府片论》，沈淑平等译，商务印书馆1997年版，第99页。

〔2〕 Brown v. Allen，244 U. S. 443，540（1953），Justice Jackson，concurring opinion（杰克逊法官及其言论）. 转引自苏力：《送法下乡》，中国政法大学出版社2002年版，第161页。

立法律职业的知识壁垒和权力格局非但不能帮助法律人建立专法型法治，而且势必走向专制和人治。法治的实现因此需要中国法律人超越职业主义和精英主义，寻求与普通民众的共识基础，探索中国的法治之路。[1]凌文以“商鞅”这一战国时的著名法家人物，代表现在的法律人，而以“秋菊”这一艺术形象，作为变法和普法进程中必然出现的典型人物，代表社会中的各类人士，既可以是“小民”，也可以是“重人”，不论是下岗工人或者打工农民，还是人大代表、政府官员、大学教授、私企老板或者央视记者，都可能是一朵秋菊。无论是哪类秋菊，都会用尽自己可能调动的一切办法同商鞅争夺法律。凌斌认为，由于二十几年来，普法宣传始终预设和贯彻的是“秋菊”在法律知识理解能力上与法律人的平起平坐，在当代中国的官员百姓看来，既然我们的法治在以往的二十几年中一再宣称其所追求的是“把法律送给亿万人民”，让“亿万人民掌握法律”，那么每一个中国人都应该有信心也有能力亲自用法律武器保护自己的权益，讨回自己的说法。既然全世界的法治都要求“法律面前人人平等”，那么法律面前，法律人和普通人的理解能力也该是人人平等。[2]凌文还指出，法律人的权力壁垒是脆弱的，出于生活经验或者生存本能，秋菊并不会因为商鞅自称专家和仰仗国家强制，就放心将自己的案子交给其“全权代理”，不是法官，而是这些来打官司的原告被告才是“主考”。因为秋菊走进法庭之时，她已然对法律的内容和本案的判决结果胸有成竹，不论商鞅告诉她的“法律”是什么。如果商鞅的庭审辩论和最终判决与秋菊设想的一样，那算是商鞅考了及格；如果得出的是秋菊不赞同甚或与其相反的答案，那她八成会在心里、在脸上、甚至在口水中，判

〔1〕 参见人大复印报刊资料《法理学、法史学》2007年第12期，第2页，原载《北京大学学报（哲学社会科学版）》2007年第5期。

〔2〕 参见人大复印报刊资料《法理学、法史学》2007年第12期，第4页，原载《北京大学学报（哲学社会科学版）》2007年第5期。

商鞅一个“零蛋”，在法律人头上扣上“腐败”、“无能”两顶高帽。[1]

法律人是从事法律职业的人。一般认为，法律人不限于从事律师、检察官、法官、公证工作，还可能从事立法、公共行政、企业法务以及法律教学等方面的工作。由于警察职业者与法律职业者相比存在素质较低、执法方式粗暴、社会声誉较差、警察角色遭遇危机等问题，以及由于警察具有广泛的行政执法权力和刑事侦查权力，在执法上对行政相对人及犯罪嫌疑人的处置具有主动性、强制性和较强的侵益性，与纯粹司法职权的职能被动性、裁决性、监督性和相对较弱的侵益性不同，因此在狭义上多数学者认为警察职业没有达到纳入法律职业的标准和尺度。然而，从广义上说，警察职业也是法律职业的一种，即警察与法官、检察官、律师、公证员、法律研究者、立法者等构成广义上的法律职业共同体，[2]都属于法律人的范畴，而且凌斌所言的法律人的知识壁垒与权力格局，于警察而言，并没有利于警察的“专法”，反而中国警察在“考官”面前，没有地位，没有在法律和国家权力双合一情况下的应有的权威。当下中国的警察作为法律人，虽然应该说是“精英”，然而其地位不再具有“神圣感”，其权威正在受着种种挑战，日趋弱化，特别是在“为人民服务”的理念下，只要警察做的事，在一些人的眼中以这些人的主观标准评价，有不符合标准的地方，即进行了否定。网上有一“各国警察被打之后”的帖子，比较了多国警察被打之后的各种反应，看来，当行政管理相对人或是违法犯罪嫌疑人成了

---

〔1〕 参见人大复印报刊资料《法理学、法史学》2007年第12期，第5页，原载《北京大学学报（哲学社会科学版）》2007年第5期。

〔2〕 何俊鹏：“我国警察职业与法律职业的比较研究——兼论我国警察职业化的发展方向”，载《法制与社会》2009年第15期。

"醉酒姐"时，世界上也只有中国警察成了一个个的"忍耐哥"[1]。该贴全文如下：

一、法国。一个警察值勤，被无赖殴打。3分钟后，大批武装警察赶到，5分钟后，无赖被制服。一天后，这个无赖被判处5年监禁，并处罚金一万欧元，赔偿被打警察5万欧元。

二、印度。一个警察值勤，被无赖殴打。10分钟后引起部落与部落，族群与族群之间的械斗。经过政府的调停。无赖被族群以族法处死。

三、越南。一个警察值勤，站在熙熙攘攘的大街上。连呼三遍：谁敢打我！言毕，本来熙熙攘攘的人群作鸟兽散。

四、朝鲜。一个警察值勤，被无赖殴打。刚打第一拳的时候，无赖被附近赶来的四个便衣制服。便衣掏出红色的证件，对其说：同志，我们是国家安全机关的，请跟我们走一趟。无赖被用铁丝穿过肩胛骨，带到一个山后无人的地方。便衣对无赖说：同志你违反了国家安全罪，我代表党和人民宣布你死刑。说完，掏出手枪，一枪毙命。

五、美国。一个警察值勤，被无赖殴打。被打警察迅速后撤两步，掏出手枪，对无赖连开三枪。一枪打头，一枪打左胸，一枪打裆部，无赖毙命。3分钟后，几十辆警车、3架警用直升飞机赶到现场，被打警察受到英雄般的荣誉，奖金5万美元，休息半年时间。

六、中国。一个警察值勤，被无赖殴打。被打警察挺起胸膛，绝不还手，被打十几分钟后晕倒，两辆"昌河"警车赶到，六七个

〔1〕 2010年7月15日下午，陕西汉中市一私家车逆行被交警拦下，车上下来一名浑身酒气的女子，冲着交警拳打脚踢，交警警服的扣子被扯掉，警帽也被打落在地上，整个殴打过程长达3分钟，但该交警颜胜军始终没有还手，被群众称为"忍耐哥"，醉酒女子被称为"醉酒姐"，案情可参见天津网，http：//www. tianjinwe. com/rollnews/201007/t20100716_ 1260675. html，访问日期：2010年8月6日。

穿制服的警察和协警，围着无赖花费半天口舌终于“劝”其上车。被打警察称“绝不后悔，因为我是人民警察”，上级领导称赞是新形势、和谐社会下的好警察。得一奖状，伤好出院，可能继续被打。打人无赖，在某领导关心下，打人一事不了了之，还逢人便吹：“这世道，不打警察打谁啊，打的就是警察！”〔1〕

以上的诸多文字，都旨在说明一个问题：当下中国的警察并没有应有的地位，其权威是弱化的。这种权威的弱化，除了有着凌斌分析的法律职业者弱化的权力壁垒和单薄的知识壁垒外，还有着其他一些原因。许多人把警察没有权威归因于许多年以前中共中央政法委书记罗干提出的“四有四必”的承诺，其实这同那些机械执行“四有四必”的人一样，都是一种错误的理解。唯上唯权的中国人机械地理解“四有四必”，把它作为绝对真理，适用于公安机关的一切活动中，完全忘记了公安机关的执法性质。我们的警察做了一些远非警察职责的“分内事”，甚至有些事实在让人啼笑皆非。笔者认为基于承诺的原因主要如下：一是有的求助人对110承诺的理解片面，认为凡事无大小巨细，只要向警察求助，警察就应给予无条件的帮助，有的人进而对此绝对化，从而提出非分的、无理的要求，他们把警察当成了“保姆”；二是我们警察接到求助的要求后，一味照搬、机械地执行口号，生怕不执行承诺会带来不良的后果，自己不得不做了人家的“保姆”。可见，排除“四有四必”是否有法律依据的理由不论，即使它无法律依据，它也符合“全心全意为人民服务的宗旨”，它是指导警察服务社会、执法为民的“精神”，而非处理具体事务的“规则”。当具体到每一项事务或每一项执法活动时，就应以具体的规则来衡量公安工作。

在西方，医生、律师和牧师是可以着“长袍”之人，医生治人

〔1〕 载铁血网，http：//bbs. tiexue. net/post _ 3840012 _ 1. html，访问日期：2010年8月6日。

身体之病，律师治社会之病，牧师治人心灵之病。我们可以推而广之，法律人是用法律调控社会的，包括警察在内的法律人，正是在处理矛盾纠纷，治疗社会之病，调理社会机理，以使社会有序健康发展。如果法律人的权威打了折扣，那么通过法律的社会调控就会产生诸多的困难。当每个人都成了“法律人”，都可以给警察、法官当主考官时，每个人都有资格给警察、法官判个“零蛋”，每个当事人，在警察、法官等的裁决不能使他满意时，他就可以给警察、法官扣上“腐败”、“无能”两顶帽子，社会秩序就没有了主心骨，社会失范就此产生。人们不相信法律能为他们带来利益或是权利的保护，因此也就难以形成所谓的法律信仰，人们也不相信法律人的“权力”，因为它的腐败无能，人们当然更不惧怕法律背后的强制，会“勇敢”地“舍得一身剐，敢把皇帝拉下马”。人们把公、检、法、司这些政法系统的权力视为“特权”，然而人们反对“特权”，不是反对特权本身，而是反对特权的封闭性，如果一项特权为一个阶层所垄断，而这个阶层不是开放性的，这样的特权就是专制。对于一个国家而言，警察职业是开放性的，警察特权又是警察履行职责必须具有的，它具有权力和职责的双重属性。只要这种特权是法律内的特权而非法律外的特权，就应该予以保护，如果不予以保护，那么任何方法的国家治理都难以形成有序、健康的治理。

（三）和解偏好

中国人积淀的传统“无讼”文化取向、“天人合一”的和谐观，始终占据中国古代文化的中心位置。春秋战国，各种思想百家争鸣，却都体现了“无讼”的观念。道家老子说：“人法地，地法天，天法道，道法自然”[1]；儒家孔子说：“听讼，吾犹人也，必也使无讼乎”[2]；法家主张以刑去刑，即用重刑来达到追求无诉

〔1〕《老子》第二十五章。

〔2〕《论语·颜渊》。

讼的目的。秦汉董仲舒在中国开始确立了儒家学说的政治统治地位，“罢黜百家，独尊儒术”，该时期的儒家，已非原创的儒家，而是吸收了其他众家之说的儒家，“德主刑辅”、“三纲五常”成为主要原则，“无讼”也成为历代王朝终极的追求。中不偏，庸不易，中庸之道被推崇为至高境界，强调折中调和，“忍字头上一把刀”，万事和为先，和为贵，让为先，体现在司法上则成为“无讼”。对社会主体“人”，主张内省于身，克己复礼，主张重义轻利，宽恕为怀，诉讼被视为追求利的小人之举，为君子所不齿。“无讼”隐含的观念基础在于，争讼是一种恶，是不道德的，自然越少越好。两千年里的中国，无讼基本上是中国一以贯之的诉讼理念，深刻影响着中国的古代立法和解纷实践。一方面，普通民众普遍养成了厌讼、息讼的生活习惯和思维定势，遇到诉讼特别是民事争讼，大多依家庭家规、风俗习惯由长辈裁断，或通过亲友族邻出面调解说理，不愿告之官府，通过诉讼解决，以致许多巨族大户都以几十年“无字纸入官府”自誉自励，同时还将息讼、无讼思想记入祖训家法，以规后人。另一方面，劝讼、止讼、息讼了成为中国历代官府、官吏的重要使命和断案宗旨，力图以此实现“完赋役、无讼事”的“天堂世界”。与此相对应，诉讼则常被视为官吏德化不足和政绩不好的表现，即便海瑞这样的清官，因断案而出名并深受百姓拥戴，其内心深处仍充满着“化有讼为无讼”的理想，其在《兴革条例·吏属》中就写道：“各衙门日日听讼，迄不能止讼者何？失其本也。……今日风俗健讼，若圣贤当于其间，当必须止讼之方，而不听讼之为尚也。”[1]中国文化是“和”的文化，这就是和解的方式、无讼的观念、关系的取向，因而必然影响着中国人的性格，影响中国人在解决纠纷时的和解偏好。虽然，从理论上讲，当下中国社会由于西方文化的移植，似乎发生了断裂，然而和解作

---

〔1〕 参见宋英辉、吴卫军：“中西传统诉讼文化比较初论”，载樊崇义主编：《诉讼法学研究》（第1卷），中国检察出版社2002年版。

为一种传统文化基因，已深深潜入了中国人的骨髓中了。

中国历代官方都对纠纷调解实施鼓励策略，体现在以下几个方面：

第一，减少民间纠纷的到官，在立法上将一部分犯罪行为排除在公室告[1]之外。中国古代社会对亲属间的犯罪行为，严格按双方在血缘关系中的身份进行定罪量刑，从一个侧面反映了中国人的“无讼”追求。在云梦出土的秦简中有规定，父擅自杀、刑、髡其子的行为，属于“非公室告”，不予受理，如果子告父母，告者有罪。[2]唐律中，也规定了对家庭成员间相互侵害同样行为，以尊犯卑的可以不构成犯罪，而以卑犯尊的不仅构成犯罪，而且是最严重的犯罪。譬如，父子之间相互斗殴，父告子，则被认为是天经地义，子殴父，则被认为是“恶逆”，属于“十恶”之一，要处以最严厉的刑罚。如此规定，意味着中国古代刑法中的不平等性，但从另一方面，却有止讼效果，把一些案件排除在到官府进行诉讼的范围之外，减少了诉讼的活动。[3]

第二，中国历代统治者在司法实践中采取息讼的态度，并以此作为地方官员政绩衡量的重要标准。在法律体系上，中国古代民刑不分，常用刑法手段解决民事问题。儒家思想重人伦轻法律，认为百善孝为先，所以在家庭中，即使子女与父母长辈有什么纠纷，也不能轻易打官司，否则先拷打告发者，因而也抑制了人们诉讼的勇气。严厉的刑罚制度使人们不得不寻求司法外的纠纷解决方式，和解就成为人们解决纠纷的优先选择。由于受到非讼观念的影响，导

〔1〕 公室告和非公室告，区分罪与非罪的诉讼制度。公室指官府，即可以向官府告诉的和不能向官府告诉的。这是秦代对于犯罪是否可以受理的法律规定，是儒家注重封建伦理纲常、等级观念的表现。

〔2〕 参见于振波：“从‘公室告’与‘家罪’看秦律的立法精神”，载《湖南大学学报（社会科学版）》2005年第5期。

〔3〕 参见狄世深：“我国古代刑法中的身份探究”，载《贵州文史丛刊》2005年第3期。

致了家族内部裁判、民间调解等非讼解决争端方式在中国古代盛行，因而其程序性受到轻视。中国古代实践中也没有形成相对独立的法律职业阶层，诉讼运作更多是情、理、法的结合，刑名幕友只能为人作嫁衣，讼师则常被称为“讼棍”，称其行为“挑词架讼、搬弄是非、信口雌黄”。断案常不依国家法律，西汉董仲舒创设了“引经决狱”的断案方式后，诉讼的运作开始伦理化倾向。人有争讼，必先晓之以理。不重视调查证据，不重视查清案件事实。如唐朝开元年间，韦景骏任贵乡县令时，曾审理过一起母子间的案件，韦县令不是审问案情，而是先痛哭流涕地进行自责，然后送《孝经》给母子阅读，于是母子感悟，罢讼。清代康熙年间，陆陇其任某地知县时，有兄弟二人因财产争讼至县衙。这位知县开庭后，不问是非，只让二人相互呼兄喊弟，不到五十声，兄弟二人泪流满面，自愿息讼。〔1〕

第三，特别应提及的是，官府也设一定的“调解人”，处理民间纠纷。西周已基本具备了调解制度。周公旦制礼，以礼作为人们行为的指导，也成为西周化解各种纠纷的根本指导原则。《周礼·地方司徒·调人》有言“调人掌万民之难而谐和之”，调人既是专司调解纠纷的官府机构，也是调解民间纠纷的官吏。〔2〕在基层的“乡遂”则设各级胥吏，对各种民间纠纷进行调解。秦汉时代确立了乡治调解建制，汉朝提出德主刑辅、礼法并用主张，积极贯彻儒家“和为贵”思想，秦汉时代，县级官府享有审判权，县令由朝廷任命，兼行政权与司法权于一身。县以下的乡、亭、里作为基层组织，没有审判权，秦汉基层组织：五家为伍，十家为什，十什一里，十里一亭，十亭为一乡。里设里正、亭设亭长……《汉书·百官公卿表序》：“乡有三老、有秩、啬夫、游徼，三老掌教化；啬夫职听讼、收赋税；游徼徼循禁贼盗。”啬夫是主要乡官之一，职听

〔1〕 参见夏秀渊：“‘无讼’文化探析”，载《抚州师专学报》2003年第4期。
〔2〕 参见梁德超主编：《人民调解学》，山东人民出版社1999年版，第24页。

讼，又因为断案的权力在于县令，所以啬夫听讼之责，无权力进行断案，也只能在于和解民间纠纷。唐朝提出“德礼为政教之本，刑罚为政教之用”，官府对民间纠纷的调解，没有作明文规定，县以下行政组织没有审判权，然乡里民间纠纷、讼事，则先由坊正、村正、里正调解，确立起一套比较完备的乡里调解组织。明朝则礼刑相辅，教法结合，在乡、里设申明亭，既用于张贴榜文、申明教化，又进行民间调解。清代入关前后，均推行清承明制方针，晚清特别是鸦片战争后，县、乡以下设立保甲制。十户为一牌，十牌为一甲，十甲为一保，分设牌头、甲头、保正，职责是治安、户籍、课税及调解民间纠纷。在乾隆皇帝前，清政府还按十户设一甲长，百户设一总甲，总甲也具有调解民间纠纷的职责。民国时期的地方政府与清政府相比有较大的变化。县以下设区、乡、镇。乡镇以下建立保甲组织，相邻各保设保长联合办公处。保甲有管、教、养、卫四项职责。调解组织则设在区、乡、镇。机构改革是调解委员会，由乡、镇长提名，经过差额选举，当选者由乡、镇人民代表会聘任，负责处理民事调解和依法撤回告诉的刑事案件的调解，对于乡、镇调解委员会未曾调解或调解不成的案件，则由区调解委员会处理。〔1〕

纵观中国历史，基本上都是基层的行政组织负责调解处理民间纠纷，化解纠纷、控制社会、维护安定。历史发展到19世纪中叶，西方列强用大炮打开了中国的大门。闭关锁国的清政府在饱受了失败的痛苦后，开始了西方法律的移植，体现了国家权力欲对纠纷解决权垄断的趋向。但是，一方面这时西方法治还没有像现在这么成熟，另一方面中国本土对此还具有很强的抵抗性，这时的法律移植没有成功。但国民政府在充分利用本土资源上却是值得借鉴的。在中国共产党人的法律制度与实践中，其实也一直都在利用“和解”

〔1〕参见梁德超主编：《人民调解学》，山东人民出版社1999年版，第27～31页。

解决刑事纠纷，新民主主义革命时期，建立在人民当家做主的基本理念之上，依赖民间解决纠纷仍是主要的司法实践。1931 年《苏维埃地方政府暂行组织条例》规定，乡苏维埃政府有权解决未涉及犯罪行为的各种争执问题。但是在实践中一般刑事纠纷仍由乡苏维埃和基层群众自治组织以调解方式解决。川陕省苏维埃政府规定，作为政权基本单位的村苏维埃负责解决群众的纠纷，实行村、乡、区逐级调解制度，在调解过程中遇有重大问题，基层苏维埃政府有权向审判机关告发。[1]这一时期纠纷解决的特点是广泛调处，民间自治解决的纠纷不仅包括一般民事纠纷，刑事案件除例外的禁止性条款外，皆允许调解，并且对一些轻微刑事案件采取鼓励调解态度。陕甘宁边区规定除了 23 种刑事罪不许调解外，其他刑事犯罪皆可以调解。冀南区在《冀南区民刑事调解条例》中规定，除 17 种刑事罪不准调解外，余者皆可以调解。[2]不过此时期的纠纷之和解具有官民互动的特征，国家正式制度对这种和解的效力也予以确认，只要和解确属双方自愿并且不违反政府法令和善良风俗，和解书即有法律上的执行力。

中华人民共和国成立之初，由于社会结构发生了根本性的变迁，法院成了纠纷解决的主要机构。但是随着农业集体化运动以及城市工商业改造的完成，公民所拥有和支配的财产一般仅限于生活资料，中国社会出现单位代替国家的状况，人人都依附于一个单位，单位对其所属人员在许多方面都有决定权，其内部人员间一旦发生纠纷，解决纠纷的权限就常被交给单位，“由他们单位自己解决”的思维习惯至今对公安机关执法人员有很大影响。单位在行使纠纷解决自治权时，并非严格依照国家法律，而常依据生活经验、人情伦理，因而其纠纷的解决方式中，利用各种方法促进当事人和解与古代中国乡土社会解决纠纷的方式在本质上并无二致。

---

〔1〕 顾培东：《社会冲突与诉讼机制》，法律出版社 2004 年版，第 18 页。
〔2〕 顾培东：《社会冲突与诉讼机制》，法律出版社 2004 年版，第 20 页。

改革开放后，特别是建立社会主义法治国家成为中国的治国方略后，中国又出现了对西方法律的第二次移植，中国的法律体系日益趋向完备，法院解决纠纷的机制重新得到张扬，尊崇国家机关解决纠纷，在一般人的观念上，认为国家机关对公法纠纷具有垄断性的解决权。举例而言，有人认为，《道路交通事故处理办法》(1992) 规定，公安交管部门是处理道路交通事故的专门机关。因此道路交通事故的处理，只能由公安交通事故管理机关来处理，其他任何单位和个人，包括纠纷当事人都无权处理，否则其处理行为是违法的。[1]《道路交通安全法》(2011) 第 70 条规定："在道路上发生交通事故，仅造成轻微财产损失，并且基本事实清楚的，当事人应当先撤离现场再进行协商处理。"此项规定被一些人认为是开创了国家承认"公法责任"私了先河，并被许多媒体报道称颂。笔者认为，如果一般人持这种观点，情有可原，但作为法律研习者而言，对此必须持异议态度。在《道路交通安全法》施行以前，前文所述的纠纷和解的历史可以成为一种有力的证明，即使在我国的现存的法律制度框架之内或是之外，都有纠纷和解的巨大作用场域。在对待民事纠纷问题上，我国法律制度始终秉持当事人意思自治，允许和解，无论民事纠纷在诉讼前、诉讼中，诉讼后。在诉讼前当事人纠纷和解有《人民调解委员会组织条例》等规定自不需言，诉讼中有庭内和解、法庭调解，诉后有执行和解。在对待刑事纠纷上，也在一定程度上允许和解，但是其范围却限于自诉案件中的告诉才处理案件和被害人有证据证明的轻微刑事案件。对于行政纠纷——管理相对人与国家行政主体的纠纷，除去行政赔偿法院可以调解外，法律明令不可调解。虽然法律制度对刑事纠纷和行政纠纷和解进行了一定限制，但法律制度外仍为现实生活中的和解留下了空间，如刑事案件中的自诉案件，如果当事人不自诉，自然用不着国家审判机关对纠纷解决的涉足，法律也没有限制或禁止纠纷主

---

〔1〕王桂香："事故'私了'危害大"，载《汽车运用》2004 年第 2 期。

体在国家机关外解决纠纷。而且，法律本身也无法禁绝现实生活中刑事纠纷和行政纠纷和解的大潮。所以，《道路交通安全法》对“和解”的规定，只能说是在已有的对“和解”的肯定基础上，对和解进一步地弘扬，体现了国家对民权的更加尊重。

中国警察的和解偏好，除却文化原因和官方传统传承外，跟当下中国警察的权威弱化有着很大的关系。中国警察权威弱化，在纠纷解决中必然产生诸多的影响，而这些影响的是非好坏，一时之间难以评价，只有等待历史的检验。但可以肯定的是警察权威的弱化，导致警察裁决解纷的可接受性弱化，为增加双方当事人满意度，就需要强化在纠纷解决中双方“合意点”的获得，这就使得警察在执法过程中，更加偏好和解，无论是警察作为执法主体，还是作为纠纷主体。同时，如果比较中国和美国警察的誓言，来反思警察之上的权威，可以进一步挖掘出中国警察权威与和解的关系。

中华人民共和国警察誓词：“我宣誓，我志愿成为一名中华人民共和国人民警察，我保证忠于中国共产党，忠于人民，忠于法律；听从指挥，严守纪律，保守秘密，秉公执法，清正廉洁，恪尽职守，不怕牺牲；全心全意为人民服务。我愿献身于崇高的人民公安事业，为实现自己的誓言而努力奋斗。”

美利坚合众国警官道德宣言：“作为一名警官，我最基本的职责是为民众服务，保卫他们的生命和财产，保护无辜的人不受冤屈，保护弱小者不受欺压，打击暴力，维护和平的社会秩序，尊重宪法赋予每个公民的自由、平等及享受司法公正的权利。

我将保证我的私生活干净清白；在面对嘲讽、蔑视和危险时，我将保持镇定与勇气；我将严格自律，待人和善并永远乐于助人。我将在我的个人生活和职业生涯中永远保持诚实，我将作一名遵守法律和内部规章的模范。除非工作需要，我将严守机密。我将永远不会因为个人的感觉、偏见、憎恶或友情而影响我的执法。我绝不向暴力和犯罪妥协，我将文明执法，绝不带有任何邪念、恐惧和恩惠。我绝不滥用武力，绝不收受贿赂。

我的警徽是我向公众许下的诺言的象征，我将时刻佩带它，努力去实践我的诺言。在上帝面前，我将把我的一切奉献给我所崇敬的事业。"〔1〕

相比之下，中国警察之上有三种最高权威；党、人民、法律，而美国警察之上只有一种最高权威，即上帝。美国警察的最高权威是上帝，作为执行法律的警察，自然是要服从法律的，但是，上帝是最高的法律。在上帝面前，美国警察把自己的一切奉献给法治事业。法治是一种规则治理的事业，美国警察执法是在维护一个规则，美国的法官也是在维护着规则之治。〔2〕在所谓的"民意"与法律面前，美国的警察、法官等执法/司法者，维护的是体现最为广泛的"民意"的法律，而非不特定的少数人所谓的"民意"。

作为执法的警察，如果执行了法律，却违背了人民的利益或是党的利益时，该怎么办？理念上，从根本利益上讲，法律所保护的利益就是人民的利益，而人民的利益，就是党的利益，这是必须坚持的正确的中国特色，然而理念和具体规则不同，为实现这一理念，可以有不同的具体规则，理念是具体规则的指导，而具体规则是理念的个别化、具体化，而这些具体的规则之间也可能存在着冲突。秉持同一理念的规则具有多样性特点，为具体事务的处理提供了不同的规范指引。当形形色色的人参与到纠纷或纠纷解决中去的时候，人们对三种利益的一致性就会有着不同的说法，而这些不同的说法，却必须有一种说法需要付之于实践。那些不赞同此种说法的人，难免会以付之于实践的说法不符合三种利益中的一种来对此

〔1〕 参见 http：//www.360doc.com/content/08/0602/08/6328_ 1302516.shtml，访问日期：2010 年 9 月 2 日。

〔2〕 石子坚认为中美警察有 15 点不同，其中中国警察处警是为了解决一个案件，美国警察处警是为了维护一个规则。参见石子坚博客，http：//blog.sina.com.cn/s/blog_ 4a2f7810010009sk.html，访问日期：2010 年 9 月 5 日。

进行诟病，这样会形成“公说公有理，婆说婆有理”的情况，最后是一种“谁的嘴大谁说了算”的局面，也即掌握话语霸权的人，可以自由评价甚至可以自由制裁那些持异见者。具体到一个纠纷解决而言，当纠纷的初始解决者根据自己理解的忠于党、忠于人民、忠于法律的方式解决纠纷后，初始纠纷解决者的监督者或是继起的纠纷解决者对解决方式有异议时，这种异议的存在，就可能是因为对这三个“忠于”的不同理解引起的。特别是对一些疑难复杂、社会影响大的纠纷，其中也包括群体性纠纷的处置，都会面临着这种“异议”引起的“执法困境”：一方面，要有法必依、违法必究，另一方面，为了维护“社会稳定”，又不得不放纵大量的违法犯罪行为，法不责众；一方面执法者自己要严格公正执法，另一方面自己在执法中或是日常工作中却无法维护自己的合法权益；一方面对外讲法治，另一方面对内讲人治、权治、德治等等。所以，在具体执法中，要讲三个“忠于”，这是政治大方向问题，是理念问题，而不是具体操作的执法实务问题。在具体操作问题上，要将法律作为唯一的上帝，法律作为一种存在，它已凝固了党的利益和人民的利益，破坏法律，就是破坏党的利益，就是破坏人民的利益。任何以党的利益、人民的利益为借口来破坏法律利益，是破坏法治，实质上是借维护党的利益、人民的利益之名，而行破坏党的利益、人民的利益之实，从政治上讲也是不正确的，也是没有遵守三个“忠于”的表现。从此角度而言，和解是警察摆脱前述执法困境的无奈选择，是为了避免被扣上“政治不正确”帽子的无奈选择。

警察执法权威弱化，对警察和解偏好有着两方面影响，其一，警察在处理案件时，考虑的侧重点常不是查明事实，以法律来判断当事人孰是孰非的问题，而是侧重于解决纠纷，达到各方满意的问题。这样，由于和解可以不查清事实，不分清是非，而且各方都可以满意，所以警察偏好对当事人纠纷的和解。其二，当警察作为纠纷一方当事人时，由于解决警察作为当事人的纠纷者的评价标准问题等原因会影响警察的政绩、声誉、晋升等，故而警察也愿意同当

事人和解，而另一方当事人也会因为警察和解的意愿得到实惠。

一般而言，以法律确定权利义务，比以其他规范确定权利义务更具有明确性、稳定性、一致性，更能给人以未来生活的预期，故而人们将法治的生活作为追求。在法治社会下，文化多元、规范多元理应得当各方面的尊重，但是以执法为职业的警察，对他人进行是非判断时，更应以法律作为判断标准，这种判断不仅是一个纠纷中是非的判断，而更重要的是传承一种主流的价值观、是非观，维护的是一种秩序。当警察因执法行为而成为当事人时，需要以法律的标准来衡量执法行为的合法性。如果以飘忽不定的“民意”、习惯等等可归纳为“民间规范”的标准来衡量执法行为，那么警察职业就可能会失去基础，警察的存在也就失去了正当性，而对于社会现实而言，却是绝不可能没有警察的。反过来说，只要社会需要警察，就必须用法律来衡量警察执法行为，在警察因职务行为成为纠纷一方当事人的情况下，判断谁是谁非，当法律与其他规范冲突时，应坚决维护法律标准。正是在这种角度上来讲，中国的“秋菊”，作了警察等法律职业群体的“主考”，动辄给法律人扣上“腐败”、“无能”两顶帽子，不能仅说是法律人的悲哀，还是中国法治建设的悲哀。倘若法律人能够坦然对待这两顶帽子，尊重“秋菊”们的评价自由，则是法治的希望。然而法律人若被这两顶帽子吓倒，失却了法律人应有的尚法、崇法、护法之操守，那法治就是幻想。

四、民间第三人

苏力曾说过，研究中国司法制度，当然不能脱离对法官的研究，甚至有必要以法官为中心，但是中心化不应导致对边缘的遗忘，用法官的概念置换了“基层司法制度”的概念。[1]中国的司法制度中，绝对不应少了对警察、检察官的研究，更何况，中国的警察、检察官、法官都是司法制度的重要组成部分，没有一个部分是边缘的。然而研究毕竟是需要视角的，对于纠纷解决中官方第三

〔1〕 苏力：《送法下乡》，中国政法大学出版社2000年版，第299页。

人的研究，需要结合笔者最为熟悉的领域，才能有所贡献。以警察为中心对第三人进行研究，并不应将民间第三人即非官方第三人边缘化，更何况大量的纠纷并未纳入“官”的视野。警察作为官方第三人，参与到纠纷解决中来，由于当下警察权威的弱化，加强了警察和解的偏好。然而在纠纷解决的场域中，民间第三人虽然没有解决纠纷的法定职责，却会因为各种原因或利益发挥着作用。在这些民间第三人中，值得注意研究的是那些痞子、混混等，因参与到纠纷解决中来，也解决了一些纠纷，但却引起了更多的纠纷，他们甚至形成了与官方第三人争夺“纠纷解决权力”的势力，影响着民众对法律、权力等的态度，影响着社会的官方治理。

（一）官方化的民间第三人

中国古代对于民间第三人介入纠纷解决，持积极态度，最为典型的为和息制度。孔子“听讼，吾犹人也，必也使无讼乎?”的说法，成为后世儒家视民间诉讼为教化不行、民风浇薄表现的“无讼”、“息讼”的理论来源。至少从两汉以后，历代官府都强调除了重大犯罪外的其他诉讼都应尽量在民间自行解决。[1]许多官员在听讼时，都先要求当事人自行解决，这种导向在有些朝代曾经转化为正式制度，如明初曾规定，民间的户、婚、田土、斗殴相争的小事，不许轻易就告到官府，而是应先由里长、甲正、老人理断。明初各地设申明亭，由推举的老人主持，里长、甲正参加，开始时还允许用竹篦决罚，调解无效后，双方仍不愿和解的才可以报官。明中期申明亭制度瓦解后，又推行“乡约”制度，各乡乡民推举约正、约副、约史、约讲等，每半月会集约众，当众调解约内纠纷，不接受调解的才可以起诉。[2]当然，这种正式制度，已然具有官方

---

〔1〕 郭建、姚荣涛、王志强：《中国法制史》，上海人民出版社2000年版，第480页。

〔2〕 参见郭建、姚荣涛、王志强：《中国法制史》，上海人民出版社2000年版，第481～482页。

和半官方结合的性质。

官方与半官方相结合的和解制度，在当代中国最为典型的是人民调解制度。人民调解员实质是在官方指导下的第三人，具有官方和半官方性质。根据我国1982年《宪法》第111条，人民调解组织是建立于基层群众自治组织村民委员会、居民委员会中的附属性的纠纷解决机制。根据《村民委员会组织法》、《居民委员会组织法》，调解民间纠纷，是村（居）委员会的功能或任务。1989年《人民调解委员会组织条例》规定，人民调解委员会是村民委员会和居民委员会下设的调解民间纠纷的群众性组织，在基层人民政府和基层人民法院指导下进行工作。该《条例》将人民调解组织从《宪法》规定的自治组织内扩展到了其他基层“单位”（厂矿企事业），并且发展出跨地域、跨行业性的联合调解委员会和集贸市场调解委员会等，事实上开始将其扩展为一种不同于原有的地域性、自治性组织的独立解纷制度。1991年《民事诉讼法》延续了这一思路，第16条规定，人民调解委员会是在基层人民政府和基层人民法院指导下，调解民间纠纷的群众性组织。[1]2010年《人民调解法》专设人民调解委员会和人民调解员两章，明确了它们调解民间纠纷的任务。

对调解的功能，学者们多有研究，如范愉认为，调解具有社会治理和政治功能，传承文化、道德和社会组织（自治）功能以及纠纷解决功能，这三种功能不可分割地并存于人民调解制度及其实践中。[2]美国学者陆思礼研究了毛泽东时代的调解与邓小平时代的调解，认为毛时代的调解，除却其解决纠纷，通过抑制并了结纠纷而维持公共秩序和经济生活的有序运作，通过一种迅速有效的、高度非正式

〔1〕参见范愉：《纠纷解决的理论与实践》，清华大学出版社2007年版，第468～469页。

〔2〕参见范愉：《纠纷解决的理论与实践》，清华大学出版社2007年版，第470～471页。

的方式了结个人间的不良情感外，还另外承担了三种有时超越纠纷解决的可识别功能，即有助于传达和适用意识形态原则、价值观和共产党的规划，动员中国人民更加信奉党的政策和目标；有助于压制而不是解决个人间的纠纷，而至少在某种程度上而言，纠纷被认为是不受欢迎的，扰乱建设强大的社会主义中国的社会冲突；是国家和党实施其他控制手段的补充，[1]也即解决纠纷、动员群众支持党的政策、抑制纠纷和社会控制功能。在邓小平时代，调解也主要承担民事纠纷解决、抑制纠纷、社会控制和动员，从功能实质来看，无论是毛时代还是邓时代，调解功能基本上是相同的，不过是功能的强弱有所不同而已。最为典型的是社会控制功能，在毛时代调解是其他控制手段的补充，而在邓时代则主要是宣传、教育、动员工具，特别是1989年后，调解被作为宣传政策和教育群众坚持正确的政治方针的工具，但其对社会的控制功能弱化。[2]

出于对“司法是正义的最后一道防线”的法治理念的迷恋，特别是依法治国，建设社会主义法治国家治国理念的确立[3]，国人中对法治存在着简单化或意识形态化的理解，将司法、诉讼与正义等同，试图实现国家法对社会的全面统治以及司法机关对纠纷解决权的垄断，对司法能力的盲目自信以及对司法局限性、诉讼的弊端、法院的压力和纠纷解决效果缺乏清醒认识，对各种非诉讼纠纷解决机制，包括对其人员素质、纠纷解决能力、效力和正当性、合

---

〔1〕［美］陆思礼：“毛泽东与调解：共产主义中国的政治和纠纷解决”，许旭译，载强世功编：《调解、法制与现代性：中国调解制度研究》，中国法制出版社2005年版，第179～180页。

〔2〕参见［美］陆思礼：“邓小平之后的纠纷解决：再谈‘毛泽东和调解’”，矫波译，载强世功编：《调解、法制与现代性：中国调解制度研究》，中国法制出版社2005年版，第287～290页。

〔3〕1997年中国共产党的十五大把依法治国正式确立为党领导人民治理国家的基本方略。1999年全国人大通过宪法修正案，将“依法治国，建设社会主义法治国家”载入宪法，赋予了依法治国基本方略的根本大法地位和最高法律效力。这是我国民主法治建设的一件大事，是具有划时代意义的进步。

法性等缺乏信任。20 世纪 80 年代末至 90 年代，法院的规模与数量急速扩张，并积极扩大其主管与管辖范围，将大量传统由行政、社会机制处理的纠纷纳入诉讼范围，[1]然而，中国法院的地位，并非像美国法院那样是三权分立中的一环，并不能像美国那样，把所有的问题，甚至是政治问题进行司法化解决，所以法院无力解决那些它们主动纳入到诉讼范围内的事项，甚至一些依法可以纳入诉讼范围内的事项，也因为牵涉强势部门或群体而被法院利用各种方式排除在了诉讼之外，如一些状告政府案件或是事关城市改造、房屋拆迁案件等等。由于社会转型的中国，社会矛盾处于凸现期，包括诉讼、调解在内的社会纠纷解决机制，都面临着巨大的压力，在国人权利意识觉醒，为权利而积极斗争的时代里，矛盾毕竟需要解决，所以中国特色的信访机制就发挥了解纷作用，成为民众表达利益需求、甚至发泄情绪的重要渠道。

一般认为，中国现有的信访制度源于中国共产党的创制，并由 1951 年 6 月 7 日政务院颁布的《关于处理人民来信和接见人民工作的决定》正式确立。新中国信访制度发展可分为三个阶段：①1951 年 6 月至 1979 年 1 月的大众动员型信访。在这一时期，信访受政治运动的制约，政治运动一开始，来信来访猛增，其内容主要是揭发他人的问题，运动后期及运动结束后相当时间里，则主要是反映运动中存在的问题或要求落实政策。②1979 年 1 月至 1982 年 2 月拨乱反正型信访。这一时期的信访迅速从国家政治生活的边缘走到中心位置，信访的人数和解决的问题之多史无前例，主要内容是要求解决大批历史遗留问题，平反冤假错案。③1982 年至今的安定团结型信访。信访制度的服务对象是经济建设和安定团结的大局，信访

〔1〕 参见范愉：《纠纷解决的理论与实践》，清华大学出版社 2007 年版，第 375 页。

的内容广泛，包括提出建议、检举揭发、批评政策、伸冤告屈等。〔1〕在社会矛盾的剧烈冲击下，社会稳定工作在党和政府中的地位越来越高，中国共产党认识到，在法治国家的建设中，需要保障公民利益的理性表达，需要给公民的不良情绪找到“排气孔”，需要建设“和谐社会”，这样，在党的十六大上，把“社会更加和谐”作为现代化建设的奋斗目标，十六届六中全会通过《中共中央关于构建社会主义和谐社会若干重大问题的决定》，十七大对和谐社会建设又进行了重点强调，乃至后来胡锦涛在联合国成立60周年首脑会议上发表《努力建设持久和平、共同繁荣的和谐世界》的讲话中提出了建设“和谐世界”的思想。这反映了共产党执政理念的重要变化，对现实的忧虑，对社会稳定、民计民生、党的执政地位等众多问题的反思。为此，《关于加强党的执政能力建设的决定》指出要“健全正确处理人民内部矛盾的工作机制，完善信访工作责任制，综合运用政策、法律、经济、行政等手段和教育、协商、调解等方法，依法及时合理地处理群众反映的问题。建立健全社会利益协调机制，引导群众以理性合法的形式表达利益要求，解决利益矛盾，自觉维护安定团结”。在立法层面，国务院于2005年重新颁布了《信访条例》，规定了初访、复查、复核三级终访程序，改变了1995年《信访条例》的两级终访制。

2005年5月到9月，公安机关率先开展了“大接访”活动，集中处理群众信访问题，要求“人人受到局长接待，件件得到依法处理”。全国三千多个县（市、区）的公安局长面对面接待信访群众，集中处理群众信访问题，一大批问题得到切实解决，一大批信访群众停访息诉。2007年5月，白景富听取公安部办公厅关于信访工作的汇报后指出，要坚持大接访中形成的长效机制，坚持厅局长

〔1〕 徐昕：《迈向社会和谐的纠纷解决》，中国检察出版社2008年版，第156~157页。对信访三阶段的详细描述，参见应星：“作为特殊行政救济的信访救济”，载《法学研究》2004年第3期。

接访制度，坚持业务部门、警种接访制度，坚持下派接访督导组制度，进一步落实责任追究制度，加大奖惩力度，切实办理好中央政法委和公安部交办的案件。[1]各地法院系统也开展了“大接访”，针对法院的“大接访”，孟学农表示，加强对权力的监督，不仅仅是在组织内部监督和自上而下的监督，还应该将“大接访”变成“大揭访”，让权力晒在阳光之下，发动社会层面、舆论进行监督，发动当事人进行监督，建议法院系统的信访工作由“大接访”变成“大揭访”，使老百姓有说话的地方。[2]可见，对于信访，无论是信访立法，还是高层领导，都赋予它两种功能，即纠纷解决和政治参与功能，这一点徐昕已有分析。他指出，第一，从信访的性质而言，它是一种非常规、代替性、补充性的纠纷解决机制，不同于国家鼓励的常规型纠纷解决机制，如司法、调解、仲裁等。从权利救济的角度而言，信访属于行政救济的一种。尽管信访涉及一切国家机关，但对信访的处理几乎都是依行政化程式进行的，即便是司法机关受理和处理信访亦可视为一种“行政性”活动。第二，民众通过信访向国家机关反映社情民意，对国家机关及其工作人员提出批评和建议，这种“民意上达”机制，有助于疏导不满，加强党政与民众的良性沟通，促进政治稳定和社会和谐。[3]

然而，法律有法律的逻辑，生活有生活的逻辑，现实中的信访实践，并没有按照精英们预设的路径行走。在信访发挥解决纠纷和政治参与功能的同时，我们看到了信访功能的“异化”。[4]在信访

---

〔1〕 载中国网，http：//www.china.com.cn/policy/txt/2007-05/17/content_8266217.htm，访问日期：2009 年 5 月 18 日。

〔2〕 载腾讯网，http：//news.qq.com/a/20100313/000161.htm，访问日期：2010 年 8 月 16 日。

〔3〕 徐昕：《迈向社会和谐的纠纷解决》，中国检察出版社 2008 年版，第 157 页。

〔4〕 于建嵘指出，压力型体制下党政机关的反应，也会部分消解中央的本意，用迫使上访者停止上访、掩盖信访实际数量等手段代替真正解决问题。参见于建嵘：“警惕信访制度的进一步异化”，载《中国报道》2009 年第 5 期。

过程中，许多信访群众并未按法律的理性对他们的利益进行“理性表达”，也并不愿意听从接访官员们的“说法”，而是以自己为“考官”，凡是对自己情况表示同情、支持或达到自己要求的，就给个“合格”；而对那些不支持自己主张的官员，则给判个“零蛋”，继续上访申明自己的诉求，形成缠访、重复访，甚至是无理访，甚至对一些学者关于上访群众的言论不满而聚集示威表达意愿。[1]而官员们也很难按《信访条例》规定的程序处理信访事项。中央为了强化各级领导的责任，建立了“各级信访工作领导责任制和责任追究制”，要求各级党委、政府“一把手”负总责，分管领导负主要责任，直管领导负直接责任，对因工作不到位、责任不落实、领导不负责，发生较大规模的连续到省委、省政府集体上访或到北京上访，对社会稳定和正常工作秩序造成严重影响的，追究分管领导的责任，并视情节轻重进行处理。这样就迫使地方党政想尽一切办法压制民众进京上访。调查表明，一些地方政府使用暴力等手段拦截上访人（上访人员称之为“劫访”）进入上级党政机关已是公开的事情，有些地方党政对上访人进行打击和政治迫害可谓触目惊心，令人发指，严重侵犯了公民的人身权利。[2]当上访人和接访人过去直到现在都无法按法律理性处理信访事项时，即无论是上访人还是官员，不守法已是他们的习惯时，制度设计再完美，信访也很难充分发挥其政治参与和纠纷解决功能。信访已成为相对于司法、调解、仲裁等纠纷解决方式的优位选择，甚至即使在司法、调解、仲

〔1〕 国家卫生部专家委员、北京大学司法鉴定室主任孙东东在接受采访时，公开发表“老上访专业户，至少百分之九十九以上精神有问题”的言论，引起轩然大波。不但学者中大有批评，而且有上千民众签名要求他澄清并且致歉，更有几十名上访民众到北大抗议，要求“讨说法”。为此，孙东东于 2009 年 4 月 6 日发表致歉声明，就其接受采访时一些内容因表述不当引起争议和误解表示遗憾。他表示，如果因这些内容伤害了一些人的感情，诚恳地向他们致以深深的歉意。参见张羽：“孙东东的上访户是精神病到底伤害了谁?”，载乌有之乡网，http：//www. wyzxsx. com/Article/Class22/200904/78610. html，访问日期：2010 年 8 月 15 日。

〔2〕 于建嵘：“中国信访制度批判”，载《中国改革》2005 年第 2 期。

裁过程中，信访行为也会随时因信访人对这些行为不信任而发生，进而对司法、调解与仲裁过程产生影响。

面对诉讼对诸多纠纷的无能与信访本身功能的失灵，调解受到更大的重视。王胜俊认为，党的十七大以来，最高人民法院在进一步更新司法理念上下了很大功夫，2009 年最高院在学习教育方面取得新进展，其中就有“大力深化‘调解优先、调判结合’工作原则的学习教育，要求法官紧紧围绕案结事了、追求社会和谐、依法适用调解或判决方式处理案件，更好地化解社会矛盾”。〔1〕人民法院高度重视推进司法便民工作，继承和发扬“马锡五审判方式”，深入基层，巡回审判，就地办案，方便群众诉讼，减轻群众负担。公安机关也对调解高度重视，于 2007 年发布《公安机关治安调解工作规范》，努力发挥自己在“大调解”格局中的重要作用。司法部长吴爱英强调，深化对人民调解在社会矛盾化解中地位和作用的认识，充分发挥人民调解的特点和优势，进一步做好人民调解工作，深入推进社会矛盾化解，维护社会和谐稳定。要把人民调解与思想政治工作、法制宣传教育和法律服务等结合起来，引导群众以社会公德处理人际关系，以理性合法的形式表达利益诉求。要积极推进人民调解与行政调解、司法调解衔接配合，充分发挥人民调解在大调解工作体系中的基础作用。〔2〕在这些大背景下，人民调解政治功能进一步强化，无论将来会达到什么效果，但是可以预见的是，人民调解员作为纠纷和解中的第三人，必定会发挥一定的解决纠纷、宣传共产党的方针政策、进行国家法律教育、协助国家进行社会治理的作用。人民调解员虽然是群众自治组织中的成员，但是已然带有“官方化”的色彩，与官方通过行政、司法等对社会进行

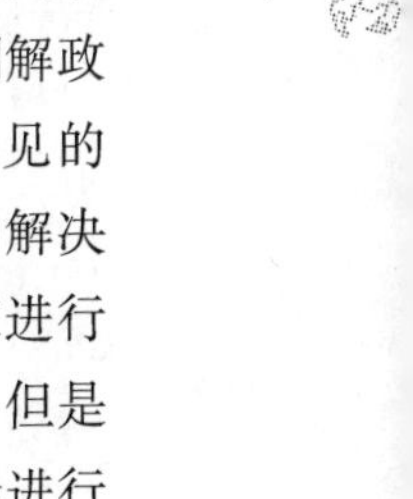

〔1〕“做好为大局服务为人民司法的大文章——最高人民法院院长王胜俊答本报记者问”，载《学习时报》2010 年 3 月 1 日，第 1 版。

〔2〕载中华人民共和国司法部网站，http：//www. moj. gov. cn/jcgzzds/content/2010 -06/03/content_ 2162908. htm？node =288，访问日期：2010 年 8 月 19 日。

的治理共同组成社会控制系统工程的组成部分，成为维护国家稳定大局的重要的民间力量。

（二）纯粹的民间第三人

在传统中国社会，纠纷解决的民间第三人可能是士绅，也可能是乡村领袖和非正式领导者。士绅和官吏一样是精英阶层的成员，他们分享着共同的价值观和知识背景，而且士绅及其家庭得到老百姓的极大尊重。他们享有帝国法典给予的减免税收、免予一定惩罚及义务的特权。在成千上万的村庄中，除了士绅，还有由县官任命的为了村民利益而处理县政府事务的乡村领袖和村庄领导者。但这些士绅、乡村领袖及村庄领导者，都带有官方的烙印，而真正为民间自发生成的纠纷解决中的第三者，是一些因年龄、学识、德行上的声望为乡里所敬或因其横行霸道和无所顾忌为乡里所畏，而成为非正式农村领导者。〔1〕时至今日，当社会日渐碎片化、原子化时，只有那些还没有被现代化浪潮冲击的村庄（落）、地域，德高望重者仍然活跃在民间纠纷解决的舞台上。如陈柏峰所调查的汝南宋庄村的“老掌盘子”。老掌盘子是小亲族中辈分高、年龄长、办事公正、能力强的老人。由于老掌盘子最日常的事务是主持办理红白喜事，因此他可以被理解为小亲族这个办理红白喜事单位的首脑人物。20世纪90年代以前，老掌盘子是活跃在村庄生活舞台上的重要角色。一个长者辈分高、年龄长，年轻人都尊重他，按辈分和身份尊称其为叔伯；他办事能力强，处事公正，大家有事就会找他商量。〔2〕再如凉山彝族的“德古”。彝谚有“汉区长官为大，彝区德古为大”，德古即那些口才好，善于演说，知识丰富，智力过人，懂彝族的习惯法，按习惯法及其案例处理问题，办事公道，能为家

〔1〕 参见［美］陆思礼：“毛泽东与调解：共产主义中国的政治和纠纷解决”，许旭译，载强世功编：《调解、法制与现代性：中国调解制度研究》，中国法制出版社2005年版，第126～128页。

〔2〕 陈柏峰、郭俊霞：“‘公’的承载者‘老掌盘子’与小组长”，载《开发研究》2008年第2期。

支（或地区）解决问题，维护家支的利益，为家支（或地区）排忧解难，而且作风民主的头面人物。[1]

在其他场域，无论是在农村还是在城市，反而是那些所谓的横行霸道和无所顾忌为乡里所畏、为某一区域、或某一社会阶层所畏的非正式领导，成为纠纷解决舞台上的重要力量，并影响国家对社会的控制与治理，这些人可以称为痞子、流氓、混混，发展到一定程度的恶势力，甚至是黑社会，从而黑道（匪）、白道（官）、百姓（民）竞争，三种力量共治社会，形成“民”怕“匪”、“匪”怕“官”、“官”怕“民”[2]的“三权分立制衡”格局[3]。在旧中国，“黑社会”祸害甚烈。共产党成立中华人民共和国后，进行了大规模的镇反和清匪反霸斗争，使得黑社会势力在中国大陆逐渐绝迹。改革开放后，经济飞速发展，人们的思想观念发生了很大的变化，中国社会走向转型时期，社会矛盾日渐突出，社会稳定和治安工作被摆在了极为重要的位置上。20 世纪 80 年代后半期开始，流氓、地痞、混混[4]越来越多，形成众多的、势力不等的恶势力，中国开始重新滋生黑社会性质的犯罪，虽然政府对此予以多次打击，但它仍以较快的速度和较强的势头恶性蔓延，造成了非常大的

---

〔1〕 郭金云：“凉山彝族‘德古’的特征、现状与再造”，载《西南民族大学学报（人文社会科学版）》2005 年 5 期。

〔2〕 社会上流传着“百姓怕痞子、痞子怕警察、警察怕百姓”的话语，可以转化成民怕匪，匪怕官，官怕民。

〔3〕 黑道、白道、百姓可以称为“匪”、“官”、“民”，此种用词得益于吴思的《血酬定律》，当然，这里对三者需要重新界定，纠纷无论是发生在何者之间，只要是纠纷当事人，都可以称为“民”，而“官”则是指代表官方的、国家的力量，包括官化的民间力量；匪，也不是一般意义上的土匪，而是包括流氓、地痞、混混、恶势力、黑社会等等与官方相对应的力量，这三个词的含义在本书具有泛化的特征。

〔4〕 这三个词，具有近似的含义，一般都是那些不务正业、游手好闲、常做坏事，一向为大众所厌恶、畏惧的人。笔者所在城市，对这些流氓、地痞、混混中的年轻人或入“道”不久的跟着稍大一些的流氓、地痞、混混闯荡的人称为“小孩”、“小弟”。

社会危害。[1]

近些年来，受国家与社会分离思想的影响，中国乡镇大量合并，国家政权逐步后撤，在农村社会出现了“权力真空”的秩序混乱局面。伴随着农村各项改革，共产党农村党支部的经济、政治和文化环境在不断发生变化，对农村社会的控制和动员能力下降，共产党党组织的影响力在不断减弱，有些甚至处于边缘化状态，导致共产党的路线、方针、政策不能贯彻，国家法律、政令无法实施，成了一些人为所欲为的“法外之地”。这不仅影响了共产党的凝聚力、战斗力的形成和农村经济的发展，并且也给农村黑恶势力的滋生蔓延制造了可乘之机。更为严重的是，极少数共产党员干部参与黑恶势力，并成为骨干成员，甚至作为首犯直接领导农村黑恶势力的违法犯罪活动。[2]张军林、蒲仲甫总结了甘肃省农村黑恶势力的特点：①以暴敛钱财为目的，采取开设赌场、聚众赌博、放高利贷等手段，实施非法拘禁、抢劫抢夺、故意伤害等违法犯罪活动；②结构松散，其头目和骨干多为两劳释放人员和有劣迹青少年；③作案手段具有暴力性，犯罪形式具有多样性；④发展形成具有渐进性，犯罪行为具有公开性；⑤活动区域性不固定，多在本县城区及周边

〔1〕 黑社会犯罪已成为当今世界三大犯罪灾难之一，与另两种犯罪灾难（即贩毒和恐怖主义活动）一起被联合国大会并称为“全球性的瘟疫”。对此，国际社会一直保持高度警惕。1982 年，深圳市颁布了《关于取缔黑社会活动的通告》，这是中国首次在正式文件中使用“黑社会”这一概念。1990 年，哈尔滨公安机关查获了以乔四等为首的黑社会犯罪团伙，这是中国第一批被公众熟悉的黑社会性质组织。1996 年 4 月，中央再次开展“严打”。根据公布的成果，4 个月查获犯罪团伙 13 万多个；其中带有黑社会性质的犯罪团伙 900 多个，成员 5000 多人。这也是中国第一次公布有关黑社会性质犯罪的情况。2000 年 12 月，全国“打黑除恶专项斗争电视电话会议”在北京召开，这是 20 世纪 70 年代以来首次开展大规模全国性打击涉黑犯罪。参见刘晓丽、禾子：“中国黑社会治理研究”，载《当代世界与社会主义》2010 年第 2 期。

〔2〕 刘朝捷、李琪玮：“当前个别农村黑恶势力滋生蔓延成因探析——以吉林省农村为例”，载《党政干部学刊》2010 年第 3 期。

乡镇流窜作案。[1]于建嵘调查了湖南40个“失控村”的情况，发现黑恶势力通过民主选举、经济诱惑等手段对基层政权进行控制，而农村的一些政治精英也由红变黑。[2]杨红文研究了广西少数民族地区的黑恶势力犯罪问题，总结了特点和发展趋势，指出少数民族地区黑恶势力主体成分复杂，具有劣根性，包括刑满释放和解除劳教人员、地痞流氓、游手好闲或不务正业之徒，以血缘、地缘、业缘为纽带，具有家族、宗族色彩，犯罪活动具有突发性，犯罪行为具有公开性，犯罪类型多样，牟利性明显，这些黑恶势力具有组织化程度逐渐提高、向有组织暴力转化、不断扩大经济实力、寻求政治靠山，向基层政权渗透的发展趋势。[3]

一些人对此进行了反思，陈柏峰认为，提倡国家与社会分离，并不是说国家力量应当完全从社会中退出；提倡建立“小政府”，并不是要使政府成为“弱政府”。我们所需要的“小政府”，也应当是一个强有力的政府，否则，政府就无法有效管理社会事务，无法提供善的公共产品。回头来看今天愈演愈烈的基层乡镇合并浪潮，它也是建立“小政府”思潮的产物，虽然在减轻农民负担上具有某种合理性，但毫无疑问，它会进一步导致基层政权的弱化和基层政府的灰色化。[4]董磊明对宋村的调解研究表明，一些村民之间的矛盾纠纷，通过混混来进行解决导致似乎谁认识小混混多，谁的势力就大，[5]黑恶势力介入村庄纠纷调解的潜在影响是十分恶劣和深远的，具有“自净”功能的村庄中的“低头不见抬头见”的熟

---

〔1〕 参见张军林、蒲仲甫：“甘肃省农村黑恶势力犯罪问题研究”，载《甘肃警察职业学院学报》2009年第1期。

〔2〕 参见于建嵘：“黑恶势力是如何侵入农村基层政权的？——对湘南40个‘失控村’的调查”，载《理论参考》2009年第4期。

〔3〕 参见杨红文：“农村黑恶势力犯罪的预防与打击——以广西少数民族地区新农村建设为视角”，载《黑龙江民族丛刊》2009年第2期。

〔4〕 陈柏峰：“暴力与屈辱：陈村的纠纷解决”，载苏力主编：《法律和社会科学》（第1卷），法律出版社2006年版，第230页。

〔5〕 董磊明：《宋村的调解》，法律出版社2008年版，第143页。

人、半熟人社会里遵循着一个“大事化小，小事化了”，在“情、理、法”和力量之间寻找平衡点的治理逻辑。但是地痞混混力量介入进来后，直接冲击了原来熟人社会的治理逻辑，导致在处理问题时偏向力的一端，[1]这样，在农村国权退的情况下，民权特别是民间自治力量仍未有效生长，民间就多了第三种力量之治，这种力量可称为黑道力量。农村实际上处于三种力量的治理之下：即国家白道治理、痞子混混黑道治理、村民自己治理的共治状态。对于村民而言，自己治理不能，又难以或不愿求助于国家公权力时，如果该村民不愿意以消极方式和解（不了了之），那么他就可能求助于痞子、混混这些“黑道”了。

在城市，这些流氓、地痞、混混、恶势力、黑社会，其实比农村的同类更具作用场域。城市相对农村而言，毕竟是“陌生人社会”，少了许多的情理因素，在国家权力不能涉及的地方，由于城市人口流动性大、城市的地域开放性等原因，百姓自治性受到一定客观条件的限制，血腥与暴力的黑道治理相比农村而言，更可以大行其道。[2]黑道发展到高级形式，便是黑社会，黑社会自然也参与平民百姓的纠纷解决，而黑社会之间也存在着大量的纠纷、大量的纠纷解决，当然用的多是黑道规矩（民间法的一种）。然而仍有众多的“黑道”人士，即那些并不能称为“黑社会”的流氓、地痞、混混也在参与纠纷解决，也有一些并非黑道，但是可以采取一些在常人看来是“无赖”方法的人，在纠纷解决中也发挥着作用。这些非黑社会的“黑道”人士和“无赖”的人，也属于纯粹的民间纠纷第三人，而他们虽然行走在国家法律的边缘，对于纠纷解决、秩

〔1〕 参见董磊明：《宋村的调解——巨变时代的权威与秩序》，法律出版社2008年版，147页。

〔2〕 可以参见一些大要案的报道，如1990年东北魔王覆灭——黑龙江乔四黑社会案；1998年擒获省港“老大”——香港张子强黑社会案；2000年揭开“幕马”黑幕——沈阳刘涌黑社会案；2003年整治许昌黑帮——河南许昌梁胜利黑社会案；等等。

序维护、实质正义之实现都有着不能忽视的作用。

徐昕认为，有些私力救济富于效率，也不损害公平，且经长期演化，事实上已形成一定的习惯和规范。私力救济往往无法完全摆脱法律的阴影而自足、孤立地存在，同时在法律和公力救济之中也有私力救济的影子，私力救济还影响着国家的法律、政策和公力救济的实施。两者存在相互融合的特征，其间存在社会救济，存在私力救济的法律化和公力救济的私人化。[1]徐昕还指出，在以民间收债为例的私力救济问题上，国家的态度显得有些暧昧，国家与社会事实上达成了一种默示的共谋。在某种意义上，私力救济被编织成为公共权力的私人网络，从而构成一种国家通过私人实现治理的高超艺术；作为调查对象的民间收债人实际上是一位典型的私人执法者，而私人执法现象在现实生活中普遍存在。[2]纯粹的民间第三人，作为纠纷解决的主体，参与到纠纷解决中来，与私力救济密切相关，然而，在现代社会下，却并非仅是由私力救济促成，它还与纠纷解决市场化的运行逻辑等因素有关。

私力救济给民间第三人的存在提供了场域。私力救济并不等同于和解，这一点我们在对和解的含义界定中已经明确，然而，民间第三人参与到纠纷解决中来，却常常是私力救济的延伸。私力救济是在当事人认为权利即将遭受侵害或已经受到侵害的情况下，在没有国家公权力介入的情况下，当事人主要依靠自身的私人力量维护和恢复权利的行为。事实上，私力救济是人类最原始、最简单的救济方式，它起源于人的本能和人类早期的无政府状态。按照洛克的社会契约论思想，人在自然状态下原本是自由、平等的，只是由于这种权利的享有是很不稳定的，有不断受到别人侵犯的威胁，因此，他们甘愿放弃他们单独行使的惩罚权利，交由他们中间指派的专门机关加以行使。由此，由国家强制力保障的公力救济取代了私

〔1〕 参见徐昕：《论私力救济》，中国政法大学出版社2005年版，第388页。

〔2〕 参见徐昕：《论私力救济》，中国政法大学出版社2005年版，第88～89页。

力救济。这一现象表征着一个极有意义的社会进步：人类不再依靠冲突本身的报复性手段来纠正冲突的后果，尤其不再用私人暴力杀戮式的冲突来平息先前的冲突。[1]民间第三人参与到纠纷解决中来，其历史比官方第三人悠久。从刑事犯罪追究的历史来看，它经历了一个由私人或个人事务向公共或社会事务演变的过程。在欧洲大陆和英国，罗马帝国崩溃后，被害人和刑事程序紧密联系，并没有政府追究刑事责任的机制，刑事审判广泛依赖于被害人个人及其亲属。血亲复仇，无论是在欧洲大陆还是英国都是主要的追究责任机制。被害人或其亲属直接向犯罪人或其亲属复仇或取得赔偿。随着英语世界组织程度的提高，封建主开始限制血亲复仇，并且要求解决纠纷需要服从公共利益，[2]此后被害人权利渐被忽视，在纠纷解决中，官方利益占了主导地位。甚至有学者如美国的欧文·费斯（Owen Fiss）认为，在社会日益碎片化、原子化的当代，人们可能会更加依赖于国家而获得正义，更加依赖于国家机关来进行纠纷解决，而法院则被视为正义之源地，法院的判决是一种社会过程，通过它，法官赋予公共价值以意义。而和解则会意味着妥协，意味着公共价值和目标的牺牲，假如有一种公共价值或目标的话，那也只意味着一种假设的自然和谐状态。[3]不过也有人认为，法律和正义并非是统一的，正义并不是通常人们从政府中所获得的东西，法院并非唯一的，甚至并非最重要的分配正义的场所，[4]因而主张在法院外由替代性纠纷解决方式（ADR），来解决正义问题。由官方第

〔1〕付小容："私力救济及其价值探讨"，载《西南大学学报（社会科学版）》2007年第5期。

〔2〕Lynne N. Henderson, "The Wrongs of Victim's Right", *Standford Law Review*, Vol. 37, No. 4 (Apr., 1985), pp. 938～939.

〔3〕Andrew W. McThenia and Thmas l. Shaffer, "For Reconciliation", *The Yale Law Journal*, Vol. 94, No. 7 (Jun., 1985), pp. 1660～1661.

〔4〕Andrew W. McThenia and Thmas l. Shaffer, "For Reconciliation", *The Yale Law Journal*, Vol. 94, No. 7 (Jun., 1985), p. 1665.

三人来参与纠纷解决，自然也有裁决与和解两种方式，然而它们摆脱不了国家法律的“影子”，其中仍然有着国家的潜在利益。在官方第三人进行裁决的场合，由于裁决本身在解决纠纷方面的局限性，会导致纠纷当事人不愿意官方第三人裁决解纷，而愿意寻求私力救济。在官方第三人和解纠纷的场合，由于合意的获得仍是决定于纠纷当事人，官方第三人又不可能不反映国家利益，所以可能存在着国家利益和私人利益的冲突，具体到解纷方案之依据而言，就可能是国家规范与民间规范的冲突，在此情况下，除非纠纷当事人经不住官方第三人以法律名义的“压服”，纠纷合意解决很难形成。这时官方第三人的和解行为很可能转化为官方第三人的裁决行为。当纠纷当事人不认为法律代表他们的利益，实现不了他们心目中的正义时，与其让官方公力救济，不如私力救济，这时候，以自力不足以救济时，纠纷当事人就可能让民间第三人参与到纠纷解决中来，在纠纷中发挥牵线搭桥、传递信息、提供方案等作用以促使和解，也可能让强势的民间第三人对纠纷进行裁决，当然也可以让民间第三人直接代表自己进行自决。无论是进行和解、裁决还是自决，只要官方第三人不参与进来，这种在民间第三人参与下的纠纷解决，都是私力救济的范畴。也正是在这种意义上讲，私力救济之存在，为民间第三人参与纠纷解决提供了场域。

其实，纠纷解决具有市场化的运行逻辑。纠纷解决是一种社会分工，具有进行交换的条件，可以带来物质利益，因而纠纷解决实际上形成了一种市场。在这种市场中，纠纷当事人利用纠纷解决，可以恢复、争取利益，而第三人也可以自己的劳动获得经济利益。纠纷的解决是一种“服务”，“民”即纠纷当事人，能对纠纷提供自给自足的解决服务时，这种服务还不具有“商品”的性质，这时候纠纷解决的形式就是自决或纯粹当事人间和解。当纠纷当事人不能以自己的“解决服务”满足自己的需要，其他人又可以提供这种服务时，纠纷当事人就可以向他人购买这种服务，他人就可以提供这种服务以取得报酬。

作为纠纷解决服务的提供者，其服务的市场利益，在于将消费者（纠纷当事人）吸引过来，让消费者选择他们的服务，从而赚取利益（包括金钱、声誉、支配力等）。不同的纠纷解决服务的提供者，其服务各具特色，对于官方服务者而言，它们因为国家法律的正统地位而占领了“道德”的制高点，具有垄断性特征，只有少数官方服务者具有解决纠纷的法定职责，如警察、法官、检察官等。官方服务还具有国家合法的强制力作保证，但是官方服务自有它们的局限，如有限性（司法资源有限，只好让消费者排队等候），形式性（讲程序、重证据），费用高（如法院收费高，诉讼中还有律师费等费用），周期长（如法庭审理期长）等。而非官方纠纷解决服务的提供者则数量多（不同的人、不同的组织，只要不是以官方第三人参与到纠纷解决中，都是非官方人第三人），讲实效（注重纠纷实质解决），费用低（相对而言，有时也比官方服务费用高），周期短（拿钱办事，有时三下五除二），风险高（一不小心会受到纠纷另一方当事人反抗，或因触犯法律而受到官方打压）等。

由于受市场竞争的影响，各纠纷解决服务者都会关注自身形象，不断提高服务质量。如官方的法院，降低诉讼费用，实行司法为民的能动司法，官方的警察，推行“四有四必”、和谐警民关系、倡导模糊警务等。而“匪”方则加强自身的组织性，有时成立法人单位，如讨债公司，极端的成立“黑社会”组织等，同时在提供服务时，讲信誉、讲义气、讲效率，为给当事人提供更为“优质”的服务，有时还不惜“以身试法”，冒着受官方打压的高风险，采取威胁、侮辱、殴打乃至更为严重的暴力，不同的“匪”方纠纷解决服务者，可能联合，可能竞争。同时各纠纷解决服务者又不断限制竞争对手，“官”方一般不主张私了，打击非法讨债公司、打击流氓地痞恶势力，打击黑社会，而“匪”方也不断向“官”方渗透，一方面软化“官”方对“匪”方的仇视，另一方面干脆把“官”变成“匪”，从而壮大自己的实力。

无论是作为私力救济的延伸，还是纠纷解决市场运作逻辑，都要求“匪”的存在。它是一支平衡“官”与“民”的不可或缺的力量。当“官”——白道忘乎所以，甚嚣尘上，滥用官权时，水可载舟，亦可覆舟。特别是现代法治社会，由于官员是作为人民公仆的身份存在的，受为民服务宗旨的限制，其权力的滥用更是备受“民”的监督制约，所以官员惧怕百姓。当“民”忘乎所以，甚嚣尘上，过分张扬而无所恃，国家规范秩序难以维护，国家法律强制力背后的合法暴力也因“官”对“民”的惧怕而无法正常运作时，“匪”——黑道的不讲太多规矩的暴力对维护社会秩序反而会产生有效的作用，它虽然不一定会取得“民”心服的效果，但可能达到口服、身服的效果，虽然这种口服、身服会具有“屈从”的意味。但有秩序总比无秩序好，专制总比无政府主义好，哪怕是暴力专制形成的秩序，也会给人们生活以特定的预期，而无秩序中人们却可能是人人自危，在惴惴不安中度日。当“匪”忘乎所以，甚嚣尘上，黑道行为对社会秩序形成严重破坏时，“官”代表的白道，就会发动国家力量，乃至“民”的力量，来限制“匪”，纵使组织化程度很高的“黑社会”也难以形成与“官”、“民”抗衡的铁板一块的力量，没有国家力量的强大，没有广泛的民意基础，它只能在一定范围内维持着自己的存在和影响。这样，“官”、“民”、“匪”三种力量相互制约、相互依存、共治社会的格局就是社会的一种常态客观现象。

纠纷的解决，其实也是社会控制的过程，在这个过程中，“官”、“民”、“匪”反映着不同的社会控制类型。法律是“官”控制社会的工具，是正式的社会控制，“民”、“匪”按自己的逻辑、自己的规范控制社会，是非正式的社会控制，两者都是社会有序化的必要工具。纠纷双方当事人，在无需第三人参与解决纠纷的情况下，双方自行达成合意解纷，这是布莱克所言的“和解型社会控制”的纯粹形式，实际上这是契约在纠纷解决中的表现，也可以称为“契约型社会控制”，从属于布莱克所言的“补救型社会控制”。在有第三人参与纠纷解决的情况下，如果仍以“合意”解纷，那么

也属于“和解型社会控制”。但官方第三人以裁决方式解纷，由于其适用的规范为国家规范（法律），这种控制就是布莱克所言的“指控型社会控制”，包括刑罚控制和赔偿控制，它们都有争议双方：原告和被告，胜诉方和败诉方。对于“官”来讲，无论是何种社会控制类型，其实并无优劣之分，而只是相互补充各自效能不足。民间第三人参与到纠纷解决，所表现的社会控制类型，由于少受法律作为工具的限制，但却受着官方的制约，其最优选择是补救型的而非指控型的，特别是补救型中的和解型社会控制，这样，民间第三人可以两头“讨好”，可以作为妥协的代理人，而非裁断者。[1]

“民”自行解决纠纷时，如果两厢情愿，认识到位，内心自愿和解，那么强制性因素就少些，然而如果内心不愿，仍惧于社会舆论、道德规范而和解，强制的因素就多些，然而这些都是靠自律发挥作用的。由于纠纷解决中第三人的存在，强制的因素也会因“官”、“匪”的不同而不同。当“官”可以用国家法律规定的权利义务来说服纠纷当事人接受解纷方案时，纠纷就可以和解，其中的强制因素只是潜在的，并未发生作用。当“官”无法用冠冕堂皇的国家法律说服纠纷当事人时，潜在国家法律背后的强制——合法的暴力就会发生压服作用，这时纠纷的解决方式就可以是裁决。当“官”所凭借的合法暴力无法解决“民”的纠纷，而“匪”参与到纠纷中来，以“情理”来说服时，强制的因素就少，多以和解解纷，而当情理无效，非法暴力上场时，压服一样可以取得表面形式和解的结果，一样可以息纷止争。从以上意义来讲，民间第三人，特别是其中流氓、地痞、混混的存在，不仅是社会的一种“自然”现象，而且对于社会控制而言，实在有其必要性。

〔1〕 参见［美］唐纳德·J. 布莱克：《法律的运作行为》，唐越、苏力译，中国政法大学出版社2004年版，第5页。

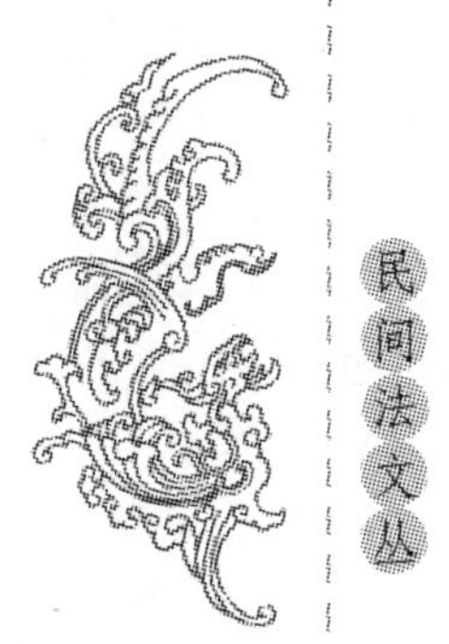

第三章

和解的结构分析：规范

规范是和解的结构性要素之二。棚濑孝雄指出，诱导合意中为了形成合意而经常使用的四种根据为社会常识、法律规范、事实关系和潜在的合意，[1]其实质上指出了合意解纷的规范依据。笔者认为，社会规范，从共时性的角度来讲，以“官”和“民”的界分为分类标准，可以分为国家规范与民间规范。前者是指国家制定和认可的规范，如国家法律，包括制定法和习惯法，而后者则非国家生成的规范，如民间习俗、习惯、企业章程、行业自治条例、村规民约及民族习惯等。此种划分，并非意在对国家规范、民间规范进行概念上的厘定，而是承认此类规范之客观存在，并在此基础上分

〔1〕［日］棚濑孝雄：《纠纷的解决与审判制度》，王亚新译，中国政法大学出版社2004年版，第94页。

析国家规范、民间规范在纠纷解决中的作用。在本书的研究中，所有关于“国家规范”的用语，皆可指向“国家法”、“国家规则”、“国家法律”等，所有关于“民间规范”的用语，皆可指向“民间法”、“民族习惯法”、“民间规则”、“习惯”、“风俗”等，反之亦然。除却以“官”、“民”界分外，还有一类规范，不但是上述两类规范调整的对象，而且自身也是一类规范，这类规范就是“关系规范”。

一、国家规范

案例2　吕某殴打董某案　2007年12月，吕某与董某在饭店吃饭期间发生口角，吕某拳击董某面部致轻微伤，董某报警。在处理案件过程中，二人都委托了法律工作者为代理人，双方达成书面“和解协议”：①吕某赔偿董某医疗费用1637元，已支付；②吕某赔偿董某误工费损失1000元，精神损害赔偿500元，当场支付；③吕某向董某表示道歉，董某对吕某表示谅解，要求公安机关根据《治安管理处罚法》第19条第2项规定不予处罚。

这显然是一起和解的案例，然而令我们关注的是，在和解中，国家规范竟参与其中，显性的表现是，双方当事人因为“和解”要求公安机关根据《治安管理处罚法》对吕某不予处罚；而隐性的表现则是：当事人间的赔偿问题，是按照民事侵权赔偿的法律规定内容确定的，如医疗费用、误工损失、精神损害赔偿。当然，国家规范参与其中，还在于法律工作者参与了案件的解决。这就让我们不得不思考，纠纷和解中，国家规范能起到怎样的作用。而要论及这个问题，我们还得先从一种错误观念议起，这种错误的观念，就是将和解同法律对立。

我们可以从非法律职业者的有关论述中窥出这一错误观念的存在。众所周知，当下中国的法治建设，是自上而下的政府推进型法治。2005年是第四个“五年普法规划”验收年，山东威海某镇的普法总结和某中学的普法总结中各有一段文字：“通过下面几个案例，也可以看出干部、群众、学生、企业人员通过不断学习法律，法律观念得到相应提高。……这四个案例，当事人最后都是拿起了法律武器，用诉讼解决了纠纷”；“在‘四五’普法期间，我校广大教职工法律意识明显增强。如近两年内，房屋产权问题纠纷较多，从学校到职工都拿起法律武器，通过法律诉讼来解决纠纷。”显然，在这两份普法总结中，有一个共同的显性命题，即国家法律=诉讼，以此为大前提，加上一个小前提“诉讼与和解对立”，经过三段论推理就可得出“和解与法律对立”的命题。

不仅非法律职业者中存在此种观念，专门研究法律的人中，也存在此种观念，这里拾取二三以作论据。和解一度被认为是“私了”，故而因为私了大受质疑，所以和解也就大受质疑。譬如有人认为，目前中国“法治在有效实践，但法治的误区、盲区还客观存在，这其中‘私了’现象就不啻为人治幽灵的现代变形金刚，它无所不在，无处不在，成为社会机体上的一个毒瘤，它的存在势必会造成社会主义法治实践的低效性和负效性，而低效性和负效性又会影响社会法治意识和法律信仰的提高，其结果就会削弱法治的权威，阻碍中国现代化的前进步伐”。〔1〕于语和在论述法律多元与多元化纠纷解决时，认为单一与多元并不一定互相排斥，而是可以相互依存。法律多元理念打破了法律万能和司法垄断的神话，多元化纠纷解决机制的构建与发展，为民间法进一步开辟了可能的空间。〔2〕解决矛盾和纠纷最便捷有效的方法，无疑是法律手段。但司法解决争端是需要成本的，特别是在我国目前司法体制尚待改革的阶段。我们不能将全社会的所有矛盾和纠纷全部推到司法解决的一条路上，这样国家的成本会成倍地加大。国家法并不总是最佳和最

〔1〕 赵春霞：“论法必须被信仰—兼论中国社会的‘私了’现象”，载《湖南轻工业高等专科学校学报》2001年第4期。

〔2〕 于语和主编：《民间法》，复旦大学出版社2008年版，第9页。

有效的解决方案。[1]陈柏峰在“暴力与屈辱：陈村的纠纷解决”中认为，现代化的目标纠纷解决机制——诉讼，并没有被乡土社会所接纳……法律必须被信仰，首先意味着诉讼作为一种纠纷解决方式，得到人们的尊重，成为人们解决纠纷的正常诉求。[2]以上三人的论述，都可以演化成“国家法律 = 诉讼”的命题，倘若再加一个前提：诉讼与和解对立，那么我们仍然可以利用三段论推理得出结论性命题：和解与法律对立。

当然，笔者说这种错误观念的存在，并不否认正确观念的存在，也不去探讨此种观念存在的比例，而只是以此为起点，来研究和解与法律（国家规范）的关系问题，尤其是和解中的国家规范问题。由于和解本身是一种社会主体的互动行为，国家规范系一种规范，所以纠纷和解中的国家规范，应着重研究国家规范在和解中的作用。国家规范是国家的政治产品，随国家生长而生长，与国家密不可分，是由国家创设并由国家提供外在强制力保证实施的行为规则。[3]20 世纪 80 年代以来，中国制定了大量的法规以适应新的社会需求，以前所未有的速度推动着法制建设。在“建立民主与法制”和“依法治国”一类口号下，国家正式的法律制度开始大规模地进入乡村社会。通过“普法”宣传和日常司法活动，国家规范形成侵蚀之气势，自上而下地改造着旧文化、旧习俗和旧思想观念，旧乡土社会的秩序形态在一定程度上被改变了。[4]每一个公民，即使是农民，从出生时的户口、身份制度，到成年时的公民政治权利制度、婚姻家庭制度、财产契约制度，最后到死亡时的遗嘱

---

〔1〕 于语和主编：《民间法》，复旦大学出版社 2008 年版，第 45 页。

〔2〕 陈柏峰：“暴力与屈辱：陈村的纠纷解决”，载苏力主编：《法律和社会科学》（第 1 卷），法律出版社 2006 年版，第 232 页。

〔3〕 郑永流：“现代化的秩序依赖：国家法何为及对民间法、自然法作用评析”，载高鸿钧主编：《清华法治论衡》，清华大学出版社 2000 年版，第 95 ~ 96 页。

〔4〕 王孟孟：“乡土社会变迁中的民间法与国家法”，载《法制与社会》2007 年第 12 期。

制度，都与国家规范息息相关。即使在被认为是“法律不入之地”[1]的农村，国家规范亦与村民利益息息相关，为村民所了解，为村民所利用，成为他们维护自己利益的工具。

法律乃是社会文化现象，其整体功能主要在于发挥其对主体的激励功能，具体而言，它具有指引、评价、预测、教育、强制等规范功能和对不同社会领域的社会功能。同时，国家规范对社会的整体还发挥社会导向、社会融合、文化传递功能。[2]固然，纠纷和解中的国家规范，也有着上述功能的影子，然而却有着自己的功能的不同表达方式。

（一）制度性支持

打开我们中国的法律法规“大辞典”，我们可以发现，“和解”作为一种解纷方式，本来就规定其中。仅以“和解”二字的出现为视角，《民事诉讼法》第51条规定了自行和解；《刑事诉讼法》第172条规定了自诉案件的和解；《仲裁法》（1994）第49、50条规定了仲裁案件的和解;《劳动争议调解仲裁法》（2007）第4、41条规定了劳动争议和解；《治安管理处罚法》规定了治安案件的和解；等等。而如依笔者对和解含义的界定，把调解也算在“和解”之内的话，那么，和解，俨然已是法律规定中的一项蔚然大观的制度，仅就此而言，将诉讼与法律等同，而将和解与法律对立的观念，就完全与事实不符。

然而，这些规定，是一种规范层面的规定，是一种“正式制度”，或许基于和解的意思自治本质，国家规范并未在狭义和解这种解纷形式上作过多的要求，然而如果是基于民事行为角度的和解行为，则完全可用民事法律进行积极地调整，视同为一种“合同行

---

〔1〕强世功：“法律不入之地的民事调解——一起‘依法收贷’案的再分析”，载强世功主编：《调解、法制与现代性：中国调解制度研究》，中国法制出版社2005年版，第533页。

〔2〕参见付子堂：《法律功能论》，中国政法大学出版社1999年版，第41～47页。

为”，譬如和解成立基于双方合意、不能胁迫、欺诈、不能损害国家、社会利益或他人合法利益等。故而对于和解，即使作为正式制度的国家法律制度，也并非完全予以放任性的调整，只要和解行为当事人不认同和解行为：不愿和解、和解不成或和解后又反悔，它完全可以以正式的国家规范规定的其他解纷方式作为救济，这一点在上述规定“和解”的法律中都有显性的体现，就是以裁决（包括审判、决定、仲裁等）为后盾。就事实层面而言，除了在规范直接调整视野下的前述纠纷和解外，还有大量的纠纷和解，并不经常进入官方关注的视线。对于这些纠纷的和解，要么是因为当事人没有将和解提交国家机关，要么国家规范对其进行放任性调整，达成“国家与民间的共谋”，但是，在国家规范宽容下的非正式制度如民间规范等，已对这些纠纷和解进行了制度性的支持。

除了规范层面的支持外，国家规范实际上还为和解提供了机关、人员、经费等具体操作技术上的支持。仅以案例 2 而言，当事人报警后，公安机关实际上已是当事人进行利益争夺的场所，在纠纷处理过程中，当事人实际上是把公安机关作为了和解的场所，进行谈判、协商、斗争等各种博弈行为。双方在解决纠纷过程中，利用国家法律提供的“法律工作者”，了解了国家法律的具体规定，利用国家对公安机关、法律工作者的投资经费，节省了自己解决问题的成本，和解了纠纷。这些具体的技术上的支持，在规范层面自然也有其“合法性”，在多部法律中都可以得到证明。作为纠纷的当事人，并不一定了解纠纷在国家法律上的性质，一旦有纠纷发生，心态可能是报“官”，而报“官”后，“官”就要为他们运转，并且要保障他们的知情权。譬如《治安管理处罚法》第 78 条规定：“公安机关受理报案、控告、举报、投案后，认为属于违反治安管理行为的，应当立即进行调查；认为不属于违反治安管理行为的，应当告知报案人、控告人、举报人、投案人，并说明理由。”《刑事诉讼法》第 86 条规定：“人民法院、人民检察院或者公安机关对于报案、控告、举报和自首的材料，应当按照管辖范围，迅速进行审

查，认为有犯罪事实需要追究刑事责任的时候，应当立案；认为没有犯罪事实，或者犯罪事实显著轻微，不需要追究刑事责任的时候，不予立案，并且将不立案的原因通知控告人。控告人如果不服，可以申请复议。”当事人报警后，警察就需要按国家法律规定的程序运作，就需要成本投入：时间、精力、知识、金钱等，还需要让当事人了解裁决的程序、可能的后果等等。这样，当事人通过国家法律的运作，了解了和解的必要性，进而会根据自己的认知，选择和解。从这一角度来讲，无论是对和解的规范层面的支持，还是具体的技术支持，归根结底都可在正式国家法律中寻求到制度性支持，此可谓国家规范在和解中的第一作用。

（二）权利诉求基点

国家规范为纠纷和解方式提供了制度支持，是就和解方式而言的功能。在通常的和解中，国家规范常成为纠纷当事人提出权利诉求的基点。

假设纠纷和解的依据并不依靠国家规范，国家规范中的关于对责任追究的规定或关于对违法行为的制裁规定在和解过程中的也起到很重要的作用。在和解中，表面上国家规范受到了规避，好像是无足轻重，实则非然。以一般的殴打他人致伤案为例，如果受害者向国家机关控告，可能使加害人承担国家强制的公法责任，加害人为避免国家强制，不得以选择和解，国家规范的潜在强制性成了迫使加害人和解的动因。对于受害人而言，国家规范并不能使其认为的权益受到更充分的保护，就会抑制寻求国家强制力保护的愿望，而和解却可以得到更大的收益，可能主动提出和解，在对方伸出橄榄枝后，也会伸手折取。虽然有些和解方式的选择是依纠纷主体的行事习惯而为之，但是，如果国家规范不存在，国家强制的潜在性或是寻求国家规范保护的复杂性对纠纷主体不产生影响，那么，纠纷产生后，主动和解者则可能更少，从这一意义上讲，国家制定法

可能是和解的动因，因而成为纠纷和解的动因性基点。[1]

国家规范作为和解中权利诉求的基点，更多地体现在国家规范为和解当事人提供了权利义务模式的具体内容上，和解当事人以此具体权利义务标准，提出自己的具体权利义务要求，当事人又在此基础上进行讨价还价，从而改变国家规范所确立的权利义务的具体内容，确定和解中的解纷方案。我们仍以案例2为例进行说明。吕某殴打董某致伤，根据《民法通则》等相关规定，吕某的行为属于人身侵权行为，其可能承担的民事法律责任，即在纠纷解决中可能要履行的实体义务，包括因就医治疗支出的各项费用以及因误工减少的收入，包括医疗费、误工费、护理费、交通费、住宿费、住院伙食补助费、必要的营养费，以及停止侵害、恢复名誉、消除影响、赔礼道歉、精神损害抚慰金；吕某可能要承担的行政法责任包括拘留、罚款。根据民事法律规定，受害人董某就可以向侵害人吕某要求其承担上述民事责任，根据行政法律规定，如果吕某不主动消除或减轻对方损失，并且取得对方谅解，那么受害人董某就可以要求国家机关对吕某处罚。当受害人据法律规定提出自己的权利要求时，国家规范就发挥了权利要求基点的作用，而无论和解结果是否依国家规范得出。事实情况常常是，由于和解中关系、人情、面子等因素的介入，甚至国家规范本身权利义务内容的概括性，国家规范所确定的权利义务，很难在和解中得到完全的复写，而只是作为权利诉求的基点而已。

国家规范作为权利诉求基点的功能，是同和解本身解决权利义务进行利益调整的功能与国家规范权利义务模式契合而产生的。人类产生纠纷的原因是利益，因而任何纠纷的解决，都是一种利益调

---

〔1〕 苏力在《法治及其本土资源》第50页中认为，“国家制定法是私了的基点”，而笔者认为“国家制定法只可能是和解的基点”，因为在现实生活中，私了的当事人可能对国家规范一无所知，但是却对纠纷采取了私了方式，这大多是因为社会生活习惯所致，而这种习惯则常体现在当事人的思维方式和行事方式上，因而从私了主体角度来讲，对纠纷私了，系由其本人思维方式和行事方式所推动。

整。无非根据解纷方式的不同，其利益调整的方式有所不同而已。国家规范所设定的权利义务模式，其背后仍是利益，权利的背后是利益，义务的背后是不利益。而利益正是人们生活中的各种欲求，它不仅意味着人们的各种实际需要，还包含那些刺激时可能进一步向前发展的隐藏在人们心目中的潜在欲求，它不仅仅意味着各种欲求，还意味着各种欲求的倾向，以及使各种欲求产生的各种条件。[1]和解过程中，虽然纠纷解决依据的规范多元化，但也是确定责任的过程，它的归责原则，同裁决中的归责原则呈现不同的样态，即并不一定按现代法律制度所确定的过错原则、非过错原则、公平原则等进行归责，而常以结果导向归责，即只要有结果，就应承担相应的责任，分担纠纷过程中损失的利益。纵然在和解中，当事人基于互谅互让的情理，也是考虑了该所能考虑的各种利益，而不论其所认为的利益的表现形式及其考虑是否充分的问题。国家规范的权利义务规定，相较于其他规范而言，认定责任的标准相对确定，权利义务标准统一，利益分配较为明晰，作为主张自己利益的一方，根据国家规范维护自己利益，提出权利诉求，自在可能的考量之中。

（三）和解直接依据

当事人依据国家规范提出自己的权利诉求，在纠纷的裁决中，裁决者会根据诉讼对抗主义，裁决支持与不支持当事人的诉讼请求，当事人要么胜诉，要么败诉。纵使在中国语境下，法官可能根据自己的理解，确定裁决中当事人具体的权利义务分配，他也要依据他所认为应适用的国家规范。然而在和解中，却与裁决不同。在和解中，国家规范常是当事人提出权利诉求的依据，而一般情况下很难作为和解的直接依据，更多的要依赖关系、人情、面子的“关系规范”[2]。

---

〔1〕参见吕世伦主编：《现代西方法学流派》，中国大百科全书出版社2000年版，第301页。

〔2〕笔者认为，关系、人情、面子，是一种潜规则，具有确认、改变国家规范的作用，类似于哈特所言的第二性规则中的确认规则和改变规则，可参见本章“关系规范”部分的论述。

和解依据更偏重面子、关系和人情，并不意味着国家规范不会作为和解的直接依据。在案例2中，纠纷当事人通过法律工作者了解国家规范关于人身损害赔偿的具体内容，以及治安管理处罚法中不予处罚的规定。在人身侵权问题上，当事人根据法律明确规定的医疗费、误工费、精神损害费等法定的赔偿费用进行交涉谈判，确定是否赔偿或赔偿多少，没有溢出法律规定的范围。关于人身损害赔偿的实体法律规定，一开始成为当中人权利诉求的基点，但因为对方当事人的认可，而成为和解纠纷的直接依据。

我们还可以用国家赔偿案例来说明国家规范的直接依据功能。根据《国家赔偿法》规定，引起国家赔偿的原因性纠纷，其法定第一步解纷方式，是赔偿请求人向赔偿义务机关要求赔偿，而赔偿义务机关按国家规范规定进行赔偿。在赔偿的表面形式上，是用所谓的"赔偿决定书"形式，然而，此决定却是纠纷双方合意形成的产物，而非第三人决定形成的产物，从这个角度来讲，赔偿义务机关根据赔偿请求人的要求，按法律规定进行了赔偿，这虽然在法律规定字眼上没有"和解"，实际上也是对引起国家赔偿原因性纠纷的和解。

举国家赔偿案可说明国家规范作为和解直接依据的功能，除却此作用外，还可以延展说明两个问题。

第一，在解决纠纷过程中，只要双方协商，欲以合意达成纠纷解决，任何国家规范规定都可能成为当事人解纷的选择。引起国家赔偿的原因性纠纷，属于侵权纠纷，在《国家赔偿法》之前，我国解决此类问题的法律依据，在《民法通则》中第121条有规定。进而言之，只要纠纷当事人，愿意以法律规定的责任方式解决他们的责任问题，都可以将国家规范作为他们和解的直接依据，其中一些公法责任如行政拘留、徒刑等，也可能由当事人执行，不过，果真如此，这些责任追究/承担方式，因其执行的私人化[1]，已溢出原

〔1〕 私人化执法，已为越来越多的学者所认可，如桑本谦、喻中、徐昕等。

本国家规范规定的公法责任的执行主体的限制，虽然可能因其侵犯人权而受到质疑，但不能否认国家规范规定的责任方式已成为和解的直接依据。

第二，当事人直接以国家规范作为依据，基于当事人间对国家规范的共同认知，属于自觉守法的范畴。心理学知识告诉我们，人们在进行社会认知时，往往假定他人很像自己，倾向于"类似性"。这是人们认识到自己的背景特点和生活方式之间的联系造成的。研究表明，人们在判断别人的行为时，通常依据所掌握的一些背景特点，哪怕只限于性别、肤色、年龄、服装等，如果这些特征与自己的相似，就往往会预言他人会和自己作出一样的反应。因此，一个人利用自己判断他人行为，要根据他观察到的两个人的社会特征相似的程度而定。如果为一个人提供了另一个人行为的情况，而且这种行为与他自己的行为相类似，他就可能判断对方的特征与他相似。即使有时有些特征并不相同，这种类似性也会起作用。〔1〕纠纷当事人至少会基于对法律的共同认知，将对方置于与自己同类的框架内，在确定纠纷具体事实的意义时，运用国家规范进行"规范关照"，确定需要解决的问题，他们虽然不是法官，但是他们的思考问题的方式，却不仅仅站在纠纷一方的立场，而是站在一个中立的纠纷解决者的立场，运用法律来评价纠纷事实的意义，归属纠纷责任，分配纠纷者间的权利义务，国家规范就成为他们行动的直接依据。同时，一个社会法制进步的标志，常常可以通过守法的状态表现出来。守法构成了法治社会的主旋律，成为人类精神文明的象征和集中体现。从事实形态看，守法的外在表现形式是社会成员和组织对法律规范的尊重、应用或适用的一种法律行为，决定这种行为的内在原因是行为主体对法律的一种自觉、自发、习惯、顺应或责

---

〔1〕 参见李安："证据感知与案情叙事——以诉讼心理学为考察视角"，载《中国刑事法杂志》2009 年第 2 期。

任的心理状态，其结果是法律和社会道德所期望的一种秩序。〔1〕纠纷之所以发生，并不因为当事人不“守法”，很可能是因为当事人对法律理解不同，他们都可能自认为尊重了法律，然而却产生了争议，而利用“法律”来解决纠纷，就实现了他们的“二次守法”行为，可以说是对国家规范的信仰和对国家规范权威的自觉捍卫。

（四）攻防策略工具

纠纷和解的过程，并不一味地是妥协的过程，而更多的是一种攻守过程，在相互博弈的过程中达成了纠纷解决的“合意”。因此，对于处于“为自己权利而斗争”的纠纷当事人而言，国家规范作为他们的知识构成，会充分体现出“知识就是财富、知识就是力量”的真理性。

案例3 王某殴打同学李某案 王某和李某是威海某高校同学，二人因为琐事发生争执，王某拳击李某面部致伤（未达轻伤）。李某的哥哥在北京某地做律师，特意来威海处理此事。双方进行交涉。王某父亲亦是国家公务人员，考虑到自己孩子的前程，愿意赔偿对方12 000元了事。但李律师代表李某要求王某赔偿20 000元。双方单独协商不成，寻求当警察的熟人帮助进行和解。后警察熟人要求律师哥哥说明赔偿20 000元的理由。律师言，除掉医疗费等各种损失外，需要对方赔偿10 000元精神损害赔偿。警察要求律师进一步说明理由，律师言“觉得应该赔这么多”。警察追问“为什么觉得应该赔这么多”，律师仍言“就是心里觉得这样”，追问陷入无限重复之中。警察转变追问语词“有没有法律依据，或其他什么参考”，律师不语，王某父亲也不语。后警察拿出最高人民法院关于精神损害赔偿问题的司法解释，给律师和王某的父亲看，称10 000元的精神损害赔偿如在法院判决得不到支持，建议2000

〔1〕 颜万发、李国清：“论守法状态及其机理”，载《九江学院学报（哲学社会科学版）》2005年第1期。

元。双方接受，和解纠纷。

笔者认为，作为律师，对于中国法律规定的人身损害赔偿问题，特别是精神损害赔偿问题，应该有所了解，而王某的父亲虽为国家公务人员，但因其职业不一定与处理纠纷有关，故了解不属于“应该”之列，王父不知司法解释之具体规定，情有可原。这样，司法解释便成为李某一方的信息资源，成为李方为自己利益而斗争的工具，至于是如何操作此一信息及操作的成效如何，就要看李方的策略和他们所处的环境了。[1]对国家规范的掌握和熟悉程度，作为双方信息资源，在和解交涉谈判中，成为互相攻防中策略性工具。和解过程本来就是信息交换过程，在双方信息交换中，各方总是将对自己有利的信息传递给对方，而掩饰对自己不利的信息，如果一条法律规定对己方不利，而对方又不知或未提出，则此方会充分利用规则来控制、操纵和解过程，随时威慑对手，迫使对手产生和解动因。如果受害人熟悉国家规范规定，而加害人不知道对自己的行为国家规范将给予何种处罚，他就无法对受害人的要求与国家将要对其的处罚进行比较衡量，只是一味地惧怕国家的强制，不得已接受对方的开价，这样受害人就完全可以控制和解，使其结果更符合自己的追求。反之亦然，若受害人不知国家规范具体规定而加害人熟悉，后者也可利用此来控制和解过程，使和解结果更符合自己所愿。

国家规范之所以成为和解双方攻防策略工具，更重要的原因在于国家规范制裁的强制性。法律制裁是承担法律责任的后果，指国家机关根据法律和授权对违法者进行的惩罚。违反国家规范，就要承担国家规范责任，而在法律责任体系中，民事责任除惩罚性赔偿外，可归属于恢复补偿性责任，很难说具有惩罚性，而公法责任中

---

〔1〕 倘若没有警察熟人对法律的了解，此一纠纷或许和解不成，也或许就被李律师得逞了。

的刑罚或行政处罚，却是真正的惩罚性制裁，这种惩罚性背后，是强大的国家强制力。王某的父亲清醒地认识到，如果对方当事人不满意，双方和解不成，那么，儿子就会受到国家规范规定的惩罚——罚款倒在其次，怕的是拘留。而李律师对法律相关规定当然更为熟悉，他利用法律规定的处罚，来个“狮子大开口”，索要精神损害赔偿10 000元！他心里实已明白，即使根据法律或相关规定，李某的精神损害费也得不到10 000元，他虽然不明说，但已把法律规定的惩罚当做他选择攻防策略的工具——如果不按要求做，或是达不成己方满意，那就和解不成，让对方受到法律惩罚，而自己一方的损害赔偿问题，还可以用民事诉讼得以补救——无非精神损害费可能得不到而已；但是如果对方同意，或是讨价还价后，就可能多得一些精神损害赔偿。此后，即使谅解对方，公安机关不对对方处罚，于自己一方又有何干？公法责任，是处理的国家与当事人之间的关系问题，而非平等的当事人间的关系问题，平等的当事人间，最为关心的就是自己的利益！法律，对于一个个具体的活生生的人而言，就是一种工具，一种维护自己利益最大化的工具而已。〔1〕

以上论及的国家规范的四种作用，第一种作用则偏重于解决和解中的程序性问题。国家对纠纷解决的权力，特别是裁决权，也是和解的一种后盾。如果国家的纠纷解决权没有权威可言，那么，纠纷主体对纠纷最终可能形成何种结果、可能达致何种利益的欲求就没有一个预期上限。对结果没有一个合理的预期，纠纷解决就相对难以形成。因而，规定国家对纠纷的解决权的法律和规定纠纷解决的其他法律一样，是纠纷和解的最高权威准绳，虽然最高权威，并不意味着最好，或是必须的选择，而规定国家对纠纷解决权的法律应属于程序法的范围。

国家规范的后三种作用，偏重于解决和解中的实体性问题。然

---

〔1〕 笔者认为，法律作为工具，对具体的个人而言至为重要，个人不应为法律规则而活，但是，对于一个团体，包括国家而言，则必须将法律之治作为目的。

而，国家规范虽然在和解的过程中有以上的诸多作用，但并不要求和解主体一定非要知道法律规则的详细规定不可。假定参与人是理性的，这种理性表现在他们总是偏好于更高的收益结果而不是更低的收益结果，在此前提下，在和解的博弈中可能出现严格占优战略，即无论参与人一方如何选取战略，其中一战略对另一方当事人而言总是最好的战略；同时出现一个严格劣的战略，即一个战略总是差于另一战略。现在假定一个参与人如有可能总是选择一个严格占优战略并且总是不选取任何严格劣战略，当一种法律规则都给双方当事人提供了占优战略时，一方当事人不必知道法律规则的任何细节，以及法律规则对对方当事人的任何作用。在实际的和解过程中，和解主体对法律具体规则的了解也常是寥寥无几，他们并非知道和解和诉讼两种方式哪种更适合于当前纠纷的解决，在很多情况下，他们只是以自己的建立在不完全信息基础上的判断对纠纷采取何种方式解决进行选择，而且常常以自己长期养成的思维习惯思考，以自己的行事习惯行事。

以上国家规范在和解中四种作用的排序，并非表明何种作用更重要，排在后面的不一定比前面的不重要，只是明确的排序有助于思维的表达而已，而且国家规范在和解中也不限于发挥以上四种作用，除此之外，国家规范通过和解，还可以传承主流文化。国家规范本身代表着一种文化，而且由于国家规范居于主导地位，所以其所代表的文化，从一般意义上来讲，是一种主流文化。然而，这种主流文化的传承，却需要国家规范的实施、法目的的实现。纠纷解决中对国家规范的运用，实际上是在传承国家规范所代表的文化。纠纷解决主体在和解过程中了解的法律知识，会成为其本人或其亲朋好友的行为指导。通过这种传承，国家规范可以实现它的行为指引功能，包括对纠纷解决者日后行为指引，也包括对纠纷解决者的亲朋好友等行为的指引。而现代社会传媒发达，也可能成为不特定群体行为的指引，利于社会主体自觉守法。

回应前面提出的“和解与法律对立”命题，我们可以用以上分析，作为批驳这个命题的论据。法律并不等于诉讼，“拿起了法律武器”，为权利而斗争，也并不一定非要诉讼——即通过他人的裁决才可。他救不如自救，“从来就没有什么救世主，也没有什么神仙皇帝，要解放人类自己，一切都得靠我们自己做主”，拿起了法律武器，我们仍可以“不战而屈人之兵”，用和解而非诉讼来争取、维护我们的利益！

二、民间规范

社会生活中存在这样一类规范：其奉行者虽可能没有专业上的认知，却活生生地体现于行动者的思维与言行之中，有效地影响甚至决定着行动者的行为选择。这类规范在法学中，被称为“活的法律”、民间法、习惯法、民俗法以及非正式规范等等，诸如此类的概念和探讨指向的却是基本相同的研究范畴。[1]不同的法学者，对于此类规范下过不同的定义。如梁治平认为习惯法既是一套地方性规范也是一种知识传统，“它生于民间，出于习惯乃由乡民长期生活、劳作、交往和利益冲突中显现，因而具有自发性和丰富的地方色彩。”[2]“它被用来分配乡民之间的权利、义务，调整和解决了他们之间的利益冲突，并且主要在一套关系网络中被予以实施。”[3]苏力从本土资源的视角考察了民间规范，认为它是人们在他们的社会生活中，运用理性寻求能够实现其利益最大化的解决各种纠纷和冲突的办法，并在此基础上由人们互动中逐步形成一套与他们的发展变化的社会生活相适应的规则体系。[4]田成有认为，民间规范是

〔1〕 参见陈光：“司法过程中民间规范作用的社会心理机制”，山东大学 2008 年硕士学位论文，第 5 页。

〔2〕 梁治平：《清代习惯法：社会与国家》，中国政法大学出版社 1996 年版，第 127 页。

〔3〕 梁治平：《清代习惯法：社会与国家》，中国政法大学出版社 1996 年版，第 1 页。

〔4〕 苏力：《法治及其本土资源》，中国政法大学出版社 1996 年版，第 19 ~ 20 页。

独立于国家法之外的，是人们在长期的共同的生活之中形成的，根据事实和经验，依据某种社会权威和组织确立的，在一定地域内实际调整人与人之间权利和义务关系的、规范具有一定社会强制性的人们共信共行的行为规范。〔1〕刘作翔则认为民间规范是一个抽象的概念，作为在社会生活中起作用的一种社会规范形式，民间规范又是非常具体的，而不是抽象的。〔2〕陈光认为，民间规范是指民间场域关系当事人根据其在具体案件情境中的角色认知与定位所选择适用的一套规范体系。〔3〕

作为在社会生活中尤其是乡土社会中的规则，民间规范发挥着法的作用，只是和国家规范在作用的内容、方式、方法、强度和向度上存在着差别。国家规范在社会中发生的告示、指引、评价、预测、教育和强制等规范作用和影响广泛、渗透深入的广泛作用，民间规范也都有所体现。〔4〕民间规范的作用，根据于语和的观点，分为规范作用和社会作用。于语和认为，民间法有六种规范作用：告知、指引、评价、预测、教育、制裁。民间规范的社会作用深远复杂，可以定分止争、分配财产、确定权利义务、支撑国家正式制度等等。〔5〕

纠纷解决过程中，民间规范的作用，自然也是上述作用的翻版，然而却表现为不同的样态。纠纷解决的过程，本身就是人们行为的互动过程，因此民间规范的规范作用，自然会对纠纷解决主体行为发生种种影响，而纠纷的解决，本身就是定分止争的过程，是调整分配权利义务、利益的过程，每一个纠纷都是社会矛盾的组成

〔1〕 田成有：《乡土社会中的民间规范》，法律出版社2005年版，第19页。

〔2〕 刘作翔："具体的'民间规范'——一个法律社会学视野的考察"，载《浙江社会科学》2003年第4期。

〔3〕 陈光："司法过程中民间规范作用的社会心理机制"，山东大学2008年硕士学位论文，第23页。

〔4〕 于语和主编：《民间法》，复旦大学出版社2008年版，第69~70页。

〔5〕 参见于语和主编：《民间法》，复旦大学出版社2008年版，第70~73页。

部分，自然对社会的各个领域会产生不同程度或类型的社会作用。

民间规范在自决、合决、裁决中各有不同的作用展示。在自决中，可以作为直接启动自决方式的依据，也是自决者权利要求的依据等。但是在具体的司法裁判过程中，因为需要运用不同的法律方法，民间规范的作用在不同方法中会有不同的表现。民间规范导入到司法活动后，可以使民间规范以辅助的方式进入到国家秩序的构造。在司法活动中，民间规范可以作为法源而被引入（国家认可），可以作为价值衡量的社会根据，可以作为判例或判例法产出的社会根据，可以作为司法论证的合法（理）性前提。〔1〕由于司法活动不仅仅是裁判的活动，而且还有调解活动，所以陈光认为，民间规范是法官知识构成必不可少的部分，可以帮助法官认识和分析案件事实、指导法官选择正式法，可以替代正式法，司法调解中甚至可以将民间规范作为基本依凭，可以在司法过程中表达民意。〔2〕在分析民间规范作为司法调解的基本依凭时，他认为民间规范的存在为在法官、争议当事人或相关人之间搭建平等有效的对话机制提供了知识结构上的可能，为法官把握案件事实、确定争议焦点，进而为调解方案的提出提供便利和参考标准，为法官拟定调解协议方案提供必要的参考，同时也为争议各方“讨价还价”提供了必要的尺度，有助于促进调解协议的履行。〔3〕于语和基于对个案的分析，认为民间纠纷发生的因由多是违反了民间习惯，并且在很多时候，纠纷本身就不是一个涉及法律问题的纠纷，大部分的民间习惯在正式的裁决制度中是没有出现的可能的，使得调解成为解决纠纷的主要方式，在调解过程中，由于对习惯的认同和习惯的压力，利于纠纷

〔1〕 参见谢晖：“初论民间法对法律方法的可能贡献”，载《现代法学》2006年第5期。

〔2〕 参见陈光：“司法过程中民间规范作用的社会心理机制”，山东大学2008年硕士学位论文，第26页。

〔3〕 参见陈光：“司法过程中民间规范作用的社会心理机制”，山东大学2008年硕士学位论文，第31~34页。

的彻底解决和解决结果的执行。[1]

和解作为一种纠纷解决方式，民间规范在其中的作用，自然也应有所体现，然而，由于和解是根据“合意”解决纠纷，纠纷解决主体在选择解决依据上具有更大的灵活性，纠纷解决的程序、方法具有多样性，纠纷解决的范围具有广泛性，因而民间规范在其中可以发挥更大的作用空间。基于对民间规范的习惯性认同和民间规范的压力，和解本身在很大程度上被优先选择。参考前述的各种观点，结合和解本身的特点，笔者认为，民间规范在和解中主要发生以下作用或功能：

（一）支持权利诉求

民间规范作为权利的载体，是当事人进行权利主张的依据，这是从当事人一方角度而言的功能。米尔恩认为，人的权利是多样性的，习俗是人的权利的来源之一。“习俗之成为权利来源，在于它是一种制度。它的构成性规则赋予共同体的每个成员以遵从习俗的义务，同时授予每个人相应的使习俗得以遵从的权利。”[2]马克思在《第六届莱茵省议会的辩论》之“关于林木盗窃法的辩论”一文中，一方面，针对“贫民阶级的权利感”，提出了“习惯权利”概念；另一方面，在对贵族的“非法性”习惯法和贫民的“合理性”习惯法的论证中，确证了贫民“习惯权利”的应然性格，并告诫立法者必须尊重作为市民社会应有法权的贫民的“习惯权利”。[3]谢晖将习惯权利称之为人们的日常消费品，“习惯权利从来所关乎的是人们的生活日用。倘若习惯权利与人们的生活日用间发生了脱节，那么，其就变成可有可无的事项。人们脱离明珠照样可以生活

〔1〕 参见于语和、于浩龙：“试论民间习惯在民间纠纷调解中的作用——以河北省某村的实地调查为个案”，载《法学家》2005年第3期。

〔2〕［英］米尔恩：《人的权利与人的多样性——人权哲学》，夏勇等译，中国大百科全书出版社1995年版，第151页。

〔3〕 眭鸿明：“遵从习惯是一种理性思维方式——我为何提出‘习惯法权’概念”，载《金陵法律评论》2004年第1期。

得很好，但脱离五谷杂粮，生活可能就一天不能为继。”〔1〕

近些年来，中国出现了一些新兴的权利诉求，如祭典权、死囚生育权、生活安宁权、眺望权、乞讨权等。先谈一下国人的“祭典权”。祭典时，上香烧纸钱是习惯的规范方式，如果将其用权利义务模式进行表达，可以表述为：“在祭典期间，人们可以用上香烧纸钱的方式表示思念，他人不得加以侵犯。”当然，作为一项权利，并不是无边际的，而是应有限制的，这限制就是“在行使上香烧纸钱进行祭典时，不得侵犯他人的或社会的正当利益”。近年来，官方、媒体都宣传提倡清明节“文明祭扫”，提倡以鲜花寄托对逝去亲人的思念，反对传统的烧纸钱，如威海市公墓管理处就曾提醒：“摒弃陈规陋习，破除焚香烧纸、燃放鞭炮等传统陋习，文明祭奠、科学祭奠、环保祭奠、从俭祭奠”。〔2〕

然而，每逢农历节日，还是有很多的人以上香、烧纸钱的方式表达自己的感情。同时，为防止林木着火等危害性事故发生，〔3〕有的城市对特定区域禁止烧纸，违者予以处罚。笔者曾在电视上看到，某市公墓附近，有人为适应需要，提供了专门烧纸钱的场所，并且进行收费。但是工商部门却拟对此人的经营行为进行处理。这种祭典权的行使方式，千百年来已成为国人节日消费品，是他们习惯的权利，国家应予尊重，不应剥夺。故而禁止烧纸钱的国家规定，是不合理的。提供场所的经营者就是为了满足人们习惯权利的实现而进行经营的。从这个角度上来讲，祭典权并不是一种新兴的权利诉求，而是长久以来的一种习惯权利，不过国家把它给忽视

〔1〕 谢晖：“民间规范与习惯权利”，载《现代法学》2005年第2期。

〔2〕 “金山公墓清明或迎6万扫墓人”，载《威海晚报》2010年3月30日，第A8版。根据该文观点，焚香烧纸、燃放鞭炮都是传统陋习，那么过年过节百姓在家中焚香烧纸、燃放鞭炮也是传统陋习了，那么佛教寺庙中的焚香是不是陋习？大型节日以政府为主导的燃放鞭炮是不是陋习？

〔3〕 清明时节不一定雨纷纷，因是春季，我国北方大部分地区可能风干物燥，极易引起火灾。

了，没有在国家法律上予以明确认可而已。至于死囚生育、生活安宁等都是人们生活中的本能性或是正当性要求，虽不是“日常消费品”，但也是一个正常的人的正常消费品。哪怕是“乞讨权”也是“在国家实在法上我们无法找出相关的权利赋予，但这是穷人们在穷困潦倒、国家又救济不及时，穷人们行使自力救济的一种基本方式或曰习惯权利”。〔1〕从作用与功能的角度讲，契约性民间法是市民社会规则体系和社会整合的手段。习惯、惯例和习惯法是市民社会内部起主导作用的行为规范，是权利斗争的手段和记载权利的宪章，也是市民阶级走向文明的章程。〔2〕

再谈一下燃放烟花爆竹的问题。对于烟花爆竹，许多地方由完全禁放，到适度限制，终于完成了观念的转变，尊重了中国百姓的习惯权利，〔3〕但是，如果我们仔细分析其中的一些规定，则认为其尊重还是不够的。完全禁放时期，却允许政府等举行大规模燃放行为，真有“只许州官放火，不许百姓点灯”之势。如今限制时期，却也忽视了百姓在婚庆日、开业日、报丧日等特殊时日燃放的习惯权利。笔者从网上搜索的某市于2004年制定的《市区燃放烟花爆竹管理规定》第2条规定“每年农历除夕夜、正月初一至十五每天6时至22时，允许在下列区域的指定地点燃放烟花爆竹，其他时间和地点禁放”，可以证明在正式规定上，公民的部分习惯权利已被

〔1〕 谢晖：“民间规范与习惯权利”，载《现代法学》2005年第2期。

〔2〕 魏治勋：“市民社会情境于民间法话语”，载谢晖主编：《民间法》（第2卷），山东人民出版社2003年版，第21～25页。

〔3〕《烟花爆竹安全管理条例》于2006年1月11日国务院第121次常务会议通过施行。该条列目的是“为了加强烟花爆竹安全管理，预防爆炸事故发生，保障公共安全和人身、财产的安全”。第28条规定：“燃放烟花爆竹，应当遵守有关法律、法规和规章的规定。县级以上地方人民政府可以根据本行政区域的实际情况，确定限制或者禁止燃放烟花爆竹的时间、地点和种类。”同时，一些省市也出台了相应规定，明确表明立法目的之一在于“保护单位和个人运用燃放烟花爆竹的方式表达情感的权利，维护和谐的工作、生活环境”，可见于《湖北省燃放烟花爆竹若干规定》、《宜昌市城区燃放烟花爆竹管理办法》等。

剥夺。因民间规范而主张的权利虽然与国家正式规范发生了冲突，但是当事人却仍然会据民间规范主张权利。[1]

关于祭典权和燃放烟花爆竹权的分析，证明民间规范承载了权利主张，一旦发生相关纠纷，当事人可以依据民间规范主张自己的权利，其内在蕴含的一个命题，就是在和解过程中，当事人也可以据此向对方提出权利要求，而无论对方是否认同这种权利要求。况且，一般在纯粹民间纠纷和解中，如不涉及官方主体，这种权利诉求可能得到更广更深的满足。我们可以虚拟一个纠纷来进一步阐明民间规范可以作为支持当事人权利诉求的功能。一般而言，赌博行为是违法的，故而明知他人用于赌博而借钱物予他人，或是因为赌博而赢取他人钱财但他人尚未支付而形成的债（两者可称为“赌博之债”），在我国国家正式规范上是不予保护的，对于赌博行为还予以打击，在《治安管理处罚法》、《刑法》中分别规定了行政处罚和刑罚，在实践中，群众不断举报赌博违法犯罪行为，公安机关则严厉打击“黄、赌、毒”。然而，“欠债还钱，天经地义”是一条经久至今的民间规范，[2]麻将历来是中国的娱乐国粹，民众可以打麻将娱乐，本也是一条国人传统的民间规范，这两条民间规范的结合，产生出一条新的民间规范，即“因为打麻将娱乐而产生的赌博之债，也应予以归还”，这在中国百姓中已是一条日常生活中的定律，如果谁违反这条定律，民间规范就会惩罚他。假设张三因打麻将赌博欠李四人民币 100 元，李四完全可以依据这条民间规范行使

〔1〕 笔者遇到一个案例：王某于某日开业，经营一房产中介公司，将一挂 500 头鞭炮放在地上，欲燃放庆祝，结果有人报警。警察去后，劝王某将鞭炮收起。王某称：大喜的日子，谁不鞭炮？后警察将鞭炮收缴，王某到公安机关大闹，称是公安机关“冲了喜气”、“公安机关是强盗、土匪”。对王某扰乱办公秩序的行为，公安机关对该进行了处罚。但我们要反思的是，作为一种民间规范支持的权利要求，是否应得到国家规范更多的支持？

〔2〕 此民间规范被改变后成为国家规范，如时效制度、违法之债等，导致部分债务是得不到国家规范保护的。

自己的权利主张。李四向张三主张权利，张三试图赖账，李四打了张三。如果以国家规范来分析，此案中存在着两个国家规范意义上的纠纷：一是赌博之债问题，不受法律保护；二是李四殴打张三，李四应负侵犯他人人身权的责任。两纠纷中当事人各有自己的权利义务，但是如果国家规范只保护张三的人身权，而不保护李四的习惯财产权，那么纠纷的解决就不是很彻底，当事人也很难心服口服。而以民间规范处理张三和李四的纠纷，则须关注李四的习惯财产权。李四的这种习惯财产权，系其打麻将娱乐权的派生权利。对于打麻将娱乐权，在我国目前的法律体系中，实际上已得到了承认，已经上升为法定权利了，〔1〕在实践中也得到了一定程度的尊重〔2〕。

以上的分析说明，民间规范作为习惯权利的载体，纠纷当事人可以据此权利诉求。而这种权利诉求能否得到实现、保障是另外一个问题，涉及对方当事人是否认可、是否有能力履行保障习惯权利诉求者习惯权利实现的义务、是否有第三人参与纠纷解决、第三人

---

〔1〕 最高人民法院、最高人民检察院《关于办理赌博刑事案件具体应用法律若干问题的解释》第9条规定：不以营利为目的，进行带有少量财物输赢的娱乐活动，以及提供棋牌室等娱乐场所只收取正常的场所和服务费用的经营行为等，不以赌博论处。根据此解释，非赌博的打麻将娱乐，就是一种打麻将娱乐权，虽有少量财物的输赢，也不是赌博违法行为。2005年1月10日最高人民法院、最高人民检察院、公安部《关于开展集中打击赌博违法犯罪活动专项行动有关工作的通知》规定：要严格区分赌博违法犯罪活动与群众正常文娱活动的界限，对不以营利为目的，进行带有少量财物输赢的娱乐活动，以及提供棋牌室等娱乐场所并只收取固定的场所和服务费用的经营行为等，不得以赌博论处。对不构成犯罪或者不应当给予行政处理的，不得打击、处理，不得以禁赌为名干扰群众的正常文娱活动。

〔2〕 范愉在《纠纷解决的理论与实践》第633页注中就提到了一个派出所民警处理因打麻将小额赌资的纠纷而引起打架的事，民警将两起纠纷一并进行了调解。笔者作为从事基层公安派出所工作8年的民警，对此深有感触，有时候，当我们对赌博违法人进行处罚时，他们经常说的是“你们警察中也有打麻将的，为什么不处理?”，“好多大官打麻将的，为什么不处理?”，“老百姓没什么事干，打个麻将乐呵乐呵，犯了哪门子的法?”等话，反映出一般的打麻将行为，在百姓心目中已是一种娱乐行为。

相关因素、国家规范是否支持等等。民间规范支持权利诉求的功能，仅是就一方当事人而言，但这足以启动解纷程序，特别是和解程序。如果在和解过程中，纠纷双方以权利诉求者所依据的民间规范进行了和解，那么，民间规范就实现了它的另外一项功能，即作为和解直接依据的功能。

（二）和解直接依据

这是从双方当事人角度而言的民间规范所具有的功能。我们还以打麻将娱乐权问题为探讨的切入点。张三因打麻将欠了李四100元，此赌博之债，根据“欠债还钱，天经地义”的民间规范，李四有向张三主张还钱的权利，而张三则负有向李四还钱的义务，虽然李四殴打了张三，但是在和解中，张三还是承认债务的存在。假设李四殴打张三，张三为此花去医药费100元。那么两人主张相互抵顶，事结。“欠债还钱，天经地义”的民间规范就成为和解的直接依据。

由于和解依据的多元性，民间规范作为和解的直接依据，可能存在于以下情形：第一种情况是纠纷没有其他规范进行积极调整，而只有民间规范进行调整。譬如现代法律制度对债务规定了诉讼时效，如果在时效期内，债权人不向债务人主张权利，那么他就丧失了实体意义上的诉权。诉权的价值对于当事人来讲，就如同审判权对人民法院的意义一样重要，民事争议的主体能否以当事人资格参加诉讼，在诉讼中能否陈述自己的主张，追求自己的诉讼目的，都取决于当事人是否有诉权。民事争议的主体享有诉权，才能向法院起诉或应诉。人民法院查明当事人有诉权，就应受理案件，开始审判程序。在审理的过程中，发现原告已经过了诉讼时效，没有中断、中止、延长的理由，就可认为原告丧失了实体意义上的诉权，即胜诉的权利，法院就得判决原告败诉。[1]这在我国《民法通则》[2]、最

---

〔1〕关于诉权问题，许多民事诉讼法教科书都有论及，可参见常怡主编：《民事诉讼法学》，中国政法大学出版社1994年版，第119~122页。

〔2〕《民法通则》第135~137、139~141条。

高人民法院《关于适用〈中华人民共和国民事诉讼法〉若干问题的意见》〔1〕中都有明确规定。但是“超过诉讼时效期间，当事人自愿履行的，不受诉讼时效限制”（《民法通则》第138条）。假设张三欠了李四钱，过了诉讼时效而李四没有主张权利，此时通过诉讼，张三欠的钱是无法得到归还的，因为国家规范对此纠纷已无法进行积极调整。而李四欲想维护自己的利益，只有依据“欠债还钱，天经地义”这一民间规范主张权利，张三无论是基于对此习惯的认同或压力，还是基于其他原因，只要还了钱，那么这条民间规范就是此一纠纷和解的直接依据。

第二种情况是，虽然有国家规范可以积极调整这一纠纷，但是民间规范也可以调整这一纠纷，当事人却不经“官”，而予以私下和解，基于当事人自愿的选择或是基于不了解国家规范的存在或是具体内容，民间规范成为和解的直接依据。譬如近年来学者们多有研究的“赔命价”，即属于此种情况。所谓“赔命价”，是指在发生杀人案件后，受害人家属向侵害人或其家属索要一定数量的财物或是金钱的赔偿，侵害人或其家属则以给付相应的财物或金钱，并就此达成双方的和解。“命价”在此可以理解为是与被害人性命价值相当的等价钱财。与“赔命价”性质相当的做法还有“赔血价”，即发生人身伤害案件后，受伤害的一方向侵害一方提出的伤害钱财赔偿。这两种做法广泛地存在于我国少数民族地区，是一种长期以来形成的解决杀人、伤害纠纷事件的习俗、习惯方法。〔2〕杀人或人身伤害纠纷的解决，在我国法律上已有明确规定，但是“赔命价”、“赔血价”作为民间规范，亦对此可以进行调整。如果由当事人进行选择，他们就可以把这种民间规范作为和解的直接依

---

〔1〕 法发［1992］22号第153条。

〔2〕 衣家奇：“‘赔命价’——一种规则的民族表达方式”，载《甘肃政法学院学报》2006年第3期。

据。[1]

第三种情况是，法律规定适用民间规范的情况。譬如《合同法》第22条规定：承诺应当以通知的方式作出，但根据交易习惯或者要约表明可以通过行为作出承诺的除外。[2]合同双方如因合同发生纠纷，如果没有以通知方式作出承诺，或要约没有表明可以通过行为作出承诺，那么双方自然会依据交易习惯所承载的民间规范来确定承诺是否生效。民间规范就成为解决承诺是否作出这一纠纷的直接依据，无论和解还是裁决皆如此。

为什么人们以民间规范作为和解的直接依据，在于民间规范的习惯性，与日常生活息息相关。大量的民间规范存在于业已形成的风俗习惯中，其承载的习惯权利反映了人的主体性的尊严的要求。而习惯用"一贯性行为"将抽象的人格尊严凝结起来，自我意识意味着人作为主体在客观世界中坚持价值连贯性，即把客观世界不断对象化，依此内化为自身价值，形成一贯性的行动。事实上，习惯规则的产生正是这种"把客观世界不断对象化"，并"形成一贯性"的行为使然。同时，自我意识意味着较强的自主性，以主体利益为本位的价值判断会给主体活动以动力和潜力，为了自身利益的恰当实现，主体会在社会交往应时应地运用业已形成的习惯规则。[3]也就是说，人们运用民间规范作为直接和解依据，在于该民间规范承载了主体的价值取向，为当事人提供了便捷性的解纷方案。民间规范就在人的身边，纠纷者对它们的熟知，一般远远深于国家规

〔1〕 有学者认为："赔命价"并不比国家法落后，如杨方泉就认为藏族的赔命价制度以人为本，保全人命，温和了活着的人们的欲念，消除怨冤，正是代表了人类社会废除死刑的进步方向，应当说不仅不比现行国家法落后，反而比国家法要先进，因为国家法现在还奉行"杀人者死"这样的原始本能逻辑。参见杨方泉："民族习惯法回潮的困境及其出路"，载《中山大学学报（社会科学版）》2004年第4期。

〔2〕 在《合同法》中含"交易习惯"的条文还有第26、60～61、92条等。

〔3〕 眭鸿明："遵从习惯是一种理性思维方式——我为何提出'习惯法权'概念"，载《金陵法律评论》2004年第1期。

范，其本身就是纠纷者知识的组成部分，是其解决问题的“前见”，受一种“惯性”使然，民间规范就可能成为纠纷解决者的首要选择。

民间规范作为和解的直接依据，还在于民间规范与和解的具有互恰性，提供了经济性的解纷方案。从人的生理机能来看，对于个体而言无需论证的第一要务就在于生存，为了应对周围强大的险恶环境给生存带来的或明或暗的威胁，个体倾向于进入社会，在处理人与人之间的关系中获得尽可能好的生存条件。而在生存资源有限甚至相对紧缺的人类社会当中，为了更好地满足自身生存进而发展的需要，个体在从事各项行为、形成各种习惯的过程中，都更加注重以自身为中心进行利益衡量，最大化个体所得——不论是在物质方面还是在精神、荣誉等非物质方面。〔1〕民间规范之所以被个体广泛认可并遵守，最朴素的原因在于其能够带来秩序，而人们对秩序的渴求追根溯源还是因为规则明晰了有限资源利益的产权归属，减少了相互间利益争夺所消耗的成本，使个体能够将自身所掌握的资源用于更广大的获利之处。〔2〕在和解中，常识化的运作程序不同于裁决中的法庭模式，消除了诉讼给当事人带来的诸如特殊的法言法语、特有的仪式和程序的理解的困难，当事人有更多的机会，可能出于个人意愿参加纠纷解决，在情、理、法的博弈中，各得其所，达到自己的目的。期间，以简易的事实认定代替了严格的举证责任，使当事人不借助法律专业人士自行解决成为可能，减少成本投入，实现各自利益的最大化。〔3〕民间规范同和解具有了在个人利益最大化方面的同质性，两者的结合符合“理性人”、“经济人”的假设，民间规范为纠纷和解提供了和解所欲追求的经济性的解纷

〔1〕 郑宏雁：“民间法与法院调解发生学意义上的互恰”，载《湖南公安高等专科学校学报》2008年第2期。

〔2〕 郑宏雁：“民间法与法院调解发生学意义上的互恰”，载《湖南公安高等专科学校学报》2008年第2期。

〔3〕 参见于语和主编：《民间法》，复旦大学出版社2008年版，第41～42页。

方案。

（三）支撑国家规范

民间规范支撑国家规范，是就民间规范与国家规范的关系而言的功能，实际上是国家规范与民间规范相互作用在纠纷和解中的体现。国家规范与民间规范有着多种关系，很难简单归纳，根据范愉的观点，大致有以下几种情况：一是冲突关系，表现为国家规范完全否定或无视民间规范，以及民间规范对国家规范的积极对抗和消极规避；二是博弈与妥协关系，通过相互博弈，迫使国家规范对民间规范作出适当让步，国家规范从强势逐渐变得灵活圆通，甚至宽容一些可能属于“陋规”的民间规范；三是补充与协调关系，表现为国家允许合法保留的民族习惯，民事关系中承认的公序良俗、经验法则，日常生活中不与法律相矛盾的乡规民约、不断形成的新惯例等；四是任意性选择关系，是指在法律尚未调整或无能力顾及、介入的领域，民间规范最为活跃和有效。[1]

由于和解规范选择的多样性和国家规范的影响，和解中并不排除国家规范，但是国家规范却常借助于民间规范运作，而民间规范实已成为和解的间接依据。国家规范作为一种强势规范，针对每一个人，都有指引功能，其确定的权利义务及行为的后果，与民间规范所确定的权利义务及其后果，都是纠纷解决者进行考虑的对象。而且，遵守法律，对于法治国家的公民而言，可能仅仅出于一种习惯，纠纷发生后，解纷主体的首要选择，可能就是国家法律规范。然而，在有些情况下，国家规范得到人们的认可，增加国家规范的可接受性，就需要民间规范的支撑，不仅体现在裁决纠纷中，而且还体现在和解纠纷中。

我们以一则案例的解决为例，案情大体情况是：张某与李某系朋友，后因做生意发生争执。李某到张某家门口烧纸钱，张某报

〔1〕 参见范愉：《纠纷解决的理论与实践》，清华大学出版社 2007 年版，第 606 ~622 页。

警，要求公安机关追究李某侮辱他人的法律责任。本案中，有一条民间规范，即在他人家门口烧钱的行为，是一种侮辱他人的行为。而《治安管理处罚法》第42条第2项规定，公然侮辱他人或者捏造事实诽谤他人的，处5日以下拘留或者500元以下罚款；情节较重的，处5日以上10日以下拘留，可以并处500元以下罚款。在裁决过程中，民间规范首先帮助国家规范认定了李某烧纸钱的行为系侮辱他人的行为，而后支持了国家规范在裁决中发生作用。

但与此同时，假设李某向张某进行赔礼道歉，而且按照当地习俗：在张家门口放鞭炮九挂，请张家全家及村里头面人物吃酒，张某谅解李某。双方根据《治安管理处罚法》第19条第2项"主动消除或减轻违法后果，并取得被侵害人谅解的"，减轻处罚或者不予处罚的规定，要求公安机关对李某不予处罚。那么，此一纠纷和解中，民间规范就对国家法律起了支撑作用，公安机关也须承认民间规范所指引下的行为符合《治安管理处罚法》的规定。

民间规范对国家规范的支撑作用，典型的体现在经"官"的调解中，譬如诉讼中的法官调解、警察在办理治安案件时的调解等。由于法官、警察都是在司法或执法，他们提出的调解方案，也大都一开始基于调解的查明事实、分清是非原则提出的，故解纷方案中的权利义务关系，基本上是按照国家法律设定，与判决解纷方案所确定的权利义务关系没有大的区别，所以有时很难立即取得当事人的认可。而此时，民间规范就可基于国家规范所确定的解纷方案的可接受性，取得当事人的认同，让纠纷得到和解。特别是在国家规范比较抽象概括，需要落实为更为具体的操作方案时，民间规范就为国家规范填充细节。以我国《婚姻法》（2001）第21条规定的赡养义务为例，由于婚姻法对此问题的解决，只能提供标准化的救济，对于当事人个性化的要求则无能为力。此时的解决赡养问题的方案，就不能是仅仅是用几个钱作为赡养费了事，而可能还要依照当地赡养老人的通常民间赡养习俗确定的情况进行对待，可能会及至生活中的柴米油盐酱醋茶等各个细小琐碎环节。

（四）传承多元文化

文化系关于某个社会的意义、价值、风俗、规范、观念与符号的总体。民间规范为大众的文化，而非精英的文化。而大众文化符合大众的口味，其要旨简单而不让人生畏，内容直接而易于理解，不以风格或样式的追求自居，所针对的是受众的直接经验，目的是使受众感到愉悦或紧张刺激，而不是启发、激励受众。〔1〕民间规范与社会生活具有密切的关联性，直接孕育于社会生活，其形成和普遍化往往比国家规范的形成和制定更为快速和灵活。在社会发展过程中，特别是在社会转型时期，民间规范呈现出相当大的灵活性，有些民间规范不断延续，而有的则没落消亡。大多数民间规范具有伦理性，很多规范本身就是道德的具体化和规范化，具有激励和制裁机制，〔2〕能够促使社会内生性秩序的生成。

美国人类学家雷德菲尔德在其发表的《乡民社会与文化》中提出"大传统"和"小传统"概念。所谓大传统，一般是指一个社会里上层贵族、士绅、知识分子所代表的主流文化传统或社会中的上层精英文化；而所谓小传统，是指一般社会大众，特别是乡民或俗民所代表的生活文化，有学者把大传统与小传统通俗比作"高文化"与"低文化"，或"典雅"文化与"民俗"文化。〔3〕就规范而言，国家规范应是大传统，它适用于全国范围，而民间规范却系"地方性知识"，应归于小传统。也正因为它们属于小传统，因而众多的小传统连同所谓的大传统，构成了多元的文化，承载了多元的价值。民间规范虽然是"小传统"，却不一定是"低"的文化，也不一定是"俗"的文化。作为精英文化的国家规范，是一种一元文

〔1〕 参见［澳］马尔科姆·沃特斯：《现代社会学理论》，杨善华译，华夏出版社2000年版，第184～185页。

〔2〕 参见范愉：《纠纷解决的理论与实践》，清华大学出版社2007年版，第589～596页。

〔3〕 参见田成友：《乡土社会中的民间法》，法律出版社2005年版，第103页。

化，其所承载的价值，具有强制性和霸权主义特征。同样作为大众文化的、主体交往行为符号的民间规范，也是人类文化的基本形式。民间规范是在长期的历史发展中逐步形成的，通过对成员进行各种训练、传授、教育和影响等方式，是社会文化延续和传递的过程，是一个世代之间不断继承、创造、再继承、再创造的绵延不断的超越与隔离。通过传承，保持了民间法的地域性、民族性，实现和保持了民间法的相对稳定。[1]民间规范所代表的文化，具有更多的宽容性、多元性。而宽容、多元本来就是社会的本质特征，也是社会进步的源泉。

纠纷的解决过程，包括纠纷的和解过程，本身就是纠纷解决者之间运用规范（包括国家规范、民间规范等）互动的过程，是纠纷解决者认可、否认、变更规范的过程。而规范本身就是文化的组成部分，正是通过这种互动，作为社会主体的纠纷解决者承受着民间规范的训练、教育、影响，不仅仅将规范本身得以延续，而且延续了其中的价值。纠纷和解的过程，本身是纠纷解决者相互商谈、妥协的过程，也是官方文化（以国家规范为代表）、民间文化（以民间规范为代表）的互动过程，正是在这种互动中，民间文化与国家文化进行冲突、博弈、融合，多元的文化得以延续、传承。

综上分析，我们可以看到，在纠纷和解中，民间规范具有支持权利诉求、和解直接依据、支撑国家规范、传承多元文化的功能，四种功能分别着眼于不同的角度，即一方当事人角度，双方当事人角度，与国家规范关系角度和与文化关系角度。当然，我们还可以从其他的角度来分析论证民间规范在纠纷和解中的功能，这些都是研究者把握问题的视角所决定的，因而会产生仁者见仁、智者见智的观点。

同时，我们还应当比较，针对自决、和解与裁决中的民间规范的作用而言，三者应具有什么不同的特色，而对于这个问题的研

[1] 于语和主编：《民间法》，复旦大学出版社2008年版，第40页。

究，当是从自决、和解与裁决的比较下手，因为民间规范的作用，是受场域的限制的。在场域中，民间规范起何种作用、其作用的大小等是受相关因素影响的，这个问题虽然似乎溢出了本书的题目范围，但我们必须声明的是，本书中民间规范在纠纷和解中的作用，同样可以在自决、裁决中呈现，惟其受影响因素不同，发挥程度不同而已。譬如自决中，当事人可以民间规范作为权利诉求的依据，同时作为纠纷解决的依据，而在裁决中，就要受国家规范的制约。同样，民间规范在和解中支撑国家规范的作用，在裁决中会体现得更为充分，因为裁决需要以国家规范为最高依据，而为增加国家规范的可接受性，尚需要民间规范作为支持理由。正是因为这个原因，我们不能下一个断言，即本书关于民间规范在和解中的作用，是和解中民间规范的独有作用，而是通过本书告诉我们，民间规范在和解中可以起到什么样的作用。

有必要说明的是，民间规范虽然不是“陈规陋习”的同名词，但有许多民间规范的确系陈规陋习，它们摧残人性，侵犯人权，同人类文明的进步是不相容的，这些陈规陋习性的民间规范，在纠纷和解及所有的纠纷解决方式中，都可能起到诸如支持权利诉求、和解直接依据等作用，但是却很难得到国家规范的支持，同时其所传承的文化，固然地带有了落后的色彩。不过，这并不足以让我们无视民间规范的作用，而是要求我们正确的认识民间规范在化解矛盾纠纷、构建和谐社会中的妙用，采取实用主义的立场，在态度上善待之，在行动上善用之。

三、关系规范[1]

案例4　乙殴情敌案　甲男乙女系夫妻关系，甲遇丙女，二人遂相悦成情人。某日，乙女得知甲男正同丙女在某处约会，遂前

〔1〕 本部分以“纠纷解决中的关系规则”为题，发表于《山东大学学报（哲学社会科学版）》2009年第6期，在此作了一定修改。

往与丙女谈判，要求丙女不再纠缠甲男，丙女言称："你性冷淡，无法满足他，你们离婚吧。"又称，"要想我离开他，除非你把我杀了。"气急之下，乙女随手捡起一个水杯击中丙女面部，致丙面部轻微伤。案发后，丙报警。调查过程中，乙女和丙女都哭哭啼啼，以泪水强化自己的"冤枉"，都托了熟人找办案警察丁说"情"，要求"关照"，但双方皆未提出具体"说情"要求。丁警察对乙说："你打了她，出了气，也给你增了脸，但她报了警，弄不好你就得受处罚。"丁又对丙说："这俩人的事，让外人知道了，并不是好事，丢面子。"随后，民警丁又找到甲，要求甲帮助解决乙女和丙女之间的争执。反复劝说之下，乙女赔偿丙女医药损失2000元，丙仍要求公安机关处罚乙。公安机关依《治安管理处罚法》第43条第1款、《行政处罚法》第27条第1项规定，对乙罚款200元，各方皆大欢喜，案结。

此案中，甲、乙、丙、丁四人，相互间形成不同的"关系"。甲乙间夫妻关系、甲丙间情人关系、乙丙间情敌关系但在本案中成为加害人和被侵害人关系，而丁警察作为办案人员，与甲、乙、丙是执法者与当事人的关系，但是，由于乙、丙都找了熟人向丁说情，故又各与丁形成"请托"关系。而这种"请托"关系，使本案带上"关系案"、"人情案"的色彩。

大约在20世纪70年代中期，国内陡然萌生以"走后门"为特征的关系社会的复兴。"走后门"是通过私人关系寻求社会资源和社会特权，起初只是为了改善物质生活的匮乏。但随着"走后门"的大量泛滥，迅速振兴了关系社会的组织网络，加强了私人关系的纽带，并且撇开公共社会体制，另建一套平行的社会再分配体系。[1]于阳以《江湖中国》来解读中国社会，认为自明朝中叶以来，由于

---

〔1〕 于阳：《江湖中国——一个非正式制度在中国的起因》，当代中国出版社2006年版，第63页。

人地矛盾的激化，农村大量剩余人口溢出乡村流落市镇他乡，逐渐形成一个包括秘密教会、会党、行帮、商帮等脱离帝国制度控制的江湖社会。清末至民国初期，天地会洪门、哥老会、青帮等江湖势力借参与推翻满清帝国之机，逐步渗入军队、政治、商业和文化等上层社会，黑白两道渐行融合，江湖的价值观、组织模式和习俗规范也从“道上”扩散到整个社会，导致了近代中国社会结构和文化的“江湖化”。时至今日，形形色色的江湖组织已退出社会的主流，然而江湖的价值观和习俗规范衍变成的隐性惯例制度却仍然影响着中国人的思想和行为。〔1〕具体表现在：①讲关系；②讲人情；③讲面子；④讲“混”。〔2〕当下中国在很多公共领域，关系因素对正式规则的“挤压”甚至使正式规则受到漠视、公共权威受到质疑。“关系一进门，两头都托人”、“以事实为根据、依法律为准绳、以关系为关键”、“打官司就是打关系”等话语，折射出国人对关系因素的反感。在司法领域，“关系案”令人深恶痛绝，是造成司法腐败的重要因素。然而，在关系的运行中，必然有着“人情”的往来，有着“面子”的互予。假设关系是一枚硬币，那么它的正反两面就是“面子”，而其中“人情”则是连接两面的“里子”，关系、人情、面子融合成一种潜规则——“关系规则”，或称“关系规范”。

（一）关系规范的含义

只要人与人进行交往，就要产生“关系”，只有在关系中，人才反映了自己的社会性。每个人都是社会关系网络中的一个节点，而整个社会就是一个一个节点进行连接形成的关系网络。涂尔干认为，在不同的社会里，由于社会分工及分工程度不同，形成了不同的社会连带关系，这种连带关系分为机械的连带关系和有机的连带

〔1〕于阳：《江湖中国——一个非正式制度在中国的起因》，当代中国出版社2006年版，第33～60页。

〔2〕参见于阳：《江湖中国——一个非正式制度在中国的起因》，当代中国出版社2006年版，第25～26页。

关系，前者是由于人们彼此相似而形成的关系，往往以共同的价值观为基础，形成一种凝聚力；后者是由于人们的不同产生的相互依赖的关系。它们直接影响和制约着法律的发展和运作。[1]我们每个人确实都生活在一种特定的社会关系中，我们每个人的价值、地位、作用、权利、义务、责任等等，只有置于某种社会关系的比较时才能得以彰显出来。在自由人存在的世界中，如果不能通过交往，把自己置于社会关系体系中，那么，即使一个人很有价值，也仅仅是一种自己感知的价值，而不是在群体交往中的比较价值。[2]社会的规范，总的来说是以人们相互关系为调整对象的，无论是道德、法律、宗教还是习俗，乃至中国式的关系、人情、面子所代表的所谓“关系规范”，皆是如此。一句话，关系是社会存在的必然，是一种事实，任何社会，都需要对这种事实进行调整，即进行“关系治理”。

一般认为，中国和西方人的人际关系具有极大的差异性。费孝通在分析中国人的关系网络时，指出中国人的关系格局为“差序格局”：以“己”为中心，像石子一般投入水中，和别人所联系成的社会关系不像团体中的分子一般大家立在一个平面上，而是像水的波纹一般，一圈圈推出去，愈推愈远，也愈推愈薄。西方人的关系特点则在于：西洋的社会有些像我们在田里捆柴。几根稻草束成一把，几把束成一扎，几扎束成一捆，几捆束成一挑。每一根柴在整个挑里都可以找到同把、同扎、同捆的柴。分扎得清楚不会乱的，即他们常常由若干人组成一个个团体，团体界限分得很清楚。人与柴不同处在于，一个人可以参加好几个团体，社会生活中人与人之间的关系格局为“团体格局”。[3]关系学问，在中国被认为是“政

[1] 参见［法］埃米尔·涂尔干：《社会分工论》，渠东译，三联书店2000年版，第236～237页。

[2] 参见谢晖：《法哲学讲演录》，广西师范大学出版社2007年版，第199～200页。

[3] 参见费孝通：《乡土中国》，三联书店1985年版，第22～23页。

商通用关系之道，为人处世的社交秘笈。搞好关系，就是资本，用活关系，就是财富”，[1]关系是中国式人情隐规则，在中国当下，看不透人情世故，做什么都不灵；深谙关系之道，方能处处游刃有余。说话办事，与人交往，处处有关系的学问；家庭、单位、职场、商场、仕途之中无一处无关系在，无一时不需要协调关系。

当关系是社会上的东西，是书面里学不到的东西的时候，关系已经进行了变异，关系便衍化成为利益交换的工具。王林敏认为，私人领域的“关系”是基于一种基本的社会安排而存在的人们之间的交往行为；是一种温情脉脉的、在很大程度上能够减少交往的信息成本的交往方式，因此也符合经济学意义上的理性人假设，几乎可以看作是一种恒久的存在。但是，公共领域的、作为一种资源配置方式引起权力私化的“关系”运作就是一种面目可憎的存在，很难看做是一种理性的存在，尽管“关系”运作也可能是一种博弈的结果，但是，就整体而言，“关系”运作都是一种投机行为，是人类理性即作为正式的社会控制的法律还没有彰显其现实性的结果。在公共领域的“关系”交往中，通过请托找关系寻求对自己最为有利的结果，而资源配置者不恰当地运用自己手中的权力，两者都是恶的表现。关系进入公共领域，则性质就会发生变化，往往变成损人利己。资源配置者不恰当的运用公权力，使得手中的权力成为牟取私利的工具，这就是权力的私化。因此，“关系”应当退出公共领域。[2]

或许正是中国社会的这种特点，而且中国人对自己的生活方式有太多的体悟，才使中国社会被认为是“关系社会”，但这个“关系社会”中之“关系”，在大多数中国人眼中，其内涵绝非休谟所

---

〔1〕 魏清月：《生活中的关系学——中国式人情隐规则》，地震出版社2006年版，封皮语。

〔2〕 参见王林敏：“社会安排与个体行为——‘关系’规则的存在基础”，载《甘肃政法学院学报》2008年第4期。

谓的 relation，而是 relation 异化引申出来的东西。虽然它似乎与 relation 不同，但它毕竟脱胎于 relation 母体，不独立于 relation 母体。因而，异化的关系也属于关系（relation）范围（为了区别起见，我们可称 relation 为本原意义上的关系，简称“本原关系”）。从更广阔的视角来讲，异化的关系和本原关系，就是一对连体姐妹，只要人类在交往，就会产生这样的姐妹。从本原关系与异化关系的区分看，一般国人而言的“关系”，常指异化的“关系”，即指带有工具性的关系。本原的关系和异化的关系，实际上是一个事物的两个方面，“关系治理”实应包含这两个方面的治理。但是，由于异化的关系的工具性，使关系本身也是调整“关系”的工具。笔者认为，“关系规范”包含关系、人情、面子三种不可分离的要素，这三种要素的规范性在于，关系好坏、人情厚薄、面子大小规范了人际交往互动中的行为取向和可能的预期结果，它具有一定的规范指引、评价、预测等作用，成为调整人们相互关系的工具。用另一句话讲，关系即是规范调整的对象，同时与面子、人情共同组成关系规范后，又是调整关系的工具。

（二）关系规范的机制

只要是社会人，就存在于“关系”中，所以人是关系的动物，无往不在人情的网络中。关系、人情、面子是情理的三大文化要素。情理既有理的成分，又有情的成分，情理是被情所制约的理和被理所限制的情；尽管它不同于情感，但仍然处于感性的层面，是人们在长期生活中形成的生活理性与朴素情感的积累与沉淀，同时也是社会大众接受并遵循的潜规则。[1]我们几乎不能被认为是选择了情理；毋宁说，是这些情理自然地约束着我们，它们选择了我

〔1〕 李瑜青主编：《法律社会学理论与应用》，上海大学出版社 2007 年版，第 15 页。

们，它们使我们得以生存。[1]

对于“人情”的含义，于阳认为，人情自古及今历有三变：在魏晋之前，“人情”用人的感情来解释，譬如《礼记·礼运》，“何谓人情？喜、怒、哀、惧、爱、恶、欲，七者弗学而能”；到了唐宋，“人情”又主要作民心、局势、世情来讲；到了清代，“人情”在民间社会主流话语中被注入新含义——一种囊括了情义、社会地位和利益交易的载体。[2]李瑜青认为，人情是一个综合性的概念，既反映一种自然情感或社会情感，也是一种可以用来交换的社会资源。[3]前者来自于自然人的喜、怒、哀、惧、爱、恶、欲的自然情感和特定社会环境下的伦理情感，[4]是人类情感生活的内容，具有凝聚功能，可以使人类的交往融洽，强化团体人际氛围，可视之为目的性情感。而后者则指人情具有中介的性质，是一种利益交换的媒介，具有手段性，是一种虚拟的货币。“人情”的这两种“含义”并不是分离的，而是融为一起的。这两种含义实际反映着“人情”的两种功能，即凝聚和交换功能。虽然现代中国社会中，“人情”的交易功能更体现人们的功利性，但不能说人们在以“人情”交易时，其凝聚功能就已消失。从一定意义上来讲，精神的满足本身也是一种功利，所以，只要有人的往来，即形成“关系”，就有人情的交易，人情是关系形成、运作的内在机制，无论古今中外皆然，无非这种“人情”的交易所获得的功利是否具有正当性而已。

美国社会学家霍曼斯认为人类的社会行为是一种交换行为，在

---

〔1〕［英］哈耶克：《不幸的观念——社会主义的谬误》，刘载锋等译，东方出版社 1991 年版，第 12～13 页。

〔2〕于阳：《江湖中国——一个非正式制度在中国的起因》，当代中国出版社 2006 年版，第 140 页。

〔3〕参见李瑜青主编：《法律社会学理论与应用》，上海大学出版社 2007 年版，第 16 页。

〔4〕侯玉波：《社会心理学》，北京大学出版社 2002 年版，第 159～160 页。

这种行为中，人并不总是追求最大利润，但当与他人交往时总是试图得到一些好处；人并非总是理性的，但在社会交往确实要核算成本与收益；在社会生活中，经济交换只是人们普遍交换关系的特例；人们在交换中，不仅追求物质目标，同时也交换非物质的东西如感情和服务等。[1]“人情”的交换是人类交往中的必然。“人”的成长过程是一个社会化的过程，个体在社会环境的影响下认识和掌握社会事物、社会规则。通过这个过程，个体掌握了作为一个社会人应该具备的能力和品质，从而从一个自然人转变为一个社会人。社会化的过程，是一个流动的、伴随个体终生的过程。在这个过程中，社会交换是人类生活所遵循的基本原则之一。而交换就需要交换物或交换媒介，它们就是金钱、物品、感情、色情等有形的、无形的东西，而当“人情”作为一种交换物或交换媒介时，原本基于人之本能性的“感情”和基于人类文化规定性的“伦理”，就具有了利益交换的工具的属性。无论是何种利益，就可以打着“人情”的幌子明目张胆地进行交易，进行了所谓的“人情”往来。人在，人情在，关系在。人情是关系的孪生同胞，没有人情就没有关系，没有关系不会产生人情。关系的建立、运作都依赖于人情制度。

正如关系是人类社会治理的对象，人情是全人类社会共有的现象，是关系的运作机制一样，面子也是中外都有的东西。“面子”是什么呢？真是仁者见仁、智者见智。有人说面子是尊严，有人说面子在作秀，有人说面子是资信，是命根子，是人情。[2]对于中国人而言，面子是大多数人体悟的东西。对于中国人的面子，明恩溥、鲁迅、杨懋春、林语堂、胡先晋、金耀基、何友晖等学者各有

〔1〕［美］霍曼斯：《社会行为：它的基本形式》，转引自翟学伟：《人情、面子与权力的再生产》，北京大学出版社2005年版，第120页。

〔2〕参见于阳：《江湖中国——一个非正式制度在中国的起因》，当代中国出版社2006年版，第175～186页。

研究，[1]都认识到在中国面子的重要性，但理解却不相同。八十多年前，一位西方学者R. 格尔巴特曾这样描写中国清朝人的面子：

为了保持体面，在中国人中产生出外国人无论如何体会不出来的“面子”经。……不论怎样顺良病弱的中国人，为了“面子”可以同任何强者搏斗。当“面子”受到损害，而无力恢复，会表现出相当的高傲，因为表现不出这种高傲，激愤而死者不在其数。被人嘲笑是面子的重大丧失，然而对卑怯行为和表里不一行为的隐蔽却不是耻辱。可见丧失面子对中国人是何等重大的问题。[2]

桑本谦认为，清代中国人可能比西方人或现代中国人更加注重面子，但这并不意味着清代中国人“务虚”而不“务实”，也不表明他们天生固执，因为“面子”本身并不是一种虚幻的利益，而是与现实利益一样，完全是精明计算的结果，它背后的生活逻辑依然是追求自我利益的最大化。其与古希腊的勇士、基督教烈士、西欧中世纪骑士及二战日本神风突击队员对名誉或声誉的重视完全是一个道理。死要面子，可以建立一种威慑策略，要让对手付出代价，否则对手尝到甜头后，会得寸进尺，让己方付出更多。死要面子当然会丧失一些现实利益，但因此获得的利益可能会绰绰有余地补偿这一损失。[3]现代中国人，依然改不了这种“积习”，死要面子的事俯首皆是，面子贯穿于中国社会的各个角落，只要是中国人，对此仍然会有很深的体悟，大都是只可意会无法或不可言传的，甚至于年轻人，在肚皮和面子的选择上，宁可挨饿，也要面子，譬如，

〔1〕 参见翟学伟：《人情、面子与权力的再生产》，北京大学出版社2005年版，第130~132页。

〔2〕 参见R. 格尔巴特：《中国的祸根》，转引自梁治平：《清代习惯法：社会与国家》，中国政法大学出版社1996年版，第154~155页。

〔3〕 参见桑本谦：《私人之间的监控与惩罚——一个经济学的进路》，山东人民出版社2005年版，第74~78页。

2009年2、3月的数据显示，重庆交通大学为改善贫困生伙食，自2008年推出的“2元温暖套餐”却因大多数贫困生碍于面子而不被问津。[1]

戈夫曼认为，面子实际上是人际互动的原则。在区分脸和面子的基础上，脸和面子被译为一个词face，西方建构印象整饬理论得以建构，该理论可以分析出在西方个人主义的价值系统中，个人对自己印象的塑造和具有脸的多寡直接关系到他和他人关系的建立和获得面子资源的多寡。[2]虽然“脸面”二字作为汉语分开来可以为脸和面两个并列项结合，即脸是脸，面是面子；但这样的分析理路，可能误解该词的真正含义，笔者认为，脸面应是偏正词组，即脸的面，而非脸的里子，或是身体其他部位的面。脸的面部，从自然特征上讲，是区分人的不同的最重要特征（两性特征除外），故而，将脸、面区分开来研究的印象整饬理论，有其不妥当之处，但是对于西方的人际关系却具有一定的合理性解释作用。

面子具有缓冲人际矛盾的功能，在“关系规范”中是一种柔性防御机制。面子维护关系的平稳，讲关系必有面子，讲面子必有关系；面子可以表现和宣泄自我，展现自己的个性；面子可以作为个人的资信，成为一种交往本钱，一种互动资源；面子可以促进关系网的自治，以道德自律机制，维护团体的秩序。[3]但面子是在人的交往中，伴随着人情的交换而产生的。没有人的交往，就无所谓面子，即使自己觉得有面子，也没有展示的空间，有面子就是想获得人的欣赏、敬重，或已获得人的欣赏、敬重，而后者就是人情的表现。面子和关系、人情须臾不可分。人情和面子的区别，翟学伟认

〔1〕 史宗伟：“高校为贫困生推出2元套餐遇冷”，载《重庆晚报》2009年2月26日，第2版。

〔2〕 参见翟学伟：《人情、面子与权力的再生产》，北京大学出版社2005年版，第12、133页。

〔3〕 参见于阳：《江湖中国——一个非正式制度在中国的起因》，当代中国出版社2006年版，第195～205页。

为体现在同权力的勾连上，即人情是在报与欠的过程中获得权力的，是交换的结果，具有封闭性特点，而面子是在关系的关联中获得权力的，是无交换的结果。[1]

“人情”作为利益交换的工具，实际上是一种虚拟的货币，作为货币本身，它也具有价值，即纯粹的情感价值，作为交换工具，它可以换成任何利益。其利益的结果可归纳为“面子”的大小。社会交往的过程，是交往主体进行交换的过程，必然伴随酬赏和成本问题。前者是指个体从人际交换里所获得的任何有价值的东西，如被爱的感觉，得到经济上的援助等。事物对人是否具有酬赏作用因人而定，在一个人看来重要的东西，别人可能认为一文不值。爱、金钱、地位、知识、物质、服务等都可以作为酬赏。这些酬赏可以从两个维度加以分类：一是特殊性，指酬赏的价值大小由提供该酬赏的特殊人物所决定，如爱的价值，或者更为具体的一些，像拥抱与吻的价值，几乎全部取决于提供者是谁；另一维度是具体性，指有形的、能看到的、嗅到的、摸到的东西，以及非具体的或象征性的东西，如忠告或社会赞许。社会交换中的成本是指与他人交换过程中付出或产生的负性结果，如社会交换需要的时间、精力，有时还伴随着冲突和责难等。[2]中国人的人情运作，实际上也是在进行社会交换，具有酬赏和成本问题，而这个酬赏和成本，可以用一个词来表示：“面子”。付出成本叫给人“面子”，得到酬赏叫得了“面子”，这是人情运作的必然结果。[3]

面子就是利益，是人情交换后的利益，不过它比其他利益更为抽象，是一种可变成任何东西的利益。面子这种利益性，它带有未来各种具体利益的影子，不过这种影子利益本身就是一种利益。它

---

〔1〕 翟学伟：《人情、面子与权力的再生产》，北京大学出版社 2005 年版，第 178 页。

〔2〕 参见侯玉波：《社会心理学》，北京大学出版社 2002 年版，第 161 页。

〔3〕 参见翟学伟：《人情、面子与权力的再生产》，北京大学出版社 2005 年版，第 129～133 页。

们可以换算成爱、金钱、地位、知识、物质、服务，甚至面子本身，这种换算不能进行精密计算，但根据人们对待人情的态度，对交往的一次性还是连续性的需要，可以被人为地找到并不等价的“等价物”，真正的等价物，应是纯粹市场调节下的“面子”体现，这就是西方发达市场经济国家的市场交易中的等价交换原则下的等价物。在纯粹的市场调节下，建立在“理性人”、“经济人”基础上的交换，是可以找到等价物的。然而“理性人”、“经济人”不过是一种理论的预设而已。一旦涉及“人情”，以“理性人”、“经济人”的假设为前提的理论，就无法进行正常的运作。因此，在现实社会中，即使在西方所谓市场经济下，“面子”并无法找到真正的等价物。

（三）关系规范的功能

案例4中，正是因为关系规范的作用，使各方主体“皆大欢喜”。实际上，纠纷的解决过程，本身也是“关系”人进行“人情”往来的过程，纠纷的解决最终目的都是为了实现面子的交换，以实现本次利益或未来利益分配。李瑜青认为，关系、人情、面子在司法过程中具有以下作用：①自然情理，对于司法审判具有评价监督作用，作为一种朴素的社会情感，其中所蕴含的社会正义是人们评价自己行为与他人行为善恶的一般标准，公正的司法审判会得到人们的积极回应与评价；它还要以缓和针锋相对的当事人间的紧张关系，有利于在调解或和解，实现“双赢”或“多赢”；在审判过程中运用情理促使人们接受司法判决，对司法权威具有维护作用；还可以强化司法道德，成为指导法官思想与行为的准则，演绎法官公正廉洁的人生。②异化的情理，是由于人们过分追求私利，以致偏离了社会大众的公平正义感，对司法审判具有消极作用，会使司法不公正。[1]李瑜青的分析可以成为我们的参照。笔者认为，

---

〔1〕 参见李瑜青主编：《法律社会学理论与应用》，上海大学出版社2007年版，第21～26页。

在纠纷解决过程中，关系规范至少具有以下功能：

1. 转移争议，模糊事实

明恩溥曾评论道：“中国人的问题永远不是事实的问题，而是形式的问题”，并以“和事佬”加以诠释：甲乙二人吵架，和事佬通常并不理会事实真相，只根据双方面子的大小，撮合一个方案，使争吵双方都能保住面子，达成均势。就好像欧洲政治家处理国际纠纷时，奉行的势力均衡原则。〔1〕

案例5　李某殴打工作人员案　李某为了争得自认为应得的利益，到某机关办事处，与工作人员争执，殴打工作人员。后李认识到自己错误，向工作人员赔礼道歉。工作人员要求李赔偿损失600元，李称自己目前无业，妻子每月600元低保费用。后双方协议：因为李家庭困难，无法生活，工作人员放弃赔偿要求，案件和解。

兔死狐尚悲，何况人乎？人的悲天悯人的同情心，在纠纷和解中能起到很大的作用，古有所谓“裁决以法，调处以情”的说法。工作人员为何放弃赔偿要求，其实是因为他将心比心，情感使然。它不再纠缠于案件事实，而是被情所“困”，去考虑如何解决李某家庭困难的生活问题了。李案是在原本争议事实已清楚的基础上，需要解决的问题已由如何处理李的殴打他人的行为被情感转为另一需要解决的问题，即如何解决李的家庭生活困难问题了，而这一问题是不存在争议性的，只是需要解决的。它与原争议的另一方本来是没有关系的，却因为“人情”的运作而发生了“关系”。人情对纠纷事实的模糊作用，着重体现在当纠纷事实不明尚需要查证，是非责任不确尚需认定的情况下，以明代张瀚所撰《松窗梦语》卷一所记案例分析：

〔1〕［美］明恩溥：《中国人的特性》，匡雁鹏译，光明日报出版社1998年版，第329页。

余为郡守，预约州邑，凡事难断处者，听其申达。大名有兄弟构讼财产，继而各讦阴私，争胜不已。县令不能决，申解至郡。余鞫之曰："两人同父母生耶？"曰："然"。余曰："同气不相念，乃尔相攻，何异同乳之犬而争一骨之投也！"各重笞之，取一杻各枷其手，置狱不问。久之，亲识数十人入告曰："两人已悔罪矣，原姑宽宥。"唤出，各潸然泪下，曰："自相构以来，情睽者十余年，今月余共起居、同饮食，隔绝之情既通，积宿之怨尽释。"余笑曰："知过能改，良民也。"遂释之。……夫同气同声，莫如兄弟，而乃竟以身外之财产，伤骨肉之至情，其愚真不可及也。……所有产业，统归长兄管理，弟则助其不及，扶其不足……从此旧怨已消，新基共创，勉之勉之。[1]

本案中裁判官不是查清事实，以解决如何确定财产所有权问题，而是利用"情"字，使兄弟、判官都不再理会原来争议的事实，只顾如何思念兄弟之情，思考如何更好管理财产，以和睦双方"关系"了。这样，本就需要查清的事实，因为"人情"，却是更加模糊而不能也不需要查清了，因为它已不是需要解决的问题了。

今人虽生活在现代社会，并没有湮没伦理人情，西方人也是如此，君不见西人的社会公益事业特别发达，故西人并非冷冰冰的"理性人"，所谓"理性人"的假设，只是一套理论或是制度的假设的逻辑起点而已。理性主义认为，理性是人类的光荣与骄傲。人是理性的动物这一命题所要说明的是理性和情欲是对立的，前者象征着善，后者象征着恶，但人们可以自觉地用理性来指导自己的行为，压制内心中"万恶的"情欲。人的理性不是天生的，而是来自于社会生活，是有限度的。[2]英国学者沃拉斯从政治中"发现"

〔1〕（明）张瀚撰：《宦游记》（《松窗梦语》卷一），中华书局1985年版，第19页。

〔2〕参见陈兴良：《刑法的人性基础》，中国方正出版社1996年版，第19～21页。

了非理性因素，认为大多数人的政治行为是非理性的，是基于本能和情感之上的。沃拉斯指出：事实证明，由于人的有意识推理能力是不完美的，刹那间的恐惧、冲动可能比推理过程更为可靠，但是由于他有选择的可能，所以顺应冲动这一决定也变成一个行为问题。[1]

关系规范为什么具有这种转移争议问题，模糊案件事实的作用呢？因为“人情”是需要“面子”来支撑的。“人情”制度中的“面子”，是一种软交换媒介，给人情、还人情，就是给了面子和还了面子。于阳认为，在中国数千年礼教的熏陶下，形式和内容演绎成双轨体系。一个言行，至少要分出两个路径，一边解决现实问题，一边解决面子问题，形成面子优先规则，面子阻止人们认真做事，导致解决问题的格局：①既解决问题，又保全面子，皆大欢喜；②碍于情面，搁置问题；③不惜伤害情面以解决问题。而第三种则不太常见，因为那样不仅会破坏私人关系，而且会受关系网舆论的批评。[2]从这种角度来分析，人情的模糊案件事实、转移争议问题，实际上是“面子”的作用，是形式和内容相分离的双轨制的影响。

关系规范的这种功能，其实是有其心理基础的。心理学知识告诉我们，人们在日常交往中，易产生移情，即会将自己置于对方境地，去体会对方的感受。中国人云：人同此心，心同此理，即蕴含着这个道理。解决纠纷的过程，也是感情交流的过程，由于移情的作用，纠纷方会站在对方立场上，反过来审视自己的问题，然而他又毕竟不是对方，这样，每一纠纷主体都是在自己与对方两种立场上进行“煎熬”，就有可能被对方立场所“迷蒙”，替对方考虑问题，从而妥协。一般而言，假设纠纷发生时，双方是第一次接触（虽不一定是面对面接触），常会形成第一印象，在纠纷解决过程

---

〔1〕［英］格雷厄姆·沃拉斯：《政治中的人性》，朱曾汶译，商务印书馆1995年版，第22页。

〔2〕参见于阳：《江湖中国——一个非正式制度在中国的起因》，当代中国出版社2006年版，第187页。

中，纠纷方都是利用各种信息，对对方进行印象整合，从而得到一个所谓的“整体”印象。在印象整合的过程中，如果对方的表现（一定程度上还有第三人的美化作用）符合己方的喜好，己方可能改变先前第一印象中的负面印象，较容易与对方达成和解。而纠纷当事方如果已形成较为长期的交往，就更易移情，替对方考虑问题，达成和解，这也是为什么中国乡土社会重视以情和解纠纷的心理学上的原因所在。

2. 确认、改变明规则，增加方案可接受性

法的功能之一就在于定分止争，它通过权利义务模式来确定利益的分配方式。这些规则是确定的，明显的。在一国之中，无论是国家法还是民间法，都通过一定的形式表达出来。国家法以成文法或判例法的方式表达，而民间法也可以成文方式或民间规范、习俗等方式表达。这些都可以称为“明规则”。但是，关系规范虽可称为“潜规则”，而且纵横于官场、商场、黑社会等社会生活的各个领域，驰亘于古今中外的人类的每个时空，但是它却不能直接确定利益的分配，而是要通过明规则起作用。如果借用哈特在《法律的概念》中所提出的“第一性规则”和“第二性规则”的说法，〔1〕明规则是据之可直接分配人们权利义务的显性规则，如国家法规则、民间法规则，而关系规范作为潜规则，则可视为第二性规则，它具有附属性，从属于第一性规则。因为“关系”界限模糊不定，即使处于“关系”中的人也无法“识其庐山真面目”；“人情”无厚无薄，既可恩情深似海，又可人情比纸薄；“面子”可大可小，既可光宗耀祖，也可一文不值，因而，它又具有弹性、软性，因其在纠纷和解中所起的具体作用的不同而呈现不同的样态。

假如甲乙二人发生纠纷，进行和解过程中，双方本拟根据法律规定的实体权利义务进行利益分配，但是任何一方感觉自己可能“吃亏”，无法就双方具体利益分配达成协议，遂求助于熟人某法律

〔1〕 参见徐爱国：《分析法学》，法律出版社2005年版，第101～102页。

专家，该法律专家提供了与甲乙二人拟根据法律规定进行的解决方案，那么，该法律专家的“关系、人情、面子”，就起了“确认规则”的作用。一个社会的国家法规定，只是“纸面上的法”，它虽然具有应然的权威性，但是在人们的心目中，它并不必然是权威。人们的行为，并不必然按法律规定的行为模式进行。国家法要想让人们在生活实践中所遵循，就必须具有可接受性。而遵循法律的过程，实际上也是法律从一般化走向个别化过程，在这个过程中，关系规范就是弥合剂，确认了国家法律权威，使国家法律具有了社会压力的支持，增加了国家规范的可接受性。这种确认规则的作用，在民间规范发挥功能的场合，更富有明显性。从一定意义上讲，民间规范发生作用的机制，正在于关系规范作为第二性确认规则的作用。

假如甲乙二人欲进行和解，甲方欲以国家法律规定为据确定解纷方案，而乙方觉得无法履行国家法律确定的义务，遂请熟人丙进行说合，甲基于丙的“情面”，对国家法律规定的方案打了折扣，降低了要求，乙方同意，双方和解。那么，关系规范在这里就起了“改变规则”的作用。国家法律的局限性之一就是它的滞后性，即它一经颁布后就具有落后性，不适应日益变化的社会生活，这与人类用过去的经验解决未来问题的先验倾向有关。国家法律作为人类交往的工具，如何发挥更大的作用，需要其他工具进行辅助配套，而关系、人情、面子的参与，正是把国家法律作为解决纠纷的基点，进而进行改变，两者结合成新的规则——个案解决规则。国家法通过“软化”相关的范畴和规则的严格性，使自己尽量不违背日常生活中的“情理”，最终获得民众的认可和支持。这种认可和支持。既能够满足正式法所主张的合法性，同时也帮助它实现了它的主要职能——维护社会的安定。[1]当然，同确认作用一样，这种改变作用，也不仅限于对国家规范的改变作用。它对于民间规范的改

〔1〕 梁治平：“乡土社会中的法律与秩序”，载王铭铭、王斯福主编：《乡土社会的秩序：公正与权威》，中国政法大学出版社1997年版，第447页。

变作用也是相当明显的。这就是为什么作为习惯、风俗的民间法规则的不断演变的原因了。

从这个意义上讲，任何一个纠纷方案的产出过程，无论是通过自决、和解、还是裁决，都是第一性规则（国家规范、民间规范）和第二性规则（关系规范）结合的过程。裁决案件的法官，也并不是“自动售货机”，而是在审判过程中，各种“关系、人情、面子”的搅拌机，输入的是国家规范、民间规范、关系规范、案件事实，得出来的是一个追求最大接受性的判决。

3. 促使自由裁量权向确定性转换

纠纷的解决者有自由裁量的权力或权利。对于纠纷当事人而言，他可以自决纠纷，可以和解纠纷，也可以用他人裁决纠纷，即使在确定纠纷解决的具体的利益分配上，也都有一定的自由权力或权利。在裁决案件中，法律也赋予裁决者自由裁量的权力。纠纷的解决，在一定意义上，就是如何将自由裁量权所蕴含的相对不确定性内容与案件事实进行衔接，从而得出案件确定性结果的过程。

关系规范对自由裁量权力/权利的确定性作用，首先体现在解纷方式的选择上。无论是民事法律、还是行政法律和刑事法律，我国都规定了纠纷解决的选择权。譬如对于民事案件而言，当事人可以协商、仲裁、起诉、和解，诉讼过程中，法官也可以调解、裁决，当事人可以撤诉等；对于违反治安管理的行为，当事人可以和解，可以要求调解、裁决，警察也可以促使和解、进行调解或裁决；对于刑事犯罪而言，其中的轻微刑事犯罪可以自诉，自诉过程中可以撤诉、和解等。这些规定，一方面可以便于纠纷的解决，但是另一方面也为关系规范提供了场域。不但为纠纷当事人提供了展现关系、人情、面子的空间，而且为第三人对纠纷解决方式的选择提供了场域。

关系规范对自由裁量权力/权利的确定性作用，还体现在纠纷解决具体内容的确定上。以案例4来说明，乙殴打了丙，丙要求公安机关处罚乙。此时，公安机关要考虑的因素，就不应仅局限于乙殴打丙这个简单的事实，还应该考虑甲乙夫妻关系以及熟人的关系。基于关系规范，警察会发挥他的主动性，积极地促使双方和解。即便不得已要进行处罚，也会根据甲乙双方关系是否可以得到维持、乙的人身危险性、丙在其中的角色等情况作出警察认为妥当（一般是从轻或减轻后的）处罚，案中警察最终确定了对丙罚款200元的方案，使原本纸面上的自由裁量权，向着案件处理结果的确定性转换了。

由此，我们可以联想到执法者/司法者在解纷中因循人情的问题。李瑜青曾述一案：江西某县几乎每村都有祠堂。某村肖、罗、李三姓居民原本共同一祠堂，但年久失修，肖姓决定自建一祠堂，不同意罗、李二姓加入，罗姓遂也决定自建一祠堂，李姓因人少力薄，无力自建，遂举报肖、罗二姓至县土地局，土地局认定为非法建筑，并要求法院强制拆除。法院权衡后，两次会同相关方谈判，最终商得各方达成协议，县土地局撤销强制执行申请，三姓共建一祠堂，名为“文化会馆”。[1]现代法治将法官角色定位在中立的裁判者，本案中，按法律规定，法官只能裁定强制拆除或驳回申请。但是它却超越了法定职权，因循了该地的风俗人情，尊重了村民对祖先进行祭祀的习惯权利。这虽然不是法官的法定自由裁量权，但在中国语境下，在实践上得到支持的“权力”，因为化解了这一纠纷，就可以既解决村民的实际问题，又可以避免矛盾的激化和新矛盾的产生，利于社会的“和谐”。一个执法者，如果生硬地执行国家法律规定，而不因循人情，那么在中国语境下，他既达不到当事人（人民群众）的满意，也达不到领导的满意，他的生存、发展环境对他就会非常不利。毕竟，警察也好、法官也好，他们都是活生生的人，没有了人的七情六欲，不讲伦理人情，他就不吃了人间烟火，就会成为社会中的孤岛。更需要指出的是，尽管我国至今经历

---

〔1〕 详细案情参见李瑜青主编：《法律社会学理论与应用》，上海大学出版社2007年版，第1~4页。

了百年来的现代化运动，尤其是在改革开放以来，中国社会发生了重大变迁，但社会结构没有得到根本改变，传统文化还起着重要的作用，当下中国并没有建立起在市场经济条件下以业缘为基础的陌生人社会，而大部分地区仍然是一个以地缘和血缘为基础的熟人社会，习俗人情，不仅是一种文化，更是一种秩序。身在其中的执法者/司法者，不仅自发地将这种人情作为他的解决纠纷“前见”，而且会努力把自己扮演成“通情达理”、“公正执法”、“清正廉明”的人民公仆，为此，他们必定要充分发挥自己的能动性，衡平法律（一种更广泛的人情）与人情的冲突。

（四）关系规范的控制

通过前面对关系规范中的关系、人情、面子的分析可以看出，三者在文中始终各自蕴含着两种含义，即正常交往自然形成的关系与变异为工具性的关系、正常的人情与变异为工具性的人情、正常的面子与变异的面子。而三者的各自两种含义，其实是与生俱来的。作为社会治理对象的“关系”，是以人情、面子作为运行机制的，而人情机制的运行，又决定了“面子”可能带来利益的大小，使面子具有了虚拟货币的功能。正是因为关系、人情、面子异化对社会的不良影响，人们对它们才持有了否定态度。

人既是理性人，又是经验人，是二者的有机统一。个体做出行为，必然受其态度影响。心理学知识告诉我们，态度是由认知、情感和行为倾向三个成分组成的心理倾向。认知成分是指人们对外界对象的心理印象，包括有关的事实、知识和信念，认知成分是态度的其余部分的基础。情感成分是指人们对态度对象肯定或否定的评价以及由此引发的情绪情感，情感成分是态度的核心与关键，既影响认知成分，也影响行为倾向成分。行为倾向成分，是指人们对态度对象所预备采取的反应，它具有准备性质，[1]无论人们进行日常的行为，还是进行所谓的法律行为，如立法、司法行为等，都受着

---

〔1〕 参见侯玉波：《社会心理学》，北京大学出版社2002年版，第95～96页。

态度的影响，虽然在态度构成中，行为的倾向成分并不一定演变成相同的行为。人类的交往活动，是互动的过程，相互间都表达着自己的自然情感，因循交往的习惯风俗，展示着社会人情。即使所谓理性的法律，其理性又是“谁之理性？何种理性？”，难道它不是强者的理性吗？而强者的理性，不正表达着强者的喜好情感吗？而古人也有言：“法意、人情，实同一体。徇人情而违法意，不可也；守法意而拂人情，亦不可也。权衡于二者之间，使上不违于法意，下不拂于人情，则通行而无弊矣。”〔1〕现代法律制度并非“人情”不入。虽然是打着理性的“幌子”，实则是人情的“里子”。人们在社会化过程中，学习掌握着正义、公理、价值等伦理道德武器，并通过思想、理论、意识、观念、行动、示范、交流、舆论、氛围、批评、斗争等媒介，扬长避短、扬善惩恶、扬清激浊，建立和巩固良好的社会风气。从应然的角度上来讲，法律也好，道德也罢，都应是反映人类的共同性、普遍性情感的规范体系。即使把法律看做是与情感相对的理性，那么法定的自由裁量权本身实际上就是“人情”可以堂而皇之进入的领域。纠纷的解决过程，是纠纷解决主体的互动过程。理性因素并不能成为唯一的决定因素。弗兰克曾分析了判决过程与法官的个性，认为较之政治、经济和道德偏见，法官个性对于具体判例的制作，是更重要的因素。法官对某个特定个人或集团的喜或厌，往往会改变他在政治或经济方面的偏见；在庭审时与各种证人、律师和诉讼当事人接触，他对不同人的同情或反感，会直接影响判决过程，甚至某一鼻音、咳嗽声或姿势也会激起法官大脑里的痛苦或愉快的回忆，可能会影响当场或事后对证词的认定程度。〔2〕纠纷的解决过程，也是社会交换过程，参与

〔1〕（宋）幔亭曾孙编撰：《名公书判清明集》（下），中华书局1987年版，第160页。

〔2〕参见［美］杰罗姆·弗兰克：《初审法院——美国司法中的神话与现实》，赵承寿译，中国政法大学出版社2007年版，第27～34页。

纠纷解决的主体间，总是试图追求自己好处的最大化，利用“人情”来建立符合自己价值趋向的分配体系。而这种分配体系，如果没有合理的限制，就会突破社会公认的规则确定的分配体系（如法律规定的或是民间善良风俗确定的）的藩篱，从而损害或过分损害他人利益或社会的公平秩序。

关系规范之所以在纠纷解决中发生作用，并非完全取决于关系、人情、面子本身，而是取决于参与各方的利益。譬如，关系人（第三人）本身利益则可能有很大作用，对关系人而言，在相互冲突的关系（利益）上，他可能存在着取舍，此时如果纠纷一方利用关系，到头来可能是鹬蚌相争、渔翁得利的局面，这一方面也更彰显关系规范的不确定性，也是将其纳入治理的理由所在。第三人参与纠纷解决，实际上是多方博弈，是如何求取博弈均衡，达致多方共赢的问题。对于纠纷当事人而言，除非只是向第三人进行咨询性的要求，如果有第三方关系因素参与，纠纷解决的结果还可能是两败俱伤。关系必然有着利益交换，纠纷的解决分配着固定的利益，各方其所得额度都是可以预期的，人少则少分一份，这是普通人都可以进行算计的事情，但为什么纠纷方仍然在寻求第三方的关系、人情、面子的帮助？关键在于未来利益的影子，人生虽然是一个“一睁眼一闭眼就是一天，一闭眼不睁眼就是一辈子”的过程，然而这个过程对任何人来讲都是一个终点不可预期的过程，人们之所以对生活充满着希望，就是觉得未来会更美好，就是要在未来的生活中实现自己的梦想。人们通过关系、人情和面子，看到了未来的利益，因而，即使是在孤立的纠纷解决中，人们虽然计较本次解决之得失，但也必定要考虑长远利益，包括纠纷解决方式的选择也是如此。从这个意义上来讲，关系规范之所以发生作用，其根本的原因在于人是利益的动物。因而，从根本上消除关系规范是不可能的，人类所能做的只能是尽量消除其不良影响而已。

现代法治国家奉行法律至上，其目的在于运用法律的理性来限制人类情欲冲动，防止关系规范中“人情”的弊端。譬如说回避制

度的目的，就是考虑到法官基于与某一特定诉讼主体的“关系”，而产生个人的喜好、偏见，进而影响公正的判决结果。为防止关系中“人情”的隐蔽性交易，规定了程序公开制度；为了防止关系交往中的不当利益，如权钱交易等行为，将部分行为归于违法犯罪的界限内予以惩罚，典型如行贿、受贿、索贿行为等。但是无论法律如何规定，不当的关系交往总是存在的，它是不可能杜绝而只能最大限度控制。因而，除却法律控制这种他律机制外，社会还存在着如宗教、道德等多种的规范进行“关系”控制。不过，中西方对“关系”的控制方式不同，西方的控制，大都放在正式制度中进行，而以“人性恶”为假设前提，以“法治”为模式；中国传统则以“人性善”为假设前提，以“德治”为模式。当下中国在“法治”的正式制度下，又有“德法双治”的提倡。中国建设法治国家，关键是对“关系规范”的控制问题，这应是一个非常值得研究的课题。

四、规范互动〔1〕

从 M. B. 胡克（M. B. Hooker）于 1975 年出版其命名为《法律多元》的著作起，以法律多元所标识的问题才开始出现在世界学术界的前沿。关注这一问题的其他学者组织了两个学会：国际第三世界法学研究会、国际人类学和人种学会民间法与法律多元委员会，两学会都各出版了一本书，收集了相关的资料和观点。此后，关于法律多元的研究得到了进一步的发展。〔2〕而在中国，进入 20 世纪 90 年代以来，法学界极为关注国家法之外的民间法的研究。

许多中国学者认识到，正是在国家法与民间法的互动中，社会秩序方得以形成。而对于国家法与民间法的互动关系如何？学者研

〔1〕 本部分以“纠纷和解中国家法与民间法的互动”为题，发表于谢晖、陈金钊主编的《民间法》（济南出版社 2010 年版），在此作了一定修改。

〔2〕 参见［日］千叶正士：《法律多元——从日本法律文化迈向一般理论》，强世功、王宇洁等译，中国政法大学出版社 1997 年版，第 1 页。

究颇多，也有各自的认识，仅以“国家法与民间法互动”为主题，就可以在中国期刊全文数据库查到1999～2009年的文章53篇。在此只举几例以示说明，譬如有学者从法社会学角度分析，认为在人本主义视角下，国家法应尊重体现人的善良意愿的民间法，宽容体现人的弱点的民间法，认可有利于维护和谐秩序的民间法，吸收有利于减轻人的痛苦的民间法，禁止加剧人的痛苦的民间法。在法律多元视野下，民间法是国家法的基础和来源。国家法与民间法的良性互动是二者之间的一种双向的适度的制衡关系，通过这种互动，双方能够较好地弥补各自的内在不足。〔1〕还有学者认为中国的国家制定法与习惯法在客观实际上有分工配合，但具有“断裂”性质。非国家法属于人类学家所讲的“小传统”，属于大众文化，而国家法则属于相对应的“大传统”，属于精英文化。从认识论的层面上分析，是一种主体观念上的冲突，从制度层面上分析，是正式制度与非正式制度的冲突，从方法论的层面上分析，是实施方式的冲突。二者相互融合、相互渗透、相互影响，习惯是国家法律产生的渊源基础，法律就是习惯中被国家给予制度化的那个部分，同时这种制度化的法律又会随着时间的延续而转变为民间习俗的一部分，因此，要以非国家法补充国家法，又用国家法整合非国家法，二者共同起作用，致力于现代化法制建设实践。〔2〕

谢晖认为，沟通国家法与民间法两种大小传统的学说及政策主要有三种，即“地方性知识”与放任性沟通；“威权意识形态”与强控式沟通以及“党派化政策”与劝教式沟通。这三种沟通方式虽然各有其效用，但都存在着明显的形成某一传统霸权的可能。只有国家与社会、官方与民间的各自自治及在此基础上的契约性法律，

〔1〕周蕾：“多元理论视野方法下对法的研究——以国家法和民间法的关系为例”，载《湖北函授大学学报》2009年第2期。

〔2〕袁雪：“法律多元格局中的国家法与非国家法”，载《黑龙江省政法管理干部学院学报》2005年第1期。

才是中国法制现代化进程中沟通大、小传统的最高理性。[1]

苏力也研究过国家法与民间法的互动问题，他通过个案分析的方式指出，在民间社会的“私了”案件中，“国家法律被民间法律击败了。民间法得到了遵循，而国家法被规避或被试图规避了”。[2] 但是，法律规避也并不意味着国家制定法不起作用，相反是国家制定法对社会发挥作用的一种特殊形式，“尽管两种法律运行的结果是完全不同的，但两者竟是如此紧密地混合在一起，并不存在一种单独运作有效的民间法律”[3]。“法律规避竟成了国家法律影响民间法律的途径和形式之一。长此以往，民间法律就会在不知不觉中接受了更多的国家法律的影响，最终导致民间法律的蜕变和被同化。”[4]他又在《再论法律规避》中指出，当国家制定法和民间法发生冲突时，不能公式化地强调以国家制定法同化民间法，而是应当寻求国家制定法和民间法的相互妥协和合作。[5]

针对学界对国家法和民间法关系的研究，候瑞雪进行了总结，认为关于国家法与民间法的互动的研究，在国内基本形成了四种学说：①本土资源论者的“国家法与民间法的相互妥协与合作说”，基于“本土资源”，并力图以此为出发点构设一条借助本土资源实现现代法治的新路，如苏力的作品，这种妥协式互动很明显不能自圆其说；②法律文化论者认识到了国家法（正式制度）与民间法（非正式制度）的互动，试图以同情性理解的立场来打通“大传统”与“小传统”，“文化类型学”的分析进路以西方的“文化类型”取代中国固有的“文化类型”，导致传统法制的西方化；③“民间法向国家法的转换说”，认为从总的趋势和宏观角度讲，

[1] 谢晖：“论当代中国官方与民间的法律沟通”，载《学习与探索》2000年第1期。

[2] 苏力：“法律规避和法律多元”，载《中外法学》1993年第6期。

[3] 苏力：“法律规避和法律多元”，载《中外法学》1993年第6期。

[4] 苏力：“法律规避和法律多元”，载《中外法学》1993年第6期。

[5] 苏力：“再论法律规避”，载《中外法学》1996年第6期。

民间法向国家法的转换应是必然的事，国家法应该成为我们的目标和主攻方向，这样的互动实质上依然陷于“传统—现代”二分法的思路中；④“言辞式”的互动关系是指在无法切实把握国家法与民间法关系的情况下，使用一些诸如“重新整合”、“统一适用”或“良性结构”等语词来描述二者的关系，既空泛又笼统。侯瑞雪认为由于这些论者忽略了对民间法赖以为基的本土经验之反思，再加上没有形成分析国家法与民间法互动关系的概念工具，因此这种研究难以形成对历史和现实的深切的洞察力。〔1〕

（一）国家法和民间法互动在纠纷和解中的样态

日本学者千叶正士认为，（在日本）非官方法可以通过三种途径通向官方法：要么被视为“习惯”或“习惯法”，被制定法公开认可；要么通过法律机关核准的自由裁量；再就是通过人们的自愿选择（基于个人自由的宪法权利）间接达到。〔2〕家庭观念、部落精神、同族原则、地位秩序、天皇崇拜和神道神崇拜是现存的主要非官方法律原理。变形虫式的思维方式，公开支持了官方法的形式逻辑，同时又悄悄赞同着非官方法的通行原理，不管后者是否合宪。而这种思维方式就是：“一个使人们在保持其个性/同一性的可能限度内，灵活地采取行动以使自己适应不断变化的环境的原理。”〔3〕自由裁量的过程、自愿选择的过程，以及变形虫式的思维方式，都是个体主观能动性作用的过程，不将对问题的分析纳入到个案分析中，就无法将国家法与民间法的互动与个体主观能动性间的机理展示出来。

中国法学者关注国家法与民间法的互动，往往将政府制度及其

〔1〕参见侯瑞雪：“‘国家—社会’框架与中国法学——以‘国家法与民间法’研究为切入点”，载《法制与社会发展》2007年第3期。

〔2〕［日］千叶正士：《法律多元——从日本法律文化迈向一般理论》，强世功、王宇洁等译，中国政法大学出版社1997年版，第120页。

〔3〕［日］千叶正士：《法律多元——从日本法律文化迈向一般理论》，强世功、王宇洁等译，中国政法大学出版社1997年版，第125页。

组织看做是国家，国家与社会的关系在中国的历史和现实经验中转化为国家的正式制度与民间社会的非正式制度的关系问题，国家与社会的区分仅仅意味着两种不同制度体系的区分。这种制度分析视角对于国家和社会的关系而言无疑是遮蔽了社会行动者的能动作用。〔1〕笔者认为，互动是一个社会学术语，是人们对他人采取社会行动和对方作出反应性社会行动的过程，是发生于个人之间、群体之间、个人与群体之间相互的社会行动过程。国家法与民间法作为一个静态的规范体系，两者不可能发生互动行为，而是操持它们的社会主体，在面临两者进行选择时，如何解决两者相互关系的问题。无论是国家法还是民间法，都有一个形成（立法）过程、实施（法律个别化：司法、执法或守法）过程。因而，在立法过程中，国家法与民间法的互动关系，就是民间法如何向国家法转化，或是国家法被立法机关修、改、废，但依然在民间适用而"沦落"为民间法，也就是两者相互转化的问题，就是国家法如何通向民间法、民间法如何通向国家法的问题。法的生命在于经验，它的功能在于定分止争，因而在纠纷解决中，具备同样权利义务模式的国家法和民间法的互动应备受关注。纠纷以及纠纷解决过程，本来就是社会互动过程，国家法和民间法作为两套规范体系，蕴含着两套可能相融、补充或冲突的价值体系，可以归属为两套不同的"符号"，而符号互动又是社会互动的主要形式。在一定意义上讲，纠纷当事人间或纠纷解决主体间的互动，正是这两套符号的互动。这两套符号相互竞争、冲突、调适、同化、融合，在不同的解纷方式中会有不同的互动结果。

有学者特别指出，调解制度不仅仅是一套解纷机制，在某种程度上，它还起到了沟通国家法与民间法在文化上的阻隔，为两者的良性互动提供一个正式制度性对话渠道的作用。在调解机制的运作

〔1〕 侯瑞雪："'国家—社会'框架与中国法学——以'国家法与民间法'研究为切入点"，载《法制与社会发展》2007年第3期。

过程中可以通过规范的竞合和选择，提供法律发展的契机，以弥合实体法与生活规范间的裂隙。〔1〕还有学者认为，调解机制进入到法律规制的程序和范围，是国家法与民间法互动的现实表现。国家法与民间法，实乃互动之存在，国家法借民间法而落其根、坐其实；民间法籍国家法而显其华、壮其声。〔2〕

根据纠纷的解决取决于何方意愿，可以将纠纷解决分为自决、合决、他决。而调解实由第三人参加的和解，学者关于调解中国家法与民间法的互动的观点，实际上是属于合决即和解中国家法与民间法互动的观点。国家法与民间法互动的具体样态如何，已有学者利用个案分析的方法，概括了六种在实践中国家法与民间法互动的形式：①国家法强行而民间法退缩；②民间法置换或规避国家法；③国家法与民间法并行实施；④国家法与民间法交错实施；⑤国家法迁就或放任民间法；⑥民间法与国家法公然冲突。〔3〕为了清晰笔者的观点和分析理路，对国家法与民间法的互动具体样态进行更为详细的描述、分析，举案例申之。

背景介绍 1958年，由威海公社组织全社7个村的劳动力，利用兰石村和黄沟村土地建设了黄沟水库，用于防洪、灌溉。同时，水库由黄沟村负责管理。因该水库距黄沟、兰石都很近，两村村民自水库建成后，一般都在该水库洗衣、夏天洗澡（该水库自建成后50年内，洗澡人被淹死的约30人）。2009年，为了美化景观，同时为了防止有人再落水，有关部门投资，将水库四周围上水泥栏杆。为了保证村民洗衣的方便，在水库大坝下靠近黄沟村处修洗衣

〔1〕 杨帆：“国家法与民间法双向互动之思考”，载《四川理工学院学报（社会科学版）》2005年第2期。

〔2〕 李彦斌、陈涛：“关于调解立法必要性的重新思考”，载《法制与社会》2009年第6期。

〔3〕 参见王勇：“国家法与民间法的现实互动和历史变迁”，载《西北师大学报（社会科学版）》2002年第4期。

棚，但该洗衣棚离兰石村距离较远。兰石村民欲到此洗衣，要么需多走150米左右的弯路，要么下一个陡坡，而洗衣的村民大都是中老年妇女，这对她们很是不便。因此，常有人毁坏一两根栏杆，并从栏杆毁坏处爬到栏杆内水库边洗衣。为了防止栏杆毁坏，黄沟村委于2009年7月26日派村民24小时专门看守。此后在此处发生了两起案件：洗澡毁栏案和洗衣毁栏案。

案例6　洗澡毁栏案　8月2日，一外地民工为进水库洗澡，毁坏栏杆两根，被看守人张某当场抓获，扭送至公安机关，由偏好裁决的警察甲、乙主办案件，公安机关根据《治安管理处罚法》第49条规定，对民工处以行政拘留。同时，黄沟村将该毁坏的两根栏杆修复。

案例7　洗衣毁栏案　8月3日，兰石村女村民王某将前案修复的两根栏杆再次毁坏进水库边洗衣，被看守人张某（认识王某但王某不认识他）看到报警，由偏好和解/调解的警察丙、丁负责处理。公安机关传唤王某，王某承认毁坏栏杆的行为，同时要求对方保障她们在水库边洗衣服的权利。后黄沟村与王某和解，黄沟村不要求追究王某毁坏财物的行政责任，王某将毁坏的栏杆修好，为了保障兰石村民洗衣报的权利，修好了兰石村至洗衣棚间的路。而公安机关则根据《治安管理处罚法》第19条第2项对王某不予行政处罚。

同一侵犯对象，同类的纠纷，却有了不同的解决结果。然而这两种不同的结果，却都是符合国家法规定的。其中的原因何在？我们看到洗澡毁栏案中，民工是外地人，对他而言，到水库洗澡，并非其可以受法律保护的权利，而他毁坏栏杆的行为，却是侵犯了合法的财产权。因而，在以裁决为解纷方式时，公安机关按国家法律规定对该民工行政拘留，并无不当。在洗澡毁栏案中，由于人的地位或身份、所处环境的不同，纠纷解决的结果可能不同。根据《治安管理处罚法》第19条第2项规定，如果当事人和解，那么公安机关完全可以对民工不予处罚，作出类同于洗衣毁栏案中对兰石村民王某的处理。然而，为了杀一儆百，也为了让看了5天5夜的看守人员的劳动不白废，就直接以裁决方式解决了这个纠纷，此举也可以表明公安机关对于毁坏财物的违法行为予以坚决打击的态度。但当我们再分析洗澡毁栏案时，就会发现正是外地民工的身份（或者说他所处的社会关系，因为人在关系中，才有了身份问题），一种“生”的关系，才真正影响了案件处理结果。

在洗衣毁栏案中，我们明显看到国家法与民间法遭遇了冲突。一方面，国家法保护黄沟村的栏杆财产权，毁坏栏杆，根据国家法规定，应当行政处罚，并应赔偿损失。另一方面，由于50年来，由公社集体共建的水库，成为实现兰石村民享受习惯性洗衣权利的工具，已经是一条民间法规范。栏杆财产权虽然受国家法保护，然而习惯性洗衣权却更贴近百姓生活。否认了前者，等于否认了国家法律权威；否认了后者，百姓会觉得国家法无情，会让百姓对国家法更疏远，实际上法律也就没有了权威。初看起来，国家法与民间法冲突了，然而，在本案的处理结果上，这种冲突却得到了化解。这种化解的方式，就是当事人间的“和解”。这种“和解”方式本身，仍是由当事人的身份或地位所决定的。王某毕竟是兰石村村民，黄沟村看守人张某认识她（虽然她不认识黄沟村张某，但是如果一打听，张某也可能是她熟人的熟人），更何况，水库还占着人家兰石村的土地，人家兰石村民也为建水库出了力，你修了栏杆，人家洗衣服不方便了。正是这种“熟”的关系，双方和解了，而公安机关也乐得其“和”了。

上述的分析，实际上指出了影响纠纷解决方式的变量，即当事人的身份或地位问题，而当事人的身份、地位，只有在“关系”中才有意义，而关系又是关系规范的要素，所以当事人的身份、地位实际上属于“关系规范”范畴，正是这个关系规范实际上在洗衣毁栏案中消解了国家法与民间法的冲突。对于变量，我们会在后文继续分析。这里我们可以归纳出在和解中国家法与民间法的互动具体

样态的第一个表现：国家法和民间法与案件事实相遇后被融合成新的个案规范。本来，在洗衣毁栏案中，国家法规范为“对毁坏财物人进行行政处罚，毁坏财物人赔偿受害人损失”，民间法规范为“兰石村民习惯性洗衣权应受到尊重”。但两者跟案件事实结合后，形成的新的个案规范却是“黄沟村不再追究王某毁坏财物的行政责任，王某将毁坏的栏杆修好，为了保障兰石村民洗衣的权利，修好了兰石村至洗衣棚间的路”。在这个新的个案规范里，有着国家法的成分，也有着民间法的成分，然而却都不是原汁原味的国家法和民间法了。

通过洗衣毁栏案，我们还可以看到纠纷和解中国家法与民间法互动的第二个具体样态，即民间法支持补充国家法，成为国家法发生效力的源泉。我们看到，在黄沟村跟兰石村王某和解后，公安机关依国家法规定，对王某不予处罚。如果当事人间不和解，作为执行国家法的公安机关，就不得不根据《治安管理处罚法》第49条的规定，对王某作出类似于在洗澡毁栏案中对民工同样的处罚。正是洗衣毁栏案中王某作为兰石村民，具有的依民间法享有的习惯性洗衣权，成为她与黄沟村进行讨价还价的筹码，使得黄沟村不得不妥协，这样双方当事人才达成了和解，而公安机关方可以根据国家法关于“和解”的规定，对王某不予行政处罚。从这个意义上讲，没有关于习惯性洗衣权这条民间法规范，国家法关于“和解”后不予处罚的规定，就不可能发生效力，就失去了在此个案中的意义。

在和解中，民间法可以支持补充国家法，而反过来，国家法也可以支持补充民间法，这是纠纷和解中二者互动的第三个具体样态。有一些民间法承载着民众的日常生活的习惯性权利。如果这种习惯性权利受到侵犯，缺少强有力的惩罚性机制时，国家法规定的惩罚性机制就可能发生作用。譬如商业交易中，一方当事人以交易习惯行为，而另一方当事人违反了交易习惯，国家的合同法惩罚机制就可以被当事人运用，来维护交易习惯所承载的权利，双方可以根据合同法规定的处理机制、责任方式商谈解决方案，而根据合同法达成和解协议，那么此时国家法与民间法的互动样态，就是国家法支持补充了民间法。

此外，纠纷和解中，当国家法与民间法冲突时，当事人选择适用国家法或民间法，形成二者必选其一的局面，这是二者在纠纷和解中互动的第四种和第五种具体样态：国家法优先或民间法优先。

国家法与民间法互动在纠纷和解中的具体样态，还可能有其他表现。然而，分析其表现的具体样态，并不是本书的目的，而是恰如前文所言，是应当将先前研究中被遮蔽的行动者能动性等问题给揭示出来，因而我们的研究就进入到探讨影响国家法与民间法互动样态的变量上。

（二）关系规范和纠纷解决者个性是影响和解中国家法和民间法互动样态的变量

在前述对案例6、7的分析中，我们指出，关系规范影响了纠纷的解决方式。在洗澡毁栏案中，民工是外地人身份，与黄沟村是一种“生”的关系，因而其毁坏财物的行为，公安机关进行了裁决处理，对该民工行政拘留。在洗衣毁栏案中，村民王某是本地人，与黄沟村是“熟”的关系，因而双方和解了，公安机关也对她不予处罚了。

对于法律的运作行为，布莱克指出，关系距离预示并说明了法律的量：法律与关系距离之间的关系呈曲线形。人们随着他们对他人生活的参与程度而变化，而这种参与程度界定了他们的亲密性或关系距离。最亲密的关系是相互的完全渗透，最远的关系则没有任何相互渗透。关系距离可以通过多种方式测定，如关系范围、交往频率、人们相互交往的长短、交情的年头以及在社会网络中他们之间联系的性质和数量。[1]在关系密切的人们中间，法律是最不活跃的；法律随着人们之间的距离的增大而增多，而当增大到人们的生

〔1〕［美］唐纳德·J. 布莱克：《法律的运作行为》，唐越、苏力译，中国政法大学出版社2004年版，第47页。

活世界完全相互隔绝的状态时，法律开始减少。在现代社会中，关系距离很少达到人们完全隔绝的状态，但比在简单社会中的关系距离要大。〔1〕人们相互之间日益成为陌生人，但陌生本身也是一种关系。〔2〕布莱克所言的法律，实际上是指国家法，而非指民间法。社会生活中存在这样一类规范：其奉行者虽可能没有专业上的认知，却活生生地体现于行动者的思维与言行之中，有效地影响甚至决定着行动者的行为选择，〔3〕这类规范也就是与国家法相对应的“民间法”。在最亲密的人之间，国家法虽然不活跃，但是也是有规范来维护秩序的，而这些规范就属于“民间法”。完全陌生人间的关系，虽然很难证实有规范性的存在，但是由于现代社会传媒、交通等科技的发达，相互间并不一定完全陌生。有时候，一个人对另一个人而言是陌生的，但是另一个人对这个人却是熟悉的，就不能说两者之间是完全的陌生关系，此种情况我们可以称之为“相对陌生关系”。在类似“相对陌生关系”中，国家法也在运行。以洗衣毁栏案为例，由于公安机关实行的是科层制，办案民警、办案单位负责人各有自己的职责。如果仅仅是办案民警偏好和解，而办案单位负责人重视裁决，那么洗衣毁栏案就可能会成为裁决案件。这时，国家法中保护财产权不受侵犯的规范，就可能战胜民间法中保护习惯性洗衣权的规范，两者间的互动关系，就可能表现为前述的第四种样态了。

关系规范是影响国家法和民间法互动具体样态的变量，但这并不表明这种影响具有规律性。即使在“相对陌生关系”之间，本来一般情况下是国家法优先，然而却也可能是民间法优先，或者两者

---

〔1〕［美］唐纳德·J. 布莱克：《法律的运作行为》，唐越、苏力译，中国政法大学出版社 2004 年版，第 48 页。

〔2〕［美］唐纳德·J. 布莱克：《法律的运作行为》，唐越、苏力译，中国政法大学出版社 2004 年版，第 48 页。

〔3〕陈光：“司法过程中民间规范作用的社会心理机制”，山东大学 2008 年硕士学位论文，第 5 页。

的关系表现为其他样态。在洗衣毁栏案中，王某与看守人员虽然为“熟”的关系，然而由于王某并不认识看守人，只是看守人认识王某，所以从另一个角度而言，实际上也是“相对陌生关系”。如果看守人员不报警，而是同王某自行和解，那么，看守人员也可能尊重兰石村民王某的习惯性洗衣权，对王某毁栏行为视之为“无”，这样而言，反而是民间法优先了。

日本学者千叶正士认为，官方法、竞争性规范、在官方法和竞争性规范间进行选择的个人偏好、当事人之间的特殊关系、对个人选择的社会评价构成了相互交织在一起以实现日本人富有特色的法律态度的主要变量。[1]日本人对法律的独特态度是：对法律和法律程序的反感，对司法外和解而不是对司法程序的强调，[2]“当人们选择非官方法律原理所提供的标准时，他们对法律的态度就可能偏离官方法，其结果便是在两者之间举棋不定。对法律的反感，对司法外和解的强调。未从道德中分化出来的法律概念，一种不确定的权利和契约观念，种种情形中，行为都显示出同典型的日本人的特征”[3]。笔者认为，“关系”是社会治理的对象，“人情”是关系运行的机制，而“面子”是关系运行中的利益分配，三者无法分离融合成“关系规范”。关系规范在纠纷解决中可以转移争议，模糊事实；可以确认、改变明规则，增加解纷方案可接受性；可以促使自由裁量权向确定性转换。千叶正士的研究，实际上亦指出了关系规范是影响国家法与民间法互动的重要变量。由于各种不同关系规范的存在，或是因为关系规范中各因素的变化不同，国家法和民间法在和解中互动的表现样态也会不同。

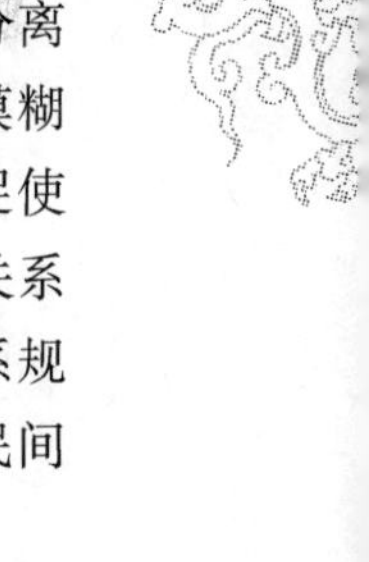

---

〔1〕［日］千叶正士：《法律多元——从日本法律文化迈向一般理论》，强世功、王宇洁等译，中国政法大学出版社1997年版，第139页。

〔2〕［日］千叶正士：《法律多元——从日本法律文化迈向一般理论》，强世功、王宇洁等译，中国政法大学出版社1997年版，第96页。

〔3〕［日］千叶正士：《法律多元——从日本法律文化迈向一般理论》，强世功、王宇洁等译，中国政法大学出版社1997年版，第107页。

我们可以对千叶正士指出的五个影响人们对法律态度的变量进行分析，其所指的官方法，实际上是国家法的同义词，而竞争性规范则指“民间法”，在官方法和竞争性规范间进行选择的个人偏好可以归属于纠纷解决者的个性，而当事人之间的特殊关系、对个人选择的社会评价实际上都是“关系规范”中的范畴。当事人之间的特殊关系，归属于“关系规范”范畴较易理解，而“对个人选择的社会评价”归于“关系规范”范畴则需要加以说明。社会评价涉及评价者与被评价者的关系问题，因而社会评价也是在“关系”中发生的，所以社会评价是“关系”本身的一个变量，它自应归于“关系规范”的范畴。

把在官方法和竞争性规范间进行选择的个人偏好归属于纠纷解决者的个性，并不意味着仅仅是这种偏好在影响着国家法和民间法的互动，而是意味着纠纷解决者的个性在影响着二者的互动样态。在前述两案中，我们可以看到，两案都是由第三人——警察参与纠纷解决，两案中纠纷解决者的个人偏好不同，这也是影响纠纷解决方式的原因之一。然而，这种偏好，实际上也影响着纠纷和解中国家法与民间法互动的具体样态。第三人虽然不是原来纠纷的当事人，但他们是纠纷解决者，正因为此，纠纷解决者的个性就成为第二个变量。我们可以假设由偏好裁决的甲、乙来处理洗衣毁栏案，或许就是另外一种结果。在洗澡毁栏案和洗衣毁栏案中，民工和村民的身份，也是他们个性的组成部分，不但对纠纷解决方式有着影响，而且对国家法与民间法的互动样态也产生了影响。

纠纷和解，实际上是纠纷解决主体对纠纷解决达成了一个共同的认识，涉及纠纷解决主体的互动问题。虽然国家法和民间法代表两套不同的符号，然而这两套符号的互动，并不仅仅是两套价值的互动，它实际上是受许多不可估计因素的影响的互动，是纠纷解决主体，作为具有主观能动性的活生生的“人”相互之间的互动。人是一个复杂的个体。人虽然处于“关系”之中，各种关系虽然影响着国家法和民间法的具体互动样态，但这个关系如何处理，最终还得受制于“人”，受制于活生生的人的“个性”。纠纷和解是“合意”的过程，两个具有“个性”的人如何达成共识？又一定能达成共识吗？纠纷和解的成功，共识的形成，有赖于相互间的“妥协”，也有赖于个体本身的妥协，受着当事人动机、目的、情感等因素的影响，个性本身是个变量。

透视和解的过程，在于当事人“合意”，而合意的形成实际上是“共同认知”的形成。“关系规范”是国家法与民间法互动的一个变量，纠纷解决者的个性也是两法互动中的一个变量。如果说，关系是实体性原理的话，纠纷解决者的个性，本来就是关系中的一个因素，而和解方式则为程序性原理。有了这样的内容和形式的统一，国家法与民间法冲突的解决才能真正实现，而不问它们具体的样态即具体的解决方式如何。

（三）变量在纠纷自决、裁决中对国家法与民间法互动的影响

“关系规范”和“纠纷解决者的个性”，是影响纠纷和解中国家法与民间法互动具体样态的变量，它们在纠纷自决和纠纷裁决中是否也存在作用呢？这个问题的提出，看似超出了论题的范围，然而却是至为必要的，因为它可以深化在纠纷解决过程中国家法和民间法互动的研究。

由于自决是根据纠纷一方主体意愿解决纠纷的方式，所以在自决中，虽然纠纷的解决是要处理纠纷当事人间的关系，然而运用何种依据，即运用国家法还是民间法，或是两者的变种，都取决于自决者的个性。以洗衣毁栏案为例，兰石村民王某在毁栏洗衣前，实际上与黄沟村已有纠纷存在：即黄沟村在水库边建栏杆的行为，妨害了她作为兰石村民享有的习惯性洗衣权，而对于这个纠纷的解决，她采取了自决：毁栏杆以维护洗衣权。在她的自决中，她就把民间法作为她的权利依据，把保护她习惯性洗衣权的民间法置于保护黄沟村栏杆财产权的国家法优先的位置。反过来，忽视兰石村民的习惯性洗衣权，建栏杆护水库以美化景观、防止人落水丧命，也是一种黄沟村的自决行为，从而将保护自己财产权的国家法置于保护兰石村民习惯性洗衣权优先的位置。正是由于黄沟村人和毁栏洗衣的王某是不同的主体即个性不同，影响了国家法和民间法在冲突中何者优先的问题。

就洗衣毁栏案本身而言，看守黄沟水库栏杆的黄沟村人张某是认识兰石村民王某的。基于这种邻村的关系，考虑到日后还可能再见面，或是为了让对方一些村民不说他的“不是”，他可能不好意思将王某送“官”，因此他可以睁一只眼闭一只眼，以一种消极性的自决方式，让洗衣毁栏案不了了之。而且实际上他完全可以这样做。他也可以跟王某说一下，让她找点水泥把柱子再行修复，或者如果她不同意，他也可以找她家里人要求这样做，双方可以和解。这样，他实际上既尊重了兰石村民的习惯性洗衣权，同时也维护了黄沟村的财产权，让民间法和国家法同时受到尊重。可事实上，看守黄沟水库栏杆的张某重视自己是“黄沟村人”，是村中派来看栏杆的，受雇于村委，黄沟村委与他之间存在着一种“工作关系”、“信任关系”，他或许考虑前面的“熟”的关系，但在行为上却选择了维护后边的“工作关系”、“信任关系”。关系影响了纠纷解决者对纠纷方式的选择，进而影响国家法与民间法在纠纷解决中的互动的具体样态。

在裁决案件中，一般而言，涉及三方关系，即原告、被告和裁决者三者之间相互的关系。关系本身就影响纠纷的性质，进而影响纠纷解决中国家法与民间法的互动样态。原告和被告间的关系，是裁决的对象。诚然，与纠纷自决、纠纷和解一样，纠纷的解决本来就是调整当事人间关系的，关系是纠纷解决过程中的调整对象。然而，裁决解纷中的关系，却同前二者有所不同。在裁决解纷中，裁决者必定要考虑他的裁决是否可为双方当事人所接受，具有最大的可接受性。纠纷当事人间的纠纷关系，决定了裁决方案的最后结局，正所谓“理在事中”。按照纠纷关系的本来性质，确定所适用的评价规范：国家法或民间法，或二者的变种，会得到最大可接受性的解纷方案。一个原本的感情纠纷，本来是民间法调整的范围，

却用国家法进行调整，那么解纷方案就很难得到接受。一个本来在国家法调整领域的纠纷，却用民间法进行调整，那么调整的结果就会大打折扣。对于国家法与民间法的互动样态而言，纠纷本身的关系性质，是影响二者样态的最为重要的因素。

然而，理虽然在事中，纠纷裁决者却因自己本身认识能力的局限性，或是客观条件的限制，不一定能把握住事物的理。不同的个体，对纠纷的把握的角度或程度等都有不同，对纠纷的解决方案也会不同，也会影响其中国家法与民间法的互动样态。我们以一起裁决案件为例进行详细说明。

案例8　老人祖屋居住权案　案件发生地在威海。原告王凤，被告李杰。玉兰为李杰之母。小李庄村中街60号房屋于1951年登记于被告的爷爷李昆等五人名下。1983年原、被告登记结婚后，因被告的兄弟姐妹皆已结婚另有他房居住，所以原、被告二人同玉兰一起一直居住于该房屋。2006年6月，原、被告由法院判决离婚，但由于在离婚诉讼中未提及分割财产要求，故该房屋未被分割。2006年8月份，被告李杰与村委会签订房屋拆迁协议，该房拆除，村委会安置120平方米楼房给被告李杰。

2007年7月，原告王凤诉被告李杰于法院，要求50%的安置房份额。被告李杰以房屋系祖屋，而非夫妻财产进行抗辩。一审过程中，玉兰曾提出确权之诉，后来又撤诉。一审法院认为，60号房屋是原、被告在夫妻关系存续期间取得的财产，应共同所有，判决原、被告平分安置房。二审中，玉兰仍未提出诉讼。但是二审法院在判决说理时，在原审法院理由基础上，补充了一条理由认为："从民俗习惯看，上诉人（原审被告李杰）与被上诉人（原审原告王凤）于1983年结婚，结婚时上诉人之兄弟姐妹均已成家且另有住房，根据老房留给最后成家的儿子用于结婚的民间习俗，被上诉人有理由相信该房屋系上诉人之母等赠与给上诉人、被上诉人的夫妻共有财产"。故而"原判决以房屋作为夫妻共同财产予以分割的

原则并无不妥”，“原判决原则正确”。然而，二审法院却认为原判决结果应予变更，理由在于：“上诉人之母玉兰年势（事）已高，拆迁前一直居住于原告房屋中的三间厢房内，房屋拆迁后别无他所，回迁时需要保留其必要的居住权，故对上诉人予以适当照顾。因此判决上诉人李杰享有安置房60%份额，被上诉人王凤享有安置房40%份额。

在此，我们对法官判案的合法、合理性不予评价。需要探究的是，在本案的二审中，实际上有了两条民间法规范在起作用。第一条是老房留给最后成家的儿子用于结婚；第二条是保留其（老人）必要的居住权。后一条规范是对前一条规范的限制。实际上，在威海农村，确实有这样的习俗，如果父母有几个孩子，一般而言，女儿们出嫁就是“嫁出去的姑娘泼出去的水”[1]，是不能回娘家与兄弟争父母财产的，这一点明显同我们现行的国家法关于财产继承的规定相冲突。如果儿子结婚，做父母的总是要为孩子们结婚盖房子居住，而盖的房子，就是父母赠给新夫妻的财产，在分家析产需要进一步明确时，如果不再进行抓阄重新分配，在分家析产文书上就进行了书面性的确认。一般讲，父母为谁结婚盖的房，就归那对夫妻所有了，而父母如不再为最后未结婚的儿子盖房，那么父母所住的老房，就归最后未婚子所有，在他结婚时，房子就归他们夫妻所有，但是父母在老房享有一辈子（永久）居住权。

夫妻均分共有财产，是一条国家婚姻法规范，在此案中与两条民间法规范进行了互动。第一条民间规范成为国家规范的支持理由，而第二条民间规范却变更了国家法规范。为什么会产生这样的情况？不同的人可能有不同的认识，然而笔者认为，虽然在本案的诉讼过程中，李杰的母亲玉兰，没有作为当事人，然而她却是本案的一个重要人物，因为她同诉讼案件的当事人、裁判者间形成了不

〔1〕 或许在中国传统社会里，这是一条具有普遍性的民间规范。

同的“关系”。她是被告的母亲、原告以前的婆婆。因为她，才使原、被告得以有房屋可以诉争，使房屋成为原、被告夫妻共有财产；因为她，才有了重视其居住权的必要性。没有这种“关系”，即使“玉兰”作为一个“人”存在，也不会产生诉讼，不会有国家法和民间法的互动。她不是诉讼中的“人”，然而她却是潜在的与诉争标的有争议的“人”，法官不可能忽视她先前在一审中已起诉过的事实。一审法院的法官与她之间已经形成过当事人与裁判者的关系，二审的法官也极有可能与她形成此种关系，而这些“关系”是二审法官都不可能忽视的重要因素。从这个角度上讲，正是“关系”，影响了本案中国家法与民间法的互动。

然而，即使有这些“关系”，如果二审法院的法官不奉行能动主义，本案中国家法与民间法的互动，就不一定表现为这种具体样态。二审法院的法官显然与一审法院的法官不同，一审法院的法官明显具有克制主义的个性。他认为玉兰这个人物，虽然在一审法院中起过诉，然而她又撤诉了，她的问题在一审法官审理原告王凤诉被告李杰的诉讼中，并不需要解决，当然更不需要考虑，所以一审法官，就把民间法给回避了，直接适用“夫妻均分共有财产”的国家法规范。正是二审法官能动主义的个性，将玉兰的居住权问题一并进行了考虑，即将一个潜在的诉讼考虑在一个现实的诉讼中，或者是说将一个不是本案当事人的人，考虑进了本案，进而出现了本案二审中国家法与民间法互动的样态。作为纠纷解决者的一、二审法官的个性，显然对国家法与民间法的互动具有不同的影响。

通过上述分析，我们有理由得出结论，即关系规范、纠纷解决者的个性在纠纷自决、纠纷裁决中对国家法和民间法互动的样态一样有着相当的影响。然而由于自决、裁决同和解的不同，这种影响的程度是不同的。在自决中，虽然自决人要处理与他人的关系，毕竟只需要根据他自己的意愿，即根据自己的个性就可以作出决定。在和解中，则需要双方达成“共识”，而在裁决中，裁决者可能需要与纠纷当事人进行互动，然而他的裁决具有一定的独断性，而且

对于法官而言，他必定要打着国家法的幌子，受着国家法的诸多限制，因而其中国家法与民间法的互动样态，就会受到国家法本身的限制，国家法就是裁决中的影响国家法与民间法互动的常量，这一点与纠纷自决、和解不同。

人是关系的动物，皆在关系中。人的个性是在关系中呈现的。因而，关系和个性是须臾不可分的。关系规范、纠纷解决者的个性是影响纠纷解决过程中国家法和民间法互动的变量，由于关系规范的变化和纠纷解决者个性的变化，国家法和民间法的互动才表现为不同的具体样态。不过，虽然布莱克认为“法律与关系距离之间的关系呈曲线形”〔1〕，然而其中有一个预设的前提，就是关系本身的“单质性”，有把关系进行碎片化的嫌疑。实际上的关系规范，却是融合了诸如“关系、人情、面子”等诸多不可割裂描述的因素，具有多质性。法律虽然与“关系距离之间的关系呈曲线形”，但国家法与民间法的互动样态同“关系规范”的关系却很难找到规律性，这一点，我们从对洗澡毁栏案、洗衣毁栏案的分析中可以得出来，从对老人祖屋居住权案的分析中也可以看出来。同样，个性也是丰富多彩、无法统一把握的，人们也难以找出国家法与民间法互动样态与纠纷解决者个性之间的规律性。或许，关系规范、纠纷解决者的个性，也是“变形虫”，因为它们的变形，国家法与民间法在纠纷解决中呈现出了不同的具体样态。

---

〔1〕［美］唐纳德·J. 布莱克：《法律的运作行为》，唐越、苏力译，中国政法大学出版社2004年版，第47页。

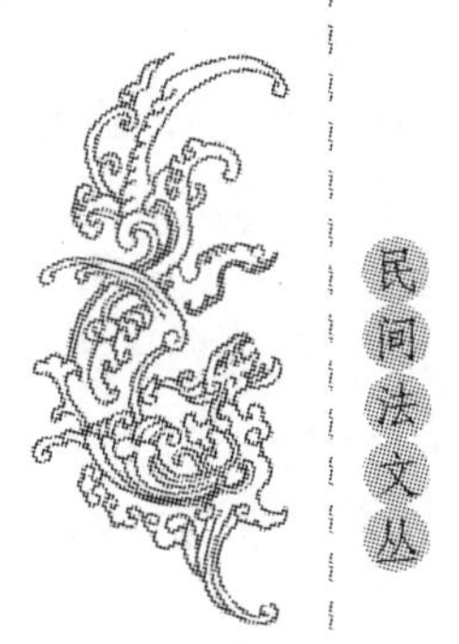

第四章

和解的结构分析：事实

和解和裁决一样，存在着一个三段论的推理过程。和解中的大前提是国家规范、民间规范、关系规范，而最常用的则是三者的融合，甚至在许多情况下偏重于后二者，小前提就是需要解决的纠纷事实。事实是和解的对象，也是和解结构中的第三种要素。纠纷作为一种社会现象，是一种客观存在的生活事实。和解启动后，这种生活事实要在和解的过程中“再现”，从而形成和解事实，即实际上和解的纠纷。从生活事实到和解事实，需要经过一定的步骤，就如生活事实到法律事实一样，它需要经过认识者的重新加工，是认识主体对“过去”的一种操作。由于和解与裁决是两种不同的对“过去”的操作，所以认识主体对“过去”的认识具有不同的特点，而这种不同的特点就表现在和解中的事实与裁决中的事实具有不同的特征。

一、事实要素概括性

和解中的事实，可以是概括性的事实而非具体的事实。概括性的事实缺少一般性的事实要素，然而并不会影响以和解来求得纠纷的解决。同时，因为概括性而使和解的事实具有另外一些事实要素的模糊性。对于和解事实而言，事实要素概括性也就意味着要素的模糊性。对于合意解决纠纷，无论当事人在大前提上是否达成“规范共识”，以及在小前提上是否达成“事实共识”，只要当事人在结论（解纷方案）上达成共识，就实现了和解的功能。因此，就和解方式而言，它并不要求“和解事实”的“清”，也就是说，在和解方式中，和解的“纠纷事实”可以具有模糊性。和解方式所要解决之纠纷事实，因为纠纷实际上是过去之事实，所以在和解启动后，纠纷是需要“再现”的。和解中的事实具有模糊性的特征，并不表明所有和解中的纠纷事实必须具有概括性，不排除其中的事实要素清楚明了的“事清”情况，在“事清”情况下，纠纷解决主体确定了规范依据后，会很快达成和解协议。和解事实之模糊性，乃是相对于裁决方式而言，其事实可以具有模糊性特征，模糊性的事实，裁决无法解决，但是却可以和解。以“夫求清白案”进一步明析之。

案例9 夫求清白案 民警正在派出所值班，进来一对成年男女。男称：“请警察为我做主，证明我的清白。”民警询问双方事由，原来二人系夫妻关系。一年前，男有情人，被女得知，两人一番争斗后约定，男与原情人脱离关系。为了检验男的忠诚度，女于此前某日，以女友手机发送短信“你已把我忘记了?”男接此短信后，即回电话：“是小芳吗? 怎么能忘记你了呢!”女即认为男与原情人仍保持联系，双方因此又争执不休，二人来到公安机关，要求警察证明男是否清白。后男女二人约定：①男向女道歉；②男外出应酬应由同伴向女打电话请假；③每周末，男必须陪女；④女给予

男一年的观察期，以观后效。

归纳夫求清白案中的事实：丈夫一方在外曾有情人，丈夫保证与原情人脱离关系，得到妻子谅解。妻子为验证丈夫忠诚度，以发短信方式对丈夫进行试探，结果丈夫误以为是原情人“小芳”，妻子遂以为丈夫与原情人仍保持关系，两人对此“情人关系”是否延续存在争议。本案中丈夫与小芳情人关系这种事实，就是一个概括性事实。夫妻二人争议的焦点，就是这个情人关系是否还在延续，如果不延续，那么夫就是清白的，如果还在延续中，那么夫就不清白。“清白与否”本就不是法律上的一个可以证明的东西，而是一个道德的评价。是否存在情人关系，也只能用一般人认为的情人行为的证据进行证明，而情人行为，可能是一个行为、一组行为、一些长期的行为，譬如情人节之际，夫给小芳送了情人节礼物，小芳欣然受之，或是夫本该下班回家，但是却与小芳约会共赴电影院，或是真的两人有不当性关系等等，这些行为，在一般人的理解上，都会认为夫与小芳之间存在着情人关系。然而仅将情人关系作为前提却不一定必然推导这些行为的存在。一般而言，作为事实的基本要素，包括人物、时间、地点、手段、动机、目的等。在调查案件时，一般而言，这几个要素调查清楚了，事实也就清楚了，就可以用法律对该案件事实作出裁决调整。然而，如果仅将事实用文字表述为“夫与小芳有情人关系”，就欠缺了的许多事实基本要素，这样的事实，充其量可称为“类型化事实”。对这样的类型化事实，如果裁决谁是谁非，也是很艰难的事情。对类型化事实，无法确立统一的可以明确谁是谁非的规则。评价夫与小芳情人关系的是非标准，是需要立场的，站在夫与小芳的立场上，他们是有情人，而夫与妻不是有情人，夫与妻的婚姻是感情的坟墓。上天也会助有情人终成眷属，追求爱情是自古以来人们歌颂的主题，从这个角度而言，夫与小芳何错之有？然而从家庭、社会之稳定而言，夫与小芳的情人关系就应受到指摘。如果妻对夫并没有感情，而是对夫实行

“冷暴力”，甚至妻本身就“红杏出墙”，面对无情的妻，夫找了有情人小芳，又有谁能对夫与小芳的情人关系之事实说三道四？对于这种事实，由于其概括性，如果需要进行是非的评判，无论是用国家规范还是民间规范，都需要要素填充，只有符合了事实的基本要素（有时候还得需要更多的事实要素），才可以选择评价标准，以裁决的方式，无论是道德裁决还是法律裁决，确定是非及各自的权利义务关系。换句话说，欠缺事实基本要素的概括性事实，因为其模糊性，不具备用一个明确清晰的规范进行是非评价的资格，因而对于此类事实，无法以裁决方式确定是非以解决纠纷。

和解方式却不然，对于“情人关系”这类无法用是非进行评价的事实涉及的纠纷，却可以“和而了之”。夫求清白案中，无论夫与小芳保持情人关系的具体行为方式如何，夫与小芳的情人关系确实存在过，而夫与妻争执问题，在于夫现在是否清白，证明夫的清白，其意义何在？是让妻相信夫对她的忠诚。但是如果夫仍与小芳保持情人关系，妻与夫是否可以离婚？如果二者因此可以离婚，那么情人关系之确定，就具有法律上的意义。而如果二者还保持不离婚，确定夫与小芳的情人关系在法律上并不必要。对此概括性事实，因为采取和解的方式，所以不需要进一步具体细化，而只需要找出解决方法，让当事人达成“结论共识”即可，于是，夫与妻就达成了四条解决方案。

和解方式在解决的纠纷范围上远远大于裁决，特别是情感纠纷，许多无法用裁决进行直接调整，而以和解方式则可以得到有效处理。如果采用裁决方式来解决，就必须以要素填充，将概括性事实化为更为具体的可以反映夫与小芳间情人关系的具体行为，这对于离婚案件的证据问题有着重要的意义。夫妻有相互忠实的义务，夫妻要离婚，根据现行法律规定，需要“感情确已破裂”的法定条件，而“感情确已破裂”，并无真正可行的感情标准进行判断，而是需要通过当事人的行为，结合一般常识进行推断。为此，《婚姻法》第32条以列举的方式规定了感情破裂的判断标准。同样的，

夫与小芳的情人关系，在夫与妻的离婚诉讼中，可以归于《婚姻法》第32条第5项规定的“其他导致夫妻感情破裂的情形”，面临着如前述证明感情确已破裂的同样困境，与其裁决离婚否，不如调解离婚否更能达到解决纠纷的目的。

“情人关系”，作为一种类型化事实的概念，类似于法律规定事实中的要件事实。要件事实是作为发生相应法律后果之事实要件，由实体以及程序法律规则所设定的行为或事件类型。要件事实其实并非具体事实，而是概念化的事实类型。具体的行为或事件符合类型特征的，才能纳入到该事实类型的范畴，承担规则所设定的结果。现代法律设定的这一抽象的事实类型，目的是让规则平等适用于同类型的所有行为或事件，做到同样的案件同样处理。要件事实与裁判事实存在着根本的不同，要件事实是一类行为或事件的概括，是抽象的事实；裁判事实则是具体的事实。要件事实是一抽象的概念或观念，存在于“什么样的行为或事件，会引起什么样的法律后果”这样的逻辑命题的结构之中，是一个事实类型的逻辑预设；裁判事实则是经过调查或听审之后所认定的具体事实。[1]然而，作为一种事实类型，“情人关系”并不像要件事实那样，具有同等的法律意义或规范意义。通过要素填充，具体行为会受到不同的规范调整，具有不同的规范意义。这种要素填充后的事实，类似于法律事实中的“裁判事实”，可以运用特定的规范，无论是国家规范、民间规范还是关系规范及它们之结合进行调整。

为什么和解事实可以具有概括性，或者说具有模糊性特征呢？笔者认为，其原因主要有：

第一，就纠纷本身来讲，许多都是“气”之争，而非真正的法律可调控的利益之争。对于“气”之争，虽然可用语言文字进行一定的描述，但是这种“气”本身的不确定性，会导致事实无法更为

〔1〕 宋显忠、肖凯提·阿布力米提：“法律事实的实证探究”，载《法学论坛》2008年第2期。

准确地描述。陈柏峰曾对中国人的“气”进行了独到的分析，他从李圩村的经验材料调查中发现，“气”是人们在村庄生活中，未能达到期待的常识性正义衡平感觉时，针对相关人和事所生发的一种激烈情感，它有身体暴力、语言暴力、上访、自杀等诸种“释放”方式。基于维系村庄共同体的需要，熟人社会中存在着“忍让”意识形态、伦理秩序、面子机制、命运观等对“气”的有力平衡机制。〔1〕耶林曾说过，原告为保卫其权利免遭卑劣的蔑视而进行诉讼的目的，并不在于微不足取的标的物，而是为了主张人格本身及其法感情这一理想目的，与这一目的相比，诉讼带来的一切牺牲和劳神对权利人而言，通通无足挂齿——目的补偿了手段。被害人为提起诉讼而奔走呼号，不是为金钱利益，而是为蒙受不法侵害而产生的伦理痛苦。对他而言，所要求的并非单单是返还标的物（此时常常为确认诉讼动机而把标的物事先捐给济贫院），为的是主张自己正当的权利。心灵之声告诫他，决不后退，重要的不是区区标的，而是他的人格、他的名誉、他的法感情、他作为人的自尊，即诉讼对他而言，从单纯的利益问题变化为主张人格抑或放弃人格这一问题。〔2〕陈柏峰认为，很多中国农民上法院的行为并非权利意识的觉醒，其中“气”的成分也许远远多于“权利意识”，其实也并不是为了金钱利益，不是为了标的物本身，也不是在法秩序下为了自己的权利而奋斗。尽管可以说，他们也是在为了人格和名誉而战，但这种人格和名誉并不是如耶林所讲的那样，与法感情相关联，而是与“气”相关联的。〔3〕由于“气”之争的模糊性，所以类似于中国人常有的“讨说法”，就很难确定“说法”的具体内容是什么，许多纠纷无法像诉讼裁决中那样确立相互对立的争议观点，最后甚

〔1〕 参见陈柏峰：“‘气’与村庄生活的互动”，载《开放时代》2007年第6期。

〔2〕［德］鲁道夫·冯·耶林：《为权利而斗争》，胡宝海译，中国法制出版社2004年版，第20页。

〔3〕 陈柏峰：“‘气’与村庄生活的互动”，载《开放时代》2007年第6期。

至发现根本就没有争议，只是当事人一方对另一方的行为迷惑不解，要求说明理由罢了，只是不理解对方为什么这么做，所以是“气”而已。虽然在有些纠纷中，对当事人的“讨说法”的诉求，可以演化为法律上的诉求，如赔礼道歉、赔偿损失等，然而“秋菊的困惑”[1]在于，她或许压根儿就没有将自己的“讨说法”的诉求演化为法律上可具体化的诉求的欲望。在一些纠纷中，如果用法律诉求进行解决，可以有非常明了简单的解决方案，如果这种基于法律规范得出的解决方案为当事人所接受，那么纠纷在实际上便会得到解决。然而，如果当事人并不追求法律解决结果，而只是为了“气”，那么由于“气”作为一种情感，要想消除“气”之争，就不单纯是运用法律分配利益所能做到的，而是特别需要运用心理治疗的知识，诸如平和的语气沟通、平等的人格对待、平稳的方式解决的“三平”方式等或许会大有裨益，这也揭示出，在政府公务员对待群众的态度上，“冷、横、硬、推”受群众指摘的原因所在。一支烟、一杯茶、一句暖人心的话，化解了心中的“气”，会让对

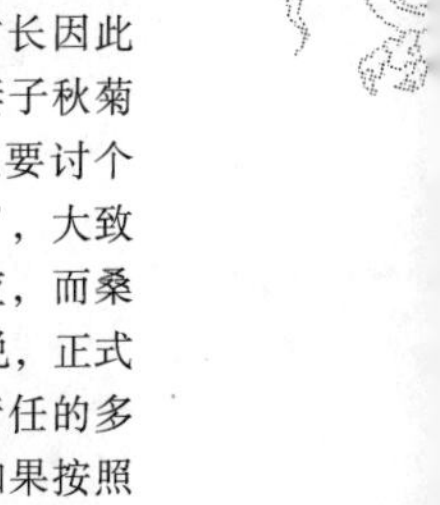

〔1〕《秋菊打官司》，讲的是西北农村中的一个纠纷处置，为一些并不很紧要的事，一位农民同村长吵起来了，骂村长“断子绝孙”（村长的确只生了四个女儿）。这种话在中国的社会背景下（尤其在农村）是非常伤人的。愤怒的村长因此和这位农民打了起来，向村民的下身踢了几脚。村民受了伤。这位村民的妻子秋菊为此非常愤怒。她认为，村长可以踢她的丈夫，但不能往那个地方踢。她要讨个“说法”，苏力在《秋菊的困惑和山杠爷的悲剧》中认为秋菊要讨个“说法”，大致是要上级领导批评村长，村长认个错。苏力认为正式法律制度对此没有回应，而桑本谦则在《“秋菊的困惑”：一个巧妙的修辞》中认为，对于处理秋菊案来说，正式的法律制度并不像苏力所理解得那么笨拙。《民法通则》规定的承担民事责任的多种方式中，就有“赔礼道歉”这一项（《民法通则》第134条第10项）。如果按照苏力所说的，秋菊所要讨的“说法”，“大致是要上级领导批评村长，村长认个错”，那么正式法律制度完全能够满足秋菊的这一诉讼请求，如果法院判决村长承担“赔礼道歉”的民事责任，就等于“法院批评了村长，并且要求村长认错”。笔者认为，苏力、桑本谦对秋菊所欲讨“说法”的推测也是存在一定问题的，有时候，讨“说法”，也只是让对方说明理由，如果理由能让自己信服，也就对对方的行为或观点无意见了，所以，“说理”在解决纠纷中具有很重要的作用，无论说的是“法理”、“事理”还是“情理”。

方理解自己的处境和为什么“这么做”的理由，进而“移情”，即使对方不能成为自己的朋友，也会在心理上可能消除与自己的对立，甚至可能会放弃自己的一些利益，双方进而达成妥协，纠纷便极有可能和解。

第二，事实的不可复原性。事实一旦发生，就成为过去。纠纷一旦形成，就是一种客观的过去。作为一种原初的生活事实，在纠纷解决中就需要经过一定的历程后方能“再现”。在这个历程中，双方当事人各自叙说着自己经历的故事及感受，试图在事实问题上达成共识，然而，由于各方当事人的个性不同，其对原初事实的认知不同，无法在所有细节上达成共识，而只能在部分情节上达成共识，这种“事实共识”，有时候欠缺基本的事实要素而具有概括性，而欲以和解解决纠纷，就只能在这种概括性的事实共识的基础上寻求解纷方案。

第三，和解的功能之一在于恢复当事人间的关系，而关系解决的是人与人之间的综合性问题，不仅仅是一次纠纷的解决。和解适用的场域，大多是交往相对频繁的熟人之间，或是在空间上并不十分遥远的人之间，这些人对未来有一定的合理预期，许多人可能会认为，在一次纠纷中斤斤计较，此后再与对方进行交往，对方也可能以牙还牙。因此，为了将来的相处，没有必要去弄清楚原原本本的事实。而其中的关系规则，也会发生模糊事实、转移争议作用。同时，在一次纠纷及其解决过程中，当事人也可能不愿投入太多时间、精力和金钱，与其仍要将事实弄个水落石出，不如宽容一些，差不多就行了。这种“人生难得糊涂”的心态也会起到一定的作用。

此外，有意的模糊是和解事实具有模糊性的第四个原因，是指纠纷解决者在采取和解方式时，为达到解决纠纷之目的，有意模糊事实中的相关要素。这其中包括纠纷当事人的有意模糊，又分为模糊于己不利的情节和模糊于对方有利的情节，前者主要是想规避规范对自己的惩罚（制裁），后者则旨在扩大对方责任；还包括和解中第三人的有意模糊，旨在将当事人的争议淡化，从而有效和解纠纷。

二、证明要求意会性

在和解中，事实有时候并不需要像裁决中运用证据证明或推定，只需要当事人间意会即可，参与纠纷解决的第三人，也可以根据这种意会来进行事实推定。而所谓的意会，是指并不需要代表整体性意义的所有符号，而只是通过观察到的一部分符号，即可推断出整体性的意义，如根据一句话、一个肢体性动作或一个行为状态等来推断已经发生的事情。这种根据一部分符号进行的推断，乃是基于生活经验常识，接受到部分符号后即可意会到整体性事实。裁判事实具有建构性，在建构事实的过程中，有着建构者对材料的个人偏好、个人目的或者他所处时代的特定目的、要求和偏好，这就是所谓裁判事实的主观性。它是受客观性制约的，首先，从裁判事实的来源来看，它最终来源于客观事实；其次，从裁判事实形成的过程来看是受法律程序限制的；最后，裁判事实是受证据规则限制。在法官的审判中，对证据是要辨认质证的，而经过辨认质证的证据，就作为了定案的根据。证据是诉讼裁判的核心，审判所要解决的纠纷，是经过证据证明的案件事实。任何无根据的揣测、想象、臆造的事实，都不应纳入到审判的视野。而在和解中，事实不需要像裁判中建构事实那样进行“剪裁”，在国家法律上无意义的事实，恰恰可能是纠纷之所在，也可能虽不是纠纷之所在，却在当事人心中具有重大的意义，和解方案也并非如审判中建构的事实那样受法律规范一刀切式的规制，而可以是“五花八门”，这些“五花八门”的解纷方案，恰恰对应了那些在审判中可能被剪裁掉的细节事实，或是当事人意会的事实。

案例 10　外籍男猥亵他人案　警察接到报案称：一外籍男对某女进行非礼。女陈述事实：外籍男酒后行至临街房（草厦子）处，推门见女在，即用英语问：“How much?”女想对方可能误以

为自己是小姐（提供性服务的女性），说“No!”，推男出门。但男却搂住女腰，将女推进门里，说“Here we do?”，“No”女答。“Go my home?”男问，“No!”女答。男遂扯女衣至大街上。女呼，恰女之男友等三名男青年至，外籍男逃跑，被抓住，女报警。外籍男母语为朝鲜语，英语非常流利，且懂汉语基本用语，往来中国与某国多年，有妻及两女，孤身在中国。到警局后，外籍男不时用朝语、英语骂人，但警察用朝语和英语回击，并且表明在中国需要适用中国法律、运用汉语后，该外籍男连连说：“I am sorry”。警察叫来外籍男的中国朋友张某作翻译。

张来后，外籍男遂陈述事实，称走在路上不知为什么被几个男青年挡住了，根本不承认女指控事实。警察遂告知外籍男：由于其涉嫌猥亵他人，根据中国法律规定，其可能24小时都需要在警局接受调查，并且依规定，需要将传唤的原因和处所告知其家人。外籍男仍不承认指控，但翻译张某说让双方商量一下时，外籍男同意。警察暂时回避，没想到，在双方协商中，当女方提出对方支付500元精神损害赔偿此事就可了结后，外籍男称只给300元，女方男友称：如果外籍男是说中国话的，他们什么也不要，而是会给他一定的私人惩罚，不会报警了。外籍男再没有任何拒绝，迅速掏出500元给了女方。

从裁决的角度看，只有女方的指控系直接证据，女方的男友等三名男青年也只能证明外籍男在大街上拖拉女方。外籍男对女方的指控作了完全否认，因此只能认定外籍男在大街上有拖拉女方的行为，其前的外籍男的言语、搂女腰等证据不足，只能裁决证据不足、指控的违法事实不能成立，作不予处罚之决定。在当事人协商中，也并没有就事实问题纠缠，而是对解决方案进行过简单的讨价还价。为什么不对事实纠缠呢？显然，当事人是原初纠纷事实的经历者，和解的时候不需要对事实进行“再现”，利用语言文字等证据进行证明，而只需要进行意会，心知肚明就可以了。当然有一种

可能性是，诚如外籍男所言，他根本不知为什么行走在路上时就被几个男青年挡住了，也就是说，女方对他的控告是一种诬告，然而这也是无法用证据进行证明的。中国有句话叫“苍蝇不叮无缝之蛋”，用它作为一种规则来推断，女方是有缝之蛋，所以作为苍蝇的外籍男找上了她；而外籍男也是有缝之蛋，所以作为苍蝇的女方及男友叮上了他。

女方居住在一个临街草厦子里边，周边确曾有一些“性服务者”在相似场所活动过。外籍男孤身一人在中国，居住地距女方居住地不远，他有基本的性的生理需要，亦经常找性伙伴，当他行至此种相对熟悉的环境时，自然地推断女方为“性服务者”，所以他找上了门。然而女方却并非“性服务者”，他就遭到了拒绝。女方的“过错”在于她居住的环境，而非她本身。从另一方面考虑，假设女方诬告外籍男，那么这种诬告的可能性在什么地方呢？仅仅是为了500元钱？对于在中国的外国人，民众一般都不会采取过激行为，这从女方男友的话中可以看得出来。而外国人在中国受到侵害时，亦会通过使领事寻求保护等方式对自己的权利进行救济，这一点对于常年往来中国的外籍男来说，是一种“常识”。[1]对外籍男来讲，你若没有问题，人家为何就找你，为什么不找别人？人家一提拿点钱就了事了，你就拿钱了，不就证明你是有问题的吗？你还是做了那猥亵他人的事。这种从解决方案向前推论事实的方式，在民众生活中也是一种“常识”，这种常识运用的是一种纯粹的生活推理，所以，当事人间也无必要再对事实如何进行详细考究。基于这种常识的推理，在逻辑上是不严密的，因为虽然当事人达成了和解，但也可能是基于其他的原因，如不愿纠缠，或是害怕公安机关24小时的传唤询问，或是害怕将情况告诉妻女，从而让妻女对自己起疑心，危及家庭安定，抑或是害怕私人惩罚的无度性会给自己造

---

〔1〕 笔者所居住的城市的外国人，经常在自己违法时也寻求使领馆的保护，进而影响中国官方对自己的法律惩罚。

成不应有的伤害等。总之如果从形式逻辑上来论及此事，由双方达成和解协议的结果向前推论，是无法得出关于“事实”的唯一答案的。“事实”在当事人之间发生，当事人在和解过程中交涉谈判，他们对事实是意会的，不需要证明给第三人看的。然而从第三人或是公众的生活经验角度，“身正不怕影子斜”、“没做亏心事，不怕鬼叫门”，给了女方钱，就等于承认了女方的指控。外籍男给了对方钱，就意味着他确实做了猥亵女方的事情，这是一种典型的倒果为因的常识性推断，这种常识，其实是一种生活经验。这种生活经验，不同于诉讼中的“经验法则”之运用于事实推定。

根据和解的结果推定和解的事实，如果纯粹系双方当事人之间的和解，而不经过第三人，那么这种推定就没有任何意义，因为他们都是原初纠纷事实的“经历者”，事实不需要进行这种推定，已然在当事人心中“明了”。在有第三人参与和解的情况下，这种推定有着社会和法律两方面的意义。前者涉及到在非官方第三人参与下，当事人会顾及到第三人对自己的评价或第三人可能采取的行动。就外籍男猥亵他人案而言，其支付女方 500 元钱，在翻译张某看来，女方指控的事实应是存在的，此后张某会以外籍男曾猥亵他人此一事实对外籍男进行“印象管理”，根据张某本人的个性偏好对外籍男进行“评价”。后者则涉及在官方第三人参与纠纷解决情况下，和解行为在法律上的意义。仍以外籍男猥亵他人案为例进行分析，根据《治安管理处罚法》第 19 条第 2 项之规定，违反治安管理行为人主动消除或者减轻违法后果，并取得被侵害人谅解的，减轻处罚或者不予处罚。和解行为关涉到法律责任的归属、轻重问题。在“事清”基础上的和解行为，具有减轻处罚与不予处罚的法律意义。因此，如果能够认定外籍男猥亵他人违法事实之存在，那么在双方当事人和解的基础上，对外籍男减轻处罚或不予处罚，就具有法律上的依据，并且警察需要以相关的法律文书作为书面载体，履行审批、决定、送达、执行等行政处罚程序。但是如果不能认定外籍男猥亵他人的事实，警察则只能依“证据不足、指控的违

法事实不能成立”为由对外籍男作出不予处罚决定。双方当事人进行了“和解”，在根据证据无法认定外籍男违法事实的前提下，双方当事人的和解行为，在法律上的意义，并无法律明文规定，此时，是否可以当事人的和解行为对行为人违法事实进行推定呢？

如前所述，根据一般人的常识，如果外籍男给了人家钱，就意味着他有女方指控的违法事实，但是根据逻辑推论，虽然给了钱，但并不一定是基于有违法事实的前提。当事人对纠纷事实具有意会性，在解决过程中，一方的一个眼神、一个肢体动作、一句话，都会使对方明了它的含义。这种意会性，意味着不需要太多的符号，而只需要片断性的符号，就可以传递全部事件的整体意义，这涉及到对事件的理解和解释问题。而对片断性符号的最为恰当的共识性理解，是需要共享经验的。无论非官方第三人如何进行事实推定，无论推定的是何种事实，由于当事人间已和解，所以这种事实推定对当事人产生的影响不会太大。而官方第三人的事实推定，则在法律上对当事人会影响到权利义务，即如果推定违法事实成立，则给予减轻处罚或不予处罚，如果推定事实不成立，则不予处罚。而推定违法事实成立，对当事人予以处罚，当事人提起行政诉讼，警察根据双方当事人和解和一般人经验推定的事实，在诉讼裁决中能否得到法庭的认可，确实是个问题。

根据和解结果推定和解中的事实，确实具有经验的性质，然而这种经验很容易就被推翻。它实际上也是一种“经验法则”。杨晓玲认为，经验法则有四类：一是生活规律，用公式表达为“如果——总是”；二是经验基本原则，用公式表述为“如果——则大多数情况下是”；三是简单经验规则，用公式表述为“如果——则有时是”；四是纯粹的偏见，用公式表述为“如果——则关系不成立”。[1]根据杨晓玲的这种分类，如果给了钱，证明外籍男存在违

---

〔1〕 杨晓玲：“经度与纬度之争：法官运用经验法则推定事实”，载《中外法学》2009 年第6 期。

法事实这种“经验”，可以归属于简单的经验法则，只具有较低的盖然性。由于和解中对事实的意会性、和解基于当事人意思自治的原因，作为官方第三人，应尊重和解的结果，然而绝不能简单地根据这种较低盖然性的经验对违法事实进行推定。同时，行政处罚作为一种行政责任追究方式，关涉到公民的人身权和财产权的安全问题，关涉到国家权力干涉私人生活的限度问题，行政案件的事实证明，要求较高盖然性的判断标准，因而不应采取简单的经验法则。换句话讲，以外籍男猥亵他人案为例，由于当事人对纠纷采取了和解方式，作为非官方第三人的张姓翻译朋友，可以根据具有较低盖然性的经验法则，根据“和解”这一结果来对纠纷事实作出自己的推定，断定外籍男具有猥亵他人的事实，然而作为处理案件的官方第三人如本案中的警察，却不能简单地根据“和解”这一结果来推定外籍男猥亵他人违法事实之存在并以此给予外籍男以行政处罚，虽然是减轻的行政处罚。

在和解过程中，还有一种情况跟和解事实的意会性特征相关，它就是沉默行为。在纠纷和解过程中，特别是有第三人的场合，纠纷当事人一方叙说纠纷过程，而向第三人“控告”时，对方当事人保持沉默，这在一般人而言，意味着沉默者对事实的“自认”，对沉默者而言，对“事实”已经意会了，没有必要进行争执，所以如果在和解过程中，一方当事人保持沉默，意味着他的“死亡”，第三者会根据沉默者的沉默行为和一方当事人的陈述，认为沉默者确实有对方当事人所“指控”的行为，第三者会根据自己所秉持的评价标准，对他本人的认定的事实进行评价。而在官方第三人参与纠纷解决的情况下，在运用裁决方式时，一般不能以沉默者的沉默来推定沉默者具有对方当事人所控告的事实。这种沉默除非法律有特别规定，一般不得作为“自认”的表示。

认识和解事实的意会性特征，有着重要的意义。对于作为具有纠纷解决职责的官方第三人而言，其提醒作用在于，第三人虽然意会到双方当事人纠纷事实的真相，但是仍需要裁决纠纷时，应慎重对待。在离婚案件的诉讼中，这一点非常重要。当夫妻双方起诉离婚时，如果原因是婚姻第三者的介入，对于第三者介入事实之认定，是实务中的一个难题。恰如笔者在“和解的功能分析”一章中所指出的，无论是私人侦探还是国家侦探（警察、检察官、法官等），如果以夫妻一方与第三者床笫之事作为证据，来证明夫妻感情破裂，那会涉及公民隐私权和侦查权的冲突问题。在以男女关系之事实进行诽谤的案件中，这也是一个实务的难题。民事法律、行政法律和刑事法律都对公民的名誉权规定了保障的条文，这些“书本上的法”，罗织了对诽谤行为的恢恢法网。〔1〕此类诽谤案件，存在着当事人对事实的意会性与国家机关对事实调查的证据性之间的矛盾。当所谓的“诽谤者”宣称某对男女有不正当男女关系，并非基于当事人间的床笫证据而是基于其他的生活经验判断时，如果所谓的被“诽谤者”要求国家机关追究“诽谤者”的行政责任，一般而言，不正当的男女关系双方是不会承认事实的，那么公安机关根据什么来判断诽谤者宣称“某男与某女具有不正当男女关系”之事实是捏造的呢？如果证据不充分，也无法追究“诽谤者”的行政责任。作为一个生活中的“人”，“诽谤者”可以根据他所掌握的“被诽谤者”的手机短信、言谈举止等来推定某男与某女的不正当关系，而且这种关系，基于生活经验，其准确程度较高。然而由于对“不正当男女关系”理解宽窄不同，对于同一男女交往行为的理解不同，这种生活经验有时也具有很大的不确定性。在一般人的通念上，不正当的男女关系，一般指不正当的男女性行为，而对于男女间的戏谑性、调情性的行为，却并不必然地归于“不正当男女关系”之列。即使可以归入“不正当男女关系”之列，但对国家机关而言，根据这些戏谑性、调情性的行为就断定某男与某女间有着不正当的性关系，显然会冤枉许多清白的男女，而如果认定“诽谤

〔1〕《侵权责任法》第4条、《民法通则》第101条、《治安管理处罚法》第42条第2项、《刑法》第246条。

者”根据这些戏谑性、调情性的行为宣称“某男与某女有不正当男女关系”系编造事实，显然也会冤枉了“诽谤者”。可见，以裁判方式解决有关男女情感引发的纠纷，在事实认定上存在着许多困境，而以和解方式来解决此类问题，可以充分利用和解事实的意会性特点。

和解事实的意会性特征，还可以促使我们反思现行法律体系中有关和解（调解）的相关规定的合理性问题，如调解的“事清责明”原则等，已有大量学者进行了大量的反思。再如对行政和解中关于调解与狭义和解法律效力不统一问题，笔者在“和解的类型分析”一章中也会对其进行质疑，主张二者应具相同的法律效力。还有，如果基于意会性因素而进行的和解，由于在法律上可以认为是事实不清的和解，这种和解的法律效力，在《治安管理处罚法》中是没有明确规定的，这就必然导致实践中大量纠纷在当事人间已经解决而在法律上却没有解决的现象，这样，在统计学意义上，对于作为社会控制的国家而言，造成信息不准确的问题，因而会影响对社会治安形势等的判断。

三、事实面向未来性

将面向未来性作为和解事实的特征，是因为在许多和解案例中，和解的事实不仅包含着过去已经发生的事实，还包括当事人根据合理的情况推断的将来可能发生的事实，这是由当事人对生活的合理预期、风险规避心理决定，并由和解恢复关系的功能进行补强的。

在“夫求清白案”中，从对和解前的案件事实着眼，我们并未看到面向未来的影子。然而从解纷方案中，却可以窥得双方当事人对未来事实的关注。解决方案中的“赔礼道歉”，显然是为了解决过去已经发生的纠纷“夫与妻关于夫是否清白”而产生的。但是，“男外出应酬应由同伴向女打电话请假、每周末男必须陪女、女给予男一年的观察期以观后效”这三项解决方案，显然并不是“夫是否清白”的结论，针对的不是过去已经发生的事实，而是面向未来的解决方案，解决的是男外出应酬的条件、周末男子是否陪女、男子是遵守“不与情人小芳交往”的承诺，简要地归纳，可以说是为了避免“夫与情人继续交往”此一未来可能之事实而提出的解决方案。而“夫与情人继续交往”，作为未来的事实，具有极大的不确定性，虽然当事人根据此前的情况作出的这一推断性的事实，具有一定的合理性。如果从逻辑的角度而言，在大前提（规范）—小前提（事实）—结论（解纷方案）这个三段论的小前提中，事实已经包含了过去已经发生的事实和未来尚未发生的事实。

在“外籍男猥亵他人案”中，表面上我们也看不到未来的影子，然而仔细甄别，对未来事实的关注，仍渗透其中。这些未来的事实包括：①如果不和解，警察可能会对外籍男采取 24 小时的传唤，甚至在取证后会以中国法律对其进行惩罚；②妻、女可能会因外籍男猥亵妇女而心生埋怨，家庭不和；③女方及其男友可能采取私人惩罚。从当事人角度而言，赔偿精神损害 500 元这一解决方案，既解决了过去已经发生的“猥亵他人”的事实，也解决了未来可能发生的上述三个事实。

纠纷解决过程中，当事人会表达对未来的关切，甚至当事人也会“无视”过去已发生的纠纷事实，而只关注未来可能发生的纠纷事实，因而实践中的许多和解案例，当事人常常会对过去已经发生的纠纷事实采取消极性策略，想以不了了之来结束过去的争执，来求取对方对未来的保证，获取对未来合理的预期，以求未来生活之安定。而一旦这种对未来的关注，无法得到有效的保证时，纠纷和解也就会化为泡影，裁决解纷就不可避免了，“易秋干扰他人正常生活案”就是典型一例。

案例 11　易秋干扰他人正常生活案　吉祥与木兰在 2006 年曾有过正常普通社会交往，此后中断联系三年多。在 2006 年两人与其他朋友一起打麻将娱乐时，吉祥的妻子易秋询问木兰为何许人时，吉祥答复说是一起打麻将朋友的情人。吉祥与易秋二人在双方结婚前已各自有家庭（吉祥组有未婚家庭，易秋属于婚姻家庭），并各与此前配偶育有一女。后来，丈夫对易秋不忠，易秋愤怒之下，与丈夫离婚，并与吉祥结婚走到了一起，婚后，二人育有一女。夫妻二人共同经营服装公司，生意蒸蒸日上。但吉祥曾数次殴打易秋，并在外与多名女性有不正当交往，易秋经常翻看吉祥手机，暗查与吉祥有交往的女性，试图挽救自己家庭。易秋查得一手机号与吉祥互通电话、发送信息异常频繁，信息内容暧昧，遂疑该手机持有者与吉祥关系不正常，质问吉祥该手机持有者是谁，吉祥称系酒吧李姓小姐，此后易秋通过发送信息、号码查询、相互通话等方式，查得手机机主为一刘姓女子，而持此手机者为一叫“李××”的女子。期间易秋虽与该“李××”通过电话，但两人一直没有谋面。易秋对李××作为第三者的行为极端不满，对吉祥的话半信半疑。夫妻二人协议离婚，但为了报复吉祥，不让他与“第三者”结合，易秋继续查找“第三者”，并打听到木兰的相关情况，根据木兰与“李××”声音的相似性推断木兰与“李××”系同一人。

为澄清事实，木兰、易秋相约在咖啡厅见面，吉祥及另两位长期与三位当事人交往的朋友也参加了见面并向易秋讲明吉祥与木兰系正常交往、没有不当关系的事实。但是易秋仍是怀疑，多次给木兰发送手机短信表达不满、进行威胁。对于易秋的怀疑、威胁短信，木兰也通过短信方式理智地进行了回复辩解，吉祥也对易秋进行了说服。但是易秋仍不相信，某日在木兰住处附近悬挂“木兰破坏我家庭，还我公道”等字样的横幅，后在物业人员干涉下，才收起横幅撤走。由于易秋多次发送信息，又打出横幅，木兰心理承受着很大压力，正常生活受到干扰，遂报案至公安机关，要求追究易秋诽谤的法律责任，维护自己名誉权。

在警方调查取证过程中，吉祥、木兰都对情人关系予以否认，易秋也未提供其他更为有力的证据。警察试图推动双方和解，易秋提出如果木兰保证日后不与吉祥交往，那么易秋就不会再闹木兰，而木兰则认为自己以前与吉祥也只是有过几次正常交往，如果自己保证了，则证明自己以前与吉祥有过不正当交往，影响自己声誉，周围的人会认为她是不清白的，会对她有否定性评价，所以拒绝了和解。警察以木兰发送信息干扰他人正常生活为由，根据《治安管理处罚法》第42条第5项之规定，对易秋行政罚款500元人民币，易秋对自己行为的违法性有了认识，并接受了处罚，但是仍认为吉祥与木兰间有情人关系，并表示如果将来吉、木二人进行交往，仍继续采取报复行动。

我们注意到，易秋和木兰都对未来表示关注，并且如果解决了双方对未来的关注，本案也就可以顺利和解。然而双方对未来的关注点不同，易秋为了达到报复的目的，让木兰保证不与吉祥往来。虽然木兰在内心中也会发誓不与吉祥再有来往，然而她对未来的关注，是周围人对她的评价。从易秋提供的解决方案来看，根据一般人的理解，如果木兰保证不与吉祥再有往来，那么此前木兰与吉祥的“情人关系”就会是一种真实。虽然从形式逻辑来看，木兰的此项保证，只意味着对未来的效力，而无关过去的事实，即使按此项保证，也未必能推出过去“吉祥与木兰情人关系”的事实。然而生活有生活的逻辑，形式的逻辑解答不了生活中的许多问题，木兰的担心并非多余，面对着周围的不同个体，木兰不可能一一向他们辩解自己的清白。这些周围人的评价，会对木兰产生不利影响。正是因为对于未来的“事实”，双方未能达成一致的解决方案，所以本案也就和解未成，而以裁决方式结束。

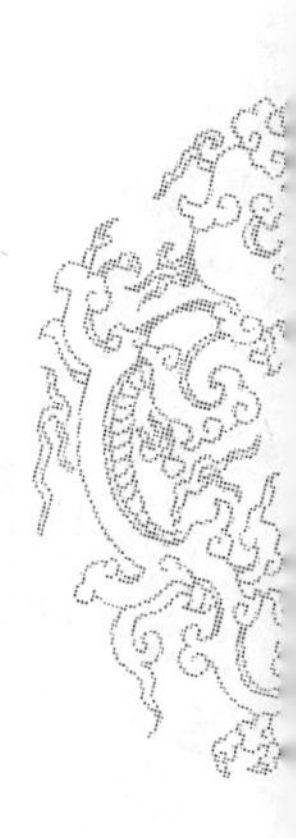

此案也涉及“情人关系”的证明问题。在调查过程中，吉祥、木兰皆否认了此种关系，而易秋也提供不出证明二人存在情人关系的有力证据。证明“情人关系”的证据，最为有力的，当属两人床第证据，其他如二人接吻等亲密行为的合影，或是两人长期的亲密通话、信息、信件等能以有效物质载体表现出两人关系的证据，也可以证明情人关系之存在，但这些在本案中都是没有的。易秋仅根

据吉祥与木兰以前有交往、木兰与李女声音相似性推定木兰即是“李××”，就是“第三者”。诚如前文所言，在纠纷解决中的意会性，只有当事人可以相对准确的把握，对于第三人而言，如果是纠纷的裁决者，仅根据意会的事实，不应简单地作出意会所代表的事实的推定。可是，如果在二人的否认且现无其他证据的情况下，作出吉祥与木兰不存在“情人关系”的事实推定，这很难说服作为普通人的易秋。作为普通人的易秋，同时也是当事人，她推定事实是否存在，不需要像法律人那样根据证据进行思考，而只需要基于一定的生活经验就可以作出有一定理由的推定，其推定的事实，虽然不是“法律事实”，但却可能是真正的“生活事实”，而法律事实因其建构性，常与“生活事实”乖张两离。如果根据法律人的思维，确定吉祥与木兰之间是清白的，不存在情人关系，那么“木兰破坏我家庭”的说法，就是一种虚假的事实，按照一般的逻辑，易秋的行为就可能是一种诽谤行为，然而正是基于易秋根据一般的生活经验可以作出一种“生活事实”的推定，而诽谤行为需要违法嫌疑人“捏造事实”为构成要件，所以易秋并非“捏造”事实。故如果以裁决方式进行处理，不宜以“诽谤”行为进行定性处罚。而易秋多次发送信息的行为则干扰了木兰正常的生活秩序，打横幅行为则使这种干扰加剧，故以发送信息干扰正常生活定性，将打横幅行为作为其中一个量罚情节，较为适宜。

裁决解纷，对未来也会产生一定的影响，这涉及惩罚问题。惩罚是人类社会的一种普遍现象。可以说，各种各样的惩罚场景几乎每天都在我们的生活中上演着，而且是合法地上演着——人身被合法地限制，财产被合法地剥夺，生命被合法地涂炭。惩罚是对自由、财产乃至生命的剥夺，惩罚意味着痛苦。[1]以惩罚来解决纠纷，实际上是一种“以恶制恶”的方式。对法律惩罚的正当性问题上，存在着主张正义和应得的报应主义以及主张社会利益最大化的

〔1〕 王立峰：《惩罚的哲理》，清华大学出版社2006年版，第1页。

功利主义两种理论。功利主义把报应主义描述成一种非理性的直觉反应，是复仇情感的发泄，因此否认它的道德地位。早在古希腊时期，柏拉图就指出：在惩罚行为不当者的时候，除非是像野兽一样盲目复仇，人们并不关心这个行为不当者过去所犯的错误，或者依据它过去所犯的错误对它施加惩罚。一个理性的人不能根据行为不当者过去所犯的罪行来施加惩罚，毕竟覆水难收，他所要考虑的是未来，是如何防止行为不当者再次犯罪，或者通过施加惩罚的场面，防止其他人犯同样的错误。而报应主义同样也对功利主义进行了批评，认为它忽视了正义，功利主义把惩罚当成了一种手段，不管功利主义的惩罚对社会多么有益，结果都是导致各种各样不公正的惩罚。一些学者认为报应主义和功利主义各有道理，试图综合二者，把强调过去与强调现在，强调正义与共同体的善的主张加以调和。[1]虽然对惩罚的正当性存在着理论上的争执，但不可否认的是，就功能而言，惩罚对未来的确有一定的预防作用，以刑事惩罚为例，它对过去已经发生的犯罪事实的主体犯罪人而言，确实是一种报应，它满足了人类的报复情感，同时它对未来有一定的预防作用，包括一般预防和特殊预防。根据通说，一般预防指防止社会成员实施犯罪行为，其特点是没有特定的具体对象，只是作为社会一般的预防措施来加以应用。特殊预防为一般预防的对称，指采取特殊预防手段和措施，对犯罪分子依法进行监禁和改造，防止他们重新违法犯罪，其预防功能在于：一方面教育人民，一方面震慑社会上有犯罪倾向的分子，以达到防止和减少犯罪的目的。没有特殊预防就没有一般预防，一般预防寓于特殊预防之中，二者紧密结合，不可分割。[2]

---

〔1〕 参见王立峰：《惩罚的哲理》，清华大学出版社2006年版，第4页。

〔2〕 可参见王振："刑罚目的的价值化诠释初探"，载《河南教育学院学报（哲学社会科学版）》2008年第1期；高敏："刑罚预防功能之反思——兼论犯罪防治"，载《湖南冶金职业技术学院学报》2007年第3期；万平："预防论的演变及评价"，载《湖南科技学院学报》2008年第6期。

裁决案件中，主体也会表达对未来的关注，解决方案也会对未来事实产生影响，然而仔细分析和解与裁决中这种对未来事实的面向，二者有一些区别：首先，从关注未来的主体而言，裁决中关注的主体，最为重要的是案件的裁决者，而和解中最为重要的关注主体却是案件的当事人。虽然无论是在裁决还是和解中，纠纷中的受害人都会表达对未来的关注，但是未来事实，在纠纷解决中的所处的地位，裁决是由裁决者决定的，而和解则是由当事人决定的。其次，就对未来事实的影响作用途径而言，裁决以惩罚为结果时，是通过惩罚所产生的威慑性间接来对未来产生可能的影响，而和解除了可以通过其中惩罚的这种间接性可能影响外，还可以直接以"外在规范"的形式对未来事实产生影响，如约定未来一方当事人违反和解约定的责任，在该违反和解约定时，将以该责任的承担来对违约方进行"制裁"。最后，就这种关注所涉及的对象而言，裁决中的惩罚，因为涉及一般预防和特殊预防，所以它的对象是不特定的，而和解中未来事实所涉及的对象，一般只限于当事人的范围之内，虽然可能会有"易秋干扰他人正常生活案"中木兰对当事人以外的周围人的关注，但该案并没有以和解方式解决，反证了如果这种关注溢出了和解中当事人的范围，则很难以和解方式解决纠纷。

四、法律关系复杂性

如果从法律关系的角度来解读纠纷事实，常包含着多个法律关系，以诉讼裁决来解决，可能需要不止一个诉讼。

案例12　房屋买卖、拆迁案　1994年，四厂在厂区西部建立网点房，先后与张青、李才、元飞、木秋签订了房屋买卖合同，各自合同标的为面积不等的网点房。其中张青、元飞、木秋各自交纳了一部分房款后，因为四厂未能履行办理产权证的义务，该三人拒绝继续支付余款。而李才因为四厂承担过多项装修工程，故没有直接付房款给四厂，而是以部分工程款进行了部分房款的抵顶。某信用社亦与四厂签订过此处的网点房买卖合同，但由李才代付的款，此后该信用社所购网点房于2004年经过拍卖，由易学竞得。李才和易学的网点房也和前三位购房者一样，由于四厂的原因，未能办理产权转移手续，同时李才、易学的购房合同与前三者在合同争议解决条款上不同，李、易的合同约定了房屋拆迁开发后的处理规则，而张、木、元则没有此种规则。此后，四厂改成股份制企业，其中的几个股东，又成立了安居置业公司，从事房地产开发。

为了在四厂具有土地使用权的土地上进行房地产开发，四厂、安居隐瞒了网点房尚与五位购房方有争议的事实，国有土地使用权由政府收回后，安居以拍卖的方式竞得此国有土地的使用权。四厂、安居向政府保证此土地上的所有争议都由四厂、安居负责，而政府则将拆迁此土地上的建筑物等补偿费用全部给了四厂。

为了让安居顺利开发，四厂、安居与五位购房方进行了数次谈判未果，遂由四厂先将张青诉至法院。一审法院作出四厂与张青买卖合同无效的判决，支持四厂主张张青返还网点房的要求。张青在一审中虽主张合同有效，但未提出合同有效后的反诉请求。张青上诉。与此同时，安居进行与争议网点房相邻的楼座建设，五位购房方以安居相邻楼座影响网点房通风、采光及消防安全为由，阻止安居楼座施工。

安居报警至公安机关，公安机关推动各方当事人进行了多次集中谈判，四厂、安居与张青、木秋、元飞和解，由四厂按每平方米6000元乘以购房方交纳的房款与合同价款之比再乘以网点房面积返还张、木、元三人房款，三人则将网点房返给四厂。李才、易学不同意此种解决方案，但达成了另一种解决方案：安居保证在李才与四厂解决房屋买卖争议前不私自拆除网点房，李才保证不阻碍安居楼座施工。此后四厂将与李才的房屋买卖争议提交到法院解决。一审法院认为李才已以工程款抵顶房款的主张证据不足，可另行起诉要求支付工程款，作出房屋买卖合同无效，李才返还四厂房屋的判决。

假设本案通过诉讼裁决解决，四厂与五名购房方之间各自形成了房屋买卖合同，会存在五个合同之诉，虽然，根据诉的理论，五个合同之诉可以合并审理，以期提高民事审判效率，达到公平的对待各当事人，防止在类似案件上五份不同的法院判决结果。这种诉的合并，是对“事”的合并，是因为五个相对独立的诉的存在，因为五个诉的标的是不同的，但是都归属于一个整体性的建筑，各诉的主体间的关系都是房屋买卖合同关系，因而可以合并在一起进行审理。从实际案情来看，本案五个房屋买卖合同诉讼的合并，却没有可能。因为，其一，诉的合并，首先应是法院已受理之诉的合并，而在本案中由于四厂一开始只起诉了张青，所以其他四人与四厂纠纷的解决，纳入不到法院的视野，即使法院想解决这些纠纷，也因司法的被动性，导致“心有余而力不足”；其二，诉的合并，第一要务在于提高审判效率，本案中张青、木秋、元飞三人与四厂的房屋买卖合同具有相同的特征，而李才、易学与四厂的房屋买卖合同，与前三者不同，所以即使合并诉讼，也可能会因为后二者的案件的审理，导致前三者与四厂案件审理的迟延。

除却五个独立的合同之诉外，本案还存在着反诉与本诉问题。在四厂诉张青案中，四厂主张合同无效，并要求张青返还房屋，而张青则主张合同有效，却不主张合同有效情况下四厂合同履行约定办理房产证的义务不能时四厂应承担什么样的责任，亦即没有提出反诉，所以一审法院没有对张青已交纳的房款如何处理作出判决。根据《民事诉讼法》第126条的规定，一审中，被告提起反诉的，可以合并审理。但是一审中张青没有提起反诉，因此双方可以另行协商或是在二审中由张青提出，但根据最高人民法院《关于适用〈中华人民共和国民事诉讼法〉若干问题的意见》，在第二审程序中，原审原告增加独立的诉讼请求或原审被告提出反诉的，第二审人民法院可以根据当事人自愿的原则就新增加的诉讼请求或反诉进行调解，调解不成的，告知当事人另行起诉。在此种规定情况下，如果用裁决解决张青与四厂的纠纷，就只好用另外一个诉讼程序进行了。四厂与张青合同纠纷产生的权利义务关系，本来是基于同一

“事实”的两个方面，却因为当事人对诉权的行使问题，不得不用两个不同的诉讼程序解决了。

四厂与李才的纠纷，也存在着两个独立的诉，其一是房屋买卖合同之诉，其二是工程款纠纷之诉。李才主张工程款已抵顶了房屋买卖的部分价款，而四厂则主张工程款纠纷系另一纠纷，主张对方另行起诉。就四厂和李才的实际利益而言，无论是否将工程款抵顶在房屋买卖合同价款之内，四厂要返还给李才的工程款及利息是必定的。如果将工程款纠纷作为单独的诉讼来解决，四厂逃脱不了债务的履行及拖延履行债务的利息，如果将工程款抵顶房屋价款，因为合同无效，四厂也是要返还与工程款同等数额的价款及利息的，不过在合同无效中的损失问题，依《合同法》（1999）第58条规定，根据过错责任承担。由此可见，工程款虽然在不同的诉讼中的法律意义不同，然而如果将其纳入到房屋买卖合同纠纷中去解决，有助于减少诉讼程序的应用，同样利于成本投入的减少。这一点，审案的法官或许看得出来，李才或许看得出来，但是由于四厂的主张，而且由于法律并没有赋予法官强制合并诉讼的权力，法官没有将两个主体相同的诉讼进行合并，而是按其本来独立的形态进行处理了。

此外，安居和购房的五方间还存在着相邻的通风、采光问题，这也是五个独立的诉讼，可以作为共同诉讼来解决，由张青、李才等五人作为共同诉讼的原告，主张安居侵权，实为侵权之诉。

以上的分析，只是指如果用诉讼裁决的方式解决相互间的纠纷，会存在着诉的合并和诉的分离问题，需要为数很多的诉讼才能完成本案纠纷解决的任务。在用裁决解决纠纷的诉讼过程中，诉讼中的法律关系可能是复杂的，然而，用诉讼解决问题，关键是理清法律关系，对“诉”进行识别。诉是一种审判请求，基于每个独立的诉讼标的而提出的诉，原则上都具有引起一个独立诉讼程序的功能，也是从这个意义上讲，每个独立的诉都构成一个独立的案件，因此，诉的合并的实质就是对不同案件的合并，或者说是对不同诉讼标的的合并。[1]诉的合并意味着诉的分离，不消说诉的合并，需要以当事人已经提起诉讼为前提，当事人如果不提起诉讼，诉的合并也就无从谈起，即使在已提起的诉讼中，法官也可以进行诉的分离，以简化诉讼中的法律关系，从而更有效率地解决纠纷。即使在合并的诉讼中，当事人也是针对每个不同的诉，提出不同的诉讼请求，法官也需要对每个诉进行事实认定和法律适用，它所节省的，并非开庭审理过程，而是重复的法律文书、诉讼中的许多行为，如原告到法庭起诉行为、不同诉讼的判决或裁定的执行等许多可以统筹合并的事项上。

房屋买卖、拆迁案实际上是一个和解纠纷案例，但其中有一部分采取了裁决的方式，即四厂与张青房屋买卖案的一审和四厂与李才房屋买卖案的一审，但这并不能否定该案总体以和解方式解决了纠纷的事实。在这个和解案例中，法律关系的复杂性程度远高于用诉之合并方式所包含的法律关系的复杂程度。仅举几例就可言明：首先，裁决解决本案例中的纠纷，即使采取诉之合并，也需至少两个诉讼程序来解决问题，这两个诉讼程序是可以作为普通共同诉讼的四厂与各购房方的房屋买卖合同纠纷诉讼和安居与各购房方房屋相邻纠纷诉讼。而采取和解方式，却可以将上述两个诉讼中的法律关系尽收其中。其次，仅从四厂与张青间的纠纷来讲，如果采取裁决解决，那么张青的反诉，因为在一审中未能提出，所以只能另行起诉，而采取和解方式，二审法院则可以进行调解，这样，和解方式中就可以包含比裁决方式中更多的法律关系。再次，就李才与四厂纠纷而言，未来李才可能以工程款纠纷起诉四厂，而和解方式则可以包含房屋买卖和工程款纠纷。最后，易学与四厂的纠纷中还会涉及信用社作为第三人的问题，其法律关系也是相对复杂的，裁决中必得有信用社参加，而和解则可以排除信用社在外，直接由四厂

[1] 朱兴有、郑斌锋："诉的合并与诉讼请求的合并之界定"，载《西南民族学院学报（哲学社会科学版）》2002年第8期。

与易学和解即可。

比较而言，裁决中的事实要求不能太复杂，如果太复杂，影响了审判效率，易采取诉之分离的，当采取诉之分离，除非分离不了而不得不作为复杂案件进行审理。和解中，事实可以比裁决中的事实更为复杂。由于和解具有恢复关系的功能，与其说它解决的是个案纠纷，不如说它解决的是“人与人”间的矛盾。裁决中诉的合并，也会使法律关系的数量增多，复杂性程度增高，然而诉的合并，其实不过是“事”的合并罢了。在一般角度上讲，在诉的合并中，决定合并的主体是法官，决定合并的理由主要是三个方面，即提高审判效率、公平保护、防止矛盾判决，决定合并的条件则根据情况有所不同，但是一个纠纷外的另一纠纷当事人也可以因诉之合并而使用同一诉讼程序参与到前一纠纷解决中来，他只能行使在自己纠纷解决中的各项权利，来影响前一纠纷解决。和解中解决什么事，取决于当事人意愿，一方当事人多人的，他们可以进行一致的集体行动，采取与诉讼中不同的行动策略，影响纠纷解决中的利益分配，甚至把无法法律化的纠纷一样带到和解中来解决，也就同时增加了和解中事实的复杂性。人与人之间的矛盾，虽是由事而生，但矛盾之根却扎在心里，心与心的矛盾的化解，远难于“事”的处理。在“事”的处理上，纠纷解决的主要是归属责任进而分配利益，而在“心”的对待上，关键是化开心结，亦即平常所谓的“心病还得心药治”。和解的事实，可以比裁决的事实具有更为复杂的特征，即在于裁决通过第三者作为裁决者解决纠纷、归属责任以分配利益，而和解却是由当事人意志为主导，除却归属责任以分配利益外，重在解决纠纷、恢复关系。从这个意义上讲，裁决重在解决“事”，而和解重在解决“心”。“夫求清白案”和“易秋干扰他人正常生活案”，当事人各方其实“醉翁之意不在酒”，意不在解决以前发生之“事”的责任归属，而是求得“心”中之“气”的释放，求得心灵上的安逸，在这两个案件中，和解方案，与其说是解决“事”的方案，不如说是一味心灵的鸡汤罢了。

五、规范意义共生性

人是生活在意义的世界中，在纠纷的解决中，各方对事实的意义，也有着不同的理解。无论是和解纠纷还是裁决纠纷，其最终要在事实之规范意义上达成“意义共识”。不同的是，在裁决纠纷时，其形成的意义共识，是由裁判者的“权力”为主导的，因而更多的是独断型的意义共识，而在和解中的意义共识，因为是由各方理性商谈的，更多的却是探究型的意义共识。

在裁决中，对于事实的法律意义的理解，按照陈金钊的观点，当属于法律解释的范畴。从总体上看，所谓法律解释就是要根据法律与事实及互动关系说清楚法律文本的含义及其事实的法律意义。〔1〕在对事实进行法律解释的过程中，非裁决主体对事实的法律意义也有着自己的解释，而且也在通过裁决过程中的交流进行着自己的意见表达。但是，以法官为主体的法律解释，其最根本的特征就是解释的独断性。法律解释的这种独断性至少有两层意思：其一，根据法律教义学原理，法官在个案中所释放出来的法律意义，被假定是早已存在于法律之中的应有之意，即个案中法官所表达的法律意义不是个人的意思，而应是法律中的意义；其二，在法律解释过程中，只能由一个独断的主体来确定法律的意义，对这一主体不管你给它什么称谓（如法官、裁判官、推事、审判员等），有效力的法律解释只能由一个主体作出，否则就会出现关于法律的多解。〔2〕因而，即使在裁决过程中，法官等裁判者、当事人、其他诉讼参与人对事实的法律意义进行再充分的商谈，因为判决的原因，最后也是以独断型为表现特征的。

裁决案件中，事实的法律意义，最终表现在法的适用上。诚

〔1〕 陈金钊：“法律解释（学）的基本问题”，载《政法论丛》2005 年第 3 期。

〔2〕 陈金钊：“法律解释（学）的基本问题”，载《政法论丛》2005 年第 3 期。

然，在法律的适用上，也存在着法律的冲突问题，然而，对于法律的冲突，在法学理论和立法实践上都有一些冲突的法律的适用原则，如上位法优于下位法、特别法优于一般法、前法优于后法等等。这些冲突法律的适用原则，解决了事实在裁决案件中法律意义冲突与裁决要求结果唯一的矛盾，形成了事实规范意义的唯一性。

和解中的事实，也面临着对事实的解释问题。然而这时的解释，却不能说是法律解释，因为和解的规范依据，除却国家规范之外，还有民间规范和横亘于这两个领域的关系规范。和解规范的这种多样性，决定了对和解中的事实评价的多样性，也就是说和解中的事实具有更多的意义。在纯粹依据国家规范和解的情况下，在和解的归属责任功能的调控下，国家规范间的冲突会在当事人的沟通下进行消解，但却因为和解的当事人自治性，不会必然地适用如裁决中那样的冲突法的适用原则。在更多的情况下，由于和解中规范的互动，国家规范、民间规范、关系规范在许多情况下是以融合的形态存在的，所以，事实的规范意义会呈现出三种规范意义的融合共生形态。

在以归属责任为追求功能的和解中，纠纷解决者是以一种积极姿态来解决纠纷的，纠纷解决方案，必然包含着对事实的评价问题。由于结论共识是和解成功的标志，当事人虽有结论共识，但在规范上未必有共识，而在和解事实上因为其可以具有模糊性、意会性、未来性、复杂性特征，所以在事实的规范意义上也未必形成某一规范专制的意义共识。具有模糊性特征的和解事实，因为需要要素填充才能具体化为可以评价的个案事实，一旦当事人将概括事实进行要素填充后形成不同的个案事实，那么因为评价对象的不同，事实的意义也就不同。对于意会的事实，因为对事实“只能意会而不能言传”，而一旦“言传”，又可能形成“事实争议”，所以意会的事实，并不一定就是同一的事实，而可能是一方当事人“误会”对方当事人对事实的认知与自己对事实的认知是相同的，因而对于意会的不相同的事实，双方当事人对其可能具有不同的规范意义评价。对于未来性的事实，由于其不确定性，事实的基本要素和影响评价各项因素都有着各种各样的可能，和解的主体常以自己的前见预测着未来事实具体情节，因而未来事实在不同的主体心中可能会有不同的镜像，所以不同镜像的事实就会有不同规范意义。对于具有复杂性特征的和解事实，由于其中可能具体化为多个不同的事实，因而对每个事实的意义自然会有不同的规范评价。模糊性、意会性、未来性、复杂性的事实，虽然达成了一致的解纷方案，纠纷得到了解决，但是规范意义是并存共生的，这种共存并生，除却因为规范依据的不同外，更为根本的原因是什么呢？具有这些特征的事实，尚未具体化为具体规范可供调整的事实，由于在进行评价过程中，需要将具有此类特征的事实进一步具体化，而具体化的方式、程度、情节又会因人而异，会形成不同的待评价事实，这样自然无法用同一规范进行调整，所以规范意义共生也就自然而成了。

但是，即使不具有上述四种特征的事实，即对于直接可用具体规范进行调整的具体的事实，在和解解决的纠纷中，也会出现不同的规范意义并存共生的现象，这典型体现在消极性的和解或是只关注未来的事实的和解中。而所谓消极性的和解，其实际上就是俗称的“不了了之”的情况，也就是纠纷当事人对于以前发生的纠纷事实，不主动寻求解决方案，不要求归属责任，而对于相互关系之恢复，也采取听之任之态度。由于当事人对各自的是非曲直自有规范评价，进而事实会形成不同的规范意义。为寻求这种解释的形象生动，举“父子互殴案”以作说明。

案例13　父子互殴案　王某兄弟二人居住在同一栋楼，对门。某日，二人因琐事在楼道相互撕扯，王父赶到现场，见二人仍撕扯，遂打了王弟一巴掌，继续再打时，王弟抓住王父手腕扭到背后，顺势踢了王父一脚，王父一句“儿子敢打老子!”，各方罢手。王弟认为长期以来王父偏向王兄，故对父不满，报警要求处理王父。警察现场试图调解，但没有成功，警察认为迅速对此案作出裁决，不利于家庭和谐，故让当事人在五日内各自考虑一下是否由警察裁决。五日后，当事人回复称不用警察处理，自己解决就行了。警察询问他们的解决方案，当事人称：锅碗瓢盆难免碰撞，过去的就过去了，一家人还是一家人。

对于这种家庭成员、亲友间的违反治安管理行为，除却直接以法律进行裁决，决定给予违法行为人是否处罚、何种处罚的处理方式外，《治安管理处罚法》还规定了警察参与下的调解和当事人自行和解方式，均属于要求纠纷解决者（包括当事人、警察）积极作为，以寻求解决方案的积极性和解。一般而言，在积极性的和解中，要解决父子间殴打对方的行政责任和民事责任问题，具体内容视殴打行为造成的危害结果而定。如果其中有人人身受到伤害或财物受到损失，就必然要涉及损害赔偿问题，由一方或双方承担，解决了损害赔偿问题，双方就和解了，行政责任就会被抵减或消灭。父子互殴案中，我们假定父子二人都未受伤、财产也未受到损失，警察如果主动调解，当事人间形成的协议，其内容很可能就是：双方相互谅解、互不追究对方任何责任；而假定有人身、财产损害，其协议内容就可能是：人身医疗费或财产损失由××承担，双方相互谅解，不再追究对方其他责任。即使双方不要求警察调解，而是自行积极和解，那么根据《治安管理处罚法》第19条第2项的规定，也是违法人“主动消除或减轻违法后果，并且取得对方谅解”，才可以减轻或不予行政处罚。无论是警察介入调解，还是当事人积极进行和解，其最后，必定需要警察在法律上对事实进行评价。调解方式下，警察也会根据法律结案，而解纷方案自然不能违法。当事人自行积极和解方式下，最后也需要警察裁决，以国家法律来衡量行为是否违法、减轻处罚或不予处罚，故在两种方式下，事实的意义受到法律的限制，而事实意义由于警察的参与，会具有“唯一”性。对于老子打儿子和儿子打老子的事实，《治安管理处罚法》有着明确的规定，都是殴打他人的违法行为，如果直接裁决，那么对二人的行为都可以罚款或拘留。即使在当事人自行和解后，以裁决处理，也同样要适用与直接裁决适用的同一法律条文。然而王父对本案事实却有着自己的道德理由：儿子打老子，天理难容；老子打儿子，天经地义！本案的实际处理过程中，警察让当事人回去考虑自己解决，而当事人也以一种“不了了之”的消极态度进行了和解，这就回避了在事实评价上法律意义和道德意义的冲突问题，而产生了在实际上两种意义继续共存的现象。

按照这种理路进行分析，在纯粹关注未来性事实的纠纷和解中，当事人的解决方案，只体现出对未来的关注，而对过去的已发生之纠纷，并没有解决方案。譬如甲乙双方为同事，二人发生口角，在众多同事面前相互辱骂对方，并有相互厮打行为，但都没有人身伤害或财产损失，后来在单位领导主持下，达成协议：二人化干戈为玉帛。双方没有对已发生的事情作出解决方案。对于已发生的纠纷，这实际上也是一种不了了之的消极性和解。所以对此过去事实的评价，也未形成如裁决中的统一意见，这些评价意义仍然是共生并存的。

“父子互殴案”中，如果以裁决解决纠纷，就会让国家法律规范形成“专制”，而这种“专制”，在该案所涉及的家庭中会产生破坏人伦和谐的后果。与之相关的问题是，如果该案中的儿子系一个未成年人，为了对这个未成年人的过错给予一定的警示，父亲是否可以对儿子给予一定的身体上的“惩戒”呢？按中国的传统教育方式，“养不教，父之过”、“棍棒之下出孝子”，而按西方教育方式，对他人身体的惩戒是一种侵犯人身权的违法行为，这实际上反映出了中西文化的差异。我国现代化法治进程中，虽然有学者如苏力主张“法的本土资源”、谢晖等学者主张重视“民间法”的研究，然而在现实国家法律制度上，不可否认的是，大部分是对西方国家法律成果的移植。包含法律文化的西方文化，与东方文化的差异，学者多有总结，张岱年、程宜山认为，中西文化的差异表现之一就是在家庭问题上，中国文化以家庭为本位，注重个人的职责与

义务，西方文化以个人为本位，注重个人的自由和权利。[1]中国文化主张家庭中讲伦理，而西方文化家庭中也是讲法律。现代中国移植西方法律，就必然会引起两种文化的冲突，在法治现代化过程中，无视中国文化特色，一味试图用带有西方特征的“法律”来一统规范领域，必然引起中国文化在“官方”层面的断裂，这对于中华民族的伟大复兴，未必不会带来不利的影响。

规范承载着文化。作为主体交往行为符号的规范，承载着人类的价值。裁决解纷，虽然其中也会有民间规范的参与，然而最终却要祭起国家规范的大旗，因而其传承的文化是国家文化。而和解中规范是宽容的、多元的，事实的规范意义可以融合并生、共存并生。国家规范、民间规范承载着不同的文化传统，它们间不会发生你死我活的结果，这就保证了多元文化的共存共生和相互地位的平等性，保证了它们自由的传承，防止一元文化的“霸权主义”。由于和解中当事人平等的地位和平等的互动，各种规范间也在进行着互动，相互间发现彼此优点和自己不足，取长补短，文化间相互融合、和谐，有利于人类传统文化的传承、有利于人类现代文化的繁荣，也有利于人类文明的进步。

六、认知主体二元性

和解中的事实具有上述特征，其实也受到和解事实的认定主体二元性特征的影响。对和解事实的认知主体是当事人双方，第三人参与到纠纷解决中来，虽对事实也有认知，也只是对当事人能否达成“事实共识”有影响，而非决定作用。比较而言，裁决解纷中，虽然当事人、其他诉讼参与人对事实也存在认知问题，然而裁决解纷中起决定作用的却是裁判者对事实的认知。

裁决中的裁判者对事实的认知，涉及“法律事实”问题。对于何谓“法律事实”，学者中有不同的观点，如依严存生、王海生的

---

〔1〕 张岱年、程宜山：《中国文化论争》，中国人民大学出版社2006年版，第55页。

观点，从法学的角度看，法律事实是指客观发生的能引起法律关系变化的情况。从法哲学的角度看，法律事实是事实的一种，是被法律所处理的或带有法律性质的社会范围内的事实。这种事实和其他事实一样，是一种已确定的客观存在，因而具有确定性和客观性；又有着不同于其他事实的特点，即历史性、间接性等。[1]谢晖认为，至少存在四种意义上的法律事实：一是具有法律意义的事实，这种事实由于其规定性而预示着法律、预示着规则；二是规范事实，即法律规范自身；三是引起法律关系产生、变更和消灭的事实，即平常讲的狭义的法律事实；四是关系事实，法律关系与法律规范一样，构成法律制度事实。[2]而杨建军认为法律事实不同于制度事实，制度事实是指法律规范中的行为模式或假定条件，不存在真伪；而法律事实则需要借助证据规则进行证明，需要法官依据程序审理、判断，存在真伪问题。制度事实是在立法活动中建构起来的事实，是在立法中进行权利义务分配的依据，需要在立法活动中论证其正当性，即要论证在立法中对何种行为、事件进行肯定或否定评价，承担何种责任或享受何种权利，以及进行这种评价的立法原因与理由；而法律事实的关键在于借助证据规则发现事实真相，保证司法中事实认定的客观性与可靠性，它是在司法中依据证据规则与法律程序要解决的问题。但是，立法中所划定的制度事实又是司法中认定某种事实是否应当接受法律调整的依据，换句话说，司法中认定的法律事实一定是涵盖在立法确立的制度框架之内的，法官认定的法律事实不能溢出制度事实所限定的范围，从这个角度来讲，法官认定事实实际上是拿生活事实与制度事实的尺子进行比对，只有符合制度事实要件的事实方可认定为法律事实，并进而在

〔1〕 严存生、王海生：“‘法律事实’概念的法哲学思考”，载《法学论坛》2002年第1期。

〔2〕 参见谢晖、陈金钊：《法理学》，高等教育出版社2005年版，第187～189页。

法律推理中将之作为小前提推导出法律后果。从时间上看，制度事实在先，法律事实在后。法律事实是一种具有客观实在性、规范性、具体由法官认定的事实，法官认定事实除了主要依据证据外，还可以采取司法认知、自认、事实推定等非证据方式。[1]

陈增宝从法律心理学的视角，考察、探讨了司法裁判中的事实问题。他认为，在司法裁判中，事实问题经历了一个由原初事实——证据事实——认知事实——案件事实的过程。原初事实即生活事实，其中有的具有法律意义，有的并不具有法律意义；当事人双方为了确定案件事实而向法庭提交的事实是证据事实；认知事实，是指法官认识到、在法官内心形成但尚未表达的事实；案件事实又称为法律事实、裁判事实，是指经过法律构成要件雕琢过、直接用作法律判断、进行法律评价的梗概性事实。原初事实一旦转化为案件事实，就被抽掉了它的生活面貌，变成了一个比较抽象的存在，并呈现着一定的类型化特征。[2]诉讼中的事实，进展到个案裁判时，形成的是裁判事实。裁判事实是经过执法人员的调查或法庭的听审之后所认定的事实，其中以司法机构通过听审之后认定的事实为典型。譬如，司法机构通过审理对具体个案的被告人行为是否构成故意杀人罪所作出的认定，就是所谓的裁判事实。[3]

由上述枚举观点可以看出，无论对法律事实的外延如何确定，有一点是明确的且具有共识的，即需要法官等裁决者进行解决的已经发生的纠纷，当经过裁决者对事实的认知，进而需要裁决时，就形成了狭义的法律事实，也可称为裁判事实。在裁判事实的形成过程中，当事人常对事实有争议，叙述事实时加进了自己的私利和偏见、错觉和猜想，甚至于有意作了歪曲，这就需要法律工作者统一

---

〔1〕 参见杨建军：“法律事实的概念”，载《法律科学》2004年第6期。

〔2〕 陈增宝：“司法裁判中的事实问题”，载中外民商裁判网，http：//www.zwmscp.com/list.asp？Unid＝9508，访问日期：2010年5月15日。

〔3〕 宋显忠、肖凯提·阿布力米提：“法律事实的实证探究”，载《法学论坛》2008年第2期。

其认识，剔除其杂质，揭穿其伪装。认识事实是诉讼中裁判者的义务。作为法律事实认识的主体，即法律工作者，在认识法律事实中承担着神圣的社会任务，而要完成此任务，就必须具备很高的素质。这包括正确的世界观和方法论，丰富的科学知识和社会经验。此外，还必须具有一种很强的社会责任心和正义精神，即以客观公正的态度和认真负责的精神查清事实真相。〔1〕法官等裁判者不是事实的当事人，没有亲自经历，因此他不可能达到对事实完全客观的和全面的认识，即不可能弄清事实的全部真相或全过程、每个细节，只能弄清其主要的或关键的情节。而这些只能弄清的主要的或是关键的情节，则只是在国家法律上有着意义的情节，这些情节构成所谓的“法律事实”，受认识主体个性、语言文字局限、国家法律规定的影响，因此，在认识过程中，可能使得一些具有法律意义的情节被有意或是无意地忽略掉了，更不用论及那些在国家法律上没有意义，然而在民间规范上却具有意义，甚至影响纠纷解决的细节了。

与陈增宝分析的裁判中事实问题的经历过程相比较，笔者认为，和解中的事实问题，经历了三个阶段：原初事实——认知事实——和解事实。原初事实也即生活事实，就是已经发生的纠纷，这种事实，在和解启动后，是一种已经“过去”的事实，和解启动后，主要是对这种“过去”进行操作，进而当事人、和解的其他参与人都在对这种“过去”进行着认知，形成不同的“认知事实”，然后基于纠纷解决之需要，虽然各方对事实的认知会形成不同的样态，但因为和解事实可以带有要素模糊性、证明意会性、面向未来性、关系复杂性、意义共生性等特征，因而当事人间求同存异，达成一定程度上的“事实共识”，求得“结论共识”，这样和解方案就出台了，纠纷也就和解了。

---

〔1〕 严存生、王海生：“‘法律事实’概念的法哲学思考”，载《法学论坛》2002年第1期。

无论裁决还是和解，事实的认知，带有认识者的烙印，受认识者的世界观、价值观的严重影响；具有相对性，它只能相对地与客观事实相符，不可能完全达到统一，具有差异性，每个认识者对法律事实的认识都具有个性。[1]但是裁决中的事实，因为如法官一样的裁判者，拥有着认定事实的独断的权力，因而裁决中的事实，到了极端地步，就是法官认定的事实，反映了法官的个性喜好，所以美国现实主义法学家弗兰克才提出了“事实怀疑论”。法官等裁判者对事实的认知，受着原初事实、法律思维方式、审理程序、证据规则及当事人对事实认知的影响，因而，虽然裁判事实受法官个性影响，然而在这种主观性之上，必定有着客观性的限制。原初事实作为一种客观的“过去”，成为法官的认知对象和裁判事实的“镜像”来源。法律思维方式，依陈金钊的观点，是一种根据法律规范进行的规范性思维方式，是一种程序性思维方式，它具有维护法治的思维形式，站在人性恶的立场之上的利益性思维，一般多运用逻辑形式，根据证据进行事实认定或根据法律加以推定。[2]裁判案件是需要审理程序的，这种程序具有固定性、强制性、法定性的特点，致使一旦在程序中形成了一种对“过去”操作而成的“裁判事实”，这种事实就被固定下来，不得反复。在证据规则运用上，为了获得“裁判事实”，以求得裁判结论，存在着证据资格和证明力的问题，根据确定的证据运用规则进行事实认定，限定了“事实”的框架，将“事实”主要固定在证据之内；而且法官虽然可以将“裁判事实”极端的法官个性化，然而当事人、证人具有个性化的“言词性证据”，却也同样限制了法官“裁判事实”的法官个性化。这样，裁判事实中就具有了当事人建构和法官建构的双重建构的主观性特征。在这种双重建构中，一些裁判案件的当事人，对

〔1〕 参见严存生、王海生：“‘法律事实’概念的法哲学思考”，载《法学论坛》2002 年第 1 期。

〔2〕 谢晖、陈金钊：《法理学》，高等教育出版社 2005 年版，第 346～347 页。

事实进行着“二次认知”，却承受着“二次被害”的痛苦，典型如强奸案件中的被害人，在法庭上，那梦魇般的过去，成了她/她们不得不说的故事，她/她们在被强奸时，已承受了由知觉、感觉等认知方式对事情的“认知”，而在法庭之上，又不得不用“记忆”，想象着过去发生的事情，用“言语”叙说着那痛苦的经历，再次用“知觉”、“感觉”等来承受被强奸的痛苦。然而，对于法官来讲，对于事实却只是“一次认知”。

同样地，原初事实也影响着和解当事人对事实的认知，影响着和解中事实的客观性问题，但是，和解中的事实，实际上仅是当事人对原初事实的“二次认知”，这种对事实的认知，并不受法律思维方式、固定程序和证据规则的限制。当事人的思维方式，也如一般的生活思维方式并无二致。虽然在一些纠纷中，法律人成为纠纷主体，因而他们解决纠纷的思维方式可能囿于法律思维方式，如果他要和解纠纷，完全运用法律思维方式解决面临的问题，也有可能，然而，大部分纠纷中的当事人，并不是法律人，他们的思维方式，自然多是日常思维方式，而日常思维方式形式多样，因而当事人对于事实的认知，就少受了许多限制，其主观性也就加大了，常会形成“无穷之辞”，由于和解无程序固定性、强制性、法定性等特点，致使当事人随时可以反复，成为“反复无常之小人”，而无需证据证明的方式，也会导致当事人可以随意对“事实”进行“添油加醋”，这样和解中的事实，其客观性越来越少，主观性越来越大，虽然其建构只受到当事人的建构，而不像裁判中那样还有法官的建构，然而也正是它没有法官的作为法律人的建构，这种事实的要素模糊性、证明意会性、面向未来性、关系复杂性、意义共生性就成为了可能。

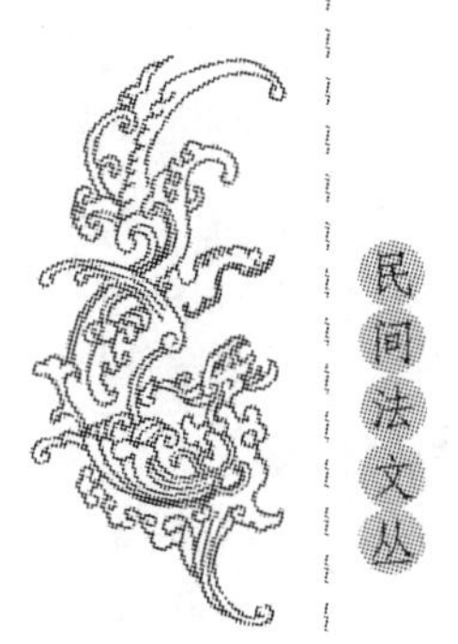

第五章

和解的类型分析：以法律纠纷和解为着力点

类型分析有助于我们更好地把握“和解”这一社会现象。根据不同的标准，对和解有不同的分类。譬如根据本书对和解的含义界定，可以把和解分为狭义的和解和广义的和解，还可以将和解分为：传统意义的和解、调解、辩诉交易等等。根据当事人在和解中的主动性分为消极性和解与积极性和解，前者系指当纠纷发生后，纠纷当事人在解决纠纷的过程中，采取的是回避策略，消极退让，双方不了了之；后者是指双方积极接触，解决先前纠纷中的责任归属或利益问题。根据参与和解主体标准分为私私和解和公私和解。前者是指当事人完全是私人双方，在和解的过程中，没有公权力的干涉，有时候有第三人的参与，但这种第三人仍是民间第三人。后者是指和解的当事人一方是私人，另一方则是官方。湛中乐等将行政和解的类型为分撤诉模式与契约模式。契约模式，可以称为“契约式和解”，是指以公法契约作为和解结果的模式；而撤诉模式，又可称为“撤诉式和解”，是指以撤诉或撤销控告的方式进行的和解。〔1〕

根据我国现行法律的规定及实践中的和解情形，依和解的纠纷之性质，笔者将和解分为非法律纠纷的和解和法律纠纷和解，前者是指不用法律规范进行解决，而是用道德、宗教等其他规范和解的纠纷，后者指运用国家法律规范和解的纠纷。法律纠纷的和解，根据我国现行法律框架，可以分为民事纠纷和解、刑事纠纷和解，行政纠纷和解，分别简称“民事和解”、“刑事和解”和“行政和解”。

一项纠纷的和解，可能同时包含民事纠纷和解与行政纠纷和解。如故意伤害案中，如果其故意伤害行为触犯治安管理处罚法，那么这种故意伤害行为就具有了民事纠纷和行政纠纷的双重属性，解决这一纠纷，就需要确定民事责任和行政责任的双重责任，和解这一纠纷也具有了民事和解和行政和解的双重性质。如果其故意伤害行为触犯刑法，涉嫌故意伤害犯罪，那么这一纠纷就具有了民事纠纷和刑事纠纷的双重属性，解决这一纠纷，就需要确定民事责任和刑事责任，和解这一纠纷，就具有了民事和解和刑事和解的双重性质。

研究此种分类有一个好处，就在于现有研究和解的文献资料，大都是在此分类基础上的研究，可以进行更好的参照。不过，需要说明的是，每一种类型的研究，都可以有很多的问题值得关注。而笔者在本书着重笔墨的，将是根据此前我们论及的和解基本问题中的观点或理论，结合实践，对现行法律框架内的和解进行某一或某些方面的反思。

---

〔1〕 参见湛中乐等：《行政调解、和解制度研究》，法律出版社2009年版，第98～108页。

一、民事和解——以法院调解为着力点

民事和解，指的是对民事纠纷的和解。对于民事和解的法律规定，散见于我国民事诉讼法、仲裁法等民事法律之中。根据我国现行民事诉讼法规定，民事诉讼中的和解分为三种类型：一是法院调解，二是自行和解，三是执行和解。自20世纪80年代后期民事审判方式改革推行以来，法院调解制度的改革与完善开始成为民事审判方式改革的热点之一，因此我们探讨民事和解，关注点也集中在此领域，同时必须把这一制度同司法实践中存在的问题联系起来，才能更好地找准现行法院调解制度存在的问题。

（一）调解书没有“说理”

法律文书一：杜×诉邢×、马×案调解书

山东省威海市××人民法院

民事调解书

（2004）威×民一初字第×××号

原告：杜×。

被告：邢×。

被告：马×。

本院于2004年7月12日立案受理的原告杜×诉被告邢×、马×人身损害赔偿一案，依法由审判员周××适用简易程序，公开开庭进行了审理，现已审理终结。2004年5月31日，原告在清扫××市场卫生时与二被告发生争执并厮打，造成原告轻微伤并入院治疗。原告出院后，双方因医疗费用等赔偿问题未能协商一致，故原告诉至本院请求处理。

本院在审理过程中，经本院主持调解，双方自愿达成如下协议：

一、二被告共赔偿原告医疗费、误工费、护理费、住院费、伙食补助费用、交通费共计5897.15元，于2004年9月30日前付清，

二被告互负连带责任；

二、原告放弃精神损害赔偿的诉讼请求；

三、案件受理费460元，实际支出费100元，法医鉴定费100元，共计660元，由原告负担300元，二被告负担360元。

双方当事人一致同意自双方在调解协议上签字或捺手印后即具有法律效力。

上述协议，不违反有关法律规定，本院予以确认。

审判员　周××

2004年9月6日

书记员　秦××

法律文书二：王××诉常××子女探视权判决书

山东省威海市××人民法院

民事判决书

（2008）威×民一初字第×××号

原告：王××。

被告：常××。

原告王××与被告常××子女探视权纠纷一案，本院于2008年10月31日立案受理，依法由审判员李××适用简易程序，公开开庭进行了审理。原告王××、被告常××到庭参加诉讼。本案现已审理终结。

原告王××诉称，1995年11月2日，原、被告经人介绍登记结婚，婚后于1996年7月6日生育一女常女，2003年3月27日，原、被告离婚，婚生女随被告生活。离婚后，原告要求行使探望权，被告一直拒绝。原告有时到学校偷见孩子，被告发现就骂孩子，造成孩子心理负担很大，严重影响了正常的学习和生活。故起诉，请求每周探望女儿常女一次（寒暑假随原告居住），并要求被告返还独生子女证。

被告常××辩称，原、被告在离婚协议中约定，原告在不影响孩子正常学习生活的前提下，可以探望孩子，但现在原告的探望行为已经严重影响到孩子的学习和生活，故不同意原告探望孩子。

经审理查明，原、被告原系夫妻关系，于1996年7月6日生育一女常女，2003年3月27日，原、被告经协议离婚，协议约定：婚生女常女由被告抚养教育，婚生女的抚养费，除重大疾病的医药费和上大学的费用由原、被告均摊之外，均由被告自愿负担；原告在不影响孩子的正常生活和学习的情况下，可以对孩子进行任何探视，但要通知被告。2008年8月28日，原告诉至本院，请求每周探望婚生女常女一次（寒暑假随原告居住），并要求被告返还独生子女证。

庭审中，被告为证明原告的探望行为已经影响到孩子的学习和生活，提交了婚生女常女书写的书面材料一份。原告质证认为，该书面材料系婚生女在被告指使下所写，并非孩子的真实意思表示，同时原告提交了其与婚生女的通信记录三份，以证实婚生女需要原告的探望及关怀，对于该证据，被告认为其中两份并非婚生女书写，另外一份也无法证明原告的主张。

以上事实，有离婚协议书、出生证明等书证及双方当事人的庭审陈述在案佐证。

本院认为，父母与子女间的关系，不因父母离婚而消除。离婚后，不直接抚养子女的一方，有探望子女的权利，另一方有协助的义务。原、被告双方在离婚协议中对于原告行使探望权进行了约定，该约定合法有效，双方均应信守。原、被告双方对于原告的探望行为是否影响了孩子的学习和生活各执一词，并分别提交了书面的证据材料，但双方都没有充分的证据证实自己的主张。因此，原告作为原、被告婚生女的母亲，有权利探望自己的孩子。对于探望权的行使方式，应本着有利于婚生女学习和生活的原则确定。故原告要求行使探视权的诉讼请求中的合理部分，本院予以支持。原告要求被告返还独生子女证的诉讼请求，没有明确的事实依据及法定的理由，本院不予支持。依照《中华人民共和国婚姻法》第38条第1款、第2款，最高人民法院《关于民事诉讼证据的若干规定》第2条之规定，判决如下：

一、原告有权自2008年11月起，每两周探望婚生女常女一次，被告负有协助的义务；

二、驳回原告要求被告返还独生子女证的诉讼请求。

案件受理费50元，原告负担25元，被告负担25元。

如不服本判决，可在判决书送达之日起15日内，向本院递交上诉状，并按对方当事人的人数提出副本，上诉于山东省威海市中级人民法院。

审判员　李××

2008年11月17日

书记员　×××

比较一下调解书和判决书，两者都是由“官方”参与的纠纷解决结果的书面载体，都解决了民事责任问题。但是在形式上，法院判决书比法院调解书多了一项重要的内容，就是判决的“理由和适用法律的依据”，特别是判决理由部分（即“本院认为……”）。

《民事诉讼法》第89条规定：“调解达成协议，人民法院应当制作调解书。调解书应当写明诉讼请求、案件的事实和调解结果。调解书由审判人员、书记员署名，加盖人民法院印章，送达双方当事人。调解书经双方当事人签收后，即具有法律效力。”可见诉讼请求、案件事实、调解结果，是法院调解书的必备三个要素。第138条又规定：“判决书应当写明：①案由、诉讼请求、争议的事实和理由；②判决认定的事实、理由和适用的法律依据；③判决结果和诉讼费用的负担；④上诉期间和上诉的法院。判决书由审判人员、书记员署名，加盖人民法院印章。”这两条法律规定，道出了作为法律文书的调解书和判决书区别的法律依据。

实践中的法院调解书没有说理部分，仅仅是纠纷解决者在按法律的规定办事吗？其实不然。对调解书为什么没有像判决书那样说理，可以有不同的解读，譬如是因为纠纷调解者的水平，但是纠纷调解者在调解过程中，确实在做着“以理服人”的工作，质疑纠纷调解者的水平，是有问题的。如果说调解注重效率，没有必要写上“理由”，倒还可以说得过去。不过，笔者认为，虽然在一个理想的状态下，调解书应像判决书那样说理。然而，在大多数案件中，因为我国的法院调解，是被视为纠纷当事人的处分权与法院审判权合一的，因为调解的理，与审判的理的契合是存在问题的，有时候是无法弥合的，所以调解书一般是很难说理的，其实是它常常无法说审判意义上的“法理”。

（二）调解书很难说“法理”

调解书很难说“法理”，首先根源于调解的合意性，在合意之中，当事人可以就任何问题，采取双方同意的任何方法解决。基于合意性的调解书的本质，是契约，而不存在与审判权“合一”的问题。审判的含义，在于由法官进行审理，查明事实，然后进行是非判断。法官主持调解，虽然他是法官身份，但是他的行为已经不是审判，他行使的已不是法官的“审判权”。法官在调解中，仅仅应是和解中的第三人，他只是了解法律而已，只是法律在实然规定上将调解书的效力赋予同裁判文书相同的效力而已。这一点我们从调解书的用词上就可以看得出来，如前述调解书中“双方当事人一致同意自双方在调解协议上签字或捺手印后即具有法律效力。上述协议，不违反有关法律规定，本院予以确认”这两句话，即表明，协议是当事人意思表示的一致，而法院只对协议内容的不违法性进行确认，也就是说，只要当事人的协议不违法，当事人的意思表示一致的结果——协议，在当事人间就有法律效力，对当事人有约束力。撇开法律赋予调解书的法律意义（效力）而言，仅就调解这一事实分析，它不过是纠纷当事人的契约而已。因此，法律应对契约按照合同的一般审查原则审查。所以针对调解书的法律效力，目前我国法律没有赋予当事人对调解书上诉的权利，是合理的。然而倘若调解书真的不能达到“公平”地保护当事人的权益，如何救济呢？那就需要对调解书中的合意进行监控，而法院的确认程序，就是一种监控措施。此外，还有裁决的监控。这个问题，我们在程序监控原则的论述中亦有提及。

调解书很难说“法理”，并不是说调解书不能说理。根据我国法律规定，调解书是要“查明事实，分清是非”（又被称为“事清责明”原则）的。虽然法院可依公序良俗审理民事案件，但在调解案件中，只要调解协议内容不侵害国家利益、社会公共利益、不侵害案外人利益、不违背当事人真实意思、不违反法律、行政法规禁止性规定，法院就可以确认调解协议的法律效力，法官作为调解人在其中的“说理”就可以在调解文书中进行表达。可为什么不在文书中表达法官作为调解人的理呢？我们前面已指出，是调解中的理与审判中的理的契合问题。调解中的理与判决的理，经常表现为两种理，调解中的理，常指人情，而判决中的理，指一般的法理，是一种传统意义上的“法理”，虽然关系、人情、面子贯穿于纠纷解决之中，然而，关系、人情、面子具有太多的面相，在一般人的理念上，法理与人情是冲突的，因而，虽然在判决中也有关系规范各因素的存在，但是通过“法律文书制作术”，就可以将判决打扮得“依法判决”。如果情理非要在法院调解书中进行表达不可，那也需要法律文书制作术，将人情的理转换成法理。然而，作为国家规范，法律规定了权利义务的统一模式，而关系规范是弹性的、软性的，它无法确定统一的权利义务模式，故而要将人情之理转化成法理，有可能，但有时是非常困难的。因此，如果法律上也规定调解书需要说理，那么就是对法官作为调解人的“非分”要求，有时候还会使法官陷入循人情还是遵法律的两难困境。

同时，在调解书中所列的事实，可能与经过证据证明的法律事

实有所不同，有时很难达到“事实清楚”的法律要求。“事实清楚”本身意味着事实准确，而事实准确，要么是以生活中的事实为依据，要么是依法律事实为依据。法院调解，由于法院及法律的权威，应是以法律事实为根据，而法律事实又应是用证据证明的事实，这样在本身无证据辨认质证程序，同时对调解书也没有证据部分、说理部分要求的情况下，“事实清楚”就是对调解这一方式的无理要求。“分清是非”实际上是对事实的评价，因而涉及评价标准问题。诉讼的实体依据是法律，当然包括国家实在法或是公平正义、诚实守信等已法律化的道德规范。如果以此进行是与非的评价，那么，在“事实清楚”的基础上，对案件进行判决即可，又何需法官对当事人进行“苦口婆心”的调解？笔者认为，理想的调解方式，应是以法律为评价标准，确定纠纷解决方案中当事人的权利和义务及相应的责任，同时表明双方都在“合意”的过程中何方让渡了何种利益、何等程度的利益，也可体现妥协方的“大度”，使对方从情感上更加对妥协方亲近，双方曾一度受损的关系得到恢复。但是现实中的法院调解书却没有如此的清晰明了，实际上导致当事人牺牲的利益不明不白，因而并没有达到“分清是非”的法律要求。从这一角度上讲，我国民事诉讼法规定调解的“分清是非”，在现行的调解制度设计下只能是一种无法实现的空中梦想而已。法律没有规定调解书说理，是立法者的“明智”之举，而规定的“查明事实、分清是非”原则，只是立法者给法官的调解行为打上了一面“调解行为合法”的幌子，或者说是对调解行为的一种永不可能实现的“行为期待”罢了。

正是因为我国法律规定的调解书中并没有说理部分，而现实中法院调解书也没有说理，所以在他人看到调解书时，根本无法明了案件事实的认定依据及为何得出调解方案，从而使调解书缺乏说服力。当人们对调解过的纠纷又起争议时，就会形成各说各理的情况。在调解中，双方当事人对自己的主张言说着自己的“理”，法官作为调解人，为双方当事人达成协议，也言说了促成当事人意思表示一致的“理”，基于协议之达成的事实，我们可以推断出，当事人、法官，在“理”上达成了一致。然而，调解书上没有说理，就有了无限的阐释空间。虽然签订调解协议时是“互谅互让”，然而当事人在此后反悔调解协议时，这种“互谅互让”就成了违背真实意愿的借口了。

（三）调解书很难说“法理”对调解制度的影响

调解过程也是“说理”（情理也好，法理也罢）的过程，纠纷调解者在调解过程中，也会以理服人，而且纠纷双方在和解的互动中，也各自进行说理。然而法院的调解书为什么不能像判决书那样说理？其中的一个原因，那就是调解本身实质是促使当事人间的和解，调解协议实质上是当事人间的契约，“有钱难买我愿意”，只要当事人间愿意，以“合意”形成的纠纷解决方案，在当事人间就有一定的事实约束力，而无论国家法律是否赋予其法律约束力。而法院调解，在我国则被视为是当事人处分权与法院审判权的结合，因法院审判权的存在，迫使法院的调解书要打着国家法律的幌子。然而许多当事人间的合意，客观上不能，或者纠纷调解者主观不能“打上”国家法律的幌子，因而无法用“法理”进行理由说明，所以也就很难进行说“法理”。

调解书很难说“法理”，还有另外的理由。笔者在第三章中指出，纠纷和解可以根据国家规范、民间规范、关系规范，其中民间规范具有多样性，而关系规范具有弹性、软性，纠纷和解是一个互动的过程，其中关系规范、纠纷解决者个性影响着纠纷和解中国家规范和民间规范互动样态。因而在纠纷和解中，有些理由是无法“言”的，即使“言”，也会“言不由衷”、“言不达意”或是“言不尽意”的，一句话，这些“理”是只能意会，而不能言传的。而调解书，毕竟是“书”，用“文字”形式对这些理进行表达，显然是“工具不能”。

调解书既然很难说“法理”，并不意味着调解根本无法说“法理”，在有些情况下，如果调解方案仅依法律而作，那么作为调解人的法官就可以说法理，特别是当事人作为受众，其对法律规定相当熟悉的情况下，仅利用法理，就可以在当事人间形成合意。然而在许多情况下，正如我们前面在分析国家规范、民间规范、关系规范的互动样态时所揭示的那样，和解“合意”的形成，并不仅仅有法理。也就是说，即使在法院调解中的许多纠纷，许多就是用了“非法律”因素，这是一个“事实”，那么调整这一事实的“规范”，就不能罔顾这一事实的客观性。因而，我们就把视角自然地落在了我国现行法律中法院调解制度的具体设计上。

在单独适用国家法进行调解的场合，法理作为理由是可以写在调解书上的，因为它是“政治正确”，然而如果非依国家法进行的和解，其理由写进调解书，则是“政治不正确”了，显然也会违反民事诉讼法的规定。因此，立法者在规定调解书内容时，无论是有意识也好，还是无意识也罢，都为当事人进行非依国家法的和解留下了空间，这或许是立法者的一个阴谋。然而立法者不明智的是，他还是将“事清责明”原则写进了民事诉讼法的文本，从而使他所制定的调解制度整体性存在着隐性的矛盾。

法院调解书很难说“法理”，影响到法院调解书的效力问题。从我国现行民事诉讼法规定来看，法院调解书的效力分为四个方面：一是《民事诉讼法》第 89 条第 3 款规定的法院调解书经双方当事人签收后，即具有法律效力；二是该法第 180 条规定调解书产生效力后，不能上诉，只能通过再审来纠正错误；三是该法第 155 条规定的二审中的调解书，具有撤销原审判决的效力；四是该法第 88 条规定的调解达成协议，必须双方自愿，不得强迫。调解协议的内容不得违反法律规定。这充分体现了法律对“合意”的尊重，因而仅就调解书的契约本质而言，这些法律规定是合理的，它尊重了当事人的意思自治，同时又对意思自治进行了限制。

有学者对调解书不能上诉进行了批评，认为变相地剥夺了当事人的上诉权，限制了上一级法院的司法监督功能，[1]是我国现行调解制度的一大弊端。同时，我国民事诉讼法中的调解程序和审判程序是一体的，没有专门的调解程序，调解可以在审判过程的任何时候进行；调解人员和审判人员在身份上是竞合的。调解成了法院民事审判权的主导性运作方式，偏重调解构成了我国民事审判程序的主要特征，民事审判方式为“调解型”的审判方式。[2]这种制度设计，造成审判的公开性与调解的不完全公开性发生冲突，审判人员容易使调解形成强制合意，出现“重调轻判”、“以判压调”的现象，调解中单方让步与权利保护相矛盾，对调解书送达前当事人反悔没有限制，与诚实信用原则相悖等问题。

笔者认为，仅就法律规定的对调解书的效力及限制而言，我国民事诉讼法并没有不当之处。诚如前面所言，它体现了对当事人“合意”即意思自治的尊重。契约之成立、有效，根源在于当事人之“同意”，当事人对调解书签收意味着同意契约，故而调解书在当事人签收后发生法律效力，而二审中的法院调解书则有撤销原审判决的效力。学者批评调解书不能上诉变相剥夺了当事人的上诉权，限制了上级司法机关的监督，仍是将调解书定位于当事人处分权与法院审判权相结合的产物，实际上是对法院调解书性质的误解，是对法官在调解中的角色存在认知偏差。

民事诉讼法中关于调解书的效力的规定，是没有问题的，但是并不证明我国民事诉讼法关于调解制度的设计没有问题。它的问题恰在于调解与审判的合一上，学者们对此多有智见。有学者认为，在诉讼程序的设计上，调解与审判的实体合法性要求未作区分；调解的阶段设置不够科学，主要表现为与判决的设置同一，调解与判决设置阶段重合的结果，使两者的不协调更为明显；诉讼调解的调解主体设置过于单一，根据我国民事诉讼法的规定，只有法官才能

---

[1] 于芳：“法院调解制度研究”，载《法制与社会》2009年第6期。
[2] 于芳：“法院调解制度研究”，载《法制与社会》2009年第6期。

主持调解；调解的反悔权设置时间有违效率原则。根据我国《民事诉讼法》第 89、91 条之规定，当事人在达成调解协议后，在调解书送达之前仍可没有任何理由而不受调解书的约束，[1]因而，该学者主张调审应分离。有的学者则从法院调解与民事诉讼的价值冲突角度，认为现行法院调解与诉讼的正义、效率、程序安定价值冲突。虽然法院调解基础在于当事人同意，可以更好地实现正义，但是由于法院调解中法官的角色，会让当事人不得不接受法官建议，从而损害当事人利益。在当前的法院调解过程中，在法官的压力下或者是诸如“以判压调”、“久调不判”的隐性压力下，当事人往往是牺牲了自身的部分利益而接受了调解协议，其结果是非正义的，错误成本是上升的。调解导致的是对严格审判的放弃，二者是一个问题相反的两面，虽是解决纠纷的方法，但其方式和结果都是相互矛盾的。现行法律将其二者放在同一个程序中交互进行，在法理上是说不通的，审判的价值在于根据实体法确定一个解决问题的规范，以确保实体法的规定在现实生活中得到最大可能的实现，是建立一个和谐、有序社会的程序保障，而我国现行的法院调解则破坏了这个规范，不当调解、调解偏好等的存在使得实体规范在现实生活中得不到实现。[2]有的学者则从目的论的角度，认为法院调解在我国解决纠纷的机制中居于非常重要的地位。法院调解的目的可以分为两个层面，一是法院调解的一般目的——解决纠纷；二是法院调解的特殊目的——保障当事者程序自由权的实现和追求效率。一般目的为一切调解制度所具有，也为所有解纷方式所共有，是调解制度实现社会规范、社会正义的结果，反映其为它物而存在的意义；特殊目的是调解制度自身目的和价值的实现，反映其自我存在的意义。法院调解的一般目的和特殊目的共同统一于调解制度的各

〔1〕 张艳艳：“诉讼调解制度改革研究”，载《法制与社会》2008 年第 2 期。

〔2〕 房茂利：“法院调解与民事诉讼价值的冲突”，载《新乡学院学报（社会科学版）》2009 年第 6 期。

个构造要素和运作过程之中。[1]

笔者认为，审判和调解应该分离，首先可以基于以下理由：

1. 审判与调解的程序不同：安定性与灵活性的对立

程序安定是指民事诉讼的运作应依法定的时间先后和空间结构展开并作出终局决定，从而使诉讼保持有条不紊的稳定状态。程序的安定性包含两个不同层面的安定，即程序规范的安定和程序运作的安定。其基本要素包括程序的有序性、不可逆性、时限性、终结性和法定性。[2]诉讼程序对“过去”的事实进行操作，运用证据规则对已成为“过去”的事实进行重新建构，经过辨认质证的证据，就要被作为定案的根据，只要承诺（自认）就不得反悔，这一点不仅对于当事人，而且对于法官都有拘束力。如果诉讼程序总是被反复启动，或者当事人的任意撤诉以致滥诉不被限制，或者法官不按严格的时序、时限、空间关系来审理，那么，当事人就无法获得安全感，当事人间发生冲突的身份关系和财产关系难以得到最终的确定，更甚者，使当事人疲于奔命，会使人们对诉讼产生一种厌恶和恐惧的心理。[3]

调解程序和诉讼程序截然不同。法院调解的最根本目的，是解决纠纷，因而它的方法具有多样性，程序可以反复、灵活。当事人以“合意”解决纠纷，对事实不需要证据证明，甚至不需要“心知肚明”，只要达成一致的解纷方案即可。一旦审判程序的安定受到损害，那么法官的恣意就无法受到限制，从而使判决的质量和程序的正统化令人怀疑。既然我们认为应依法规定一套科学的严格的审判执行程序，从起诉到执行形成一个完整的链条，一环套一环，一个程序紧接一个程序，那么把反程序的调解原则从现行的民事诉讼

〔1〕 许少波：“法院调解的目的论”，载《法律科学》2007年第4期。

〔2〕 陈桂明、李仕春：“程序安定论——以民事诉讼为对象的分析”，载《政法论坛》1999年第5期。

〔3〕 陈桂明、李仕春：“程序安定论——以民事诉讼为对象的分析”，载《政法论坛》1999年第5期。

中分离出去就是其逻辑上的要求。[1]

2. 审判与调解实体准据不同：国家规范与民间规范的对立

司法是社会正义的最后一道防线，法官是法律帝国的将相。在审判中，法院判决始终要打着国家法律的“幌子”，否则就失去了它的“合法性”。虽然在审判活动中也有民间规范、关系规范的参与，然而国家规范却是审判中的恒量。民间规范、关系规范在其中所起到的作用，要么是支撑补充国家规范，确认国家规范的效力，要么是根据国家规范的认可发生效力。

而调解却不同，它可以单纯根据国家规范，也可以单纯根据民间规范、关系规范，还可以是三者相结合的产物。在调解过程中，不能说哪一个规范具有主导性地位，是解决纠纷的目的性决定了规范的适用类别和方式。

3. 审判与调解事实认定要求的不同：证据性与意会性的对立

在法官的审判中，对证据是要辨认质证的，而经过辨认质证的证据，就可作为定案的根据。什么是证据？一般认为，证据是能够证明案件真实情况的事实。它具有客观性、关联性、合法性的特征。证据是诉讼的核心，不管是刑事诉讼、民事诉讼还是行政诉讼，在某种意义上整个诉讼过程实际上都是一个收集、固定保全、审查判断和运用证据认定案件事实的过程。[2] 也就是说，审判所要解决的纠纷，是经过证据证明的案件事实。而这种事实，因为审判运用的国家法律规范，国家法律规范中的规范事实应当涵摄案件事实，为此，就必须对各种具体的、在法律规定上无意义的细节事实进行“剪裁”，构建“裁判事实”，这一构建过程，虽然有个体的主观性在其中，特别是受法官主观性影响很大，但毕竟受证据的客观性影响。任何无根据的揣测、想象、臆造的事实，都不应纳入

〔1〕 陈桂明、李仕春：“程序安定论——以民事诉讼为对象的分析”，载《政法论坛》1999年第5期。

〔2〕 张少林：《刑事证据的运用》，中国方正出版社2003年版，第1页。

审判的视野。而在调解中，事实不需要进行“剪裁”，在国家法律上无意义的事实，恰恰可能是纠纷之所在，也可能虽不是纠纷之所在，却在当事人心中具有重大的意义，因为对于事实的意义是人赋予的，而法律赋予的意义，可能只是一种国家角度的“意义专制”。虽然在法律规定层面，如我国的民事诉讼法，也规定了在调解过程中，应当在事实清楚的基础上，分清是非，可以用简便方式通知当事人、证人到庭，〔1〕在调解中，当事人对事实的意会性却是显而易见的，法官在主持调解时，虽然会尽量做到“事清责明”，然而他却没有必要像审判中那样对每一份证据都要进行辨认质证，法官在“事实构建”上的作用并不如审判中大。调解中的法官是要征得当事人同意而对事实进行剪裁的，受着当事人意愿的制约。调解方案也并非如审判中建构的事实那样受法律规范一刀切式的规制，而可以是“五花八门”，这些“五花八门”的解纷方案，恰恰对应了那些在审判中可能被剪裁掉的细节事实，或是当事人意会的事实。

4. 审判与调解主体的素质要求不同：法理性与经验性的对立

审判和调解，前者是根据他人意愿的纠纷解决方式，后者是根据当事人意愿的纠纷解决方式，然而却都是由第三人参与的纠纷解决方式，不过第三人的作用不同而已。但正是这种作用的不同，才会导致两种解纷方式的不同。因此，审判和调解两种解纷方式功能的有效发挥，对第三人的依赖特别重要。换言之，第三人的个性，是两者功能有效发挥的重要变量。笔者在第三章关于规范互动的分析中已经指出，纠纷解决者的个性是纠纷解决中国家法与民间法互动样态的变量，这里要申明的是，对审判主体和调解主体的要求是不同的，即审判主体更多的要求法理性，而调解主体更多的要求经验性。审判主体的法理性，是指审判主体会“辨法析理”，即能根据国家法律规定和案件事实，找到两者弥合的理由，得出让人服

〔1〕《民事诉讼法》第85、86条。

“理”的判决结果。这种法理性，是由审判的安定性、审判依据的国家规范性、审判认定事实的证据性所要求的，也是审判这种方式本身在社会上的地位要求所决定的。审判方式是社会的最终解纷方式，它必须有权威性，它必须能“胜败皆服”。

而调解主体的经验性，则指调解主体会“以情感人”，虽然他也说理，但他说的常是“情理”，他把当事人看做是生活中的活生生的“人”，有人的七情六欲，他虽然也要能用法理进行说服，但没有情理作为推动，他的调解方案就会很难被当事人接受。讲法理，可能是每个受过法律专业训练的人都可以办到的事，然而“讲感情”却不是一件容易的事情，它需要言说“感情”的人与听说者有着相同的感受、大致的经历等条件，因而生活的经验是调解者手中的真正法宝。

审判和调解，并非仅有以上的区别，但是以上的分析，足以证明二者的区别是明显的，差异是巨大的。因此，如何协调二者在法律制度中的关系，着实需要进一步思考。不过，以上的区别，已经可以算作调、审分离的理由，虽然还不是充要理由，但是我们还可以用以下理由对观点进行“补强”。

1. 调审合一导致实践中许多弊端

现行调审合一体制，在司法实践中已表现出多种弊端，归纳而言：其一，审判的公开性与调解的不完全公开性发生冲突，当事人往往难以达成调解协议。其二，在我国现行制度条件下，审判人员容易使调解形成强制合意，出现“重调轻判”、“以判压调”的现象。其三，合法原则及查清事实、分清是非原则在实务中相悖。其四，调解中单方让步与权利保护矛盾。在审判实践中，绝大多数调解结案的案件都是合法有理的一方放弃自己的某些权利，作出让步以换取暂时性的、预期的利益，从而使权利、义务关系得以重新确定。其五，对调解书送达前当事人反悔没有限制，与诚实信用原则相悖。表面上看来是赋予当事人更多的权利，而实际上是对当事人处分权的一种过度“放纵”，违背了民法上自由、诚实信用的原则。

其六，变相的剥夺了当事人的上诉权，限制了上一级法院的司法监督功能。[1]

2. 法院的功能不应仅限于解决纠纷

调解作为和解的一种方式，自然具有第六章中所分析的解决纠纷、形成规则、归属责任、恢复关系的功能。在我国，法院调解，同人民调解等一样，具有重要政治功能，即维护社会安定的“防火墙”功能。调解好纠纷，可以防止纠纷的激化，有利于社会的稳定；调解好纠纷，有利于当事人之间的和谐，有利于构建和谐的社会。同和解一样，裁决也具有纠纷解决、形成规则、归属责任、恢复关系的功能，然而在现代法治国家中，裁决应是最终的、最权威的纠纷解决机制。法院作为裁决机关，不但负有解决纠纷职能，而且还必须具有维护法治的功能。这种维护法治的功能，是在立法、行政、司法三权分立的情况下，司法应是正义最后一道防线的要求。将调解程序与审判程序合一，会损害裁决机关公正性、严肃性，会损害国家法律的权威。而如果没有国家法律的权威，没有法院的权威，现代法治就会受到严重挑战。

虽然，目前法律多元理论研究正在兴盛，而且正如笔者在第七章中所主张的那样，法治也并不应只等于国家法律之治。然而，法院毕竟是解决纠纷的最后一道防线。在当事人就各种问题，无论是事实问题，还是规范问题不断争执的情况下，为保证纠纷的解决，就必须有一套统一的标准，必须有一个解决的权威机构，而这一套标准就是国家法律，这个机构就是法院。从这个角度而言，保证法律得到严格、统一的适用是任何法治国家的必然要求，也是衡量一个国家是否真正实行法治的标尺。而目前调、审合一的程序，软化了程序法和实体法的双重约束，造成了法官行为失范和审判活动无

〔1〕 参见李浩：“论法院调解中程序法与实体法约束的双重软化——兼析民事诉讼中偏重调解与严肃执法的矛盾”，载《法学评论》1996 年第 4 期。

序，导致了调解结果的隐性违法和审判权的滥用。[1]

3. 中国法治建设具有特别的要求

上述第二点对中国而言，尤其重要。有学者归纳当前中国法院的实际功能，指出我国的司法权，既承担着国家权力的公共职能，又承担着执行执政党行使治权任务的政治职能，而在目前实际中，法院有一定的社会安抚功能。[2]委实如此，仅从法院所处理纠纷的再处理而言，虽然我国种种诉讼法规定了审级制和再审制，同时我国《信访条例》（2005）也规定，应当通过诉讼解决的事项，信访人应通过诉讼来解决。[3]再审程序，本身就是诉讼程序，对于调解书反悔，如果根据我国现行的民事诉讼法规定，只能再审处理，而不能用信访程序处理。但是当下中国，许多民众却不管你是法院还是行政机关，不管事情是不是信访范围，许多处理信访的人员，也和民众一样两个“不管”，很多领导一听信访、上访，就如临大敌，慌了手脚。本来信访应依法进行，处理信访的事项，也应依法进行，但是信访人、官员都很难做到“依法进行”，如果做到“依法”，要么是信访人败，要么是官员败。对于一些不服法院调解而上访的案件，可以说是调解软化了法院的权威，当事人不寻求再审程序的救济，而把信访作为救济的“稻草”。从中国目前的现状来讲，法院没有权威，法律没有权威，要建设法治国家，可以说是“空中楼阁”。因此，调审分离，强化裁决权威，从而强化法院、法律权威，着实必要，它应是中国法治建设的特别要求。

4. 国外或其他地区有经验可资借鉴

美国附设于法院的代替性纠纷方式中，广泛地使用非职业法官，比如由律师主持的仲裁，由民间调解员参与主持的民事调解

---

〔1〕 参见李浩：“论法院调解中程序法与实体法约束的双重软化——兼析民事诉讼中偏重调解与严肃执法的矛盾”，载《法学评论》1996 年第 4 期。

〔2〕 谢晖：“权力扩张与司法能动”，载东方法眼网，http：//www. dffy. com.

〔3〕《信访条例》第 2、15 条。

等。这类程序中非职业法官的广泛使用，大大减轻了职业法官的负担，而我国法院对此却很少重视。[1]美国诉讼和解分自行和解和法院主持的和解。对于前者，多是通过双方的律师进行，当事人双方达成和解后，要想终结正在系属中的诉讼程序，须根据联邦民事诉讼规则规定，向法院书记官提出双方当事人签署的撤回诉讼的书面协议，依此终结诉讼程序。对于后者，由一名联邦法官或联邦治安法官主持当事人之间的和解会议。法官对当事人的请求作出评价并帮助他们了解诉讼中潜在的有利点和不利点。和解法官一般不是将对该案件进行审判的法官，因此他们不能通过建议或者暗示案件若进行审判他们将如何作出判决的方式来对不愿和解的当事人施加不利影响。[2]

在德国，通过第三方的介入使争议的双方达成和解进而解决纠纷的制度有两种，一种为诉讼上和解，另一种为调停。前者以享有审判权的法官在审判过程中进行的和解劝告为特征，因和解发生在审判程序中，故又称“审判内和解程序”。后者则是不享有审判权的调停人通过对双方当事人的劝导而使之和解的制度。由于调停与审判程序无关，也叫“分离和解程序”。[3]仅就形式而言，德国的诉讼上和解与我国的法院调解都通过当事人合意解决纠纷；均有法官与当事人参加；和解或调解成立后与确定判决效力相同。因为法官在诉讼中主持和解，实际上充当了调解人的角色，这种诉讼上和解实质上应属于法院调解的范畴。但是德国在程序构造上，民事诉讼程序是围绕形成正当的判决而构建的，通过正当的程序获得公正

---

〔1〕 扈媛媛：“美国法院附设 ADR 对我国的启示”，载《四川文理学院学报（社会科学）》2007 年第 4 期。

〔2〕 宋冰编：《程序、正义与现代化——外国法学家在华演讲录》，中国政法大学出版社 1998 年版，第 110～111 页。

〔3〕 江伟、熊跃敏：“德国民事诉讼上的和解制度介评”，载《福建政法管理干部学院学报》2001 年第 4 期。

和可信赖的判决才是诉讼程序所要追求的最终目标。〔1〕

我国台湾地区的法院调解制度，是调解与审判分离，法院附设调解的典型代表。台湾“立法院”的“民事诉讼须知”规定“讼则终凶，古有明训。凡诉讼者，动辄经年累月，不但荒时废业，且耗费金钱，纵获胜诉，已往往得不偿失。若其败诉，所受损失更为重大。古于未起诉之先，如有调解之可能，宜先行调解，即令调解不成而至起诉，在诉讼进行中，如有协商之机会，须尽力和解”。上述规定实际上是台湾地区法院调解制度的“立法”意旨。在台湾“民事诉讼法”也专章规定了调解，但调解却是当事人起诉前的独立程序，只适用于第一审程序。〔2〕

以上三者中，美国和我国台湾地区，实行的实际上是调审分离模式，但在法院中附设了调解（或 ADR），而德国采取的也是调审合一模式。单纯就调审分离和调审合一而言，实则很难确定何者优劣的判断，关键是放在何种语境情况下。正如前面我们已经论述的那样，在中国语境下，在法院、法律没有确立权威，建设法治任务任重道远的情况下，调审合一不如调审分离会发生更好的效果。然而这仅仅是从文字上的阐明，具体还需要实践去检验。具体如何设计，笔者认为，应在第一审前设调解程序，如果已经启动了诉讼程序，法官就不应推动调解，而是应依法尽快判决。在诉讼过程中，如果当事人达成和解，那么，法院应在审查的基础上，按当事人撤诉方式处理，这实际上是一种“撤诉式和解”方式。

综上所述，通过对法院调解书和判决书内容的对比，发现法院调解书缺乏像法院判决书那样的“理由”部分。我们认为，在调解过程中，调解人也在进行着说理工作，为什么法院调解书不能像判

---

〔1〕 参见江伟、熊跃敏：“德国民事诉讼上的和解制度介评”，载《福建政法管理干部学院学报》2001 年第 4 期。

〔2〕 参见齐树洁：《民事司法改革研究》，厦门大学出版社 2000 年版，第 154 页。

决书那样说理呢？诚然，这里面有着效率或效益的考量，然而法院调解，也有着形成规则的功能。法院调解书不能像判决书那样说理，其实是调解时很难说法理，而判决则要求说法理。调解很难说法理的理由，在于调解协议其实是当事人双方基于意思自治的契约，是当事人的“合意”，其解决的依据，不仅有着国家法规范，还有着民间规范、关系规范三者的互动，有着无法言说的“情理”等因素。由于法院调解中，法官作为调解人，即纠纷和解中的第三人，同时又是国家司法机关的角色，法院如果叙说的“法理”不合“情理”，势必会影响法院的形象，影响国家法的权威。法院调解书很难说法理，对法院调解制度的构建有着重要的影响，应改变我国调审合一模式，建立法院附设调解制度。将调审分离，就可以承认调解依据的多元性，调解书之说理，虽然可以不表达法理，但当它表达的是情理时，作为一种在法院内附设的调解，也可以以情理进行表达。法院的审判权，并未参与调解，而只是法官作为一个调解人的“调解权”〔1〕参与其中。调解不违背当事人合意，调解结果不违背国家法律强行性规范，不损害国家、社会、他人合法权益，这样的“理”，只要能用文字表达出来，就应该进行表达。一个纠纷通过调解的方式进行和解，不但是实现了和解的解纷功能，而且和解还应实现它的形成规则功能，它对其他类似纠纷的处理，应发挥示范作用。否则，法院的法官作为调解人的成本投入，就发挥不了最大的效益。而且，以文字将无论是纯粹情理、还是民间规范所承载的情理进行表达，调解书就会承载了感情，作为一副弥合剂，承载感情的交流、传递、感化作用。这种文字形式，在一定意义上也是多元文化传承的载体。

〔1〕 审判权为权力，而调解权为权利，这一点是必须作区分的。

二、刑事和解——以轻伤害案件和解为着力点[1]

就规范层次而言，根据和解是在规范内还是在规范外，刑事和解可以分为法律程序内的和解与法律程序外的和解，而法律程序内的和解，则分为公诉案件的和解和自诉案件的和解。在我国现行刑事诉讼法中，和解是自诉案件中当事人的一项明确的权利性规定，而在公诉案件中，法律则以其他语言，表达着和解的制度性规定。按照武小凤的观点，刑法中的自首、立功、缓刑、减刑、假释、罚金刑等制度，实际上可视为国家的关于犯罪与刑罚的格式合同，其中均包含着国家与犯罪（嫌疑）人进行交易的性质，因而具有和解的本质。这一观点，同笔者在本书第六章中对和解归属责任功能中的关于和解中民间责任与国家责任的观点相一致。笔者在此更为关注的是，同一类案件适用我国现行的刑事诉讼法中的自诉和公诉程序，可能会有着矛盾的处理结果。

（一）轻伤害案件适用公诉与自诉程序在结果上存在矛盾

人人平等是现代的法律原则，只要该法律不是按人的身份等级划分罪责的落后的法律，如中国古代的以身份差别和古代印度以种姓制度为重要特征的法律，该法律对案件的事实就要作“类型化”处理，同类案件同类处理。所以，对同一案件虽然很少有可能同时有两个法庭按不同程序进行审理，但对同类案件却可能按不同程序进行审理。

案例14　李某故意伤害范某案[2]　环翠区人民检察院起诉

---

〔1〕根据笔者在本书第一章中对和解的含义界定，刑事和解应包括辩诉交易，但笔者在此处因论题需要，不将辩诉交易纳入此部分范围，而只论述加害人与被害人之间的就刑事犯罪的和解问题中我国现行法律的缺陷。本部分重点论述的刑事和解，仅指在没有官方第三人参与下，当事人私下的和解，包含第一章含义界定中传统意义的和解和调解中的相应部分。本部分曾以“公诉程序中的刑事和解研究——以轻伤害案件为着力点”为题，发表于中国法治网，在此处作了一定修改。

〔2〕威海市环翠区人民法院［2004］第215号刑事判决书。

指控：被告人李某于2004年4月4日9时许，在威海市火炬高技术产业开发区吉林路西侧，因摆地摊一事与范某发生争执，尔后纠集朱某、白某（二人另案处理）回到该处，对范某拳打脚踢，致范某脾挫裂伤、脾包膜下血肿，经法医鉴定为轻伤。法院判处李某拘役四个月。

案例15　曲某故意伤害杨某案[1]　自诉人杨某和被告人曲某在2003年3月7日白天因琐事发生口角，同年3月8日早晨3时30分，自诉人和被告人在同一车间工作期间，被告人用预先准备好的菜刀突然将自诉人头部砍伤，经法医鉴定为轻伤。在庭审过程中，自诉人以双方已自行和解为由申请撤诉。法院根据《刑事诉讼法》第172条之规定，裁定准许自诉人撤诉。

上面两个案例，一是按公诉程序审理的轻伤害案，一是按自诉程序审理的轻伤害案，但在诉讼结果上却有明显的差异。公诉案件的被告人被法院定罪判刑，自诉案件的被告人因当事人和解撤诉而幸免烙上犯罪的印记。这样，同类案件因适用诉讼程序的不同而产生的罪与非罪的矛盾结果产生了。

为什么会出现矛盾的审判结果呢？

诉讼是争执的双方向听断之人陈述各自的主张和理由并由听断人听断是非曲直的活动，诉讼的构成必须具备控方（原告）、承控方（被告）、听讼方（审理）三个基本条件。刑事诉讼作为诉讼的一种，必须具有诉讼构成的三个基本条件，其中听讼方是人民法院，承控方是被控有犯罪行为的人，而控告方却有两种：一是特定的国家机关代表国家作为控告方，这样的案件是公诉案件；二是以个人作为控告方，这样的案件是自诉案件。

被害人自诉是一种最古老的起诉方式。在人类社会之初，犯罪被认为是损害个人利益的行为，起诉完全由私人进行。是否对犯罪

〔1〕威海市环翠区人民法院［2003］第112号刑事裁定书。

人进行追究和惩罚，取决于被害人是否向国家审判机关提出控告，所谓无告诉即无审判。随着刑事诉讼制度的演变和发展，由于对犯罪性质认识的更新，国家思想的发达和国家机器的强化，特别是国家公诉机制的建立，被害人自诉逐步为国家公诉所取代。目前，关于追诉犯罪的形式，大致有两种类型：一种是起诉权由国家垄断，没有被害人自诉，实行这种制度的国家主要有日本、法国、美国等；另一种是公诉与自诉并存，以公诉为主，自诉为辅，即对大部分犯罪的刑事责任追究采用公诉程序，少部分犯罪的追究采用自诉程序，或者对部分犯罪明定国家公诉是追诉机关法定职责，同时允许在特定情况下当事人自诉的机制，如联邦德国和其他欧洲大陆国家。我国则采用后一种类型的追诉机制。

采取国家追诉为主，个人追诉为辅的犯罪追诉机制，即承认犯罪是侵犯社会公益的行为，对犯罪的追诉应当由国家机关负责，但由于某些犯罪的特点，将对这些犯罪的起诉权交由受犯罪直接侵害的被害人行使，是否追诉由被害人自行决定，是考虑到在现时历史条件下保留自诉制度，具有一定的必要性和合理性，亦即自诉自身具有其存在的价值和意义。

长期以来，我国法学界认为，自诉是公诉的辅助机制，因为自诉案件主要是侵犯个人利益，自诉案件不应规定的过宽，但笔者认为，传统观点导致的是对自诉权的过分限制，没有畅通公民权利受到侵害救济途径。自诉案件确立的真正原因，并不在于因为其侵犯的主要是个人利益，而在于对人类诉讼方式由自诉转向公诉的修正。表面看来，刑事案件大都采取公诉方式，自诉方式是公诉的补充，但应说公诉方式是公民无力或不能进行自诉时的对公民权利的救济。依现代的诉讼构造理论，无论是自诉还是公诉，都是将争议提交法院审判的行为，都是依靠一个权威性的机构对被告人的行为的罪否进行判断。两者的不同之处只在于：公诉时，在未将案件提交法院前，追诉方的力量是强大的；而自诉时，在未将案件提交法院前，追诉方的力量不强大，公民常常无法充分采取自力救济措施，在这种情况下，又有谁不愿意让国家机关帮忙呢？[1]

国家契约理论可以成为上述观点的强有力的理论支持。国家是人民契约而成，是人民为了解决单个人生活的不便而结成的集合体，因而国家有义务保障个人的权利，而不能限制个人的权利，除非为了保障个人的权利不得已而进行限制。因此，公诉为主，自诉为辅的追诉机制，根本目的并不在于限制公民的诉讼权利，而在于充分保障公民的诉讼权利。它对公民滥用诉权的限制虽然是不可少的，但相对于保障作用而言，应是第二位的。

为什么同类案件可能适用不同的诉讼程序呢？根据我国《刑事诉讼法》及最高人民法院、最高人民检察院、公安部、国家安全部、司法部、全国人大常委会法制工作委员会《关于刑事诉讼法实施中若干问题的规定》[2]（1998）规定，部分刑事案件既可公诉又可自诉，轻伤害案件就是其中的一种。检视我国现行刑事诉讼法，自诉案件的一般程序是，自诉人到法院提起自诉，在审判过程中，法院对告诉才处理的案件和轻微刑事案件可以调解，自诉人可以撤回自诉，可以同被告人自行进行和解。公诉案件一般程序是，公安机关（或检察院）立案、侦查、审查起诉、提起公诉、审判，被害人参加诉讼，但是没有像自诉案件中那样的处分权（和解、撤诉），而正是这样的一种权利的有无，才最终导致同类案件依不同程序进行审理导致罪与非罪的矛盾。可以这样说，在我国刑事诉讼的公诉程序

---

〔1〕 所以笔者反对实践中有的公安机关在侦查一些轻伤害案过程中动员当事人自诉做法，这种形式的“公诉转自诉”不同于法定形式的“公诉转自诉”即现行《刑事诉讼法》第170条第3项规定的“被害人有证据证明对被告人侵犯自己人身、财产权利的行为应当依法追究刑事责任，而公安机关或者人民检察院不予追究被告人刑事责任的案件”，公安机关这种“动员”型的“公诉转自诉”，有不履行法定职责之嫌。

〔2〕 该规定被实务界简称为《六部委规定》，但严格来讲，所谓《六部委规定》是极不妥帖的，因为最高人民法院、最高人民检察院与公安部、司法部不同，它们并不是国务院的部委，将它们并列，逻辑上犯了混淆分类标准的错误，实践上对法院和检察院独立行使职权有很大的负面影响。

中，存在着当事人处分权规定的缺陷，那么如何弥补这种缺陷呢？在回答这个问题之前，我们有必要从司法实践中寻找一些有益的东西。

（二）矛盾的实践解决

还是从轻伤害案在实践中的处理方法入手说起，轻伤害案件是指故意非法损害他人身体健康，伤情符合《人体轻伤鉴定标准（试行)》的故意伤害案。轻伤害罪法定刑为3年以下有期徒刑、拘役和管制。总的来说，在刑法规定的各种犯罪中，轻伤害属于性质不太严重，社会危害性相对较小的一种犯罪。审判实践中此类案件大多数是因加害人积极赔偿损失的情节而对加害人判缓刑。

在侦查实践中，当事人常以“和解协议”之方式约定加害人赔偿受害人的物质损失后，不再要求追究加害人的刑事责任，公安机关顺水推舟撤销案件，不再侦查。从一定意义上讲，公安机关利用当事人间的“和解”撤销轻伤害案件的刑事侦查，较为及时地化解了双方当事人之间的矛盾，也确实解决了相当数量的久侦不破、耗时费力的轻伤害疑难案件，减轻了公安机关的工作压力。因此，这种做法越来越受一些基层公安机关的青睐。据称，为了妥善处理轻伤害案件办理过程中原、被告双方反复上诉、久诉不息的问题，河南省义马市检察院针对轻伤害案件存在的取证难、确定责任难、法律规定不具体、政法机关认识上存在分歧、管辖界限不清等诸多因素，经与公安局、法院共同协商，联合制定了轻伤害案件处理办法。公安机关受理的轻伤害案件，被害人与犯罪嫌疑人达成不违反法律规定的和解协议，要求撤回控告的，公安机关则分别作出不予立案、撤销案件的决定。检察机关受理案件后，被害人与犯罪嫌疑人达成了不违反法律规定的调解协议，要求撤回控告的，案件在审查批捕环节上的，建议由公安机关撤销案件，案件在审查起诉环节上的建议由公安机关撤销案件或作出不起诉决定。[1]吉林等省的

〔1〕郭新标：“河南义马：轻伤害案有了统一‘说法’”，载中国职务犯罪预防网，http：//www.yfw.com.cn/shownews.asp? id =26691，访问日期：2005年9月22日。

公、检、法、司等机关对轻伤害和解进行过统一做法的努力，允许在侦查、提请审查起诉阶段当事人和解后，公安机关撤销案件。[1]

以上的实践做法，就能解决轻伤害案件在公诉和自诉时可能产生的罪与非罪的矛盾结果。根据我国刑事诉讼法有关规定，公诉案件在审判前须经过立案、侦查、提起公诉三个程序。公安机关发现有故意伤害的犯罪行为需要追究刑事责任时，就应当进行立案，在进行了一系列的专门侦查工作和一定的强制性措施后，犯罪事实清楚，证据确实充分，犯罪性质和罪名认定正确，法律手续完备，无遗漏的犯罪和其他应当追究刑事责任的人的情况下，就应终结案件的侦查，写出侦查终结报告，根据《刑事诉讼法》第 129 条的规定，写出起诉意见书，连同案卷材料、证据一并移送同级人民检察院审查决定是否提起公诉。人民检察院认为犯罪事实已经查清，证据确实充分，依法应追究刑事责任的，应当作出起诉的决定，按照审判管辖的规定，向人民法院提起公诉；犯罪嫌疑人有《刑事诉讼法》第 15 条规定的情形之一的，应当作出不起诉的决定；对于犯罪情节轻微，依照刑法规定不需要判处刑罚或者免除刑罚的，人民检察院可以作出不起诉的决定。在公安机关的侦查过程中，如果发现案件符合《刑事诉讼法》第 15 条规定情形之一的，公安机关就应撤销案件。

从现有的法律规定来看，当事人“和解”后公安机关撤案，是没有法律依据的。即使一些地方的执法机关达成了“统一认识”，这些机关也不是有立法权的机关，它们的“统一认识”也没有合法

---

〔1〕 吉林公安法制网：2004 年 7 月 20 日《吉林省公安厅提交省公检法司第十二次联席会议议题》中第三项议题（关于轻伤害案件当事人双方在侦查、起诉环节自愿和解如何处理的问题）：为稳妥处理社会矛盾，维护社会稳定，实现法律效果和社会效果的统一，轻伤害案件在侦查、审查起诉过程中，具备下列条件的，经审查属实，公安机关可以撤案，检察机关可以作出相对不诉：①当事人双方自愿就民事赔偿问题达成一致，形成书面协议；②当事人双方和解，被害人书面要求或者同意不追究犯罪嫌疑人刑事责任。

的效力，也不能成为指导全国对轻伤害案的处理指针，甚至可以说它们的“统一做法”的做法本身就是违法的。那么，我们对于这种“和解撤案”的做法应持何种态度呢？

当前，我国“刑事和解”现象主要有以下几个特点：一是刑事和解已突破原来的轻微刑事案件领域，渗透到刑事案件的其他领域如盗窃、强奸等。从目前出现的犯罪和解现象看，农村犯罪和解涉及种类多，性质远比城市严重。像抢劫、强奸、放火、重伤害，甚至故意杀人这样的刑事案件也经常见到。相比而言，城镇犯罪案件进行和解的，一般都是盗窃、轻伤害、交通肇事等性质较轻的犯罪。二是农村地区和解现象较城市突出，少数民族地区较汉族地区突出。据山东创纪律师事务所提供的一项调查，目前我国农村发生刑事案件后进行私了（私下和解）的占农村犯罪案件的25%以上；而在城镇，这个比例不足4%。〔1〕在我国西藏地区和云南彝族等少数民族地区，至今仍然存在“赔命价”、“赔血价”现象。所谓“赔命价”、“赔血价”，是指在发生杀人、伤害案件后，受害人家属向致害人或家属索“赔命价”、“赔血价”的一种不成文法。“赔命价”的习惯法是青海藏区部落的一个重要的法律渊源。解放后逐步为社会主义新法所取代。但是，近十几年来由于各种原因，原本已销声匿迹的或转入“地下”的“赔命价”、“赔血价”的诉讼纠纷和私了等，以旧的习惯法解决处理这类问题的做法又死灰复燃。部落习惯法又成为藏区私下处理“人命案”、“伤害案”的法外之“法”。有的人称之为“补充之法”。〔2〕三是除却在和解类型中所提的公私和解现象外，在私私和解的类型中，公权力成为参与的一方势力，形成在公权力调解下的和解形式。山东省日照市一个普通农

〔1〕 该数字来源于宋振远：“乡村社会犯罪私了现象调查”，载《小康》2004年第1期。

〔2〕 徐澄清：“关于‘赔命价’、‘赔血价’问题的法律思考和立法建议”，载《人大研究》1999年第8期。

民因小事被打成重伤致残，马上报了案。开始时，办案人员称：“这是故意伤害，打人者要蹲监狱的。”但过了没几天，受害人再来问情况，答复就变了：“对方蹲了监狱，你有什么好处？干脆给点儿钱私了算了。”办案人员又说：“人家上边有人，你赢了官司也拿不到钱，还得交律师费，还折腾什么！”经律师多方周旋，最终赔了20万元。[1]

面对“刑事和解”的大潮，对其不加深入地分析研究，只是断然的否定，显然不是明智的做法，因为断然的否定，解决不了我们提出的矛盾，也阻挡不了实践中的“刑事和解”大潮继续汹涌。正确的做法在于对“和解”这种现象进行分析研究，看能否取其精华，去其糟粕，进行辩证的扬弃和合理的规制。

在第六章分析和解的功能时，我们把和解的功能简单地分成个别功能和社会功能，可以说都是“刑事和解”大潮汹涌的原因。此外，还有其他各参与解纷主体的原因：一是从侦查机关来讲，当事人和解后撤案，降低了司法成本的投入，用不着以后的审查起诉、起诉和审判等环节了，可以把力量投入到其他更为重要的案件的侦破中去。此外还可以降低不批捕率、不起诉率，这样在每年的年底考核中，这几项决定政绩的目标可以达标。同时，一些民警对法律理解把握的不透，只是简单地认为轻伤害案件是自诉案件，当事人可以到法院自诉，也可以和解结案。一些民警法制意识淡薄，工作作风拖拉，受理案件后没有及时收集证据，事过境迁，主要证据又无法收集，使案件久拖未决，为寻求案件的尽快解决，在一些当事人愿私下“和解”的情况下也乐得“成人之美”。有时候受人情案、关系案、金钱案等因素的影响，一些民警主动动员当事人和解，如果当事人不愿和解，就会强迫让当事人自诉，当事人又无自诉能力，考虑到对方赔偿损失的情况，遂不得已同意和解。如前面

[1] 详细案情参见宋振远：“乡村社会犯罪私了现象调查”，载《小康》2004年第1期。

的日照农民被重伤致残案即应是此种强迫和解的情况。二是从侵害人角度讲，侵害人有时希望花钱“消灾”，极力逃避法律制裁，于是可以采取各种方法去与被害人达成“和解”，有时甚至将“黑手”抓住公权力不放，利用公权力迫使对方和解。不过有时候，侵害人也有被迫和解的情况，这多半是侵害人不懂得自己行为的具体法律责任或是实在不愿承担法律责任而由被害方或第三方势力进行敲诈的情况。三是从受害人角度来讲，受害人的法律意识淡薄，不懂得即使追究加害人的刑事责任，也可以向加害人提出赔偿的要求。有时候，受害人认为，和解对自己的实际利益有好处，能及时从侵害人处得到补偿；有时候，被害人一开始不愿意和解，但经不住第三方势力如熟人的游说，碍于脸面而“和解”，或是由于第三方势力的强迫而不得不“和解”。对于农村刑事案件中的受害人而言，大多是弱者，在经济地位、体力上都处于弱势，往往不能与犯罪嫌疑人相抗衡。加之被害人与犯罪嫌疑人多为“乡邻庄亲”，其生活环境仍受封建家族残余思想的一定影响，家族势力往往打着“家丑不可外扬”的幌子，插手“私了”刑事案件，阻碍被害人寻求司法保护，而被害人因所处的环境条件，只得忍气吞声听从调解，“私了”罢了。[1]四是除侦查机关外，社会的其他第三方势力自己本身也存在促使“和解”的意向。譬如，长期以来，有否刑事案件发生是评定社会治安综合治理工作名次的重要内容，不少地方还将农村社会治安综合治理工作列为全年整体工作考评一票否决的内容。农村社会基层组织为了争取综治工作和全年整体工作的名次，对自己行政区域内发生的刑事案件，发现后不是主动移交司法机关，而是主持调解，将大事化小，小事化了，对被害人尽力安抚，劝其息诉，叫犯罪嫌疑人拿钱“消灾”。诚如一位主持调解的村支部书记所言“知道是不是办法的办法，但谁也不愿意因此一票

---

〔1〕“农村‘私了’现象应引起重视”，载中国警务网，http：//www. china110. com，访问日期：2005 年 5 月 15 日。

否决而白干了一年工作”。[1]

(三)矛盾的法律解决

在我国现行的刑事法律体系下，和解只在刑事诉讼中的自诉程序中有明确的“文字”规定，在公诉程序中是不存在“和解”的明确文字规定的，故而，对刑事和解危害的分析就只能限于实践中公诉程序中的刑事和解现象的危害。

首先，公安机关在当事人和解后撤案于法无据。侦查过程中当事人和解，并无法律规定，而公安机关不应以此为由撤销案件。同时，在当事人的和解过程中，有的公安机关还对和解进行干涉，实质上是披上“和解外衣”的“调解”。依照现行法律的规定，公安机关对民事赔偿的调解权，只限于因民间纠纷引起的打架斗殴或者损毁他人财物等治安案件和道路交通事故案件（不构成刑事犯罪的案件）的损害赔偿，即公安机关可以调解行政案件中的民事损害赔偿问题。在刑事案件中，受害人提出物质损害赔偿的要求，应属于附带民事诉讼。根据刑事诉讼法有关附带民事诉讼的规定，附带民事诉讼应同刑事案件一并审判，或者为防止刑事案件审判的过分迟延，在刑事案件审判完毕后由同一审判组织继续审判，公安机关并无权对刑事案件中的附带民事诉讼问题作出实体的判断，在受害人提出损害赔偿的要求时，公安机关应当将受害人的要求记入笔录，以此作为受害人提出附带民事诉讼的证据。公安机关调解刑事案件中的民事赔偿，是一种超越职权的行为。

其次，容易造成司法腐败。法治国家的要义，对国家机关来讲，在于法律有授权的必须行为，法律无授权的不得行为。公安机关在没有法律授权的情况下，以当事人和解为由撤销刑事案件，实际上是非法行为，纵容了执法的随意性。法律既然没有赋予公安机关在当事人和解后撤案的权力，那么实践中的做法就是没有严格执

[1] “农村‘私了’现象应引起重视”，载中国警务网，http://www.china110.com，访问日期：2005年5月15日。

法，特别是有一些轻伤害案是在证据并不确实充分甚至有的共同加害人已逃跑的情况下作出了“和解撤案”处理，这样稀里糊涂和稀泥，就违背了分清是非、明确责任的法律原则。一些案件立案后，一些民警认为轻伤害案可以和解结案，逐渐养成一种作风拖拉，对轻伤害案不认真对待的态度，致使案件证据流失，久拖未破。在一些当事人找人“私了”的情况下，民警也乐得顺水推舟，“成人之美”和解撤案。长此以往，法律的严肃性自然被执法的随意性所替代。在和解的过程中，可能会出现民警的违法乱纪的情形，成为司法腐败的一个因素。犯罪嫌疑人或其亲友为避免犯罪嫌疑人受到刑事追究，有可能“托关系”、“找后门”，动用“金钱”、“美色”、“权力”，引诱或强逼执法人员不追究犯罪嫌疑人的刑事责任，从而导致权钱交易、权色交易、权权交易，引起徇私枉法、受贿等违法犯罪行为的发生。

再次，简单地和解后撤案，没有消除犯罪的社会危害性，可能形成对犯罪的纵容。犯罪是一种具有社会危害性的行为，并非只侵犯被害者的个人利益。公诉的设立，正是因为统治阶级为加强惩罚危害国家利益和统治秩序的犯罪的原因。以和解撤案法处理公诉程序中的轻伤害案件甚至其他刑事案件，虽然满足了受害人的经济需要，但诉讼之目的，即在于让听讼之人判断是非曲直。公安机关作“和解撤案”处理，形式上好像案件处结，实际上并没有做到法律上的处结，就案件本身而言，是非曲直尚未由听讼之人断出，还处于一个有待进一步处理的状态。作为犯罪行为的本身，并没有受到应有的处罚，没有解决刑事责任问题，达不到教育犯罪人的目的，起不了一般预防和特殊预防的作用。

最后，使公众丧失对法律的信心，形成不了法治国家要求的对法律的信仰，失掉法治国家构建的理念基础。人们对法律不认同、不忠诚、不信任，就不会依法办事，法律就只能是一纸空文，形成法律虚无主义。当事人和解后公安机关撤案，加害人承担了民事责任后就可以不承担刑事责任，这样就会给人形成一种观念：我赔偿

了损失就可以免受刑罚，长此以往，刑法就会是空法，法律的尊严必将受到藐视。

在现有法律框架下，在法律不允许“和解”的公诉程序中，作为司法机关应担负起维护法律权威的首要责任。法律虽然不完善，但毕竟是法律，它在一个法治国家应具有无上的权威。随意突破法律框架，不严格执行法律，或随意歪曲法律，只能败坏人们对法律的信仰，导致法律虚无主义，这是法治国家进程的重大障碍。因此，应加强司法机关人员的法律素养的提高，纠正对有关法律规定的理解，同时教育民警认清此种做法的危害，再者是结合普法教育，培养广大人民群众正确维护自己合法权益的法律意识；还要加强执法监督，坚决制止这种错误的做法，创造依法办事的行为环境。然而，上述做法，毕竟只是在执法和守法层面的治标之策，这些做法从其长效性上来讲，不但不能利用“和解”的利处，而且更不能阻止“和解”的大潮向肆无忌惮的方向发展，我们还应将对策上升到立法的层面上来。

那么，如何在刑事诉讼中规制和解呢？在理论层面上，和解毕竟是公民间的私权利处分方式，具有私法的属性。和解必须建立在私法的原则之上，如意思自治、诚实信用、不违反社会公德、法律强制性规范。和解的当事人必须受到限制，要成为和解当事人必须与他人存在轻微刑事权益争议，具备相应的权利能力和行为能力，无行为能力的人不可成为和解当事人，但是可由其代理人从其利益出发代替他参与私了活动，限制行为能力人在其受限制范围之外可以参与和解活动，以自己名义参与协商谈判全过程，以他人名义参与和解是代理人而不是和解当事人，受合法有效的协商结果的约束。[1]和解是一种契约，它必须具有契约的属性，应赋予和解法律效力，和解的结果是受国家的认可和保护的，可以产生司法上的执

〔1〕 参见谈萧：“论中国私了法律制度之构建”，载中国学术论坛网，http：//www. frchina. net/data. php？ id =774，访问日期：2009 年6 月6 日。

行力和诉讼上的抗辩效果，也就是具有一定的公法效力。刑事和解必定要产生刑事诉讼上的公法效力，它的效力对受害人来讲，应消灭其再行控告权利，对侵害人来讲，产生禁止双重危险的权利，对司法机关来讲，产生据此撤案，不再侦查和起诉的效力。

在法律规定层面上，我国刑事诉讼法至少应作如下补充规定：首先，对轻微刑事案件：①无论公诉还是自诉，都可由当事人自行和解；②当事人可以在公诉的任何阶段作出和解；③当事人和解不得违反国家法律强制性规定、社会公德；④当事人和解后，无论在何阶段，相应的国家机关都应以此作为撤销案件的依据。其次，其他刑事案件的和解，在国家与犯罪人间采取“格式合同”式和解，即前述武小凤关于刑事和解概念中的国家与犯罪人之间的从轻、减刑、自首等情况，加害人与被害人间的和解对国家与犯罪人间的和解可以产生一定影响，对公法责任进行一定程度的克减。

三、行政和解——以违反治安管理行为的和解为着力点〔1〕

行政和解，是指行政纠纷的和解，它分散于行政执法、行政复议、行政诉讼、信访申诉等多个法律规定领域和实践领域。根据解决纠纷中行政机关是否作为第三人及在其中的作用，可以分为行政调解和传统意义上的行政和解，前者是指行政机关以调解的方式解决行政纠纷，〔2〕后者是指当事人自行和解行政纠纷，包括行政机关作为行政纠纷当事人与管理相对人和解行政性纠纷。由于笔者从事过大量的公安行政执法业务，故研究的着力点放在违反治安管理行为的和解上。

---

〔1〕 本部分曾以“论《治安管理处罚法》中的调解与和解”为题，发表于《北京人民警察学院学报》2008 年第 2 期，在此作了一定修改，原文曾与山东省人民警察学院吕绍忠老师合作。

〔2〕 这不同于一些学者认为的行政调解是行政机关以调解解决民事争议的理解，前述注中已经表明。

（一）《治安管理处罚法》之前的违反治安管理行为的和解[1]

违反治安管理行为和犯罪行为的根本区别在于社会危害性程度的不同。根据法律规定，对刑事责任决定有无的权力属于法院，而对违反治安管理行为行政责任有无的决定权力在于公安机关。在刑事诉讼中规定了刑事和解，那么，相应行政执法过程中，应相应规定行政和解。这样，作为法律体系，在民事法律、刑事法律、行政法律中都有和解的规定，会形成一个完整的和解法律制度，以保持法内部的谐调，保持法的一体性。根据《治安管理处罚条例》[2]第5条以及《公安机关办理行政案件程序规定》[3]第145、151条的规定，公安机关可以对当事人调解，只要调解成功，就不再追究当事人的治安行政责任。当事人自愿调解并自愿达成协议，解决了行政责任的问题，在一定程度上体现了当事人在行政责任上的意思自治。但是，以上的法律和规章对当事人的自行和解，并没有明确规定。在没有行政机关主持下的自行和解，更能体现当事人的意思自治，那么为什么就不可以明确规定当事人“自行和解”呢？

追问起来，在于我们的行政执法程序的不发达，虽然近些年来有许多程序性的法律出台，但全国统一的行政程序法还不存在。作为影响社会面最深的公安机关的统一执法程序，《公安机关办理行政案件程序规定》还只是公安部自己制定的部门规章。虽然该程序规定的出台相对以前无程序可依有了较大的进步，但是作为一种部门立法，该规定不可避免的存在“部门立法”本身的诸多不足，包括原本在《治安管理处罚条例》和公安部《关于公安机关贯彻实

---

〔1〕此处的和解，应理解为传统意义上的和解，即自行和解。

〔2〕2006年3月1日因《治安管理处罚法》实施而失效。

〔3〕该规定为2003年8月26日公安部68号部长令，2004年1月1日施行，2006年又被修正。

施〈行政诉讼法〉若干问题的通知》中的“调解精神”[1]都一概地作了更限缩的规定，更哪里谈得上对“自行和解”的明确规定呢？而在公安部起草的《治安管理处罚法》（2004年5月21日草稿）中，甚至连“调解”都荡然无存。显然，草案起草者立法时的指导思想受“法院管民事、公安管行政和刑事”这样一种对公安和法院分工的简单认知的影响。同时，在实际的执法实践中，公安机关运用调解手段时，并没有真正遵循调解的自愿原则，没有很好的理解“调解”和“调解达成协议”的区别，没有理解调解对公安机关来讲，主要应是程序义务，所以一再被调解问题所拖累，这样，执法界急于从调解的“拖累”摆脱出来，而这种急于摆脱出来的呼声被立法者所听到，就影响了立法者。进一步地追问草案起草者的思想根源，还是在于没有将西方的现代法治与东方的自身土壤很好地契合，忽视了“调解”这一中国法文化的贡献，更忽视了“和解”的合理内核。

（二）释读《治安管理处罚法》中的调解与和解[2]

2006年《治安管理处罚法》第一次用法律形式规定政府采取有效措施化解社会矛盾、增进社会和谐、维护社会稳定的义务，为解决违反治安管理行为这种人民内部矛盾纠纷提供了实体规则和程序规则，同时为预防和解决公民、法人或其他组织与公安机关之间就公安机关是否履行保护人身权、财产权的法定职责提供了判断的实体依据，尤应引起我们注意的是：该法为我们提供了解决纠纷的两类方式：一是根据“决定”解决违反治安管理行为，二是根据“合意”解决违反治安管理行为。前者主要是指违反治安管理的行为经公安机关调查后，应依法作出“决定”；后者则指该法第9条

[1] 笔者用“调解精神”一词，是因为从总体来看，依《治安管理处罚条例》和该通知规定，对所有的治安案件中的民事赔偿部分都可以调解，对其中一部分案件的行政责任也可调解。

[2] 此处的“和解”，仍是指自行和解。

规定的因民间纠纷引起的违反治安管理行为的调解和第19条第2项规定的和解。虽然笔者在本书中，将调解和传统的和解都定义为“和解”，但是，对于治安管理处罚中的“和解”，为了分析得更深入透彻，笔者还是将调解与和解进行分列对比式研究。

仅从文字表述看，《治安管理处罚法》条文中“调解”与“和解”字眼，只在第9条有所表示，但是就与“决定”方式解决违反治安管理行为而言，各有所长，共同构成公安机关解决违反治安管理行为的重要方式，不应厚此薄彼，惟有巧妙运用，才能更好地化解矛盾纠纷，增进社会的和谐稳定。

1. 含义

《治安管理处罚法》第9条规定，对于因民间纠纷引起的打架斗殴或者损毁他人财物等违反治安管理行为，情节较轻的，公安机关可以调解处理。经公安机关调解，当事人达成协议的，不予处罚。经调解未达成协议或者达成协议后不履行的，公安机关应当依照本法的规定对违反治安管理行为人给予处罚，并告知当事人可以就民事争议依法向人民法院提起民事诉讼。由该条规定可知，此处之“调解”，是指在公安机关的主持和疏导下，促使违反治安管理行为人与受害人间交换意见，互谅互让，从而解决因违反治安管理行为引起的法律责任。在我国，调解方式大致可分为人民调解、司法调解、行政调解和仲裁调解，公安机关对治安案件的调解应属“行政调解”范畴，可以称为“治安调解”。《治安管理处罚法》第19条第2项规定，违反治安管理行为人“主动消除或者减轻违法后果，并且取得被侵害人谅解的”，减轻处罚或者不予处罚，是谓当事人间的“和解”。此处之“和解”，也可称为“当事人自行和解”，系违反治安管理行为人和被侵害人间通过双方的交流沟通，当然包括通过第三人的牵线搭桥、传递信息而解决纠纷的方式。不过，如果公安机关作为第三人进行牵线搭桥、传递信息，并不主持和解过程、提供解决方案，否则就转化成为“调解”方式，如果系非因民间纠纷引起的违反治安管理行为，这种“调解”可能会受到

合法性的质疑。

2. 条件

根据《治安管理处罚法》第 9 条的规定，属于调解范围的违反治安管理行为，应当具备两个条件：一是该违反治安管理行为系因民间纠纷引起。“民间纠纷”，是指公民之间因家庭、邻里、婚姻、继承、扶养、礼仪、财产等民间关系引起的权益争执。譬如违反治安管理的行为系由亲友、邻里或者同事之间因琐事发生纠纷，双方均有过错的；未成年人、在校学生殴打他人或者故意伤害他人身体的；行为人的侵害行为系由被害人事前的过错行为引起的等，都可以调解处理。对于非因民间纠纷引起的违反治安管理行为，不适用调解。二是情节较轻的才能调解。而譬如雇凶伤害他人的；涉及黑社会性质组织的；寻衅滋事的；聚众斗殴的；累犯；多次伤害他人身体的等皆不宜调解。第 9 条规定赋予了公安机关根据实际情况进行自由选择调解与决定两类解决方式的权力。对违反治安管理行为的和解，也应具备两个条件：一是违反治安管理行为人应主动消除或者减轻违法后果。这就要求违反治安管理行为人具有主动性，主动与被侵害人进行沟通，或是通过第三人进行沟通，表明违反治安管理行为人主观上已认识到自己行为的危害性，具有悔过的内心意思，并且将其悔过意思表示于外，试图取得被侵害人的谅解。如果系违反治安管理行为的监护人或其亲属主动与被侵害人进行沟通试图取得被侵害人谅解的，也应视为违反治安管理行为人具有主动性，但其主动性程度应在减轻或不予处罚中根据案件具体情形予以考虑。同时，违反治安管理行为的主动行为，需要有“结果”，即消除或者减轻了违法后果，没有这种结果，只宜作为公安机关在处罚幅度内的自由裁量权中的酌定情节。二是违反治安管理行为人取得了被侵害人的谅解。如果没有取得被侵害人的谅解，公安机关只能依据《行政处罚法》（1996）第 27 条之规定“依法从轻或者减轻处罚”，而不能根据《治安管理处罚法》第 19 条之规定“减轻处罚或者不予处罚”。

3. 内容

内容，即调解与和解中应解决的事项。调解中应解决两类事项：第一类事项是民事责任问题。因民间纠纷引起的打架斗殴或者损毁他人财物等违反治安管理行为，侵犯了公民的人身权或财产权，从民事角度来看，实际是民事侵权行为，依我国有关民事法律的规定，侵权人自应承担民事责任。《治安管理处罚法》第8条亦规定“违反治安管理的行为对他人造成损害的，行为人或者其监护人应当依法承担民事责任”。作为被侵害人，自然最关注的是自己受损的权利能否得到补偿或恢复，因此，调解过程中，解决违反治安管理行为人的民事责任问题自是必须。第二类事项是行政责任问题。因为违反治安管理的行为具有社会危害性，属于违反治安管理行政法律的行为，自应受到治安管理处罚，违反治安管理人应承担相应的行政法律责任。但是考虑到该违反治安管理行为系民间纠纷引起，为使纠纷得到妥善解决，恢复当事人间破损的人际关系，促使当事人间的再度和谐，故允许当事人在公安机关的调解下，协议解决行政责任问题，如果当事人合意不追究一方行政责任，则公安机关应充分尊重且完全采纳当事人意见，治安管理案件即以调解方式结案。

和解中也应解决两类事项：

第一，如前所言，违反治安管理行为作为一种侵权行为，侵犯了被侵害人的人身权或财产权，自然在和解中应解决权利的补偿与回复问题。因此，和解双方首先要就民事责任问题达成协议。

问题是，在和解中民事责任将以何种面目出现。从现有国家法律规定看，民事责任的承担方式有停止侵害、排除妨碍、消除危险、消除影响、恢复名誉、赔礼道歉、返还财产、恢复原状、赔偿损失等。如果和解中双方约定的责任非现有法律规定的法定责任方式，而是以一种所谓“民间责任”方式出现，公安机关应采取何种态度？是否可以根据《治安管理处罚法》第19条的规定减轻或不予处罚？

笔者认为，基于对当事人意思自治的尊重，公安机关应审查其中“民间责任”的方式是否违反国家禁止性法律规定或善良风俗。如否，则宜根据《治安管理处罚法》第19条第2项的规定处理，对违反治安管理行为人减轻或者不予处罚。但是，譬如不但约定赔礼道歉、赔偿精神损失，还约定“李女打张男10个耳光了事”，因这种殴打行为侵犯了张男人身权，故公安机关不能根据《治安管理处罚法》第19条第2项的规定，而只能根据《行政处罚法》第27条之规定处理。

第二，在和解中，当事人间一般也对行政责任问题协议。一般而言，如果被侵害人对违反治安管理行为人的行政责任问题没有意思表示，那么和解中的民事责任的解决就很难达成。问题是，公安机关如何面对当事人在和解协议中对行政责任问题的约定，这也就涉及和解的效力问题。

4. 效力

根据《治安管理处罚法》的规定，调解达成协议且履行的，公安机关应充分尊重并完全采纳当事人意见，对违反治安管理行为人不予处罚，以“调解”方式结案。如果调解未达成协议或达成协议后不履行的，则公安机关应依照《治安管理处罚法》的规定对违反治安管理行为人给予处罚。由此，“调解”方式转化为“决定”方式，公安机关以“决定”方式结案。根据《治安管理处罚法》第19条的规定，当事人间和解的，公安机关应对违反治安管理行为人减轻或者不予处罚，故公安机关应以“决定”的方式结案。当事人在和解协议中对行政责任问题的约定，公安机关应当尊重，但并非完全一律采纳，而是根据案件的其他具体情况完全采纳（不予处罚）或是部分采纳（减轻处罚）。

（三）质疑《治安管理处罚法》中调解与和解效力之不同的法律规定

根据《治安管理处罚法》第9条规定，经公安机关调解成功的案件，则以调解方式结案，而根据和解方式的案件，公安机关还要根据案件情况作出减轻处罚或不予处罚的决定。在以上的分析中，我们看到调解与和解的差别，在调解中，解决了违法人的民事责任和行政责任问题，在和解中也解决了民事责任和行政责任的问题，为什么调解结案就不追究违法人的行政责任了，而和解的案件违法人却仍面临着行政责任追究呢？在调解中，公安机关往往要投入很大的警务成本，方能达成调解协议，而在和解中，当事人私下协商，同样解决了问题，作为公共财富的警务成本并没有很大投入，而又以处罚降临到作为一方当事人的违法人身上，警务成本再次投入，这不是又在浪费社会财富吗？

诚然，根据《治安管理处罚法》第9条规定调解的案件，是因“民间纠纷”引起的情节轻微的违反治安管理行为。一般而言，纠纷主体间的关系带有“熟人性质”，倘调解成后再予一定行政处罚，可能违背调解恢复当事人关系的初衷。然而，根据第19条关于和解的规定，其解决的纠纷中也包含着大量的“熟人性质”的纠纷。如果根据现行的规定，那么对于因民间纠纷引起的违反治安管理行为，当事人自行和解的，公安机关仍可以减轻处罚，即作出处罚，但适当减轻。这样，同样的问题，因为调解与和解的不同，就有了不同的解决结果。当事人可以不浪费自己的成本进行自行和解，而将解纷的负担放在公安机关身上，也是违背了促使当事人自治的和解的立法意旨的。

同时，虽然学理上似乎可以将调解与和解分开，然而在实际生活中公安机关作为纠纷解决的第三人的作用，如在第二章中所言，其中介、判断、强制功能并非泾渭分明，而常常是警察的一种行为中，就包含着前述功能融合在一起的作用。当纠纷纳入到警察视野后，在当事人与警察的互动中，各种解纷信息也是在各方间互动交流的，纠纷的性质、纠纷解决的依据、纠纷解决方案，都是这些信息中的组成部分。有时候，解纷方案是警察提出的，双方当事人接受，这时形成“调解协议”，但有时候却是当事人自行达成和解协议后，由警察进行确定。当然，也不排除在警察前期工作的基础

上，双方当事人达成一致性协议的情况，而在这种情况下，如果再对当事人进行处罚，即使减轻处罚，也显失公平了。

赋予调解与和解不同的法律效力，增加了公安机关的自由裁量权，也就增加了警察滥用权力的危险，可能成为公安机关牟利的借口。当一起违反治安管理的案件，可以通过调解结案，也可以通过和解结案时，警察可以利用“调解书”、“和解书”、“行政处罚决定”作为形式，巧妙地在案件中反映自己的喜好。如果警察喜欢，他可以用调解书的形式解决纠纷，如果他不喜欢，本来可以进行调解的案件，他不进行调解，而在当事人和解后，他也可以对违法人进行处罚。这样，就为关系规范运作提供了场域，其中可能就会有着许多“幕后交易”了。

因此，至少在因民间纠纷而引起的情节较轻的违反治安管理行为这一类行政纠纷上，治安管理处罚法应明确，当事人和解的，不予处罚。然而这里面又有问题需要进一步追问：一是何为民间纠纷；二是情节较轻如何确定。根据相对权威的解释〔1〕，民间纠纷是指公民之间因家庭、邻里、婚姻、继承、扶养、礼仪、财产等民间关系引起的权益争执。〔2〕然而“民间纠纷”和“民事纠纷”究竟有何区别？民事纠纷一般而言，具有法律上的权利义务关系，而民间纠纷中有一些却没有法律上的权利义务关系。民事纠纷实际上是民间纠纷中的一类。简言之，民间纠纷是一个属的概念，而民事纠纷是一个种的概念。“情节较轻”，是指“违反治安管理的行为

〔1〕 学界的权威，可能只是某种知识上的权威，而真正的权威或许是知识和权力结合而成的权威，一般而言，一级有一级的水平，公安部作为全国最高的警察机关，知识水平应是最高的，加上它是最高的公安机关，所以它的解释自然应具有最高的权威。本书关于民间纠纷和情节较轻的解释，源自于最高权威的由公安部组织编写的《治安管理处罚法释义与实务指南》（柯良栋、吴明山主编，中国人民公安大学出版社2005年版，第119～121页）。

〔2〕 柯良栋、吴明山主编：《治安管理处罚法释义与实务指南》，中国人民公安大学出版社2005年版，第119页。

的性质比较轻、手段不恶劣、动机不狠毒、后果不严重、社会危害性比较小。”[1]从此解释看，对“情节较轻”的解释，大都是一种道德评价，而道德，虽然有一个大众的评判标准，然而这个大众的评判标准，是从来没有被实证过的，也从来就是流变的。对于一个具体的个案来讲，情节较轻与否，是与纠纷解决者的个性紧密相连的，特别是他们的理解力、感觉等等。

从这个意义来讲，情节是否较轻，也是一个自由裁量的领域。虽然正如世界上没有两片相同的树叶一样，世界上也不可能有完全相同的两个案件，但是案件的大致相同情况，总是会出现的。在自由裁量的领域，当不同的解纷者进行解纷时，对于同类的案件，就不可避免地出现矛盾的解纷结果。如果不想出现这种矛盾的结果，那么在违反治安管理行为的和解上，即调解与传统意义的和解上，就应当赋予它们相同的、一致的法律效力，即无论是否是因民间纠纷引起的违反治安管理行为，也无论它是否情节较轻，都可以进行调解，也可以自行和解。即无论是调解还是自行和解，都应消灭行政责任，而以其中的民事责任来对违法者进行制裁，对受害人进行补偿，这可以称之为“行政违法行为的民事化处理”。这样，当然会有一些违法行为，只以民事责任制裁违法人，显然不足以达到惩罚之目的，也不利于一般预防。因而，如果非要兼顾考虑不可，那么在法律规范的层面，就只能规定“因民间纠纷引起的违反治安管理行为，情节较轻的，在公安机关调解或当事人自行和解后，不予处罚；其他违法行为，当事人可以自行和解，公安机关应当减轻处罚或不予处罚”，而把余下的问题留给实践中的解纷者发挥他们的主观能动性去解决。

从这个角度上讲，对一些纠纷，只能归于“民间纠纷”和“非民间纠纷”之间的模糊地带，归于“情节较轻”和“非情节较

〔1〕 柯良栋、吴明山主编：《治安管理处罚法释义与实务指南》，中国人民公安大学出版社2005年版，第120页。

轻”之间的模糊地带。这是在解决违反治安管理行为时面临的一个无法破解的难题，除非立法者愿意作出这样的立法规定：违反治安管理的行为，当事人可以自行和解，公安机关也可以调解处理，当事人履行和解协议、调解协议的，公安机关不再作出处罚决定。和解不成、反悔或调解不成、反悔的，公安机关应当根据违法事实的性质和情节，考虑和解不成、反悔、调解不成、反悔的因素作出处罚决定（包括处罚决定或不予处罚决定）。

经过警察的调解，一般称为“治安调解”，是经“官”的和解，而自行和解，是不经“官”的和解。国家法律规范赋予它们不同的法律效力，显然是对官与民的“差别待遇”，带有国家主义强权性质，这种特色，不仅在行政和解中存在，在民事和解中也同样存在。根据《民事诉讼法》第51、131条规定，当事人已经自行和解，裁决自没有必要，原告一般是申请撤诉，而人民法院对撤诉申请审查，如果和解协议经审查符合有关条件，法院对案件的裁决已没有必要，那么就应裁定准许撤诉。

虽然对当事人自行和解，法院可以按撤诉处理，而实践中也按撤诉处理，但并不排除有些自行和解，因其在诉讼中，法院按调解处理，[1]即契约式和解方式。如果按契约式和解方式，则法律后果与按撤诉式和解不同。在契约式和解中，因为表现形式为“法院调解书”，而根据我国现行民事诉讼法规定：调解书经双方当事人签收后，即具有法律效力，不能上诉；二审中的调解书具有改变原审判决裁定的效力，人民法院制作的调解书具有强制执行力。这些在法律规范层面的效力，其实质完全是根据当事人意思自治和合同自由原则引发的自然产生物。对撤诉式和解而言，虽然当事人自行和

〔1〕 1992年最高人民法院《关于适用〈中华人民共和国民事诉讼法〉若干问题的意见》第191条规定：当事人在二审中达成和解协议的，人民法院可以根据当事人的请求，对双方达成的和解协议进行审查并制作调解书送达当事人；因和解而申请撤诉，经审查符合撤诉条件的，人民法院应予准许。

解也会有这些“自然产生物”，但在我国法律规范层面，并没有明确予以认可。当事人按和解协议履行则罢，如不按和解协议履行，那么只能根据《民事诉讼法》第 111 条[1]规定起诉。简而言之，我国民事诉讼法规定的自行和解，没有得到与法院调解同等的公平待遇。

有必要提及的是，法律规定的民事和解，不仅存在于《民事诉讼法》中，还存在于仲裁法等调整民商事法律中。根据《仲裁法》(1994) 第 49、50 条规定，当事人申请仲裁后，可以自行和解。达成协议的，可以请求仲裁庭根据和解协议作出裁决书，也可以撤回仲裁申请。当事人达成和解协议，撤回仲裁申请后反悔的，可以根据仲裁协议申请仲裁。这两条规定也反映出了契约式和解和撤诉式和解两种类型（即仲裁调解与自行和解），并且仲裁法给了它们不同的法律效力。当仲裁庭根据当事人的和解协议作出裁决后，表面上是根据决定的纠纷解决，而实质上是根据合意的纠纷解决。或许正是因为它有了“裁决书”的表面形式，它具有了裁决书的法律效力。而撤诉式和解，在当事人反悔后，却没有强制执行力，当事人可以根据仲裁协议申请仲裁。这又是法律对同一类事实进行了“歧视待遇”。同类的问题，在《劳动争议调解仲裁法》(2007)、《农村土地承包经营纠纷调解仲裁法》(2009) 中都是存在的，在此不再作特别的分析。

人民调解的效力问题，也是一个相关的问题。根据最高人民法院《关于审理涉及人民调解协议的民事案件的若干规定》(2002) 第 1 条规定，经人民调解委员会调解达成的、有民事权利义务内容，并由双方当事人签字或者盖章的调解协议，具有民事合同性质。当事人应当按照约定履行自己的义务，不得擅自变更或者解除调解协议。《人民调解法》第 31 条也规定，经人民调解委员会调解

---

〔1〕 对判决、裁定已经发生法律效力的案件，当事人又起诉的，告知原告按照申诉处理，但人民法院准许撤诉的裁定除外。

达成的调解协议，具有法律约束力，当事人应当按照约定履行。调解协议是由“人民调解委员会”或“人民调解员”这些官方化第三人主持下达成的解决纠纷的合同。我国现行国家法律已在实然层面赋予它法律约束力，它同法院调解一样，得到了“官方”的尊重。

但是，经过“警察”的调解，也是一种“官”主持下的合同，它却没有得到与人民调解、法院调解同样的待遇，因为当协议的一方当事人反悔后，另一方当事人只能就原来的违反治安管理行为所产生的法律权利义务作为诉讼内容，而不能将“调解协议”中的权利义务作为诉讼内容。这样，不但是经“官”的调解与不经官的“自行和解”效力上不同，而且同样是“官”主持下的调解效力也不同了，不同的“官”也得到了不同的“待遇”。

笔者认为，无论是何种方式的和解，都具有意思自治的本质，都具有“合同”性质，在当事人间都产生一定的事实约束力。而当事人如果违反这种和解合同，其违约责任，不一定非得表现为国家法律明文规定的责任。国家法律责任只是作为社会制裁的组成部分，而后者还包含道德制裁、纪律制裁、宗教制裁等诸多方面。具有法律上民事权利义务内容的和解合同，应按照“合同”的有关原理和规定进行评价。这种解决纠纷的合同，无论国家法律是否确认或赋予其法律效力，在当事人间都有事实约束力，它首先是一种“民”间的行为，无论是基于何种理由，当事人一般都会按照协议行动，除非当事人反悔（无论基于何种理由）。这种民间行为的法律效力，是法律确认或赋予的。基于对当事人意思自治的尊重，国家法律没有理由不对这种解决纠纷的合同的法律效力予以确认或赋予；同时，基于对意思自治的限制，也没有理由不对这种解决纠纷的合同的法律效力予以限制。但绝不应因为此种合同的主体不同而采取歧视的差别待遇，而是应关注解纷合同的内容是否可以为法律所宽容，只要是可以宽容的，就可支持。

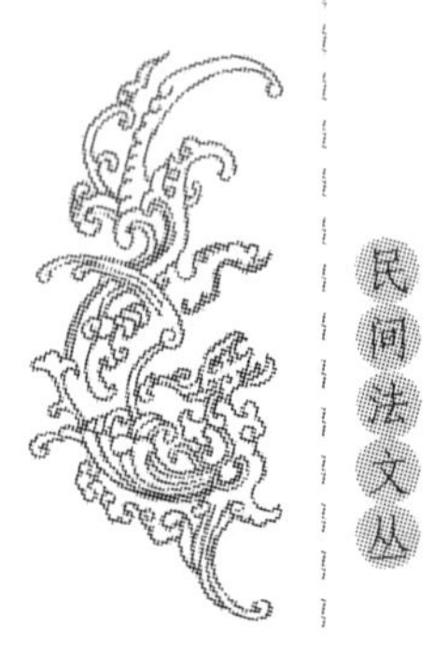

第六章

和解的功能分析：个别功能与社会功能

对和解的功能的分析，是本书第三个分析视角。作为一种纠纷解决机制或方式，相对于社会需求而言，和解有着自己的特殊贡献。纠纷和解之所以是一种社会事实，概因和解以某种方式同自决、裁决一起维持着社会存在，即纠纷和解对社会引起一系列后果，这些引起的后果，就是纠纷和解的功能。人类社会存在着多元的纠纷解决方式，传统意义上的“和解”被认为是“私了”，因此，它不可避免的具有私了即私力救济一样的功能。徐昕认为，私力救济具有三种功能：相对于公力救济有形成竞争、弥补局限、替代补充的功能。竞争有助于公力救济的改进，替代补充可节约国家资源，缓解司法压力，及时有效调节社会关系；解决纠纷，维持秩序，甚至形成规则和习惯；自治功能，即依靠自己，自力更生，充分张扬当事人的主体性，独立自主解决问题，实现自我正义。[1]按

〔1〕 参见徐昕：《论私力救济》，中国政法大学出版社2005年版，第170～180页。

这种推理，和解当然也具有上述的三种功能。笔者将和解的功能分为个别功能和社会功能，前者是指纠纷个案的和解达到的效果或作用，后者是指纠纷和解方式在整个社会中的功能。在下文关于这两种功能的论述中，虽各种功能归属不一定精确，但大致反映了这种分类标准。

一、个别功能

笔者认为，一般而言，和解是一种相互影响的互动过程及其产生的结果，从社会学角度，属于社会互动行为。和解最根本的功能，自然是解决纠纷，以实现利益的再分配，和解也可以形成规则，成为解决同类纠纷的参照。同时和解也要进行责任归因，确定责任归属，进而达到纠纷解决，恢复当事人间关系，导致社会秩序的效果。本部分笔者拟运用个案分析的方式来解决观点的证明问题。

（一）解决纠纷

和解的最根本功能是解决纠纷，这一点看起来同裁决一样，然而它却具有与裁决不同的适用范围。

人类社会纠纷纷呈，单纯靠自决或裁决解纷，必然无法使众多纠纷得以解决，何况自决之时，常伴随新的冲突产生，当自决者进行压制时，哪里有压迫哪里就有反抗的铁律就会发生作用。在当下这个时代，“上帝已被谋杀，但上帝的位子还在，每个人都可以自己在那个位子上坐坐，摆出什么样的怪样子都行”[1]。自决具有极大的恣意性，现代社会对纠纷的自决限制颇多。而裁决解纷，无论是法院裁决、行政裁决还是仲裁裁决，都是以“法律”为准据，以“事实”为裁决对象，都会面临着“事实”的认定和“法律”的发现问题，常会无法真正解决纠纷事实，也无法解决诸如案例9中所述的争执。

对案例9夫求清白案，最好的解决办法，就是争议双方和解。如果要对这一类纠纷进行分类，那么可以将它归于情感类纠纷，当

〔1〕何兵：《现代社会的纠纷解决》，法律出版社2003年版，第56～57页。

事人的诉求是证明感情的清白，而感情是捉摸不定的东西，就像天上的云无有定形，它只能用一定的行为事实进行推定。然而这些推定也只能基于常理判断，却难免会有例外。谁都不能肯定，一个女人发个短信给男人“你还记得我吗?”，而一个男人回答：“怎么能忘记你呢?”就足以表明两人之间的暧昧关系。如果当事人间不因此纠纷引发其他相关纠纷如离婚或殴打等，单纯为解决一个感情上的清白的诉求，唯有和解。在和解中，当事人可以淡漠、转移诉求，弱化事实真相，考虑相互关系，以关系、面子、感情为准据，将注意力关注到未来，而不是停留在过去，让情感纠纷不了了之而得以化解。

对现代法律一般不予调整的情感事实，和解比裁决具有无比的优势，和解解决了裁决调整不能的缺陷。但是，对情感事实，自决的方式也可以进行调整。其调整的方法则为“私人惩罚”。王林敏曾有一文《陪老婆逛街——一种习惯义务》〔1〕，认为婚姻是一种契约，而这种契约是由各种权利义务构成的，逛街构成一种契约内容，即使陪老婆逛街是一件痛苦的差事，忍受这种痛苦也是一种义务，是对自己婚姻的一种习惯义务。“习惯义务的确没有官方强制力的支持，但是，它仍然具有制裁效果的。夫妻双方闹矛盾本身就是一种制裁，这种制裁是一种私人之间的惩罚。因为，对于和谐生活的追求是每一个婚姻的固有内容。要想婚姻美满，就不得不压抑自己、消除一些产生矛盾的因素。在这种情况下，夫妻矛盾就是一种制裁，虽然这种制裁造成两败俱伤。”夫妻之间的感情无法裁决，只能和解与自决，而自决中却是以“私人惩罚”为方式，不利于夫妻的和谐。在案例9中，如果不和解，则女定要对男进行“私人惩罚”：可能是进行“冷战”，长时间的对男不理睬、不做饭、不做家务等使男生活不便；或是闹离婚形成离婚新纠纷；或是哭闹，拿

〔1〕 载民间法与法律方法网，http：//www.xhfm.com/Article/minjian/jingyan-jieshi/200810/Article_ 2131.asp，访问日期：2010年5月12日。

出民间所言女人的招法“一哭二闹三上吊”；等等。如果男被逼急了，也可能对女实施暴力，拳脚相加等。而这些私人惩罚方式，如果超过一定限度，当事人间的关系就复杂化了，当事人甚至社会就可能不得不投入更大的成本进行纠纷解决，就不得不进行裁决解纷。

夫妻应互相忠实，互相尊重。夫妻关系是合法的两性关系，夫妻中任何一方如果同第三者有了“关系”，无论是纯粹的情感爱慕关系（柏拉图式的精神恋爱）；还是肉体关系（无论是一夜情、包二奶或二爷，还是卖淫嫖娼，甚至同性恋等）都属于不合法的两性关系，违背了夫妻之间互相忠实的义务。然而，这种违背互相忠实义务的行为，在现代社会中却大量发生，每一个正常人，有几个能忘记自己的初恋情人？他/她即使不把她/他常念于口，也会铭记于心，这种纯粹的情感关系，如果他或她的妇或夫依然吃醋不饶，定要燃起狼烟，面对法律规定的“夫妻互相忠实”的规则和“正常人都不会忘记初恋情人”的规律，有谁能对这样的纠纷进行公平地裁决？对于因感情纠纷引起的纠纷，譬如离婚诉讼，也面临着同样的问题。《婚姻法》第32条规定“感情确已破裂，调解无效，应准予离婚”，然而，感情确已破裂，并无真正的感情标准可言，而只能通过行为推断。这就意味着，证明感情破裂的证据的证明对象，其实质并不在证明“感情”这一内在现象的破裂，而只能是指向“行为”这一外在的现象，法官只能是根据当事人的行为，结合一般常识进行推断。但接之而来的问题是：根据一般常识和当事人的行为进行推断，就会得出准确的“感情确已破裂”的事实吗？答案显然是否定的。假设夫妻二人两地分居，而其中一方跟另一异性交往，而且在“黄段子”充斥社会的今天，男对另女说了个“黄段子”，女方又回应了一个“黄段子”，是否说男女之间就一定存在着破坏原夫妻感情的行为呢？对于一方有婚外性行为一类的影响夫妻感情的事实，其证明的困难可以说“难于上青天”，无论是私人侦探还是国家侦查（调查）机关，都不可能为民事争议中当事人间的床笫之事提供足够的证据，除非是因为卖淫嫖娼而受国家机关惩处。如果非要介入当事人的床第之事，就会出现“延安黄碟案”[1]一样的尴尬局面，“风能进，雨能进，国王不能进”的私人领域就会荡然无存，个人的自由就会受到严重侵害，专制的力量就会窒人鼻息。然而裁决必须用证据直接证明事实，或者根据证据和经验法则推定事实。没有证据直接证明，而直接根据推定来确认感情破裂，虽然可以不漏掉对不忠者的惩罚，但也会让实际上的忠实者成为“冤大头”。“法律制度常常对它必须解决的法律纠纷的是非曲直没有任何线索；但是通过举证责任作为一种对缺乏的知识的代位者，就避开了这种耻辱”。[2]在科学技术并不可能足够发达的时代，人们将公正的希望寄托在诉讼身上，就会神化法官（裁判者），仰仗裁判者的个人智慧或非凡魅力，进而形成“人治”，而非法治，而如果裁判者并没有“一碗水端平”的能力，即使他能出于“公心”，尽心尽力，却不能让当事人感到满意，那么裁判者就会受到各种非议、责难。

---

〔1〕 2002年8月18日晚，陕西省延安市万花派出所民警接到群众电话举报，称辖区内一居民家中正播放黄色录像。派出所遂派出4名民警前去调查。民警闯进该居民家中时发现，房间内只有新婚夫妻张秋林和李小叶两人，此时电视机已关闭。几名民警表明身份，要求夫妻俩拿出“黄碟”，但该夫妻拒绝警方的要求。双方发生冲突。撕扯中，一民警的袖子被撕破，一民警的手被抓伤。民警将张秋林摁倒在床上，然后以妨碍警方执行公务为名将其带回派出所。警方将从现场搜到的3张淫秽光碟，连同电视机、影碟机作为证据一起带回派出所。8月19日，在缴纳了1000元暂扣款之后，张秋林被放回家中。10月21日，张秋林突然又被宝塔公安分局治安大队带走，随即以“涉嫌妨害公务”被刑事拘留。10月28日，宝塔公安分局向宝塔区人民检察院提交材料，报请检察院批准逮捕张秋林。11月4日，宝塔区人民检察院以“事实不清，证据不足”为由作出不予批捕张秋林的决定，发回公安分局补充侦查。11月5日，被刑拘16天之后的张秋林被宝塔公安分局以取保候审的形式释放回家。12月5日，宝塔公安分局以“案件撤销”为由，解除了对张秋林的取保候审，1000元暂扣款同时返还当事人。参见 http：//news. qq. com/a/20061217/001274. htm，访问日期：2010年5月12日。

〔2〕 参见 Richard A. Posner, *The Problems of Jurisprudence*, Harvard University Press, 1990, p. 45. 转引自苏力：《制度是如何形成的》，北京大学出版社2007年版，第104页。

唯有和解，它有时并不需要将事实完全公然挑明，而可心知肚明；不需要全部用证据来证明，而有时候完全可以合理推断事实；不需要必须运用国家规范，而可以基于民间规范、关系规范等进行评判，一句话，不需要查明（法律）事实，分清（法律）是非，明确（法律）责任的情况，也就是可以在“稀里糊涂”情况下“和稀泥”，化解许多恩怨情仇。这也就不奇怪我国《婚姻法》规定：“人民法院审理离婚案件，应当进行调解”，正是在这种“调解”中，法官可以规避许多类似前述的用裁决无法解决的问题，可以用“经当事人同意，达成协议如下”等语句，基于当事人意思自治来解决纠纷，只有当调解不成时，法官才不得不面临着“根据常识”进行推断夫妻间的“感情确已破裂”问题。

当然，以上的论述并非意在表明和解比自决和裁决解决纠纷范围广泛，非仅限于感情纠纷或因感情引起的纠纷这一领域。和解可以解决许多裁决无法解决的纠纷。在现代社会中，私力救济不太被关注，国家法律体制下也不太主张，私力裁决被限制在较为狭窄的领域，在私力裁决中，像贸易仲裁，也是在国家法律许可的权力框架之下，而黑社会等社会团体内部的裁决，也有内部规则为前提。现代社会裁决纠纷大多集中于国家机关裁决上，这种裁决即平常的纯粹诉讼、行政裁决等形式。恰如前所述，只要是裁决，必然面临着事实的认定和规范依据的确立，然后运用三段论的逻辑推理方式来寻求问题的解决，而和解则可以绕开这两个难题，解决更多的纠纷。参照徐昕在其《论私力救济》一书中关于私力救济的功能，〔1〕笔者认为，除去前面所言的感情纠纷外，和解比裁决更可能被选择，理由如下：①有些纠纷可诉诸裁决，但客观上难以排除当事人选择和解，因为基于人类的本性、规范或习惯，和解的功能与特定纠纷存在某种“自然的暗合”，公力救济以裁决为主，只要是裁决，就会有国家机关第三人参与，涉及当事人的面子、隐私等不便公开

---

〔1〕 参见徐昕：《论私力救济》，中国政法大学出版社 2005 年版，第 174～180 页。

的问题。②裁决无法解决或无法施展效能的纠纷。如事实不清、证据不足、规则不足的纠纷，裁决根本无法解决实质问题，而常是形式的解决，如法院因证据不足，判定原告因举证不能而在证据规则上必须承担的不利后果等。③无法进入裁决门槛的纠纷，譬如中国现在的民事诉讼法采取的是立案制，即原告到法院起诉，先由法院立案庭进行审查，决定是否立案，这样许多纠纷排除在法院之外，而法院司法又是社会正义的最后一道防线，是吸纳社会不满，引导当事人对自己的利益进行理性表达的最后场所。一些纠纷被排除在法院之外，而当事人间又进行争执，无奈之下，只好采取和解。④还有一些纠纷如政治性纠纷，包括国内政治和国际政治性纠纷，因一国法律体制或现行国际法体制无法纳入，故采取和解为宜。

（二）形成规则

解决纠纷，是和解的最基本功能，但是伴随着解纷行为，还可以形成一类纠纷的解决规则或习惯。美国的埃森伯格在20世纪70年代曾做过关于纠纷解决与规则形成的研究，认为谈判协商在争议当事人间及寻求规则以指导未来的行为人间是一种重要的手段。规则在纠纷解决的谈判协商中具有重要作用。在没有规则约束的谈判中，规则之确立，受谈判协商双方势力的对比影响。〔1〕一个纠纷的解决，在运用三段论推理的过程中，首先是要确定作为大前理的普遍性规范，根据逻辑涵摄理论，将事实纳入其中，得出案件的答案，而这实际上就是个案的规范（或称个案规则）。〔2〕但是，在纠

〔1〕 See Melvin Aron Eisenberg, "Private Ordering Through Negotiation: Dispute-settlement and Rulemaking", *Harvard Law Review*, Vol. 89, No. 4 (Feb, 1976), pp. 637 ~681.

〔2〕 在法学史上，凯尔森曾对法律规则和法律规范作了区分，认为前者是叙述性的概念，指在一个法律体系中存在的法律规范；而后者是规范性的，它的功能是为人们规定义务（参见［奥］凯尔森：《法与国家的一般理论》，沈宗灵译，中国大百科全书出版社1996年版，第49页），而在法学语境中，则往往把法律规范等同于法律，而把规则当做法律内部的构成要素或者有严谨逻辑的法律单元。参见谢晖、陈金钊：《法理学》，高等教育出版社2005年版，第89页，注5。笔者在本书中并不作区分，而大致认为规范与规则是相通。

纷和解中，大前提的确定性是需要寻求的东西，由于其中有着关系、人情、面子、当事人的实力对比等因素的影响，更难以像裁决中那样具有相对的确定性。事实往往是，对于具体的案件，结合各种因素，形成一个新的个案规则，而此个案规则，因为人的模仿行为和从众心理，形成了适用于一类事物的具有相对普遍性的规则。

案例16 车周争房案 车某于1991年购某村村民周某在村中的住房一幢，价格15 000元。但是，因为车某不是本村户口，房产没有登记转移。2005年，该村改成居委会，意味着该村土地成为国有土地。2008年5月，该村进行整体拆迁。为了推动拆迁工作的顺利进行，开发商规定："在2008年5月15日前交钥匙签订拆迁协议的，奖励被拆迁户14平方米住房。"对于这14平方米的住房，应由谁承受，车某与周某发生了争执。车某认为，自己已购此房，付了款，且占了房，是被拆迁户，故应享受此14平方米奖励；而周某则认为，此14平方米应是村民的利益，邻村同样的事情，也是双方商量处理的，如果对方不同意自己的意见，那么将拖至规定期限，这样双方都得不到14平方米。

次日，双方多次协商，最后由车给周3万元人民币，车得以同开发商签订拆迁协议，双方争执解决。此案成为本村拆迁中后期20余起同类纠纷的先例，当事人都按双方分享利益的方式根据其他一些具体因素，确定了各自利益，拆迁工作得以顺利进行。

诉讼解决案例16，可能存在两种情况，要么车某赢，要么村民周某赢，但是，在程序上他们都得经历诉讼周期的时间成本，而根据我国《民事诉讼法》规定，此类案件，应当适用普通程序审理，按照此种程序运作，不用说开发商给的14平方米的奖励会因超过规定期限而不得，甚至连原来房屋的权属也要好好论争一番。目前，在全国范围内，这种“小产权房”[1]争议是一种普遍的现象。[2]土地使用权和房屋所有权本来是两项分离的权利，但是，因为不动产的特有属性，国家禁止农村村民向城镇居民出卖自己房屋，这是对农民财产权的不公正的限制，人们不禁会问：为什么城市居民可以出卖自己所有的房屋，而农民却无权出售自己的房屋？这是否也属于城乡二元的歧视？如何对公民的财产实行平等的保护？如果进行诉讼，显然，根据现有成文规定[3]，不同的法官会根据自己对法律的不同理解形成不同的判决结果。[4]对于案例16中的当事人来讲，案件是否朝着有利于自己的方向发展很难预期，双方同时又受着道德的折磨，出卖方因为早已将房卖掉，历经多年因利益却又旧事重

〔1〕 城镇居民到农村购买村民住宅或村委集体建设的房屋，因得不到国家产权证，故称为“小产权”房。

〔2〕 仅以媒体炒作得沸沸扬扬的北京“画家村”纠纷来看，2006年10月以来，曾有13位在宋庄以低价购买宅基地房的艺术家被村民告上法庭，村民要求以原价讨回宅基地房，另外还有200多名艺术家可能成为潜在的被告。2008年10月20日，北京市通州法院判决农民马海涛作为造成合同无效的主要过错方，承担70%的责任，须赔偿画家李玉兰18.5万余元。参见人民网，http：//bj. people. com. cn/GB/8203409. html，访问日期：2010年7月20日。

〔3〕《物权法》第153条、国务院办公厅1999年颁布的《关于加强土地转让管理严禁炒卖土地的通知》（国办发［1999］39号）、2007年颁布的国务院办公厅《关于严格执行有关农村集体建设用地法律和政策的通知》（国办发［2007］71号）、国家土地管理局《关于以其他形式非法转让土地的具体应用问题请示的答复》（［1990］国土函字第97号）、国土资源部《关于加强农村宅基地管理的意见》（国土资发［2004］234号）。

〔4〕 目前，国内对此类案件根据不同的情况有着两类不同的观点，一种观点认为应按上注中规定裁决；另一种观点认为，法院认定合同无效应以法律和行政法规为依据，国务院办公厅的通知及国务院的决定不是行政法规，只是国务院发布的规范性文件。我国法律、行政法规并未明文规定禁止买卖宅基地上的私有房屋。《土地管理法》规定，农村村民出卖、出租房屋后，再申请宅基地的，不予批准。从这一法律规定可以看出法律并不禁止农村村民在出卖房屋时，同时转让宅基地使用权。当画家们在宋庄创造出一片家园后，村民由于看到房屋价值提升，纷纷公开要回房屋，是违背诚实信用的行为。参见“宋庄画家村小产权房案”，载西南政法大学房地产法研究中心网，http：//www. fdcfy. com.

提，显然是“利益小人”，而买方因社会变迁，以此房一举获利数十万元，天上掉馅饼，“吃水忘了挖井人”，置道德不顾，在同一个小城生活，熟人很多，显然还是要顾忌一些面子和感情因素，于是最好的办法是寻求一种相互妥协之道，和解就成了最好的选择。

从众，是大众普遍心理，它是指因为真实或想象的他人的影响而改变自己的行为。人们从众是因为人们相信他人对某种模糊情境的解释比自己的解释更正确，从而可以帮助我们选择适当的行为方式。在案例16中，周某提供了邻村解决此类案件的基本做法，对于买受人车某而言，虽然在私下不一定乐意接纳和解的方式，但是他不得不公开顺从，即在公开场合顺应他人的行为，但私下不一定相信他人的所言所行，否则他就不可能获得14平方米的奖励（哪怕是其中的一部分），甚至在未来的诉讼中还可能败北，在和解中，他所要付出的仅仅是14平方米的一部分而已。于是，双方在和解中，达成了解决个案规则——由车某给周某3万元，而车某与开发商签字，得到14平方米的奖励。也正是在一种从众心理的支使下，其他纠纷的当事人模仿了车某和周某的和解行为模式，个案规则进而成为普遍性规则。正如卡多佐所言的那样，当一个行为规则或原则已经确立，从而可以证明一个预期具有合理的确定性：如果这一规则或原则的权威受到挑战，将由法院来强制执行，那么，以我们的研究目的来看，这一规则或原则就是法律的原则或规则。它们也许缺少官方的图章，但也将被描绘成法律。[1]本案和解协议是基于双方自愿的合同，具有一定的合理预期，应当具有法律的效力，一方不履行，另一方可以此作为申请法律强制执行的依据，解决了在正式规则和制度中难以形成统一答案的问题。在和解的过程中，一种规避正式规则和制度的非正式规则和制度得以形成。这完全验证了霍姆斯所言：“法律的生命不在于逻辑，而在于经验”，一种经验

---

〔1〕 参见［美］本杰明·N. 卡多佐：《法律的成长、法律科学的悖论》，董炯、彭冰译，中国法制出版社2002年版，第30~31页。

进化主义的制度就这样渐渐趟进社会生活中，与国家正式制度互为犄角。虽然这种和解的具体规则，具有“地方性知识”的意味，而且在运用裁判解纷时，很难得到法官的认可或适用，然而“既然一切法制和法意均源于生活本身，分别表述了生活的规则性存在和意义性存在，那么法律之道即生存之道，法意即生活的意义，而生活的意义主要即在此世道人心”〔1〕，和解中的具体规则，虽然没有“官方”的图章，一旦具有了普遍性，也应当被描绘成法律，具有和“法律”同样的意义。

（三）归属责任

在日常生活中，人们时常遇到与责任、谴责以及惩罚有关的问题。特别是遇到人们对之持有负面评价的事件时，人们总是要对事件的责任原因进行分析认定，而对责任进行分析认定的过程，就是责任归因。纠纷解决的过程，实际上就是责任归因的过程。纠纷的解决，就是要落实纠纷的责任，确定责任的归属、轻重。心理学告诉我们，归因总体上可分为两种，一种为自我归因，又称个人归因，即对自身行为结果的原因的知觉；另一种为人际归因，又称他人归因，即对他人行为结果的原因的知觉。〔2〕从这种分类角度来分析，纠纷的裁决者（法官）则是站在中立的立场上，〔3〕对纠纷当事人的行为结果的原因的知觉。法官实际上是一个观察者，他得用通过审判程序获得的信息（证据），依据自己作为裁决者的权力，根据自己的信念或情绪体验，对纠纷的责任进行厘定辨明，确定当事人行为与结果的因果关系，作出有关对与错、合法与违法的判断。纠纷裁决者的归因，主要属于人际归因。

和解纠纷中的归因与裁决中的归因不同。在纠纷的解决中，各

〔1〕 许章润主编：《萨维尼与历史法学派》，广西师范大学出版社 2004 年版，第 1 页。

〔2〕 参见［美］B. 维纳：《责任推断：社会行为的理论基础》，张爱卿等译，华东师范大学出版社 2004 年版，第 6 页。

〔3〕 因为法官中立是司法公正的要求。

方当事人自己同时既是一个观察者，又是一个被观察者。作为一个观察者，他们在对对方当事人的行为进行归因，因而是一种人际归因；同时，作为一个被观察者，他们又都是对方进行人际归因的对象。在和解的过程中，归因现象不仅止于此，当事人还要更多地进行自我归因，从自己身上找原因，找责任，以期能相互间达成谅解。

对于事件发生后的归因机制，一些心理学家的研究可以表述为：结果—原因确定—责任—责备—惩罚。这个过程建立在以下前提基础上：①归因必须与责任推断相区分；②责任推断必须与责备相区分；③责任归因通过中介的责备反应间接地影响惩罚和其他社会反应。因此，责任归因和其后果属于一系列过程的组成部分。[1]美国心理学家 B. 维纳认为，责任的推断以人类的因果关系为前提，分为三个相对独立的阶段，三个阶段被假定为中介于事件的发生与对另一个人对这个事件拥有责任的推断之间。在第一阶段中，因果关系归于个人或情景。如果有情景因素存在，那么责任归属过程就停止。而如果有个人的因素存在，那么这个过程就继续下去。在这个过程的下一步，给出个人因果关系，它决定起因是否可控。如果有可控的因果关系存在，那么仍存在责任决定可能性。接下来，决定于是否有减轻的情景存在。如果存在，那么也无责任。然而如果没有减轻的因素存在，那么与先前对个人原因和控制性原因的知觉相联系，作出责任判断。[2]在现代法律体系中，追究犯罪人刑事责任，一般按照维纳认可的理路，对于民事责任，特别是民事侵权责任，因为存在过错责任、无过错责任、公平责任等归责原则，故而这种归因过程有些许例外。但这些国家法律责任，都是在裁决方式上追究的，而这种归因过程，也属于裁决过程中归因的常态。和解

〔1〕 参见［美］B. 维纳：《责任推断：社会行为的理论基础》，张爱卿等译，华东师范大学出版社 2004 年版，第 5 页。

〔2〕［美］B. 维纳：《责任推断：社会行为的理论基础》，张爱卿等译，华东师范大学出版社 2004 年版，第 10 ~ 11 页。

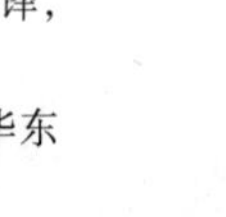

过程中的归因，则呈现出多样性、流变性的特点。虽然和解过程中也需要落实当事人责任，重新分配利益，然而它却并非能达到“查明事实、分清责任”的要求。一旦事实查明不成，那么像维纳所说的归因过程就不再发生作用，而常是以结果（损害后果）等为导向，成了不问是非的归责，故而其责任表现方式，因为归责原则和依据的不同，呈现出同裁决归责不同的形态。

由于一个纠纷可能产生的危害性不仅限于当事人之间，更可能存在于当事人和国家（社会）间，因而产生了不同的关系。一种是平等的当事人之间的关系，如公民与公民间，法人（组织）与法人（组织）间，公民与法人（组织）间的关系，这些关系如果被法律调整，应为民事法律关系，即私法关系，如果不被法律调整，也应是“私人”关系。同时，一种行为在无形中还会危害社会秩序，具有社会危害性，形成一种公民、法人或其他组织与社会之间的关系，而社会是一个变动不居的主体，只有以国家代表之，这种关系实际上是指“公法关系”。纠纷关系的不同，决定了责任性质的不同。后者可称为“公法责任”，而前者则因其关系是否为国家法律所调整形成“民事法律责任”和“民间责任”之区别。为了方便论述，我们可以将公法责任和民事法律责任称为“国家法律责任”。虽然对于一个具体的纠纷而言，其可能是经过裁决，也可能是经过和解，然而无论是在裁决还是和解中，都交织体现着两种法律责任的关系。

纠纷之和解，并不表明纠纷当事人不承担任何责任。解决纠纷实际上是解决纠纷主体的责任问题。和解后，当事人的责任虽然有时不表现为国家法律责任，但是该责任却以其他方式表现出来，常直接表现为习惯或当事人都认可的“责任”。苏力在《法律规避和法律多元》一文中研究了一个私了案件：某农村一男青年在与一女青年谈恋爱期间将女方强奸，为解决两者之间纠纷，在警察逮捕男青年之前，男女双方家庭达成协议，男方家庭赔偿女方家庭5000

元，双方结婚，女方撤回控告。[1]虽然此案中男青年还是受到国家法律的追究，但是应该看到当事人试图消灭国家法律责任的努力，以及试图用一种“民间责任”来代替国家法律责任的企图，这种民间责任就是：男方家庭赔偿女方家庭5000元，双方结婚。

还有，一些现代国家法律禁止的责任承担方式，也可以在和解中出现。如现代法律禁止劳役他人。但是，如果一方当事人欠他人钱财，而作为债务人他却没有钱财可以归还，如果用现代法律规定的责任方式来解决纠纷，那么再进一步假设该债务人终生无能力偿还债务，债权人始终不断追索债务，纠纷只有在债务人死亡后始能消灭。但在纠纷“和解”中，该债务人却可以用自己“劳役”抵顶所欠债务。虽然从一定角度来讲，劳役最终可换算为“金钱”，以“金钱”作为与所欠债务的等价物，但是此种责任承担方式的直接表现即是“劳役”当是无可争议。

民间责任和国家法律责任在和解中至少存在以下几个方面的关系：

第一，两种责任的竞合关系。指对于同一行为，由于根据和解或裁决分别处理，会得出相同的责任结果。譬如人身侵权的赔偿损失问题。如李某殴打王某，经过民警调解，双方互相赔礼道歉，李某赔偿王某1000元医疗费用。其中赔礼道歉、赔偿医疗费用，都是民间规范和国家规范（主要是法律）所认可的，但是因为这种责任方式是经过调解而进行归因、落实，故此案中的民间责任和国家法律责任竞合。

第二，两种责任的协调关系。指为了解决一个纠纷，对主体可以并行存在民间责任和国家法律责任，这种责任方式大多存在于当事人间依据非国家法律规则处理当事人间的争议，而国家机关则又依国家法律追究违法方责任，但是应在追究国家法律责任时予以考虑当事人业已承担的民间法责任。如张某殴打李某后，当事人达成

---

〔1〕 此案见苏力：《法治及其本土资源》（修订版），中国政法大学出版社2004年版，第45页。

“私了协议”：张某赔偿李某10 000元人民币，李某不要求公安机关对张某进行行政处罚。这种民间责任具有对国家法律责任的消灭或抵减功能。消灭功能是指经过纠纷和解后，责任者应负的国家法律责任归于消灭，不再承受国家的强制制裁。抵减功能是指责任者应负的国家法律责任，经过纠纷的和解后，其中一部分得到抵减。

第三，两种责任的冲突关系。指在解决一个纠纷时，纠纷主体依非国家法律规则进行了责任承担，然而其责任方式与国家法律责任（包括理念、原则、权力专属性等）相冲突的情况。譬如，为了解决双方间的纠纷，一方用限制对方人身自由的方法或强迫他人劳动的方法作为终结双方纠纷的方式，这就与现代法律禁止限制人身自由的理念相冲突，触犯了法律上对于人身保护权的具体规定。

（四）恢复关系

研究表明，纠纷冲突是群体生活中的普遍性现象。社会性会促使群体成员更好地获得有价值的资源，它已成为灵长目动物的一种“自然”的选择。但是，群体性生活亦会在成员间产生竞争和冲突，为了充分享受群体性的优点，群体必须克服竞争和冲突的缺陷。许多非人类的灵长目动物创造发展了自身有效的纠纷冲突解决机制。在相当多的灵长目动物中，以前的对手更可能相互保持和平或是坐在一起，直到在有新的纠纷冲突的发生，而这些在纠纷冲突后的相互和平的联合，则是典型的和解。〔1〕动物间的和解，并不意在惩罚，而在于恢复相互间的关系，在于和平。作为具有理性的人类，通常守法的动机并非是基于威慑，而主要是来自道德。儒攀基奇指出，在一个依靠威慑力的社会中，犯罪就会多得像所有的人都得了精神病一样。〔2〕在许多方面，人类应当基于可持续发展、友爱他人

---

〔1〕 Joan B. Silk, “The Form and Function of Reconciliation in Primates”, *Annual Review of Anthropology*, Vol. 31 (2002), pp. 21 ~ 44.

〔2〕［斯洛文尼亚］儒攀基奇：《刑法——刑罚理念批判》，何慧新等译，中国政法大学出版社2004年版，第101～108页；转引自徐昕：《论私力救济》，中国政法大学出版社2005年版，第238页。

等基本的道德要求，向非人类的灵长类动物的“本能”行为学习。

责任是制裁的基础，而制裁不同于惩罚。根据一些学者的观点，法律制裁是国家司法机关和国家授权的专门机关对违法者依其所应承担的法律责任而采取的惩罚措施。这种法律制裁是国家保护和恢复法律秩序的强制性措施，包括恢复性措施和对构成违法、犯罪者实施的惩罚性措施。恢复性制裁旨在消除非法行为造成的损害，恢复被侵犯的合法权利，保证已有义务的履行。惩罚性制裁旨在使违法者承担受惩罚的责任，即追加承受不利后果的新的义务。这两种制裁都是国家违法行为的反应。〔1〕

惩罚性制裁，实际应为法律惩罚，它有四个特征：一是惩罚的依据是国家法律制度；二是一种公认的不利后果；三是针对个人或组织违反法律行为作出的裁判；四是国家对违法行为作出的反应或是强制措施。〔2〕国家法律惩罚的正当性问题，有功利主义和报应主义之分。功利主义是指以行为的后果及该后果与苦乐的关系来评判行为的道德性的理论，惩罚的正当性在于惩罚能促进“最大多数人的最大幸福，即惩罚给人们（不仅是受罚者）带来的好利之和大于坏处之和”。而报应主义则认为，一个做了错误行为的人应为此承受相应的痛苦，惩罚是对被惩罚人的先前不当行为的报复。两种主义的争论常集中在对于无辜者的惩罚上，前者认为如果惩罚一个无辜者对社会有益，则可以进行惩罚，而后者则认为不能惩罚无辜者。罗尔斯为了弥补两者的裂痕，曾认为功利主义是从惩罚制度本身出发来证明惩罚的正当性，立法者考虑的是功利，而报应主义则从具体个案来证明惩罚的正当性，法官处理案件时考虑的则是报应。〔3〕笔者认为，报应应是惩罚的正当性来源，它根源于人的一种基本的情感，即愤恨，它是受害人的一种反应性态度，是对行为人

〔1〕 王立峰：《惩罚的哲理》，清华大学出版社2006年版，第19页。

〔2〕 王立峰：《惩罚的哲理》，清华大学出版社2006年版，第21页。

〔3〕 参见王立峰：《惩罚的哲理》，清华大学出版社2006年版，第57页。

给予的一种强烈的敌意和愤怒。人类社会一开始具有的惩罚是私人惩罚，它不可能基于“最大多数人的最大幸福”的功利，而只能是进行“以眼还眼，以牙还牙，以手还手”的报复。私人惩罚涉及私力救济问题，但是，当“以眼还眼，以牙还牙，以手还手”后，眼、牙、手本来已经失去，不可失而复得，所以，最初的惩罚不可能来源于功利，而只能来源于报应。复仇的目的是为报复行为者，当然复仇行为可能带来复仇者心理上的满足，也可以带来社会效果，但这些都是惩罚的功能，而非惩罚的本初原因。只是到后来，随着人类的发展，逐渐进入所谓的国家社会，因为一个没有强大政府控制社会必然走向“一切人反对一切人的战争”，没有法律，生活将“孤独、贫困、卑污、残忍而短寿”，私人惩罚权才渐由国家垄断，而与私人惩罚相关的私力救济则为国家或绝大多数法学家所诟病，私力救济被认为是一种落后、不文明、无法无天、应压制和应抛弃的纠纷解决方式。〔1〕在私力救济中的和解，也同样被轻视，人们忘记了在和解中的措施，并不在真正意义上的惩罚性措施，而毋宁是恢复性措施。

涂尔干在《社会分工论》中早已明确把社会制裁分为压制性制裁和恢复性制裁，他认为以刑法为根据的刑事惩罚就是压制性制裁，而以民法、商法、诉讼法、行政法、宪法为依据的制裁则是恢复性制裁。〔2〕和解中的制裁，大多是恢复性制裁，其着眼点在于恢复被破坏的关系或权利，是面向未来的，而惩罚性措施大多存在于直接的裁决中，或者在私人惩罚中，由私人决定，对越轨行为的制裁，其着眼于报复。但福柯认为，刑罚的严峻性不断减弱，这是法律史学家所谙熟的现象。但是在很长一段时间里，人们笼统地视之为一种数量现象：更少的残忍，更少的痛苦，更多的仁爱，更多的

---

〔1〕 徐昕：《论私力救济》，中国政法大学出版社 2005 年版，第 3 页。

〔2〕［法］埃米尔·涂尔干：《社会分工论》，渠东译，三联书店 2000 年版，第 32 页；转引自王立峰：《惩罚的哲理》，清华大学出版社 2006 年版，第 19 ~20 页。

尊重，更多的“人道”。实际上，与这些变化伴随的是惩罚运作对象的置换。[1]惩罚的对象被置换成了什么呢？惩罚不仅控制个人，不仅控制他们的行为，而且控制他们现在的、将来的、可能的状况……法官借助于一种渊源久远的进程，逐渐开始审判罪行之外的东西，即罪犯的“灵魂”。[2]现代刑事司法的怪异之处在于，（尽管）采纳了许多超司法因素，……是为了使刑法运作不再是单纯的合法惩罚，是为了使法官不再是纯粹的和唯一的惩罚者。[3]虽然，人权保障在当今社会中日益得到重视，在刑法谦抑性原则下，刑罚的运用也越来越慎重，恢复性司法成为世界司法的趋势，社区矫正成为世界众多国家对轻犯罪的处理的重要选择，然而，这些司法处置，对象却是人的“灵魂”，一种“监狱”消失了，另一种“监狱”又建立起来了，整个社会原本就是一个对人进行“规训”的机构。按照这种逻辑进行推演，在和解过程中，双方（甚或他方）都是一定意义上的司法者，对纠纷进行着判断，双方（甚或他方）又都相互是规训者，又都是对方的被规训者，相互拷问对方的“灵魂”。

和解中的具体责任方式，一般而言，系落脚于过去，针对过去已经发生的纠纷的一种处理，但它们更着眼于未来，把当事人对未来纠纷的预防，作为纠纷当事人的“责任”。在实践中，当事人常常在和解协议中约定“一方当事人不得再去找另一方当事人，不得再行纠纷”、“双方化干戈为玉帛”等内容，这当然可以看做是一种“预防纠纷”的责任，而这种要预防的纠纷，可以是将先前已经解决的纠纷“死灰复燃”，翻旧账，毁先前已平息纠纷之约，重新

---

〔1〕［法］米歇尔·福柯：《规训与惩罚》，刘北成、杨远婴译，三联书店2007年版，第17页。

〔2〕［法］米歇尔·福柯：《规训与惩罚》，刘北成、杨远婴译，三联书店2007年版，第20页。

〔3〕［法］米歇尔·福柯：《规训与惩罚》，刘北成、杨远婴译，三联书店2007年版，第23~24页。

提出新的要求；也可以指因先前纠纷之内心不平重燃新战火，或其他新的纠纷。对于此种约定之效力如何？尚需要分析“效力”之含义，倘若以法律来评判此种约定之效力，就要看它是否违反国家法律的强行性规定或者是公序良俗，如不违反，基于意思自治原则，约定应有法律效力；否则应无法律效力。但是这种法律效力的评判标准，适用于基于欲决纠纷本身之约定，而不及于未来新纠纷之约定。但是按照将惩罚分为法律惩罚和良知惩罚的理路，这些责任表现则并非严格的法律惩罚，而可归于良知惩罚，通过双方的交涉，责任被归因，此后要被责任者承担，同时以各个案中具体约定的方式来为承担者提供行为的“规训”，使他们心灵上得到“煎熬”，心灵上得以“悔悟”，如果他们重新违规，心灵上则还要被进一步地“拷问”。无论是“规训”、“煎熬”、“拷问”，其最终目标在于迫使他们相互间主动协调彼此关系，保持、促进相互合作。

民间责任的追究方式主要存在于和解中，它面向未来，兼顾过去；而国家责任的追究方式主要存在于裁决中，它面向过去，兼顾未来。所以国家司法机关用司法的方式决定行为人的责任，要么是对民事纠纷当事人间的争执进行裁决，要么是对行为人侵犯公法秩序的行为进行裁决，对民事纠纷裁决，追究民事责任，其基本指向当归属于恢复权利人被侵犯的权利。但是，指向于惩罚的责任如惩罚性赔偿金也可采取，这种惩罚性，实际上是国家对违反正常民事交往和秩序的行为人的惩罚，其本质上仍可归于为维护公法所保护的秩序，其旨趣与惩罚性制裁并无二致。国家法框架下的惩罚性制裁存在的主要领域除宪法责任外，主要还是存在于刑事领域和行政领域。当行为人有违反公法所保护的利益时，实质上是国家与行为人间的争执，同时为保证裁决的“形式公正性”，国家得设立司法机关与控诉机关，由前者裁决，由后者控诉，来追究行为人的法律责任，惩罚行为人的违法犯罪行为。又因国家毕竟是一个抽象的集合体，其行为总是由人来进行，而在现代法治国家下，任何人都可能是一个潜在的违法者，任何人又都有可能是一个潜在的受害者，

故惩罚性制裁得以维纳所言的归因机制为基础，以行为人主观上“过错”为前提。

法律惩罚并不能以合意的方式形成，但是可以合意的方式克减。惩罚只有在“有权”者对违规者施以的情况下，才对违规者具有报复性，而只有具有报复性的制裁才是惩罚，这与人类自然而来的复仇本能相适应。人的一半是野兽，人的生物性，决定了具有“刺激—反应”模式，当一种侵害降临到人的身上时，人会产生一种本能的反抗。“面对外部威胁，他们会因仇恨而做出丧失理智的反应，其敌对情绪会逐渐升级，终于战胜威胁，以确保自身安全。”〔1〕然而，人的一半又是天使，他们具有神的理性，复仇会使冲突升级激化，不利于人的生存发展，因而，如何恢复纠纷者间的关系，成为人类思考的问题，所以，当法律逐渐文明理性后，制裁的惩罚性逐步向恢复性迈进。但无可否认的是，无论是惩罚性制裁还是恢复性制裁，其具体措施都具有惩罚和恢复二重性功能，不过具体措施的内在主要旨归不同而已，同时两者中的惩罚性也不相同。恢复性制裁实际上是在恢复被害方权利或是相互间的正常关系，是一种复归正义。如果说惩罚性制裁是基于报应主义的，那么恢复性制裁就是一种功利主义，前者是向后看的，满足于人们的基于愤恨的情感宣泄，其条件是行为人实施了越轨行为，而后者是向前看的，满足于人们的宽恕同情之情感，其条件是受害人受到了侵害。这一点区别，正是和解中的责任应为恢复性责任的充要理由。在和解中，行为人的道歉行为和受害人的宽恕行为是必须的，基于这种“道歉—宽恕”的互动，当事人间情感得到交流，关系得到恢复，利益得到调整，由此继续有序的社会交往。

在个案的和解中，和解除了可以实现解决纠纷、形成规则、归

〔1〕［美］爱德华·威尔逊：《论人性》，方展画、周丹译，浙江教育出版社2001年版，第107页；转引自徐昕：《论私力救济》，中国政法大学出版社2005年版，第187页。

属责任和恢复关系的功能外，对纠纷当事人而言，还有缓解紧张情绪，消除对未来的不确定感之功能。当纠纷发生后，人们一开始总是处于相对紧张状态，对未来充满着不可预期，是相对和平，还是可能再受攻击，在未来的攻击中自己将处于何种地位，对方会采取什么策略？自己应采取何种策略应对等，都是纠纷当事人要考虑的问题。与这种焦虑感相对的是人的天生安逸倾向，这种矛盾会让人脑在不断地过滤信息的过程中，人的情绪不断进行着调节，并且以生理过程为基础，伴以相应的生理反应变化模式。良好的心理调节能促进身心健康，不良的调节或情绪失调会破坏身心健康。研究表明，灵长类动物中的短尾猴在受到一次攻击后，如果它又攻击了第三者或是与攻击它的对手和解后，会更有效地防止再次被前攻击者攻击。〔1〕和平接触可以降低先前对手间的紧张水平，母猴在纠纷发生后心率会在几分钟内上升，而及时与先前对手进行和解，它们的心率会很快降到基本水平。〔2〕人类也是如此，如果纠纷之后不能迅速缓解紧张心情，神经系统会对人体分泌腺活动进行调节，会使内分泌活动失衡，影响机体健康和心理健康。

二、社会功能〔3〕

社会功能与个别功能的区别之一，在于个别功能可以视为个案和解能达到的效果，而社会功能中有些却可视为和解的原因。个别功能与和解的关系，大致可以用“和解→个别功能”这个表达式来表示，而社会功能大致可以用“社会功能→和解”这个表达来表示。如果用英文表示，前者可表述为“for what”，后者可表述为“why”。笔者认为，当下中国，和解至少具有复合双重正义、效益

---

〔1〕 Joan B. Silk, “The Form and Function of Reconciliation in Primates”, *Annual Review of Anthropology*, Vol. 31 (2002), p. 24.

〔2〕 Joan B. Silk, “The Form and Function of Reconciliation in Primates”, *Annual Review of Anthropology*, Vol. 31 (2002), p. 27.

〔3〕 本部分内容系笔者硕士学位论文“纠纷的自治解决”中“和解的正当性”一章的一部分，在此作了一定的修改。

考量选择、适应社会结构等社会功能。

（一）复合双重正义

现代法治的内在矛盾之一是形式正义和实质正义的关系。西方人为了追求正义，在建立现代法治社会中引入了程序正义的理念。从理论的历史脉络来看，程序正义理论源远流长。从理论发展趋势来看，程序价值的研究方兴未艾。程序正义理论源于自然法理论——一个经历了古希腊和古罗马时代的理性主义、奥古斯丁和阿奎那的神学自然法、霍布斯和洛克的世俗的社会契约理论的具有生生不息生命力的学说。按照传统的观点，古希腊是西方自然哲学的发源地，也是作为程序正义的思想源头。古希腊的自然法理论主要涉及两个问题：一是法律的永恒基础是什么；二是在什么方式上，法律与正义相联系。正义、道德与法律的关系问题是自然法理论的核心问题。柏拉图在他的理想国中力图发现法律的道德基础，亚里士多德在其《伦理学》中提出自然正义的概念，认为自然正义是普遍的，习俗正义的约束力来源于权威的命令。西塞罗认为，自然权利的内容是人类平等，并且在程序法上表现为统治者应是公正的。但是，自西方至圣先师亚里士多德以来，思想家关注的大多是分配的正义、均衡的正义以及矫正的正义，强调给予每个人其应得的对待，或对同等情况同等对待，集中在活动结果的正当性的关注上；至于在形成这种结果时，人们经历的而且否可以接受的过程，并没有引起足够的重视。直到19世纪早期，革命性的研究是英国学者杰罗米·边沁，他提出有关法律程序的一般理论，并对实体法与程序法的关系、程序法的价值目标以及功利主义对法律程序的影响等问题进行了分析。从边沁以后，有关法律程序的著述接连不断，一些英美学者从揭示传统的“自然正义”和“正当法律程序”的理念出发，对法律程序的公正性进行了较为充分的探讨，提出了一系列具有启发性的程序正义理论，并在20世纪六七十年代形成了一

个研究程序正义的高潮。[1]

西方近现代法治的历史，是正当程序之治的历史。正当程序是程序正义的具体表现，它的原则主要有两个，即“任何人都不应当成为自己案件的法官”和“当事人有陈述和被倾听的权利”。根据这两项基本原则，纠纷须有他人作为法官进行裁断，在裁断进行的过程中，裁断人需要保障纠纷当事人陈述权并且充分听取纠纷当事人的陈述。因而正当法律程序要求纠纷通过“诉讼”的形式解决。1215 年英国的《自由大宪章》首开正当程序之治源头，该文件第 39 条规定：“凡自由民，如未经其同级贵族之依法裁判，或经国法判决，皆不得被逮捕和监禁，没收财产，剥夺法律保护权，流放或加以任何其他损害。”其后，爱德华三世重申大宪章原则，提出任何人不得被宣告有罪，除非依据正当的方法，或依据成文的普通法程序。1689 年英国《权利法案》又重申了正当程序的原则。美国《宪法》第 5、14 条修正案对正当程序进行了重大的发展，“未经法律正当程序，不得被剥夺生命、自由和财产”。在英美程序法治的影响下，国际社会对正当程序普遍接受。到目前为止，欧洲大陆的程序正义，主要体现在三个部分：欧洲议会的人权法、欧盟法和欧洲国家的国内法。欧洲《人权与基本自由保障公约》第 6 条第 1 款规定，“在有关自己的民事权利和民事义务的决定或针对自己的刑事指控中，任何人均有权在合理的时间内、从一个依法建立的、独立和不偏不倚的法庭中获得公正和公开的审理。”欧洲大陆如奥地利、西班牙、德国、法国等，公法的程序化取向方兴未艾。从以上的文字可以看出，西方社会主流推崇通过正当程序（诉讼）解决纠纷，而且在行政领域也出现司法化倾向，行政手段解决纠纷因而具有了诉讼的形式和程序性特征。[2]

---

〔1〕 参见徐亚文：《程序正义论》，山东人民出版社 2004 年版，第 128 ~ 132 页。

〔2〕 这也是本书把司法化的行政决定归属“诉讼”的原因之所在。

西方国家在进行正当程序之治的同时，正当程序之治也在受到各种挑战。罗素指出，国家不应把自己看成是科学真理、形而上学或伦理学的卫道者。[1]法律程序由国家立法机关制定，从理论上讲，现代国家的程序法律，体现了人民的意志，但是实然上却并非如此。就一部程序法而言，并非每一个人都参与该法律程序的制定，即使是每一个人参与了该程序的制定，也不可能是每一个人都同意该程序。因此，正如柏拉图《理想国》第一卷中色拉西马克斯说：正义不过是强者的利益。“每一个政府都制定适合于自己利益的法律；民主政府制定民主法律；专制政府制定专制法律等等。通过这种立法手续，这些政府宣称：为政府本身的利益正是为它们的人民的利益……只有既定政府的利益才是正义的，而且我认为占优势的力量必然是在政府这方面，所以通过正确的推理得出的结论是：只有强者的利益不论在什么地方都是正义的。”[2]法律程序不过是国家，更准确地讲是少数立法者的利益，是体现立法者所认可的正义，而并非是全民众的正义。为民众正义追求之目的，国家不应也不可能将所有纠纷解决归于国家法律程序中，通过所谓的“正当程序”——诉讼来完成。

同时，程序规则本身常常违背实体正义，山东省《威海广播电视报》2005 年 3 月 2 日第 10 版有个笔名叫深海蓝的作者写的《妙查作业》一文，就令人反思程序的正义性问题。为监督两个小孩子做作业，家长规定，两个小家伙相互检查作业，每检查出对方一个错误，那么家长就奖励给发现错误者一元钱。但是后来家长发现两个小孩子合伙欺骗家长，故意篡改正确的作业为错误的作业，从而从家长手中大捞一笔。家长发现后，立即改变规则，方法还是一

〔1〕［英］伯特兰·罗素：《权力论——新社会分析》，吴友兰译，商务印书馆 1998 年版，第 156 页。

〔2〕［英］伯特兰·罗素：《权力论——新社会分析》，吴友兰译，商务印书馆 1998 年版，第 70 页。

样，不过“奖金”由出错的一方出，这样，两个孩子再也没有骗家长了。在本故事中，前规则不可谓不是“正当程序”，但是损害了作为第三者的家长的利益，因而可以说是“不正义”的，而改变后的规则也系“正当程序”，对家长来说却是正义的。何谓“正当程序”之“正当”？理解也存在着不同的标准，而这种标准正如对实体正义的理解一样，存在着多样性。因而，程序正义的实现问题有时候就应受到质疑。在西方的司法的实践方面，程序之治也暴露出诸多的弊端，美国的辛普森案就是典型的例证。曾在 1984 年点燃洛杉矶奥运会圣火的辛普森，杀死了他的前妻及前妻的情人。但是美国法院在审判的过程中，却因警察的程序瑕疵判决辛普森无罪。虽然在以后的民事判决中，受害者家属得到了民事赔偿，但是，受害者家属对实体正义的诉求并没有得到更充分的实现，被辛普森杀害的前妻的情人“戈尔德曼的父亲在辛普森被判无罪后发表了一次无比激愤的讲话：1994 年 6 月 13 日是我一生中最可怕的噩梦降临的一天，今天是第二个噩梦……今天输掉的是整个国家，正义和公道没有得到伸张”〔1〕。这种程序之治的弊端，在对付黑社会犯罪方面，更是显得死硬僵化，这就使人不得不产生疑问，“究竟什么是司法的最高道德：是正义还是公正？谁应该为美国的高犯罪率负责？是警察、法官等权力者的无能，还是被神化的人权至上主义？”〔2〕

在看到程序正义的弊端的同时，人们也不断探寻对实体正义的追求。实体正义也或称为实质正义，是指对同样的事物同样对待，对同样的事实同样的处理，追求的是一种相同的状态，相同的地位和相同的结果。程序正义认为，“在实质正义问题上，人类永远不可能找到一个相同的标准和答案，并且在实践中，究竟在不同的实

〔1〕 王达人、曾粤兴：《正义的诉求——美国辛普森案和中国杜培武案的比较》，法律出版社 2003 年版，第 187 页。

〔2〕 王达人、曾粤兴：《正义的诉求——美国辛普森案和中国杜培武案的比较》，法律出版社 2003 年版，第 187 页。

质正义要求中如何取舍，也是一个难之又难的问题，于是人类只能权衡利弊，以两利相权取其重，两害相权取其轻的原则来解决问题。但不论如何，在实质正义范围内的利益权衡，总是使实质正义在实践中得失失衡。与其如此，莫如在法律上设定一种对任何人一视同仁的实现实质正义的标准，即设定形式正义的标准”。〔1〕但是，在有些时候通过一定的程序正义却可以实现实体正义，而实现实体正义的方式也不仅限于通过程序正义。有些时候，实体正义并非指双方完全相同，而可指双方各取所需实质利益。实质利益的协调，并非只能依靠法律上的权利和义务才能实现。一般而言，权利义务是简单的，对等分配的，而利益却是复杂的，可以综合考虑的。权利和义务的结果是胜负分明，而利益的协调却可能达到双赢，实现双方利益的最大化。在和解的过程中，当事人很少有诉讼中的程序限制，当事人可以从争执利益上找到相互的共同点，克服法治“形式合理性”之不合理性，追求个案中的实质合理性，解决现代法治面临的仅靠法律规则中确定的权利与义务不足以解决现实生活中层出不穷的新纠纷的问题。将这种和解方式的纠纷解决纳入到一定的“法律阴影”下，用一定的法律程序监控，则有助于实现程序正义和实体正义复合，而并非有人所认为的和解是向穷人出售廉价、低质、粗糙的正义。

还应说明的是，公法责任和解体现了报应正义向复归正义的转向〔2〕。国家之所以同犯罪进行斗争，一方面是国家负有保护人民权益的责任，另一方面是认为犯罪侵害了一定的社会利益。因此通过刑事诉讼程序将犯罪人定罪科刑，以解决这种相对而言危害严重的纠纷，是对犯罪人的报应和惩罚。因此，在刑事诉讼中，被害人常处于一种无独立性、受忽视的地位。但是，报应能否降低犯罪率却受到怀疑。“应报所带来的正义，说穿了不过是满足了人们内心

〔1〕 谢晖：《象牙塔放哨》，山东人民出版社2003年版，第13页。

〔2〕 复归正义，即本书恢复性司法中所体现的正义，也称恢复性正义。

宣泄恨意情感的功能。俟罪犯获得应有的审判和惩罚后，被害者自身的权益、被害家属伤痛的心情、加害者家属的道德压力与人际关系以及整体社会人群道德依赖所造成的伤痕撕裂，这些如何补救？谁可以补救？奈何司法体制也管不到这么细枝末节的部分，大概只有历史的洪流慢慢地将伤痛稀释和淡忘。”〔1〕复归正义之“复归”，实指人际关系的、社区间的伤害得以修补，认为犯罪伤害了被害者个人、整个社区和加害人之间的关系，它将被害者置于整个纠纷及其解决的中央位置，由被害者来决定如何修补因犯罪造成的损害，于社区内修补伤害与重建关系，对当事人之间的关系进行治疗性的再整合。复归正义强调“大和解”，主张和平、问题解决及关系修复，最后力争达到关系再整合性修复和实体正义。目前这种“大和解”的方式在美国较为发达，主要有被害者—加害者调解、协商式的家庭会议、审判圈、社区修复委员会等实践做法。人类历史上，报应正义和复归正义都曾占过主流。在无首领社会时期，强调集体责任，个人从属、依附于团体，在一团体内部的个人冲突可能性少，即使有冲突，也常通过仪式满足方式，要求加害者象征性的承认犯罪，接受公共的谴责，以满足被害人正义需要的情感。在早期的国家社会时期，都有复归正义的具体表现，如古巴比伦《汉谟拉比法典》就在财产犯罪中规定了补偿制度，印度教社会也有“补偿者得到原谅”的信条。但是从 12 世纪以来，报应正义几乎完全取代了复归式正义，国家权力集中化，刑事法律强调“惩罚”。但是在 20 世纪 80 年代末期，美国印第安纳大学教授第一次提出“和平创建”的概念，并用以作为了解犯罪嫌疑人与社会之间的桥梁，此后复归正义理论和实践又开始勃兴。

以“和解”的方式解决刑事犯罪，是非犯罪化的要求，是刑法谦抑主义的表现。合理组织对犯罪的反应，是新社会防卫论者提出

〔1〕 陈祖辉：“谈应报式正义的转向——复归式正义的复出与实践”，载《海外法学》2004 年第 2 期。

的刑事政策口号，主张为对付犯罪，不能仅依靠刑罚的手段，而是应多管齐下，综合治理，充分发挥道德、习俗、宗教、文化等社会控制手段和其他法律手段（民事、经济和行政）的综合调控作用，改良和改善不完备的、容易滋生犯罪的社会经济、政治、文化制度，通过刑罚把犯罪遏制在不危及社会基本生存条件的范围和限度内，凭借其他手段把犯罪消灭在萌芽状态中，只有迫不得已才采取刑罚手段。刑罚只能用来维护社会的最根本利益，防止社会最不能容忍的严重侵害，否则刑罚的运用就必然会造成公民权利无谓的牺牲，并产生消极效应。而利用刑事诉讼程序，虽然可以保障无罪的人不受追究，但因现在犯罪圈的范围过大，或是一些不允许当事人和解的情况，所以在一定程度上并没有很好的社会效果，常造成当事人间关系的更深程度上的分裂，出现法律与情理的极大冲突。

综上，单纯的诉讼程序解决纠纷，虽然可能实现程序正义，但有时很难实现实质正义，有时还可能造成当事人间关系的更大分裂，在程序正义和实质正义都可以实现的情况下，在排除效益等因素的考量外，固然可以诉讼解决。但在程序正义可以实现，实体正义断然不能的诉讼程序中，植入和解解决纠纷的方式，弥补不完全的程序正义场合而确保正当的结果，一方面尊重了当事人程序权，使当事人感受到程序正义；另一方面，当事人因和解达到实体问题的解决，感受了实体正义。“程序的本质特点既不是形式性也不是实质性，而是过程性和交涉性”[1]，法律程序监控下的和解的目的，是为了实现过程性的正义或交涉的正义，其中当然包含程序正义和实体正义的双重因子，重在当事人间的关系创建，符合人类的情感本质。

（二）效益考量选择

当代社会，人类越来越感觉到资源的有限性与社会对资源的需要之间的矛盾日益加剧。为解决这种供需矛盾，人们一方面极力挖

---

〔1〕季卫东：《法治秩序的建构》，中国政法大学出版社1999年版，第20页。

掘资源本身的潜力，又不断力图实现资源利用的最大效益化。20 世纪以来，西方法经济学作为一种交叉学科在社会科学领域内如明星冉冉升起，至今方兴未艾。该学科对法律制度的经济分析，为人们提供了另一种探寻合理法律制度的新视角。人类在进行行为选择的时候，其决定性的根本因素，常在于预期效益大于实施行为所支付的代价。随着社会的发展，这种预期并不再单纯依赖悟性和经验，而是越来越借助于理性的考量。在对纠纷解决方式，特别是诉讼的认识上，人们常常偏重于该方式对社会正义诉求的满足程度，热衷于对各种纠纷做伦理道德或是情感、政治上的评价，而忽视对纠纷解决的耗费与实际收益间的关系进行分析比对。而现代的经济学分析则假定人是他自己的生活目的，他的满足，即所谓“自我利益”的合理化的最大实现者，经济学则是在相对于人类需求而言资源有限的世界上进行理性选择的结果的科学。

依法经济学观点而言，人是感情动物，但当事人在解决纠纷时却有诸多的理性考量因素。和解是理性选择结果，虽然实际上许多私力救济源于一时冲动，但不能否认行为人在采取何种救济方式前有一个或长或短、或多或少的成本和收益的比较过程。在当事人和解的过程中，理性人追求自益，以收益最大成本最小为目标，个人行为（并因此集体行动）将对未来可预测的成本收益变化做出反应。理性人行动基于多种动机，追求物质利益只是一方面，他还可以有感情、信仰、正义或荣誉感。当事人也会因冲动而私力救济，除以人性解释外，还可理解为当事人追求广义的精神收益——“报”所带来的精神上强烈的快感。私力救济也不尽表现为一时冲动，“君子报仇，十年不晚”，为确保救济实效性，当事人还可能长久等待，积蓄力量，寻找时机，“打有把握之仗”。而公力救济不确定因素多，结果难以预测，判决相当程度上不具终局性且执行难。法之生命在于法的实现，执行难严重损害了当事人合法权益和司法权威。被执行人难找，被执行财产难寻，协助执行人难求，应执行

财产难动。而合意解决纠纷可节约交易成本和社会成本。[1]

和解的成本，可视为当事人依私人力量的合意或借助他人实施救济的耗费成本。私人有充分的成本最小化动机，若和解成本超过诉讼成本则会选择诉讼。诉讼成本则指诉讼主体实施诉讼行为所耗费的人、财、物力的总和，包括当事人诉讼成本和法院司法成本。当事人的成本涉及经济、时间、人力、机会、伦理、错误成本等。时间成本可用诉讼期间衡量。人力成本指因诉讼耗费的精力，包括心理成本如诉讼产生的压力。机会成本指诉讼导致的机会损失。伦理成本指当事人因纠纷和诉讼招致的负面评价，如名誉损失。错误成本如败诉风险、从事不当行为的消极后果等。败诉者不仅无法达到预期目的，还损失了诉讼成本，并导致心理愤怒。若试图反败为胜，则需进一步投入成本，并冒更大的不确定性风险。作为纠纷的当事人，只关心私人成本和收益，而诉讼成本还涉及司法成本，包括建立并维持司法机构运作、司法及辅助人员薪金、办案支出等。诉讼需预付费用，和解即便借助他人力量需付费，一般也不预付。诉讼预期收益不确定或较低将导致一些人转向和解。个体对诉讼不确定性及费用难以补偿风险的态度也影响行动。纠纷解决效率是个时间维度，耗费时间越少，效率越高。和解成本可能相当或高于诉讼，但效率却远胜过诉讼。

对于和解和诉讼何者更能节省社会资源的问题，如果进行解答，应当先设定一个前提，即一个纠纷依靠单纯的和解和单纯的诉讼即得以解决。如果在诉讼中进行和解，或和解后又反悔进行诉讼，其所耗费的资源则只能算为纠纷的总体解决成本，而不能算为和解或诉讼成本。

支持纠纷和解观点的论据，除去对司法资源有限性的考虑之外，还应该考虑法院的功能和法官的使命。法院的功能是什么？传

---

〔1〕 参见徐昕：“为什么私力救济”，载正义网，http：//www.jcrb.com/xueshu/mzzx/dbzp/200806/t.20080614_ 25795.html.

统的观点一直认为，法院是解决纠纷的场所。但是如仅就解决纠纷而言，当事人完全可以考虑用其他手段，法院并非是一个提供“私人产品”的机构，而更重要的是提供“公共产品”的机构。现代法院的职能，除了解决纠纷外，还具有解释法律，监督诉讼外纠纷解决方式的职能。〔1〕何兵认为，法院和法官角色的定位在当今社会已发生变化，解决那些在现行法律上有现成答案的纠纷并非法官任务之所在，解决这些纠纷往往并不需要过多的法律知识，重要的是生活的知识和经验。法官作为法律的专家，其主要作用在于通过解释的规则，将法律的抽象规定适用于具体的案件事实，使法律规则化、具体化、个案化，将粗疏的法律规范适用于一个个具体的生活现象，这才是法官的使命。故此，法官的主要任务不是解决纠纷，而在于通过疑难或僵持不下的案件，借题发挥，解说法律的真谛，宣告法律是什么，即法官的主要业务在于通过诉讼产生规则。〔2〕当今社会，无论是国外还是国内，都存在着诉讼爆炸的问题，案件负担与司法改革成为许多国家面临的难题。据有关资料显示，美国在1998年有联邦系统的法官837人，每年约有100万民事、刑事案件起诉到联邦法院，平均每人年负担案件1195件，案件积压从1个月到70个月不等。有美国学者曾坦言，美国的诉讼制度是一种可笑的失败，以其昂贵和不合理耻笑于世界，诉讼爆炸浪费了极大的财富，使许多令人尊重的职业蒙受耻辱，毁掉了有价值的企业，并且给破碎的家庭带来了无尽的痛苦。〔3〕我国大陆地区从1990年至1999年，法院总收案数由321万件上升到623万件。每年积案高居不下，积案中未审结案件每年都在30万件~40万件，即使审结的

〔1〕 何兵在其《现代社会的纠纷解决》第117页指出，法院的第三项职能是监督法院外纠纷解决机构，但笔者认为不太确切，应为监督诉讼外解决方式，因为对法院外纠纷解决机构的监督最终的落脚点应是对纠纷解决方式的监督。

〔2〕 何兵：《现代社会的纠纷解决》，法律出版社2003年版，第123页。

〔3〕 参见何兵：《现代社会的纠纷解决》，法律出版社2003年版，第125~126页。

案件，未执行的也在40多万件。[1]威海法官马树芳在其《法官角色的定位》一文中认为，虽然我国现有法官20.44万人，但是相当一部分穿法官袍不办法官事的行政后勤、调研、执行人员，而非真正从事司法判断的法官，因此法官个人的负担比自然是比单纯依案件数量和法院人数之比大得多；另外，法院还承担着许多被摊派的任务，如招商引资、上街法律宣传、维护地方稳定等，法院及法官负担虽不能窥全貌，也可见一斑。[2]许多国家诉讼爆炸和诉讼迟延，其原因之一是因为诉讼的程序性复杂性，而和解是非程序性的，当事人可在法律范围内或边缘上随心所欲，故具直接性和便利性。尽管更严格的程序形式主义理论上有貌似合理的存在原因，却带来了高成本、诉讼迟延、回避法院及最终的不正义。因此，寻求和解方式解决纠纷，即是对诉讼爆炸、法院及法官压力、有限司法资源等进行效益考量的选择。

（三）适应社会结构

现代社会中弱化的是血缘共同体和地域共同体，但是新的共同体却不断的形成。因职业、兴趣等结成的利益共同体不断生长，社会生活的许多方面难以用法律来约束，或者说法律监督和实施的成本很高，这样便给道德调节留下了发挥作用的余地。道德在血缘共同体中的重要性越来越在复归。在我国城市化的过程中，大量的人口向城市流动，但是“常回家看看”的歌声，总是唤起人们在节日回老家的强烈愿望。在外游荡的赤子们，总是希冀着在过年时在老家里找到一些归属感和安全感。现代生活的高节奏，也让劳累的人们渴望家庭的舒适和安逸。即使在西方，人们也很重视家庭对社会的稳定意义。因而在家庭成员间的纠纷，其和解的几率仍然很大。在新的共同体内，相互之间关系的和谐是维持共同体存在的必要条

〔1〕 参见何兵：《现代社会的纠纷解决》，法律出版社2003年版，第43页。

〔2〕 该文载万鄂湘主编：《现代司法理念与审判方式改革》，人民法院出版社2004年版。

件，任何一种共同体都不可能在每天的纷争中生存和发展，因而共同体内纠纷的解决，以和解的方式自然比其他方式更对共同体本身有利。当然，共同体的界限并不总是固定的，它会因时因事而变，以我为中心，推及亲朋好友，推及同事，再推及他人，宛然类似于费孝通先生在《乡土中国》所言的中国社会结构的差序格局：“以己为中心，像石子一般投入水中，和别人所联系成的社会关系，不像团体中的分子一般大家立在一个平面上的，而是像水的波纹一般，一圈圈推出去，愈推愈远，也愈推愈薄。”[1]。实际上，这种差序格局并非中国人所独有，而是一种以自我主义和利己主义为特征的人类社会的共同特性。

何传启在《中国现代化报告2005》中指出，“事实上，以人均GDP等三个指标来比较，2002年中国的经济现代化水平只是美国1892年的水平。中美经济现代化整整相差100年。”《报告》预测，中国将在21世纪前50年达到世界经济现代化的中等水平；在21世纪的后50年，达到世界经济现代化的先进水平，经济现代化水平进入世界前10名左右。测算经济现代化的指标有三，即人均GDP、农业劳动人口占总人口的比重，农业增加值占GDP的比例。在农业人口比重这个数据上，我国2000年是50%[2]，而英国在1801年就达到34%，差距是200年。[3]以上的数字表明，在我国农民占大多数人口的情况下，在乡土中国仍占主体的时空里，传统和解仍然具有浑厚的基础。城乡差别是我国要消灭的三大差别之一。在今后相当长的一段时期内，我国的城市化进程仍然会很快，但是进城的农民融入城市社会却需要更长的时期。这些农民失去了组织的支

[1] 费孝通：《乡土中国》之四“差序格局”，载法律思想网，http：//lawthinker. com，访问日期：2005年5月15日。

[2] 2005年6月2日前后某晨，笔者曾听某电视台称，中国现有9亿农民，如果以全国14亿人口计，则比重为64.28%，远大于该报告所称的50%的比重。

[3] 参见郭晓军：“《中国现代化报告2005》出炉、称中美经济现代化差距百年”，载《威海晚报》2005年2月21日，第8版。

撑，成为游离于城乡之间沉默的羔羊，是目前我国最大的弱势群体，他们的权利受到侵害时，很难有效地得到国家正式司法的帮助，因此，他们采取自力救济（当然包括和解），通过各种社会力量来维护自己的利益，也是一种无可奈何的选择。“回应这种城市化进程以及国家向社会的总体性结构变迁……将国家通过法院所垄断的纠纷解决权（实际上一直未实现也不可能实现）逐步向社会回归，实现纠纷解决机制的从国家到社会的总体演变……国家要掌握的应当是最终解决权而不是最先解决权，这应成为纠纷解决机制整体重构过程中的基本原则。”[1]法律程序监控下的和解，即是这种对社会结构变迁现实的回应，也是这种基本原则的具体体现，它首先让社会，包括纠纷主体参与到纠纷的解决，再以国家的解决为最终的解决，形成国家解决的权威，也可以树立法院和法律的权威。

宗族制度是一个中国古代纠纷和解的社会结构根源。新中国成立后，宗族组织在形式上被摧毁，但是，宗族的强大生命力，却因其具有久远的历史积淀，仍然在某种程度上得以保存延续。在当代中国的广大的农村，宗族的影响仍然存在乡村生活的许多层面。20世纪80年代的改革开放，农村开始实行家庭联产承包责任制。农业生产由以前的大集体生产，一下子转为家庭生产，使农民在农业生产的组织上处于感到孤立无援的地步。这时，血缘关系加强了联系，人们开始在家族中寻找合作生产者。宗族的复兴有了经济基础。伴随经济改革的政治改革，为宗族之影响提供了更为广泛的空间。从20世纪80年代以来，中国的乡村建设，从以往的“人民公社”逐步走向乡村自治。1998年《中华人民共和国村民委员会组织法》颁布实施，农村村民实行自治，由群众自己管理自己的事情，这样，从制度层面，国家权力从农村中大步后退，形成了权力空间。国家法作为国家解决纠纷时的国家权力标志，在民间纠纷的解决时，也被削弱了影响。农民是最讲究实际利益的集团，人们会

〔1〕何兵：《现代社会的纠纷解决》，法律出版社2003年版，第191页。

本能地选择有利于他们生产和生活的行为模式来解决纠纷，因此，村民们解决纠纷，也多依情理、习俗、乡规民约等民间规范、关系规范，宗族介入也成了经常的现实，而利用各种方式促进纠纷当事人和解，正是宗族的惯用手法和其得以维系的有效策略。故而，乡村村民之间纠纷的和解，也有了更深厚的基础和复兴的理由。

美国法社会学家布莱克将社会的横向关系和分工、亲密度、团结性等人员分布状态的普遍变量称之为关系距离，认为关系距离与法的变化之间存在曲线关系，在关系较亲密的社会群体中，应尽量避免诉诸法律和诉讼。随着关系的疏远，法的作用相应增大，但是当关系距离增大到人们完全相互隔绝时，法律关系又开始减少。〔1〕人际关系存在着亲疏远近之分，家庭矛盾、邻里纠纷，企业内部劳动关系等，并非简单的法律上的权利义务关系，在此类纠纷的解决上，如果用诉讼简单作出以权利义务标准的判决，会产生许多违背人情的种种困惑或遗憾，造成当事人间的关系破裂，甚至结下长期的仇恨。所以西方人在接受规则之治的前提下，重新重视人与人之间的协调与对话，由于人际关系的重构，纠纷的解决也呈现出一种多元化的趋势。我国正处于一个历史上最多元化的时代，传统的社会组织有的已解体，但是有些却更具有生命力。人际关系在市场化而疏远的同时，也因为信息社会的开放性和公民在社会生活中的广泛参与而不断接近。社会关系也趋于复杂化。因此我们也应以多元化的纠纷解决机制设计为价值和目标，将传统中的纠纷解决方式特别是和解方式与现代诉讼制度进行有机的结合，形成一个和谐的以诉讼为最高权威和最终方式的纠纷解决系统。

最后，必须申明的是，以上对纠纷和解的功能分析，并不表明和解仅仅具有以上功能，也不表明作者主张所有的纠纷都进行和解，不表明作者否认诉讼等根据决定解决纠纷方式的重要性。比较

〔1〕 参见［美］唐纳德·J. 布莱克：《法律的运作行为》，唐越、苏力译，中国政法大学出版社2004年版，第47～56页。

和解与诉讼，很难说谁的价值高低。有时候，如果法院强调通过调解而达到让当事人和解的目的，其耗费的成本可能远比进行审判解决纠纷大的多，而和解的上述功能在个案中也可能荡然无存。社会生活实践表明，相当一部分纠纷，特别是存在暴力侵害的纠纷，通过和解，并不容易真正解决，很难达到维护当事人合法权益的效果，这时候，虽然诉讼等根据决定解决纠纷的方式在消除当事人之间的情绪和心理对抗作用不显著，但应成为解决纠纷最好的选择。因为诉讼解决纠纷方式在维护当事人合法权利，促使他人履行法律强制义务，实现、维护法律秩序尊严方面远非和解方式所能及。论述和解的功能，目的在于充分体现该方式对诉讼等方式解决纠纷的相辅相成作用，争取在合理的纠纷解决机制中进行各种纠纷解决方式最优的配置。

第七章

和解、和谐与法治

一、和解与和谐

（一）和谐社会需要三元一体纠纷解决机制

构建社会主义和谐社会，是中国共产党从全面建设小康社会、开创中国特色社会主义事业新局面的全局出发提出的一项重大战略任务。人们对“和谐”的理解不同，和谐社会的构建理路也不同。中共十六届四中全会审议通过的《关于加强党的执政能力建设的决定》深刻指出，“形成全体人民各尽其能、各得其所而又和谐相处的社会，是巩固党执政的社会基础，实现党执政的历史任务的必然要求。”十六届六中全会将和谐社会的总要求描述为：民主法治、公平正义、诚信友爱、充满活力、安定有序、人与自然和谐相处。但更为具体的和谐社会的内涵，不同的人从不同的视角，各有自己的阐释。有人认为，和谐是无所纷争，显然这是一种痴人说梦的观点，因为现代社会本身就是一个利益纷争的社会，是一个权利意识觉醒的社会。个体的人是具有各种需求的人，而非是无情无欲的人。对于人而言，一个需要被满足了，另一个需要就会升起来。对于社会而言，也正是这种永不会被满足的社会主体需求，才推动了社会的进步发展。有人认为，和谐是使纠纷得到实质的解决，使纠纷方的需要得到满足，实现正义。显然这是一种实质正义观，正如有人所说，正义是一张普洛透斯似的脸，变幻莫测，以实质正义来规定“和谐”，必然使“和谐”像正义一样，“谁之正义？何者之正义?”，“谁之和谐？何者之和谐?”。究前述两种观点之本质，仍在于漠视人的需求，在理论上其前提是经不住推敲的，也是被实证所反对的，在实践上，很难达到人们所希望的效果，其结果也只能是“理想归理想，现实归现实；口号归口号，行动归行动”。

笔者认为，“民主法治、公平正义、诚信友爱、充满活力、安定有序、人与自然和谐相处”系和谐社会的实质标准，这种实质标准中如“民主”、“法治”、“公平”、“正义”等都是人言人殊的标准。故无法用这些标准来衡量一个社会是不是“和谐”，只是说这些标准为人类社会提供了一个建构的方向，而人类社会亦在不断朝着人类达成共识的方向前进。中共中央《关于加强党的执政能力建设的决定》指出要“健全正确处理人民内部矛盾的工作机制，完善信访工作责任制，综合运用政策、法律、经济、行政等手段和教育、协商、调解等方法，依法及时合理地处理群众反映的问题。建立健全社会利益协调机制，引导群众以理性合法的形式表达利益要求，解决利益矛盾，自觉维护安定团结”。该段文字的意旨，是力图为民众利益表达提供可供选择的途径，促使民众利益表达行为的理性化。理性的表达表现为两个层次：实质理性和形式理性，从实质理性讲，是利益的权利化问题，利益如果不转化为权利，则是不确定的；从形式理性角度讲，是表达方式的合法化问题。没有合法的表达方式，人们就会无序地追求利益的最大化。理性化，则意味

着法律化、规范化、有序化，只有如此，才能构建和谐的社会。进一步讲，该段文字指出了和谐社会的形式标准之一，就是能够有效地化解社会矛盾纠纷。

对于纠纷解决而言，法定程序下的解纷方式，都是和平解决纠纷的手段。而用和平协商的手段解决矛盾和争端是现代文明社会最大的进步。和平不仅仅是对战争的否定，和平还是对内部动乱的否定，虽无枪炮声，但人们的生活中充斥着棍棒声、打斗声和叫骂声，仍然是对和平的反动。和平是对秩序的景仰，和平的环境是秩序井然的环境，是人们安居乐业的环境，亦是科学发展与和谐发展的前提。〔1〕法定的裁决解纷中蕴含着斗争的哲理，要么你输我赢，要么我输你赢。在这种裁决解纷的和平下，常存在着潜在的威胁，那就是表面平静下的社会内部结构的断裂和失衡，会孕育着更大的矛盾纠纷，特别是在当下中国，更需要执政党进行社会整合。在社会整合过程中，制度起着根本性的支撑作用，它贯穿于社会生活的方方面面，是各种原则、思想转化为人们具体行为的载体。失去了制度作依托，社会整合就失去了保障，以利益为需求的人与人之间的社会关系就走向无序状态。〔2〕

虽然如在第六章中所言，和解有着各种功能，然而它也有局限性，常常抹杀当事人的正当的权利诉求，不利于权利的勃兴；和解中，强制因素过高，会形成与国家权力相对抗的黑恶势力；和解中，因为许多陈规陋习，会传递一些落后的文化；和解不成，常会激化矛盾，引起更大的冲突；等等。也就是说，和解虽然可以导致和谐，但却不必然导致和谐。一个社会的解纷机制，正像不能只有裁决一样，也不能只有和解，而是应是多元的解纷机制。根据笔者

---

〔1〕 程东峰："论和谐发展——责任伦理的原则之三"，载《皖西学院学报》2009 年第 1 期。

〔2〕 参见王红光、黄家勇："和谐社会构建与执政党社会整合机制的优化"，载《大庆师范学院学报》2009 年第 2 期。

对解纷方式的分类，应是“自决、和解、裁决”三元的解纷机制，而这个解纷机制可以用四个字进行概括，即“三元一体”。

和谐社会包含多样性、承认差异性，是一个多维度的多元社会，它既包含利益多元、价值多元、文化多元，也包含解纷方式的多元。单纯任何一种或一类解纷方式，因其固有的局限性和纠纷的多样性，都不可能解决所有的纠纷，当然就不可能导致社会的和谐。三元的解纷机制，既是社会解决冲突和对立的机制，本身又必须是和谐的一体。三种解纷机制必须在规范上融为一体，在运作上能相互协调，相互补充，才能有效发挥各自功能，实现 $1+1+1>3$ 的整体效果。

如何理解“三元一体”，需要从“多元一体”入手。费孝通曾指出，中华民族与全球性文化都是“多元一体格局”，就中华民族而言，它是一个自在民族实体，它是在共同抵抗西方列强的压力下形成的休戚与共的自觉的民族实体，在中华民族这个统一体内，存在着多层次的多元格局，有 56 个各有特点的民族。就全球性文化而言，世界是一体的，但是世界文化是多元的。全球性文化多元一体的格局正在形成时期。[1]讲“多元一体”，还有一层特别的意义，就在于一体之中的多元，需要相互宽容，一体对于多元，也应持宽容的态度，只要它们不突破一体的格局。我们是否可以说，一国之“法体系”是一体的，其中包括多元的法呢？这应该是毫无疑问的肯定答案。

近几年来，学术界多讲“多元”，譬如文化多元、法律多元、纠纷解决多元，但是却又讲一体化，譬如区域一体化、政治一体化、经济一体化、全球一体化云云。但是唯独对纠纷解决方式，只讲多元，不讲一体，这里，我们可以借用费孝通先生“多元一体”的观念，生发我们纠纷解决“多元一体”的理念。纠纷解决方式也

〔1〕 参见李友梅：《费孝通与 20 世纪中国社会变迁》，上海大学出版社 2005 年版，第 127～134 页。

是“多元一体”格局。所谓“多元”，是指从具体解纷方式来讲，有着各种各样的方法，如诉讼、仲裁、调解、和解等，这些方法既存于国家成文法体系，也存在于所谓的民间法之中，无论是怎样的“多元”，实质上可归于笔者所谓的“三元”。所谓“一体”，可以从以下意义上来讲：其一，无论纠纷解决方式如何多样，现代社会的解纷方式，毕竟是一个以国家法律体系为最高权威的解纷方法体系，这种最高权威，不是因为其合理性如何，而是因其掌握着最高权力而具有，所以，一国的解纷方式，实际上是一个以国家法律规定方法为最高权威的一体的方法体系。其二，无论这种方式如何，最终是一种“合意”解纷方法体系，本书所言纠纷和解，自然明显符合“合意”解纷的特征，纠纷诉讼方式，也是一种更为广义的“合意”解纷方式，如果需要进行解释的话，则可以解释为，作为诉讼所依赖的国家制定的法律，实际上是公意的体现，而进入具体的诉讼之中，虽然被告是被迫进入的，但是法律既然是公意的体现，那么自然也是他的意思的体现。其三，所谓的一体，还有一层意思，即纠纷的最后决定权，应归于国家，而不应归于私人，这种权力，要么应由依法律规定的有解纷权的机关行使，要么应由国家对其他解纷主体解纷权予以“合法性”的认可。基于此种之认识，无论纠纷是多么纷繁复杂，无论解纷方式是多么多元，社会秩序始终在一个可控的程序之内，社会就会是一个活而不乱，富有生机与活力的社会，当然也是一个和谐的社会。构建和谐社会，必须有效化解社会矛盾纠纷。而化解矛盾纠纷，须有化解矛盾纠纷的依据、方法。“三元一体”的解纷机制，是民众利益表达的理性渠道，是利益表达、利益斗争的合法化、规范化途径，国家法律必须为它们备好各种系统工程，保障渠道的畅通、有效。

（二）尊重和解系尊重人权

社会的发展、科学的昌明、文明的进步，永远需要丰富的思想养料。多少世纪以来，黄金法则作为重要的思想养料，其相互依靠、团结、互惠、与人为善、和为贵的精神对人类而言十分重要。

和解纠纷，实际上是对黄金法则的运用，因为和解则团结，和解而互惠。没有哪个人是一座与世隔绝的孤岛，人不可能孤立而存在。“从某种意义上讲，黄金法则是人际关系中互惠的特定方面，它必定与爱、正义、慈善及其它美德联系。这种互惠看来是普遍的、古老的、持久的。证据表明，互惠思想以不同形式存在于所有的社会，在人际关系中甚为重要……一个普通的人只要学会了这些句子并与实际相联系，发展其道德，就会取得巨大进步，向着圣人迈进。”〔1〕国家也是一样，作为主权在民的法治国家，应提倡人类的互惠与和平，构建和谐的社会，提倡人类行为的更高道德性。

M. 弗里德曼高度赞扬市场经济这只“看不见的手”的作用，并将其作用范围扩大到所有社会领域，认为一切社会秩序的形成，包括语言、文化、社会习俗的产生，都是通过人们的自愿交换与合作发展起来的。政府就是自愿合作的一种形式，是人们挑选出来达到目标的方法，如果人们没有选择政府干预，那些领域政府就不要介入。只有这样，自由方能最大限度地维持。〔2〕与此同理，我们是否也可以这样认为，采用何种方式解决纠纷，本身就是人的一种自由，而合意解决纠纷当是此自由的应有含义，如果纠纷当事人或利害关系人合意解决纠纷，不需要国家将一种自认为正义的，或是对他们有益的纠纷解决方式强加于他们身上的时候，那么，国家就不应进行纠纷裁决。进一步讲，裁决方式本身也是以“合意”为基础的一种纠纷解决方式，从这个角度而言，纠纷和解，应是唯一的一种纠纷解决方法，是纠纷解决的元方法。如此的论断，虽然受大一统观念的影响，但是，无论何种秩序，总是需要一定的统一方能形成真正的秩序，社会生活形态如此，反映社会生活的文化也是如此，纠纷解决方式问题，作为一种法文化，自然也是如此。

〔1〕［美］H. T. D. 罗斯特：《黄金法则》，赵稀方译，华夏出版社2000年版，第156页。

〔2〕王振东：《自由主义法学》，法律出版社2005年版，第69页。

但是，我们应当清楚，无论何种形式的黄金法则，都不能废除必要的道德规范，不能代替其他相关的道德规定、标准和原则。黄金法则的任何表述都不能达到整个道德系统的目标。[1]国家提倡以德治国，并不能完全用道德上的要求来代替公民在法律上的诉求。诚如我国民谚云：礼治君子，法治小人，鞭竿治驴。是“君子”者也有“小人”时，人人都有追求自益的倾向，因而，单纯追求互惠的和解，只能是一种极少实现的理想，应将其置于法律程序的监控下，利用法这个“铁的法则”，实现法治国家，才最大可能地趋向社会的和谐。

作为执政党的中国共产党，构建和谐社会是其政治理想。而最好的政体，就是在政体范围内，人们根据法律行使权力，“如果这一观念通过逐步改革，并根据确定的诸原则加以贯彻，那么通过一个不断接近的过程，可以引上政治的至善境地，并通向永久和平”[2]。法治的最大作用应是为了使人与人、国家与国家和睦相处，实现人类大同。基于此，我们也可以说，对于一个政党而言，为实现社会的和谐，不能只尊重其所执掌政权的国家的法律，还应尊重民间的法律，使国家法和民间法，大传统与小传统、大文字法与小文字法相互和谐包容，打破两种法的文化阻隔，正确对待法律多元化的客观现实，不但实现人与人之间，国与国之间，还要实现官与民即国家与公民之间的和谐。大写的真理并不一定具有普适性，因为这种大写的真理有可能变得暴虐，让其他语境化的定义、思想和做法都臣服于它。[3]德沃金说：“假如我们都接受如下政治道德的基本原理：政府必须以关怀和尊重的态度对待它所治理的人民。所谓关怀

---

〔1〕［美］H. T. D. 罗斯特：《黄金法则》，赵稀方译，华夏出版社 2000 年版，第 156 页。

〔2〕 Kant, *The Philosophy of Law*, p. 231，转引自张乃根：《西方法哲学史纲》，中国政法大学出版社 2002 年版，第 192 页。

〔3〕 苏力：《法治及其本土资源》（修订版），中国政法大学出版社 2004 年版，第 29 页。

是指将人民当做会遭受痛苦和挫折的人；所谓尊重是指将人民看做是能够根据自己的生活观念行动的人……”[1]那么，国家为体现对国民的尊重，应在尽可能大的程度内尊重民众的纠纷解决自治权，这也是宪政国家中对政府[2]的理想要求。在这个理想的政体里，国家的功能降低到最低限度，“国家的唯一目的就是保护个人的权利，通过尊重我们的各种权利来尊重我们每一个人，允许我们每一个人自由的选择生活，并通过其他具有同样尊严的个人的自愿合作，实现自己的目的和我们的理想”[3]，自然，我们不应视国家法律为解决纠纷的一种具有普适性的大写真理，国家不应垄断纠纷解决权，而是应在视国家纠纷解决权为最高权威前提下，尊重纠纷主体的纠纷和解权，允许当事人通过相互的谈判交涉，实现纠纷解决中的合作，体现人类的互惠与柔情，达致理想的共赢。

和谐并不意味着集中统一，国家不能梦想世界上没有纠纷，不应奢求解决纠纷权力的集中统一，而是应追求纠纷解决权力的社会化与多元化机制的协调统一。在纠纷解决史上，国家权力先由松散到集中，现已进入对国家权力的控约阶段。国家是人类社会发展到一定阶段的产物。初民社会并没有国家权力，而是个人的、社会的权力，但是，随着私有制的产生和国家的形成，国家权力逐渐蚕食其他权力主体的权力，并进而形成国家对社会的统治。在专制主义国家，国家完全集中在君主或独裁者手中，到资本主义国家，立法权先从行政权中分立，此后司法独立，国家权力分化。在现代国家中，由于民主、人权、法治的发展，民间社会和社会多元化格局逐渐形成，政府已难能对社会进行全方位的控制，面对民众日益增长的权利要求，国家作为应为民众谋最大幸福之共同体，其负担亦越

---

[1] Dworkin, *Taking Rights Seriously*, pp. 272 ~ 273，转引自张乃根：《西方法哲学史纲》，中国政法大学出版社2002年版，第495页。

[2] 此处的政府应指国家机关，而非三权分立中的政府。

[3] Nozick, *Anarchy, State, and Utopia*, p. 339，转引自张乃根：《西方法哲学史纲》，中国政法大学出版社2002年版，第490页。

来越重，因而，迫使它不得不将部分权力下放给社会民间组织行使，当然，如果从国家权力来源于人民的角度上讲，是权力由国家向社会、民众的回归。在这种潮流之中，社会纠纷解决的权力也由国家垄断趋向民众自治、社会自治。虽然在实际生活中国家权力从没有真正有过垄断纠纷解决的实际状态存在，但是在国家试图垄断纠纷解决权的情况下，社会纠纷的解决通过国家解决却被视为正统，而在允许公民自治解决，社会自治解决的情况下，国家也并没有丧失对民众自治、社会自治解决的监管。

陈柏峰认为，当下中国，国家为了应对乡镇财政压力，大幅度撤乡并镇、合村并组、取消村民组长、精简机构、减少人员，这必将对乡村的纠纷解决带来进一步的消极影响，加剧乡村社会灰色化。国家的诉讼制度，农民消费不起；政府离村庄越来越远，村民有个冤连说的地方都没有；以前村民还可以威胁村干部，不将纠纷调解好，将问题摆平，我就不缴税。现在连个威胁的理由都没有了；农民发生什么事情，什么冲突，村里不说评理的，就是连个报信的小组长都没有了。村民在纠纷面前，面临着一个要么暴力，要么屈辱的两难选择，纠纷解决处在暴力与屈辱之间。最后村庄里只剩下忍辱负重、苟延残喘的弱势村民和以金钱和拳头开路，耀武扬威的地痞、混混和恶霸。我们的国家政权一步步后退，退出农民的生活领域，却留给农民一个充满暴力与屈辱的灰色世界。[1]

笔者却认为，纠纷和解的权利，本来就是公民权利的组成部分。尊重公民纠纷和解权，就是尊重公民人权。我国《宪法》第24条修正案中明确规定：国家尊重和保障人权。这是我国社会主义法治的重大突破，是宪法的突破性发展，具有里程碑性的重大意义。然而，纸上的权利如果不能落实到实践中，不能转化为现实的权利，就不能称之为真正的权利，只是一种空洞的宣传口号而已。

---

〔1〕 陈柏峰："论乡村体制改革对纠纷解决的影响"，载《宁波党校党报》2006年第3期。

当前中国社会面临的许多急需解决的问题，都与公民基本权利和人权保障的落实有关。尤其是中国共产党提出的建立社会主义和谐社会的目标更是需要以落实宪法的关于人权与公民权利的规定来加以实现。和谐社会是中国共产党十六届六中全会提出的一个社会主义建设目标，这是一个“民主法治、公平正义、诚实友爱、充满活力、安定有序、人与自然和谐相处”的社会。要实现社会主义和谐社会的伟大目标，落实宪法中规定的公民的基本权利，落实人权保障条款是一条必经的途径。〔1〕

虽然社会主义和谐社会的内容之一就是安定有序，但安定有序的社会主义和谐社会，并不是无矛盾的社会，构建社会主义和谐社会就是正视矛盾，认识矛盾，解决矛盾，化解矛盾的过程。在这个过程中，纠纷和解权作为公民的人权与民主法治紧密相连，而民主法治又是和谐社会的手段和内容。以人为本，促进人的全面发展是构建和谐社会的价值目标，人的生存和发展的需要及其现实的满足程度是社会发展的基本出发点。通过纠纷的和解，我们可以尊重公民的自治精神，实现他们的自我解放与自我发展。

（三）和解促进人的全面发展

社会发展的最终目的是为了最大限度地实现人的自身发展，充分完善人的个性，发挥人的潜能，体现人的价值。从根本上讲，人的发展是人的素质或各种能力成长的过程。根据马斯洛的需要理论，人的需要包括生理需要、安全需要、社交需要、尊重需要和自我实现的需要。当人的一个欲望得到满足后，另一个欲望就会升起来。正是从和解中，基于当事人意思自治原则，当事人才真正的满足了自身在当下的需要，而且正是在满足自身的需要中，他们通过自治、自立、自强、自重，不断地满足更高层次的需要，也实现了他们的才能的不断地自由持续发展。

---

〔1〕 介新宇：“人权保障与建设和谐社会”，载《法制与社会》2009 年第 9 期。

“持续发展”的概念是1981年美国世界观察所所长布朗在《建设一个持续发展的社会》一书中首次提出，并被国际社会接受。1987年国际环境和发展委员会在其学术报告《我们共同的未来》中广泛使用了可持续发展的概念。1992年6月，联合国里约热内卢环境与发展大会把“可持续发展”写进了所有文件中，并成了与会各国的共识，此后成为指导各国的共同战略。国际社会定义可持续发展为“既满足当代人的需要，又不损害后代人满足其需要能力的发展”。中国共产党十六届三中全会通过的《关于完善社会主义市场经济体制若干问题的决定》中明确指出：“坚持以人为本，树立全面、协调、可持续的发展观，保证经济社会和人的全面发展。”以人为本，就是一切以人为中心，一切为了人。以人为本，要求尊重劳动、尊重知识、尊重人才、尊重创造，创造人们平等发展，充分发挥聪明才智的社会环境。

马克思主义把每一个人自由而全面的发展，当做自己的理想目标。1848年，马克思和恩格斯在《共产党宣言》中宣告：代替那存在着阶级和阶级对立的资产阶级旧社会的，将是这样一个联合体，在那里，每个人的自由发展是一切人的自由发展的条件；在《资本论》中，马克思把每个人的全面而自由的发展奉为比资本主义更高级的社会形式的“基本原则”。〔1〕马克思所说的每个人的自由发展，是指每个社会成员既要自由地发展和发挥他们的全部力量和才能，又要把其他人的发展看做自己发展的条件，用自己的发展去促成社会全体成员的全面发展。〔2〕

就内容而言，人的全面发展，包括自由、全面、充分、和谐四个环节。人的自由发展，就是作为主体的人的自觉、自愿和自主的

〔1〕《马克思恩格斯全集》(第23卷)，人民出版社1998年版，第649页；转引自邓敏、王思敬：“论社会主义和谐社会与人的全面发展”，载《湖湘论坛》2009年第2期。

〔2〕邓敏、王思敬：“论社会主义和谐社会与人的全面发展”，载《湖湘论坛》2009年第2期。

发展，是把人作为目的的发展，是为了人自身人格的完善和社会进步的发展；人的全面发展，就是人的各种需要、素质、能力、活动和关系的整体发展，是每个社会成员全部力量和才能的展示过程，亦即人的本质力量的显示、充实、拓展过程，它包括了个人的物质和精神方面的全面性；人的充分发展，就是人在摆脱了各种内在外在盲目力量的束缚，使自己的各种需要、能力、活动、关系得到极大程度的丰富和发展，它是人的潜质、潜能在新的条件下的更进一步拓展和显示；人的和谐发展，就是从人的内在与外在的各种关系的状态上讲的人的发展，是指人与自然、人与社会、人与他人以及个人自身内在各方面的关系的协调与优化。[1]从这一视角而言，尊重群众的自我选择，尊重他们解决自身纠纷的权利，尊重民间规范，即是一个国家尊重人民群众劳动和知识的体现。创造一个多元化的纠纷解决体制，而归之于统一的法律体系，是一种活而不乱的法治环境。社会貌似无序，实际活而统一。纠纷和解，不但将纠纷解决，更主要的还是创造了人际的和谐，使人具有人情味，人不会变成冷漠的理性人，而是充满理性和感性的活生生的人，有助于人的全面体验和全面发展；同时，和解可以提高人的自我管理能力、自我权益保护意识、理性自律发展信念，有利于个人摆脱国家过多的垂直监控，也有利于为国家减压减负。

二、和解与法治

（一）二元对立观

在导论中，我们揭示了中国人存在着一个观念上的公式，即“法治=诉讼=国家垄断纠纷解决权=国家法律之治”，其中反映了一种和解与法治对立的观念，我们可以称为和解与法治的“二元对立观”。

许多人一直将“私了”等同于“和解”。譬如有人认为，“私了”是指发生纠纷的双方，为了息解纷争，不经过法定机构和正式

〔1〕贺振航：“只有全面发展的人才能建设全面发展的社会”，载《中国高新技术企业》2009年第5期。

的法律程序，就有关争议事项进行私下协商自我解决的一种方式。“私了”的实现途径分为两种：一种是不借助第三方力量，通过某一方力量和另一方力量的对比解决，另一种是借助第三人调解。私了不借助公权力、法制机构，其解决方式有协议方式和非协议方式。[1]亦有人认为，在生活中，人们为了各自利益，经常通过相互间的协议而不是根据法律的规定按正常的司法程序来解决他们之间的纠纷。对此，在学理上有学者称之为“法律规避”，而民间俗称为“私了”现象。[2]

笔者已经指出，私了并不完全等同于和解，“私了”与“公了”相对。“私了”中也有自决、和解、裁决三类解纷方式。前述两种观点所界定的“私了”，显然属于笔者所界定的“和解”范畴。因而学界对于“和解”的批评，大多是基于认为“私了”等同于“和解”前提上的批评。张学亮批评“私了”，认为当下的中国，法治作为一种理想，已经变成了一种新的流行话语和公众追求，与这一社会语境不和谐的是，很多时候，法律或诉讼并没有成为人们解决纠纷的首选模式。私了现象的大量存在无疑成为司法制度有效运行的严重阻碍，并直接影响法治社会有效运转及其功能的实现。[3]不过，在批评的声音之外，有人更加理性地对待“私

〔1〕 孙冕：“‘私了’现象的法社会学思考”，载《淮海工学院学报（人文社会科学版）》2004 年第 4 期。

〔2〕 张学亮：“‘私了’现象与中国法治进程”，载《理论观察》2003 年第5 期。

〔3〕 张学亮：“‘私了’现象与中国法治进程”，载《理论观察》2003 年第 5 期。张学亮同时认为，在现代法治社会，纠纷解决方式应当呈现多元化的格局，允许多种形式并存。而且，我们也看到，同诉讼相比，私了这一非诉讼方式有一些优点，例如，体现了尊重当事人意思自治的私权理念；避免了矛盾激化；尽可能减少经济及精力耗费等。然而，尽管如此，私了也只能是在解决私人自治领域纠纷的“可供选择的路径之一”。事实上，在我们这样的法治还处于“初级阶段”的国家里，私了未必能够体现出它的优点。大量的社会调查显示，我国民间的私了往往是权威压制型或长老说教型调解的结果，大多不是纯粹的当事人意识自治型的和解，且“和稀泥”式的调解居多。更为严重的是，如果我们对这一现象不加引导，任其蔓延、发展，势必会对法治进程产生不良影响。

了”，如孙晃认为，私了等非诉讼纠纷解决方式的存在，并非源于我国，亦非仅限于我国，而是多种因素综合作用的结果，为此，过分强调纠纷通过诉讼方式既缺乏充分的事实与理由，也不符合我国的具体国情。〔1〕

笔者认为，调解本就是和解中的一类情形。对于调解的批评，也就是对和解的批评。通过学者对调解的批评，我们也可以看出其中的“和解与法治对立”的观点。譬如季卫东就认为，中国素有调解传统，还进行着各种调解组织化的尝试，因而有很多新鲜的素材和启示，特别是，现代中国始终存在着法制化〔2〕与着重调解的法政策之间的冲突，从而提供了一个很好的机会来观察调解地法律发展机制和其中的紧张关系。〔3〕虽然季卫东作了融合调解和法治的努力，如他认为，关注法制化和调解制度的联结点，可以由调解形成和发展法律机制来进行：①促进对法律制度的反思和纠纷当事人的反思，积极调和实体法和纠纷当事人的主张；②通过规范间的竞争和选择，增加法律发展的契机，以弥合实体法和生活规范间的裂隙；③基于个别纠纷的具体情况，对权利关系作出判断，促进实体法的具体化；④使潜在的纠纷得以外显，扩大对程序法的需求；⑤把日常会话的规则和程序内的行为规范以更有利于当事人的方式予以整合，以此来发展程序法规则；⑥通过部分地放松严格的审判程序的要求，从而达到形式正义与实质正义的平衡等。〔4〕但是，这

〔1〕 孙晃：“‘私了’现象的法社会学思考”，载《淮海工学院学报（人文社会科学版）》2004年第4期。

〔2〕 季卫东作此文时，中国还没有探讨“法制”和“法治”的区别，因而在很大程度上，彼时的“法制化”相当于现在的“法治化”。

〔3〕 参见季卫东：“调解制度的法律发展机制——从中国法制化的矛盾情境谈起”，易平译，载强世功编：《调解、法制与现代性：中国调解制度研究》，中国法制出版社2005年版，第8页。

〔4〕 参见季卫东：“调解制度的法律发展机制——从中国法制化的矛盾情境谈起”，易平译，载强世功编：《调解、法制与现代性：中国调解制度研究》，中国法制出版社2005年版，第5页。

些努力的理论前提，却是在和解与法治的二元论基础上进行的。日本法学家对调解与法律的关系，提出了自己的一些颇有见地的观点，如小岛武司在《调解和法——替代性的纠纷解决（ADR）》中指出调解创制法律的先导性功能；梶村太市、深泽利一在《和解、调解的实务》中认为调解作为生成和承认新权利的论坛而发生作用的观点；谷口知平亦提出“通过调解形成衡平法”的观点；等等〔1〕。但细评这些观点，却是对调解与法的关系，而非调解与法治的关系。

中国虽然有着调解的传统，但是，中国司法机关也曾一度在现代化定向的情况下，轻视过调解。20 世纪 80 年代末至 90 年代，法院在规模和数量急速扩张的同时，也在积极扩张其主管和管辖范围——将大量传统由行政、社会机制处理的纠纷收入诉讼范围，包括大量社会转型期特有的政策性敏感问题。在这种能动主义的态势下，原有的大众司法模式也被作为审判方式改革的对象受到抨击和否定，法院这一时期的改革推行均以现代化为基本指向，消极地对待各种非诉讼机制。其理由或动机不外乎以下四种：①对法治的简单化或意识形态化理解，将司法、诉讼与正义简单等同，试图实现国家法对社会的全面统治以及司法机关对纠纷解决的垄断；②对司法能力的盲目自信，以及对司法的局限性、诉讼的弊端、法院的压力和纠纷解决效果缺乏清醒的认识；③对各种非诉讼纠纷解决机制，包括其人员素质、纠纷解决能力、效力、正当性、合法性等缺乏信任；④出于自身利益，通过扩大案源垄断纠纷处理而谋求自身发展。〔2〕当然，自构建和谐社会理论提出后，调解又得到推崇，然而，正如范愉所指出的那样，我国与西方国家不同，对调解及非诉讼机制的需求并非源自现代司法诉讼制度长期运行后的危机，而是

〔1〕 参见季卫东：“调解制度的法律发展机制——从中国法制化的矛盾情境谈起”，易平译，载强世功编：《调解、法制与现代性：中国调解制度研究》，中国法制出版社 2005 年版，第 5 页，注 7。

〔2〕 范愉：《纠纷解决的理论与实践》，清华大学出版社 2007 年版，第 374 ~ 375 页。

在现代司法体制和程序难以确立的背景下引起重视的。[1]

和解真的与法治对立吗？诚然，“私了”中的和解存在着各种危害，如造成法律职能的缺失，削弱了法律对人们行为的指引、评价及预测，使人们在面对纷繁复杂的社会生活时不知所措，不知如何正当合理地保护自己的权益；在一定意义上纵容了违法犯罪行为，使违法犯罪分子得不到应有的法律制裁而继续为非作歹、祸害社会，加速了社会不良风气和社会丑恶现象的蔓延滋长，扰乱了正常的社会秩序；在观念层面上，不利于在民众心中树立法律的权威形象；在操作层面上，容易诱发司法腐败；等等。[2]然而，法律规定中的“和解”，同样也会产生上述问题。任何时候，我们都不要忘记，有了法律，并不一定会有秩序，正像有刑法，而犯罪还是不断产生一样，而正是因为有了违法犯罪，我们才需要刑法。对于和解这一社会现象而言，也是如此。正是因为和解这种社会现象可能存在上述弊端，我们才有必要对其进行规范，而法律规范就是最好的选择。人类和解纠纷的行为本身，同人类的其他交往行为一样，有了包括法律规范的指引，才有可能扬其所长，避其所短。从这个意义上讲，当和解被法律所规范，进而形成和解的正式制度时，我们还有什么理由保持“和解与法治”对立的观点呢？即使将和解不升为国家的正式法律制度，我们也不应将和解与法治完全对立，只要我们将西方法治中心主义给消解或重新解读。

（二）源在国家万能主义

众所周知，西方的法治，与基督教有着密切关系。上帝的唯我独尊，造就了西方的自大，其中就有着国家主义的影子。当摩西带人们去见天主时，天主用雷鸣般的声音规定了十诫，即摩西十诫：

〔1〕 范愉：《纠纷解决的理论与实践》，清华大学出版社2007年版，第374～375页。

〔2〕 参见张学亮：“‘私了’与中国法治进程”，载《理论观察》2003年第5期。

我是你们的上帝天主，是我把你们带出埃及，带出那奴役你们的地方。你们不可信别的神来反对我。你们不可擅自雕刻偶像，也不可崇奉天上、地上或水下的任何东西。你们不可向它们下拜，因为我，你们的上帝是个不容别的神的上帝。恨我的人，我必向他问罪，直到三、四代子孙。但对那些爱我、守我诫命的人，我一定信守诺言直到万世。[1]

基督教的上帝，创造了人类，并为人类定下了法律，因而他是一个权力者，但是他却不容人类信仰别的神或是偶像，其霸权主义、专制主义心态表露无遗。但是就连这个“创世纪”的上帝，也承认有别的“神”存在。因为“神”通广大、法力无边，所以，平凡的人类也不可能不受其他神的影响或是主宰。从更高意义上讲，虽然基督教称上帝创造了宇宙、创造了人世间万物一切，但是还有比上帝创造一切更高的一个“世间”或是“实体”，那么在这个“世间”或是“实体”中，有那么多“神”的存在，也是一个多元的“世间”或“实体”。

上帝创世，因而上帝万能。那么在国家治下的万物如何呢？国家作为一个社会实体，也有着对其治下万物的专制的倾向，这就是国家万能主义。国家垄断纠纷解决权，则是国家万能主义的一个表现，其中的裁决主义，即司法专制主义，则是国家垄断主义的极端。

虽然，上帝对他治下的万物进行专制，但是他却要求他治下的人类间进行宽容。一个基督徒在世上活着和工作，不是为了自己，乃是为邻舍，所以他的整个生命的精神，驱使他做一些对邻舍有益和必需的事。因为刀剑在维持治安、惩罚并预防罪恶上，对于世界是很有益处的，也是必须的，所以基督徒愿意服从刀剑的统治，缴

[1] 刘意青、冯国忠、白晓冬编译：《圣经故事一百篇》（英汉对照），中国对外翻译出版公司、商务印书馆（香港）有限公司 1989 年版，第 131 ~ 135 页；转引自阎章荣、陈洪涛：《神学主义法学》，法律出版社 2008 年版，第 47 页。

纳税款，尊敬长官，并尽他一切所能，服侍政府、帮助政府，以维持政府的荣誉和尊严。虽然，为他自己，他不需要这些东西，也用不着做这些事情。然而他这样做，是为着别人的好处和利益。若是涉及自己，他就应该遵照福音，以基督的教训自约，将他的左脸也转过来由人打，让外衣连同里衣由人一同拿去。这样一来，各事就都平衡了。因此，一个基督徒应该忍受一切的邪恶和不义，不求报复，也不告状，也不为自己的利益使用俗世的权柄和法律。但是他为别人应该报仇，寻求正义、保障和援助，而且要尽力去做。同样，国家应该自动地或者由别人提出对基督徒加以援助或保护，而无须由他自己来提出申诉和请求。当国家不如此行时，基督徒就应该照基督所说的，不与恶人作对，让自己被人掠夺。[1]如果人人按照基督的教训行事，这世间也就无所纷争了。如果都选择相互忍让、不了了之这样一种消极性和解作为纠纷解决方式的话，也用不着其他纠纷的解决方式了。然而，神学家约翰·加尔文却认为，公民都有基本的尊严和权利，在公民社会中，任何政府的权利都是有限的，这种限制是不以任何人的意志为转移的，它来自于上帝明确启示的律法。每个“政府”都有各自的区域和界限，各司其职，互相监督，才既能保证个人的自由和独立，也才能达成最好的社会合作效应。当各个政府都是根据自己的职分运行的时候，真正的自由就得到了保障。最重要的是，不管是个人、家庭、教会，还是国家，都不能扮演救世主的角色，只能在各自的领域中发挥仆人的角色。[2]

国家作为政治体中的一部分，只与维持法律、促进共同福利和公共秩序以及管理公共事务有关。人民是一群人，他们在公正的法律下，为了人生的共同福利而联合起来，组成一个政治社会或政治

[1] [德] 马丁·路德：《论俗世的权力：对俗世权力服从的限度》；转引自阎章荣、陈洪涛：《神学主义法学》，法律出版社2008年版，第129页。

[2] 参见 [法] 加尔文：《基督教要义》，徐庆誉等译，香港金陵神学院托事部基督教辅侨出版社1955～1959年版，卷4，第20章“论政府”；转引自阎章荣、陈洪涛：《神学主义法学》，法律出版社2008年版，第153页。

体。人民高于国家，国家为人民服务。但是，根据建立在“实体主义”或“绝对主义”理论基础上的国家专制主义观念，国家作为一个权力主体，因其所谓的最高权力而凌驾于政治社会之上，吞没了整个社会。[1]也就是国家做了社会的保姆，包办了社会中本来应由个人或是其他政治实体解决的事情，抢夺了人家的权力，因而不得不承担权力的另一面，即责任。

每一个强有力的东西总有超越它本身范围的本能倾向，国家作为一种权力实体，也是不断地倾向于扩大自己，进而把自己当成整个社会。这实际上是一种国家主义的理论。国家主义的理论是在一定历史过程中发展起来的——即中世纪帝国的权威和中世纪后期的君主专制；主权观念的形成及其从君主主权发展到民族主权和国家主权；霍布斯、卢梭、黑格尔的国家学说以及奥斯丁的法学思想，所有这些，都促成了绝对主义国家理论的形成。[2]民主政府就是民有、民治、民享的政府，国家只是为人民服务的工具，人民高于国家。如果将法律等同于国家，认为法、国一体，就会推导出法治等于国家之治。国家不是法律的渊源，而是法律的保障。如果任凭国家主义绝对发展，就会形成法律中心主义。

（三）西方法治主义批判

要批评国家万能主义、法律中心主义，必须反思西方的法治模式的霸权主义，必须批评西方的现代性，即批评“西方中心主义”。主要的原因，在于法治是西方现代性的根本特征之一，是西方治理社会模式。作为现代性特征之一西方法治模式，并不是世界上所有国家的法治乌托邦图景。西方的法治模式并不是评价非西方法治是否为法治的标准，而只是一种参照系。非西方国家在建设本国法治过程中，可以发挥自己的传统，建设更为合理有效的社会治理模式。儒家

---

〔1〕 阎章荣、陈洪涛：《神学主义法学》，法律出版社 2008 年版，第 187 页。

〔2〕 参见阎章荣、陈洪涛：《神学主义法学》，法律出版社 2008 年版，第 186 页。

文明和伊斯兰文明，在现代社会中，表现得似乎是非现代性的，但是无可否认的是，它们却是现代社会的文明，而且这些文明在许多方面比欧洲文明和北美文明等基督教文明更能表现它们的固有的持久生命力，虽然相互间冲突，但却也是相互吸补、相互收益，因而，现代社会不能仅视为西方文明的翻版，而应对西方文明进行“除魅”。

当我们把西方的法治模式当做治国的模式选择时，也只是作了自己的解读，而离西方的法治的距离，即误解或是曲解又有多少呢？人们完全读懂了西方吗？完全读懂了西方的法治吗？人们完全读懂了自己吗？西方的法治完全移植过来，就能够形成法治理，从而达到富强民主文明之社会吗？可是从我们一些中国人的角度而言，西方的法治就等于诉讼解纷，而和解纠纷或是自决解纷受到鄙视，无论是法律的规定层面，还是学者的态度方面，都无视民众自主性的要求，其实质也是一种以西方中心主义的观念研究东方，或是治理东方的模式。这种研究范式，在学术上就叫做“东方学”。

东方学起源于西方文化向东方的挺进，其发展与近代世界文化格局的变迁有关。1312 年维也纳教会通过一个提案，决定在巴黎、牛津等地建立有关中东和近东语言和文化研究科系。从此以后，出现了一大批被西方社会承认的“东方学专家”。在 14 ~ 16 世纪之间，东方学的主要任务是搜集有关西方宗教的源头（近东和埃及）及其对立体系（伊斯兰世界）的文化资料。直到 18 世纪中叶，东方学与教会的关系仍然附属于教会的知识结构，几百年里，东方学研究的目的，在于扩张教会的势力。18 世纪末至 19 世纪中叶，东方学的范畴扩大到整个亚洲，走出了教会，影响了整个西方文化界。19 世纪以来东方学经历了两次大步伐的“进步”：一是 19 世纪中期至一战结束，英法两国在世界上获得大量的殖民地；二是在二战后，世界格局发生重大变化，美国成为世界霸主，使东方学研究扩大到整个太平洋和亚洲所有地区，并且以“跨文化理解”为口号。此两个时期东方学研究出现了很多变化，但是它的叙述、言论、研究制度的深层结构并没有脱离传统。

自东方学产生以来，就具有“二元一体”概念。这个概念的中心是一条分割世界的界线，它把世界分为东方和西方两部分，认为西方是强大的本土，而亚洲则是被打败和遥远的异邦和潜在的危险。萨伊德认为，东方学对东方的划分，其意图与原始人划分花草一样，是为了把东方文化放在西方人觉得安全的秩序里。“东方”这个概念的存在，主要服务于“西方”本身的“安全感”和支配地位，给西方提供了一个可以作为对手或被操纵的对象，而操纵危险就是对自身安全感的负责。[1]而人类学最初的研究对象，就是所谓的“非西方文化”，从一开始就充满着东方学的偏见。15~18 世纪，西欧国家相继挺进东方，视自己的西方为世界的“正统”，欧洲逐步取得世界经济中心地位和文化霸权。欧洲社会被视为“成人”，而“非西方社会”被视为无知、愚昧的孩童，视西方为“文明”社会，而非西方为“野蛮”社会，采用社会进化论或传播论解释社会的发展，认为非西方社会是西方社会文化的“残余”，人类社会的发展趋向是由非西方社会向西方社会发展，西方的优越感自此确立。其后，虽然人类学研究又出现了诸多的学说流派，而且许多人对社会进化论和传播论进行了批评，有些学者把对非西方的研究，作为反思西方文明缺陷的路径，当然也承认非西方文明本身的“合理性”，便却难摆脱“西方中心主义”的思维束缚。

中国自1840年后，认识到西方的船坚炮利和制度文明是解救中国之道，于是向西方“朝圣”，虽然出现所谓“器用之争”，乃至现在的“法律移植”和“法治本土化”，但大都是一种对西方的朝圣的态度，把西方的法治模式单一化、理念化，试图拿来主义，采取一种以西方为“中心”对非西方的审视的立场，养成言必称希腊、法必称罗马、法治必称美国的学术界惯习，把西方的法治理解为现代化的必备条件。因而国人认为建设现代化，就需要建设西方

〔1〕 参见王铭铭：《西方人类学思潮十讲》，广西师范大学出版社 2005 年版，第 127~133 页。

模式的现代化，当然就需要西方的“法治化”，自然地就将“法治=诉讼”的公式，作为评判中国社会纠纷解决的理想的、甚至唯一的可行性模式。于是，其他纠纷解决方式被鄙视了，本土中有效的纠纷解决方式被否定了，西方本来在社会现实中存在的纠纷解决机制被淡漠了，把理念型的法治模式，作为现实中可实现的模式，完全忽视了作为社会控制的手段的法治，实际上是效率和公平的统一，是多种价值的平衡，一味强调的国家全心全意为人民服务，完全忘记了人自己才能解放自己的历史唯物观，妄图使国家垄断纠纷解决权，并幻想使一切纠纷都得到公平的裁决，实现所谓的社会正义，将司法作为维护正义的最后一道防线。因而，追求法官通过诉讼裁决，实现社会正义。作为一种悲观主义的建立在人性恶基础上的法治观，就成为中国人追求的法治模式的指导思想。当社会生活中，多元的纠纷解决机制作为一种社会现实，如和解、调解、私了、自决之类作为一种社会行为，不得已被研究时，这些行为的存在就似乎成为建设社会主义法治国家的对立物，它们的存在，冲击、延缓、阻碍着法治国家的建构，因此必须进行否定，这样部分学者（包括专门的学术职业者和关心此类问题的研究者）就提出了自己的意见，认为这些现象存在着种种危害，遗留着种种隐患，与法治国家格格不入，应成为革新的对象。

有些人乐观地认为，西方现代性法治以诉讼作为解纷方式，是一种优位的选择，东方所谓的调解抹杀了是非原则，不利于权利的张扬，东方不具有现代法治因子，应成为否认的对象。可是他们没有看到：现代性的发展和扩张并非一帆风顺，它内在地包含着种种毁灭的可能性，甚至它本身就是道德的毁灭力量。最初形成的现代性以及后来发展出来的多种多样的现代性一直是与国内冲突和对抗交织在一起的，与此同时，还与现代国家和帝国主义体系下的国际冲突相互交织，甚至于战争和种族灭绝交织在一起，展现出它野蛮的暴力倾向，暴力、恐怖、战争被意识形态化，法国血腥的大革命如此，第一次世界大战如此，第二次世界大战也是如此。尤其需要

说明的是，纳粹德国却是打着法治国家的招牌，对内进行种族清洗，对外进行战争，完全不顾人类的基本道义，这可谓是西方现代法治模式的悲鸣。虽然在纽伦堡审判和东京审判中，法官运用了自然法理论，宣布战犯有罪，使战争贩子受到惩处。然而如此的惩处，其实质是一种西方法治模式对另一种法治模式的反对，但是另一方面的思考是，如果按纽伦堡审判的法治模式，那么什么是法治的争议绝对要继续流传久远。而对于想实现现代化，追求法治治理的国家而言，仍要进行艰难的选择，以期在现代化方案中，得到合理的建构法治模式。

“人类”，本身就是值得研究的事物，而“人类社会”，则被人以各种视角进行过各种各样的研究。西方人类学在研究的过程中，曾经把所谓的“西方文化”自诩为文明，而把非西方文化谓作“野蛮”或“蒙昧”，将西方中心化，而非西方边际化，把西方文明作为高水平的文化，作为一切文化都应发展的趋向。当西方用坚船利炮打开东方的大门后，东方人，当然包括中国人，一下子把西方文化作为最先进的典型，全面否定自己文化的特质，企图通过向西方学习而达致与西方并立于世界的梦想，全然不顾自己文化所由以生成的种种因素。于是，作为法律文化的所谓西方“法治模式”，也成了中国人欲进行社会控制，进行富国强民的最佳模式选择。而西方法治的公式，实际上是“法治 = 诉讼 = 决斗 = 输赢”成了东方人心中的梦想。诚然，法治是规则之治，法治应是人类治理社会的最佳模式，但是，法治模式不可能是一成不变的，而且唯西方独尊的。在法治的模式中，规则是至上的，因为规则之治，才可能成为法治之治，但是，规则的目的是什么，却可因不同社会理念的不同而不同，不同的文化，决定了不同的人格，决定了不同的追求，但无论何种文化，都是为了人的发展而存在，无非是人的发展的范围、方向等的不同而已。当然，法西斯的规则之治，因其与整个人类文明背道而驰，是应予反对的。但是，东方文化，典型如中国传统文化，虽然说从人的个性而言，并不是没有缺点，但其于人类的

和谐、人类的可持续性发展而言，却有着西方决斗文化所无与伦比的优势。在这样的社会中，只要它的规则是明规则之治，只要是在明规则之下的治理，就不应说它不是法治之治。相对于决斗文化而言，和文化实际上是人类更高层次的文化，而和解实际上是人类的更高层次文化下的法律文化。在实际的社会控制中，人类的现实总是同理想有所距离，“和”毕竟为最高境界，为理想，它还是需要“裁”作为手段和保障，因而，“三元一体”的纠纷解决机制，实际上是以“裁决”为手段和保障，以和为最终目标的机制。任何一个社会，对社会纠纷的解决，不能只“和”不“裁”，否则，就不会有权利，因为权利的产生总是伴随着阵痛；也不能只“裁”不“和”，因为要么输要么赢，总是违背人性，压抑着人们的好胜心满足的欲求，而只能是“和”与“裁”的统一，只能是“和”之下的“裁”，“裁”保障下的“和”。惟有如此，社会才可能得到有效的控制，人类才可能在经验的进化中得以理性的建构。

（四）重构法治的和解

在对和解的功能分析中，我们看到了和解的优势，但和解的优势，在一定意义上也正是它的劣势。法治主要是规则之治，一般认为应是法律规则的统治，但是和解却常不依法律规则行事，而是常依民间规范和关系规范解决纠纷，这样，国家法律就会被置于惘然不顾的地位，构成对国家法律的漠视，导致对国家法律的不信仰。人们对法律不认同、不忠诚、不信任，就不会依法办事，法律就只能是一纸空文，就只能是用来粉饰公平正义假象或是为达某些目的的工具，形成法律虚无主义。群众对法律不信任，就很难采取合法的手段表达自己的利益要求，而且其表达的利益要求也常会脱离法律之轨，有些时候甚至非分无理。国家机关对法律不信仰，不依法办事，就不会维护群众的利益，常形成部门利益，损害公众利益。在一个非法治的社会里，人对未来没有合理的预期，生活的环境将是一个惴惴不安的疑虑的环境，人与人间的矛盾纠纷就会增多，积累到一定程度，自然会影响社会的和谐。因而，如果把法治理解为法律规则之治的话，纠纷解决以和解为之，只要和解的依据非国家法律，而是民间规范和关系规范，那么和解就形成对法治的冲击，是对法治的反动。

但是，法治是法律规则之治的理解是否准确呢？自柏拉图表达法治观念至今，一般都认为，法治不仅是指统治者依靠法律治理国家，而且还意味着统治者本身要服从法律，法律应具有至高无上的权威，统治者应被称为“法律的仆人”。法治意味着法律至上，“法律至上不是表明人与法律的关系，而是强调它在各种规范中的地位，不是讲法律的地位在人之上，而是强调一个社会对规范进行选择的时候，法律应当成为最高的规范，法律至上意味着重要社会秩序的确立，主要依靠法律，即使这个社会的统治者也必须依据法律行使权力，法律在各种行为规范中具有最高的权威……它的意义只表示政府的权力来源于法律，法律独立于执行法律的人，执行法律的人应以法律衡量人的行为”。〔1〕但是，法治要解决的前提是“法”的渊源这样一个法理学的基本问题。对于这个问题的基本回答，关系着和解这种纠纷解决对于法治之意义的问题。

不同的法学流派对法的渊源有不同的观点。自然法学家西塞罗认为，法有自然法和人定法之分；阿奎那认为，法有永恒法、自然法、人法和神法；黑格尔则认为法有抽象法和实在法之分。古典实证主义法学家奥斯汀认为，法律是主权者的命令，认为只有最高立法者制定的成文法，或者虽不是由最高立法者制定，但是由主权者明示或默示授权的机构制定的不成文法才是法律。其他各种法学流派也各有自己的观点，但总而言之，“法”的渊源问题涉及的主要问题是道德（自然法）是否也是法的渊源，也是法学理论中经久不绝的理论困惑中的基本争论点之一。

笔者认为，法的范围自然比法律宽泛，而法治也就不应仅为“法律之治”。道德、宗教、风俗、习惯等都是相对普遍性规则的载

---

〔1〕 陈金钊：《法治与法律方法》，山东人民出版社2003年版，第29～30页。

体，它们同国家法律担负同样的使命。仅以道德与国家法律关系而言，二者有着多重关系，一部分道德融入法律成为法律组成部分，而且一部分道德未来可能融入法律，一部分融入法律的道德也可能随时间、观念的改变而出法。法律和道德两者不仅分享着同一套词汇，以至于既有法律上也有道德上的权利、义务与责任，而且所有国家法律制度都体现着特定的和基本的道德要求之宗旨。“正义的观念，它似乎要把这两个领域统一起来：正义既是适合于法律的善，又是诸善中最具法律性质的善。我们思考和谈论‘依照法律的正义’，也思考和谈论法律的正义和非正义”，〔1〕道德中这些最基本的规范，如正义、公平、诚实守信等这些基本的自然法原则，永远是法律的主旋律，永远是纠纷解决的指导标准和追求目标。因此，它们本身就是“法”，是法治之法的最高标准。

马克斯·韦伯强调，一个合法的社会秩序的核心是规范性取向系统，它影响社会控制和对权威性指挥的服从。〔2〕法律的权威至高无上是法治国家最重要的特征，因为当国家无法依靠“哲学王”、“圣贤”等进行的统治而依靠法律进行统治时，一旦法律失去了应有的权威，以法治国就成了一句空话，建设社会主义法治国家就只能是乌托邦一样的梦想。“法”和“法律”并不是一回事〔3〕，法律是由国家制定或认可的行为规范，也就是平常而言的国家实在法〔4〕，

〔1〕［英］哈特：《法律的概念》，张文显等译，中国大百科全书出版社 1996 年版，第 8 页。

〔2〕［德］马克斯·韦伯：《社会和经济组织的理论》，纽约牛津大学出版社 1957 年版，第 124 页；转引自顾培东：《社会冲突与诉讼机制》，法律出版社 2004 年版，第 59 页。

〔3〕笔者认为，只有将“法”和“法律”进行各自的界定，才能回答法律界的一些争论问题，也有利于阐明本书中的一些观点或论证。

〔4〕“什么是法律”也是一个经久不绝的没有唯一正确答案的问题。如卢埃林认为“官员们关于争端所作的……即是法律本身”，霍姆斯认为“对法院将要做什么的预言……即我之所谓法律”，凯尔森认为“法律就是制定制裁的主要规范”。参见［英］哈特：《法律的概念》，张文显等译，中国大百科全书出版社 1996 年版，第 2 页。

而法则是人类的行为规则，包括法律。法治是规则之治，并不仅仅意味着是法律规则之治，则是法规则之治。从应然角度上讲，法律应是一个完备而有系统的整体，但是现实中的法律绝无此可能，在表面上看无论是如何程度的完整系统的法律，它的完整性也只是相对的，是永久不断地朝着完整性的接近。法律的相对完整性，也就是法律的不完整性，也正因为此，法治也不可能就是法律之治。

现代西方法治，本来是为了限制权力，然而将纠纷解决权集中于国家、集中于诉讼，实际上并非现代意义的法治，而是限制了公民的纠纷解决权利，是现代法治的异化。法治国家也并不意味着完全由国家垄断纠纷解决权，而应是指各种纠纷的解决规则的法化。人类社会总是充满了复杂的利益冲突，由于冲突的性质、形式、激烈程度不同，因而解决的机制或方式也不应千篇一律。在现代法治社会，诉讼一般被认为是最为正统、公平和权威的纠纷解决方式。但是，社会发展出现了一系列无法由诉讼解决的纠纷，如改革中的政策变化、土地承包、职工失业等引起的特殊纠纷层出不穷，社会通过诉讼解决这些纠纷显得明显的力不从心。现代文明对纠纷的排除已不限于形式的解决，而更强调解决的质量和速率，亦即纠纷双方实质利益的分配、分配过程的长短、分配后的效益如何等。因此，解决纠纷也不能仅依国家法律和国家机关，而更重要的是体现当事人、社会、国家三者的共同意志，注重相关方的参与和协调。同时，法治虽然不一定是国家法律的统治，但是国家法律却为法治提供了最为主要的规则，和解中如无程序的前提，没有诉讼程序的最终救济，则和解会变得游离不定，更谈不上真正的法秩序。只要诉讼为最高的权威和最终的解决方式，就不能否认法律的权威，就不能否认国家是法治化的国家。

从这个意义上来讲，自决、合决、他决作为社会解纷的机制，并非是一个特定社会所独有，任何一个特定社会，都不可能重其一而轻其二，都是在三者之中寻找一个平衡。在一个高度发达的社会里，纠纷解决的合意因素的充分展现，是理想的类型，它能达致最

大限度的和谐。只要其中存在着规则，而它们又是在规则之下的运作，它们就是在法律的牢笼里进行的合法的行动，规则之上的法治原则就得到了维护，而这一点也就是纠纷和解与法治的关系中的关节点。换句话说，纠纷和解与法治是矛盾统一关系。和解只是一种事实，只是法律将它规定其中，它才具有了法律的意义。根据合意的纠纷解决，与诉讼等根据决定的纠纷解决，可以看成是互动的两种制度。在诉讼等根据决定解决纠纷的方式中，决定者追求的是国家法律的准确适用，而在和解中则寻求息事和妥协的目标。如果将和解置于诉讼程序的保障或制约之下，两者的有机结合，则形成纠纷解决的第三场域，完全可以修正人们对法治的偏解。

（五）中国问题中国式解决

当我们中国人主张现代化的时候，或是主张法治的时候，是不是犯了“西方中心主义”的错误呢？在社会学和经济学的研究中东方常被当成传统，西方被当成现代化，这使 19 世纪东方作为“白种人的负担”的理论进一步合理化。“白种人的负担”的理论把东方传统看成西方人的负担或是应该对之实施教育的孩童。产生于西方一系列“现代化”理论与这种东方观有直接的渊源关系。[1]对于何谓现代社会，学界各有不同观点，但是西方两大社会学家的观点必须提及，其一是法国社会学家涂尔干，他认为世界上存在两种类型的社会，即传统社会和现代社会，传统社会的特征，为社会内部以群体的稳固性组织为特征；“现代社会”，以多元的社会分工为特征，由传统社会向现代社会转型即为“现代化”。其二为德国社会哲学家韦伯，他认为，工业化和科层化是“现代化”的主要特征，而工业化和科层化又意味着理性化，即资本利用有效化过程。根据这两大社会学家的观点，所谓“现代化”就是“西方化”，或“东方”向“西方”社会形态的转型。诸如此类的“现代化”构想

---

〔1〕 王铭铭：《西方人类学思潮十讲》，广西师范大学出版社 2005 年版，第 133 页。

是以单线性的阶段式的演化论为基础的，它创造了把所谓“现代社会”（实质上即“西方社会”）成为“传统社会”（实质上即“东方社会”）的未来图景的看法，说明东方学的深层结构的力量在西方学术界的效力。[1]

现代性，不能仅是断裂传统的现代性。试图断裂过去，在意念上可以，但在实践中断然不能也不可，因为忘记历史就意味着背叛。现代性，不能仅面向未来，在思想上可以，但在实践中断然不能也不可，因为只面向未来而不关注现在，人的生活就会永远生活在梦中，就会忘记当下的问题，怀有过多的浪漫情怀。现代性应是传承过去、注重现在、关注未来的现代性，因而作为体现现代性特征之一的法治，自应重视传统，注重现在的社会现实，解决当代的问题，关注未来的社会发展。中国的法治建设，自然也应该如此。在法治建设问题上，我们需要主义，以指导我们的生活，但是我们不需要用一种纯粹所谓的“主义”，来代表我们生活的一切，否则这种“主义”就会形成对人们的专制。人类应永远记住，不要成为一种所谓“主义”的殉葬品，“主义”应为人类服务，而人类不应为“主义”服务，“主义”是人类的“仆人”，人类不应成为“主义”的“奴隶”。如果非要用一种主义来统一我们生活的话，那么这种主义就应是“实用主义”。中国人是不乏实用理性的，中华民族也历来是个充满智慧的民族。在生活的实践中，我们可能要关注的是如何解决问题。在法治建设上是用本土资源还是进行移植，关键看其对中国是否有用，是否可以解决中国问题。

邓小平说得好：“不管黑猫白猫，能捉老鼠就是好猫”，这恰恰是实用理性的体现。正是采用了一种实用理性，列宁才可以找得到“社会主义可以在帝国主义最薄弱的环节取得胜利”的理论，并真正取得了胜利，用自己的理论改造了社会，形成了列宁主义；正是

[1] 王铭铭：《西方人类学思潮十讲》，广西师范大学出版社2005年版，第134页。

一种实用理性，毛泽东等共产党人才能根据中国的具体情况，取得了中国革命的胜利，形成了毛泽东思想；正是一种实用理性，我们今天的改革开放才会取得这么大的成就。当我们把视线飘到西方发达国家的上空时，我们也会发现，人家才是精明人，他们并不为一种所谓的其他什么“主义”而困束，他们只信奉一种主义，就是“实用主义”，无论是马克思主义的东西，还是非马克思主义的东西，人家都用得很欢，用得很活。

世界上没有什么绝对正确的事，也没有绝对错误的事，这是马克思主义早已定论的真理。任何事物，包括任何主义，都是一体多面性的聚合物；任何事物，任何理论，其在世间存在的理由，只能是为社会服务，为人民服务。任何社会控制者，时时要记住的是，只有人的全面发展，才能成为至高无上的准则，单纯为某种主义而殡葬人的全面发展，是悲哀狭隘的。如果真要为某种主义而奋斗，这种主义就是实用主义，而人成为实用主义中的至高准则。这一点，是马克思本人所赞成的，也是真正的马克思主义所赞成的，正是从这个意义上讲，马克思主义的本质，是以人的全面发展为至高准则的实用主义。

中国当下的社会变迁，实际上是一种以交往为基础的社会关系形态、生活方式及观念的传导性改变。在社会变迁过程中，由于社会解组与重构会导致一系列的社会问题，如社会失范、社会越轨、社会冲突、社会动荡等，这些问题是与小康社会的目标体系相冲突的，如何化解矛盾，构建和谐，是摆在每一个社会控制者面前的重要课题。是尊重人民群众的创造，重视本土资源，注重法的民族精神，还是盲目机械理解所谓的西方“法治”？笔者认为，妥当的方法，自然还是采取实用主义，只要有利于解决纠纷，维护稳定，利于和谐与发展，就不管它是白猫还是黑猫，姓社还是姓资。

纠纷在法律程序内和解并非对法治的违反，更主要的是一种对法律的实践，是丰富多彩、变动不拘的社会实现法治、和谐的必要选择。瑞士神学家埃米尔·布伦纳认为，权力是人类社会的普遍现象，广泛存在于人们的政治、经济、思想和社会生活的方方面面，它在本质上是一种反对自由的东西。每一个社会都需要安排权力和引导权力，即对权力进行配置和限制，以防止权力失控给人类带来危险，而法律的本质，就是一种权力安排。布伦纳还认为，由国家对基本权力进行垄断，才能消除因追求权力而造成的残杀，使和平文明生活得以维持。基本权力和一般意义上的权力，都必须为了一个明确的目的，按一个明确的方式，在一个明确的限制内来行使。国家的存在是为了保护人的生命和人的权利。“国家法”则是针对国家而存在的基本法，不是属于“国家的法”，国家法是针对国家权力的限制和引导，可称为公法，以区别于国家权力必须保护的“私法”。私法，即调整个人权力范围的法律，并不是必然地或最早起源于国有，其出现比国家要早。个人权利和个人之间的法律关系，并不是由国家创造，而只是通过国家强制力量，得到公开的承认和保护。〔1〕私法的范围，不仅应包括私法实体法，而且应包含私法程序法，即私法中为实现其实体利益或权利的程序性规则。而和解方式作为一种程序性规则，自然也是早于国家公法，自然不是由国家创造的，而是应由国家公法加以保护的，只要这种和解不违反、触犯国家认为应保护的利益。从布伦纳的观点出发，我们也可论证出，国家公法应保护和解，当然，亦应将和解更合理地纳入程序的监控中，将和解作为法律制度的合理的组成部分，这或许是处于社会重大变迁时期的中国法治建设中应考虑的一个重大问题，是解决中国式问题的中国式解决方法，甚至，也可能是世界问题的世界解决方法。

---

〔1〕 参见阎章荣、陈洪涛：《神学主义法学》，法律出版社2008年版，第199页。

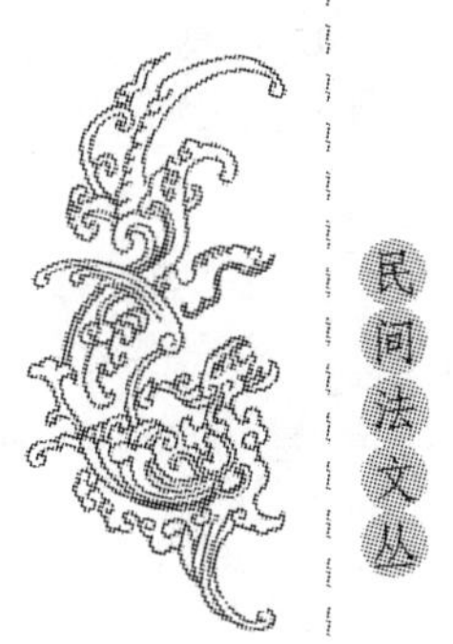

主要参考文献

一、国外译著

1. [日] 棚濑孝雄:《纠纷的解决与审判制度》，王亚新译，中国政法大学出版社2004年版。
2. [日] 高见泽磨:《现代中国的纠纷与法》，法律出版社2003年版。
3. [日] 滋贺秀三:《中国家族法原理》，张建国、李力译，法律出版社2003年版。
4. [日] 千叶正士:《法律多元——从日本法律文化迈向一般理论》，强世功、王宇洁等译，中国政法大学出版社1997年版。
5. [日] 小岛武司、伊藤真主编:《诉讼外纠纷解决法》，丁婕译，中国政法大学出版社2005年版。
6. [英] 马林诺夫斯基:《原始社会的犯罪与习俗》，原江译，法律出版社2007年版。

7. ［英］A. R. 拉德克利夫－布朗：《原始社会结构与功能》，丁国勇译，九州出版社2007年版，
8. ［意］贝卡利亚：《论犯罪与刑罚》，黄风译，中国大百科全书出版社1993年版。
9. ［澳］马尔科姆·沃特斯：《现代社会学理论》，杨善华等译，华夏出版社2004年版。
10. ［美］哈伯特·L. 帕克：《刑事制裁的界限》，梁根林等译，法律出版社2008年版。
11. ［美］布莱克：《法律的运作行为》，唐越、苏力译，中国政法大学出版社2004年版。
12. ［美］罗伯特·C. 埃里克森：《无需法律的秩序——邻人如何解决纠纷》，苏力译，中国政法大学出版社2003年版。
13. ［美］科塞：《社会冲突的功能》，华夏出版社1989年版。
14. ［美］孙隆基：《中国文化的深层结构》，广西师范大学出版社2004年版。
15. ［美］斯蒂芬·B. 戈尔德堡等：《纠纷解决——谈判、调解和其他机制》，蔡彦敏、曾宇、刘晶晶译，中国政法大学出版社2004年版。
16. ［美］詹姆斯·N. 罗西瑙：《没有政府的治理》，张胜军、刘小林等译，江西人民出版社2001年版。
17. ［德］恩格尔等：《中国印象——世界名人论中国文化》，何兆武、柳卸林主编，广西师范大学出版社2001年版。
18. ［德］韦伯：《法律与价值》，李猛编，上海人民出版社2001年版。

二、中文专著

1. 何兵：《现代社会的纠纷解决》，法律出版社2003年版。
2. 范愉：《非诉讼程序（ADR）教程》，中国人民大学出版社2002年版。
3. 范愉：《纠纷解决的理论与实践》，清华大学出版社2007年版。

4. 邱星美、王秋兰：《调解法学》，厦门大学出版社2008年版。
5. 梁德超主编：《人民调解学》，山东人民出版社1999年版。
6. 强世功编：《调解、法制与现代性——中国调解制度研究》，中国法制出版社2005年版。
7. 左卫民等：《变革时代的纠纷解决——法学与社会学的初步考察》，北京大学出版社2007年版。
8. 徐昕：《论私力救济》，中国政法大学出版社2005年版。
9. 顾培东：《社会冲突与诉讼机制》，法律出版社2004年版。
10. 邵华：《自组织权利救济——多元化纠纷解决机制的新视角》，中国法制出版社2007年版。
11. 严军兴主编：《多元化农村纠纷处理机制研究》，法律出版社2008年版。
12. 湛中乐等：《行政调解、和解制度研究——和谐化解法律争议》，法律出版社2009年版。
13. 葛琳：《刑事和解研究》，中国人民公安大学出版社2008年版。
14. 瞿琨：《社区调解法律制度：一个南方城市的社区纠纷、社区调解人与信任机制》，中国法制出版社2009年版。
15. 董磊明：《宋村的调解——巨变时代的权威与秩序》，法律出版社2008年版。
16. 高其才：《多元司法——中国社会的纠纷解决方式及其变革》，法律出版社2009年版。
17. 高其才、左炬、黄宇宁：《政治司法——1949～1961年的华县人民法院》，法律出版社2009年版。
18. 高其才、周伟平、姜振业：《乡土司法——社会变迁中的杨村人民法庭实证分析》，法律出版社2009年版。
19. 高其才、黄宇宁、赵彩凤：《基层司法——社会转型时期的三十二个先进人民法庭实证研究》，法律出版社2009年版。
20. 罗昶：《伦理司法——中国古代司法的观念与制度》，法律出版社2009年版。

21. 谢晖:《法的思辨与实证》,法律出版社 2001 年版。
22. 谢晖:《法律信仰的理念与基础》,山东人民出版社 1997 年版。
23. 谢晖:《法律的意义追问——诠释学视野中的法哲学》,商务印书馆 2003 年版。
24. 谢晖:《价值重建与规范选择——中国法制现代化沉思》,山东人民出版社 1998 年版。
25. 谢晖:《中国古典法律解释的哲学向度》,中国政法大学出版社 2005 年版。
26. 谢晖:《法治讲演录》,广西师范大学出版社 2005 年版。
27. 陈金钊:《法治与法律方法》,山东人民出版社 2003 年版。
28. 范进学:《法的观念与现代化》,山东大学出版社 2002 年版。
29. 陈慰星:《民事纠纷的多元化解决机制研究》,知识产权出版社 2008 年版。
30. 于语和主编:《民间法》,复旦大学出版社 2008 年版。
31. 杜宇:《重拾一种被放逐的知识传统——刑法视域中"习惯法"的初步考察》,北京大学出版社 2005 年版。
32. 李卫东:《民初民法中的民事习惯与习惯法——观念、文本和实践》,中国社会科学出版社 2005 年版。
33. 季卫东:《法治秩序的建构》,中国政法大学出版社 1999 年版。
34. 田成友:《乡土社会中的民间法》,法律出版社 2005 年版。
35. 周积明、郭莹等:《震荡与冲突:中国早期现代化进行中的思潮和社会》,商务印书馆 2003 年版。
36. 张中秋:《中西法律文化比较研究》,中国政法大学出版社 2006 年版。
37. 陈炎:《多维视野中的儒家文化》,山东教育出版社 2006 年版。
38. 张永和:《信仰与权威:诅咒(赌咒)、发誓与法律之比较研究》,法律出版社 2006 年版。
39. 马明亮:《协商性司法:一种新程序主义理念》,法律出版社 2007 年版。

40. 赵万一主编：《公序良俗问题的民法解读》，法律出版社 2007 年版。
41. 林端：《儒家伦理与法律文化：社会学观点的探索》，中国政法大学出版社 2002 年版。
42. 王铭铭：《西方人类学思潮十讲》，广西师范大学出版 2005 年版。
43. 于改之：《刑民分界论》，中国人民公安大学出版社 2007 年版。
44. 梁治平：《寻求自然秩序中的和谐》，中国政法大学出版社 2002 年版。
45. 梁漱溟：《中国文化要义》，上海人民出版社 2005 年版。
46. 严存生：《法的"一体"和"多元"》，商务印书馆 2008 年版。
47. 苏力：《法治及其本土资源》，中国政法大学出版社 2004 年版。
48. 苏力：《送法下乡》，中国政法大学出版社 2000 年版。
49. 苏力：《制度是如何形成的》，北京大学出版社 2007 年版。
50. 范忠信：《情理法与中国人——中国传统法律文化探微》，中国人民大学出版社 1992 年版。
51. 黄宗智：《法典、习俗与司法实践：清代与民国比较》，上海书店出版社 2003 年版。
52. 黄宗智：《清代的法律、社会与文化：民法的表达与实践》，上海书店出版社 2001 年版
53. 费孝通：《乡土中国》，三联书店 1985 年版。
54. 卞利：《国家与社会的冲突与整合——论明清民事法律规范的调整与农村基层社会的稳定》，中国政法大学出版社 2008 年版。
55. 潘丽萍：《中华法系的和谐理念》，法律出版社 2006 年版。
56. 翟学伟：《人情、面子与权力的再生产》，北京大学出版社 2005 年版。
57. 黄囇丽：《华人人际和谐与冲突》，重庆大学出版社 2007 年版。
58. 杨国枢：《中国人的心理与行为》，中国人民大学出版社 2004 年版。

59. 梁治平：《清代习惯法：社会与国家》，中国政法大学出版社1996年版。
60. 梁治平：《法意与人情》，中国法制出版社2004年版。
61. 喻中：《乡土中国的司法图景》，中国法制出版社2007年版。
62. 桑本谦：《私人之间的监控与惩罚》，山东人民出版社2005年版。
63. 祁建建：《美国辩诉交易制度研究》，北京大学出版社2007年版。
64. 王立峰：《惩罚的哲理》，清华大学出版社2006年版。
65. 窦炎国：《社会转型与现代伦理》，中国政法大学出版社2004年版。
66. 刘广安：《中华法系再认识》，法律出版社2002年版。
67. 魏建：《法经济学：分析基础与分析范式》，人民出版社2007年版。
68. 赵旭东：《纠纷与纠纷解决原论》，北京大学出版社2009年版。
69. 戴建庭：《民事纠纷解决机制研究》，吉林大学出版社2007年版。
70. 韩秀桃：《明清徽州的民间纠纷及其解决》，安徽大学出版社2004年版。
71. 杨方泉：《塘村纠纷》，中国社会科学出版社2006年版。
72. 辛国清：《法院附设替代性纠纷解决机制研究》，中国社会科学出版社2008年版。

三、中文论文

1. 徐晓光、杨戴云：“‘涉牛’案件引发的纠纷及其解决途径——以黔东南雷山县两个乡镇为调查对象”，载《山东大学学报》2008年第2期。
2. 赵小飞、李欣遥：“背景与进路：西方刑事和解制度的理性考察”，载《湘潮》2008年第1期。
3. 张嘉军：“和谐社会与民事合意性纠纷解决机制”，载《理论探索》2007 年第 4 期。

4. 王金秀："从民事诉讼中合意解决纠纷行政诉讼的合意解决纠纷机制"，载《法制与社会》2007 年第 7 期。

5. 陈斌："和谐社会的诉讼当事人合意解决纠纷机制"，载《探索与争鸣》2007 年第 8 期。

6. 袁丽娜："透视与解读：调解的困境与重构"，载《渝西学院学报（社会科学版)》2004 年第 3 期。

7. 王吉文："当事人意思自治原则发展的二维走向"，载《青海社会科学》2008 年第 2 期。

8. 章柏杨："意思自治原则及其限制"，载《安徽广播电视大学学报》2006 年第 3 期。

9. 贺寿南："'私了'现象的博弈逻辑分析"，载《湖南科技大学学报（社会科学版)》2007 年第 6 期。

10. 孙晃："'私了'现象的法社会学思考"，载《淮海工学院学报(人文社会科学版)》2004 年第 4 期。

11. 张学亮："私了现象与中国法治进程"，载《理论观察》2003 年第 5 期。

12. 许娟娟："论私力救济"，载《金陵科技学院学报（社会科学版)》2006 年第 3 期。

13. 秦玉娈、刘建民："论私力救济法律制度"，载《河北经贸大学学报》2006 年第 4 期。

14. 范愉："从司法实践的视角看经济全球化与我国法制建设——论法与社会的互动"，载《法律科学》2005 年第 1 期。

15. 邓飞、邓君："刍议国家法和民间法的互动——以中国村民自治的形成和发展为例"，载《山西省政法管理干部学院学报》2005 年第 1 期。

16. 谢晖："论当代中国官方与民间的法律沟通"，载《学习与探索》2000 年第 1 期。

17. 谢晖："初论民间法对法律方法的可能贡献"，载《现代法学》

2006 年第 5 期。
18. 谢晖：“民间规范与习惯权利”，载《现代法学》2005 年第 2 期。
19. 王勇：“国家法与民间法的现实互动和历史变迁”，载《西北师大学报（社会科学版）》2002 年第 4 期。
20. 刘作翔：“具体的‘民间规范’——一个法律社会学视野的考察”，载《浙江社会科学》2003 年第 4 期。
21. 苏力：“法律规避和法律多元”，载《中外法学》1993 年第 6 期。
22. 侯瑞雪：“‘国家—社会’框架与中国法学——以‘国家法与民间法’研究为切入点”，载《法制与社会发展》2007 年第 3 期。
23. 衣家奇：“‘赔命价’——一种规则的民族表达方式”，载《甘肃政法学院学报》2006 年第 3 期。
24. 李海青：“和谐社会构建与当代中国政治发展”，载《理论学习》2009 年第 3 期。
25. 程东峰：“论和谐发展——责任伦理的原则之三”，载《皖西学院学报》2009 年第 1 期。
26. 廖小芬：“天人合一说与社会主义和谐社会的建构”，载《企业家天地》2009 年第 2 期。
27. 王红光、黄家勇：“和谐社会构建与执政党社会整合机制的优化”，载《大庆师范学院学报》2009 年第 2 期。
28. 高金桂：“论刑法上之和解制度”，载《东海法学研究》1999 年第 14 期。
29. 陈祖辉：“谈应报式正义的转向——复归式正义的复出与实践”，载《海外法学》2004 年第 2 期。

四、外文资料

1. Sally Engle Merry, “Disputing without Culture”, *Harvard Law Review*, Vol. 100, No. 8 (Jun. 1987).
2. “Criminal Procedure”, *Virginia Law Review*, Vol. 62, No. 8 (Dec.

1976）.

3. Lois Vanderkool and Jessica Pearson, “Mediating Divorce Disputes: Mediator Behaviors”, *Styles and Roles*, Family Relations, Vol. 32, No. 4（Oct. 1983）.

4. Lynne N. Henderson, “The Wrongs of Victims Rights”, *Standford Law Review*, Vol. 37, No. 4（Apr. 1985）.

5. Andrew W. McThenia and Thmas L. Shaffer, “For Reconciloation”, *The Yale Law Journal*, Vol. 94, No. 7（Jun. 1985）.

6. Melvin Aron Eisenberg, “Private Ordering Through Negotiation: Dispute-settlement and Rulemaking”, *Harvard Law Review*, Vol. 89, No. 4（Feb. 1976）.

7. Joan B. Silk, “The Form and Function of Reconciliation in Primates”, *Annual Review of Anthropology*, Vol. 31（2002）.

8. Gary F. Jensen, “Labelling and Identity”, *Criminology*, Vol. 18, No. 1（May. 1980）.

致 谢

40 年了，我的人生在不觉中溜走了一半的光阴，我的贡献是什么呢？我本是芸芸众生之一人，茫茫沧海之一粟，天玄地黄，日月沧桑，又何需我们——平凡的人的贡献呢？但正因为我们是平凡的人，才有了人的主体性需求，即“勇敢地成为你自己”的英雄主义。或许，正是这种英雄主义，才催生了每个人在某个方面、某种程度上的成功，而这“每个人”，包括你、我、他。

我的导师谢晖先生，能在实务部门中收一个长期在公安派出所工作的博士研究生——我，足见他匠心独具，当然更是他对我的青睐，才圆了我的博士梦想，我当然是受宠若惊。而我，虽然英雄主义情怀促使自己妄想成为一颗“明珠”，也可不辱谢师“慧眼”，然毕竟自己也有“朽木不可雕”之特性，这就让谢师在指导我研究时费了不少心血。而且有时候，我就特别喜欢听谢师的“批评”，但他却很少对我批评，这让我感到非常遗憾。我对谢师有个小小的要求，就是无论何时何地，多给我些批评，因为他的“批评”才会让学生——如我一样的人不断进步。我把万年的祝福奉给谢师及他的家人赵爱勤老师及他们的女儿冰莹。

陈金钊老师是我的法律硕士导师。2003 年上半年，济南，山东大学法学院旁，陈师一句“你干脆把博士学位攻下来吧”，诱动了我多年来一直想继续读书的念头。于是 2005 年在职法律硕士毕业后，2006 年报考博士研究生，然而因工作问题未能成行，2007 年复又考试，名落孙山，2008 年再考，终于如愿。至今，经历 3 年学习研究，每一步都有着陈师关心的印迹，我把真挚的谢意呈给陈师及他的夫人袁付平老师。

感谢山东大学威海分校袁相万、汪全胜、王端君、姜世波、吴丙新、桑本谦、刘军、张景明、安玉萍、焦宝乾、张其山、张传新、厉尽国、张志超等老师；感谢博士研究生时期的师兄弟姐妹魏治勋、王林敏、孙晔、李辉、孙光宁、张伟强、金玄武、陈文华、陈光、崔雪丽、李鑫、孙日华、尚海涛、谢慧等；感谢硕士同学马绪福、邓端、马树芳、于杰、毕志刚、梁伟、龙飞、孙晓鸣、张滨、邱宏雁、赵芳、董晓飞等；感谢苑晓军、贾富彬、赵霞、廉宏伟、高海霞、李仲轲、刘秀华、周莹、徐文竹、祈生祥、宋福成、吕晓杰、迟法民、曹林、陈高平、刘建忠、张京同、禹路成、董秀玲、王振方、周爱军、赵辉、孙丰山、孙本明、于建虎、王志刚、崔志刚、石青志、周文海、鞠洪涛、于英东等同学。

感谢威海市公安局韩良波、李元敬、王建红、崔国栋、岳恒大、李阳胜、李耀辉、何同雄、郭云田、刘竹林、丁文勇、毕可胜、谷玉昭等领导；感谢威海高区公安分局周军、袁光辉、耿华、吕仁昭、邵波、林乐斌、王凤霞、袁国选、张沂东、肖超、王华元、刘新乐、曲学波、王庆明、刘建华、韩青、王宏家、刘新、朱永前等领导同志；感谢我工作18年来的每一位同事，虽无法一一列全，但也需尽力将他们的名字铭记于此，他们是：王学龙、张莱文、汤兴胜、王建华、孙新敏、王树江、林乐强、张正诚、徐炳建、宋玉勤、刘昌杰、刘兴胜、马彦坤、王红、黄云龙、王建喜、吕伟、冯心勇、时银萍、师清良、陈平、梁飞、张凌、刘军毅、宋艳玲、林玉波、彭国栋、姜辉、张建文、袁军玲、徐涛、王建涛、刘华军、于虹、杨金成、李爱军、田辉、刘国斌、岳彦、杨本胜、从日华、王峰、王锋、宫本峰、刘俊东、卢从余、李兴田、王振国、于绍雍、邵晓亮、张彩华、初芳芳、王鹏等。

感谢原中南政法学院的沈金华老师及共同习武的黄忠新、刘勇、陈建春、王芳、魏芹、康华丽等；感谢尹派宫式八卦拳第四代掌门人、国家武术七段黄志诚先生、由延美女士；感谢习武的师兄弟李长寿、刘保合、刘建新、刘祝波、李光华、吴大卫、李东升、李乃亮等。

感谢国家发展银行于福远老师、书画家丛荣启先生、威海丰瑞装饰有限公司李保财董事长、威海恒德国际合作公司单泽国董事长、威海田村王家庄宋长青主任对我的关心和帮助。

父亲唐学君先生、母亲李翠杰女士相伴至今已四十余载。我和弟弟唐娜都已成家立业，但仍少不了父母对我们的牵挂，而我却仍在追求一种“精神”，攻读学位，对父母的照顾少了很多，心中愧疚之极。不过让父母放心的是，我还是个“孝子”，虽然近年来少了许多“孝”的行为，但是仍具有“孝心”，在博士学位攻读完后，我将会有更多时间将这种“孝心”转化成行动。弟妻邢玲玲，为我提供了法院工作的诸多判决和调解案例，一并感谢。

感谢岳父母路云成先生、潘艳清女士，姨妹路辉、妹夫李成林。妻子路军，作为幼儿老师，其工作之劳累，不亚于我，但她无偿承担起了家庭中诸多本应由我这个大男人做的事情。夫妻同命，我的博士学位论文应署上她的名字，但因为实然规则不允许，所以在这里我必须将感谢送给我的至爱。

人生40载，帮助过自己的人太多，而自己奉献给他们的太少。在博士学位论文完成之际，我将我的感谢化成文字，在这里铭记。如果我的研究对学术研究、实务操作等方面有所贡献的话，那不仅是我一人的成绩，而是40载里与我相识的、不相识的人的共同成绩。

尤其应表达的谢意，是博士学位论文向“书”的转变中，中国政法大学出版社彭江、孙娟娟等编辑老师们付出的努力。他们给出的意见，相对于本书的研究课题而言，比作者本人的把握甚至更为准确。

未来日子里，我和这些人将会风雨同行，认认真真做人，扎扎实实做事，为了让我们的生活更加美好，为社会更加文明进步和谐，和衷共济，携手共进！

唐 峰

2011年8月

图书在版编目（CIP）数据

纠纷和解研究 / 唐峰著. —北京：中国政法大学出版社，2011. 11
ISBN 978-7-5620-4083-5

Ⅰ. ①纠… Ⅱ. ①唐… Ⅲ. ①民事纠纷—调解（诉讼法）—研究—中国
Ⅳ. ①D925. 114. 4

中国版本图书馆CIP数据核字(2011)第225809号

书　　名　纠纷和解研究 JIUFEN HEJIE YANJIU

出版发行　中国政法大学出版社(北京市海淀区西土城路 25 号)
北京 100088 信箱 8034 分箱　邮编 100088
http://www.cuplpress.com（网络实名：中国政法大学出版社）
58908325(发行部)　58908334(邮购部)

编辑统筹　综合编辑部　010-58908524　dh93@sina.com

承　　印　固安华明印业有限公司

规　　格　880mm × 1230mm　32 开本　12.5 印张　335 千字

版　　本　2012 年 3 月第 1 版　2015 年 9 月第 2 次印刷

书　　号　ISBN 978-7-5620-4083-5/D · 4043

定　　价　37.00 元